The Construction of Textual Authority in German Literature of the Medieval and Early Modern Periods

University of North Carolina
Studies in the Germanic Languages
and Literatures

Initiated by RICHARD JENTE *(1949–1952), established by* F. E. COENEN *(1952–1968), continued by* SIEGFRIED MEWS *(1968–1980),* RICHARD H. LAWSON *(1980–1985)*

PAUL T. ROBERGE, Editor

Publication Committee: Department of Germanic Languages

107 PHILIP THOMSON. *The Poetry of Brecht: Seven Studies.* 1989. Pp. xii, 212.
108 GISELA VITT-MAUCHER. *E. T. A. Hoffmanns Märchenschaffen. Kaleidoskop der Verfremdung in seinen sieben Märchen.* 1989. Pp. xii, 234.
109 GAIL K. HART. *Readers and Their Fictions in the Novels and Novellas of Gottfried Keller.* 1989. Pp. xiv, 144.
110 MARIAN R. SPERBERG-MCQUEEN. *The German Poetry of Paul Fleming: Studies in Genre and History.* 1990. Pp. xvi, 240.
111 DAVID PRICE. *The Political Dramaturgy of Nicodemus Frischlin: Essays on Humanist Drama in Germany.* 1990. Pp. xii, 152.
112 MARK W. ROCHE. *Gottfried Benn's Static Poetry: Aesthetic and Intellectual-Historical Interpretations.* 1991. Pp. xiv, 123.
113 JAMES A. PARENTE, JR., RICHARD ERICH SCHADE, AND GEORGE C. SCHOOLFIELD, EDS. *Literary Culture in the Holy Roman Empire, 1555–1720.* 1991. Pp. xiv, 290.
114 JILL ANNE KOWALIK. *The Poetics of Historical Perspectivism: Breitinger's "Critische Dichtkunst" and the Neoclassic Tradition.* 1992. Pp. xvi, 150.
115 ALAN C. LEIDNER. *The Impatient Muse: Germany and the Sturm und Drang.* 1994. Pp. xiv, 156.
116 GERHILD SCHOLZ WILLIAMS AND STEPHAN K. SCHINDLER, EDS. *Knowledge, Science, and Literature in Early Modern Germany.* 1996. Pp. xii, 312.
117 PETER R. ERSPAMER. *The Elusiveness of Tolerance: The "Jewish Question" from Lessing to the Napoleonic Wars.* 1997. Pp. xiv, 192.
118 ELLIS SHOOKMAN. *Noble Lies, Slant Truths, Necessary Angels: Aspects of Fictionality in the Novels of Christoph Martin Wieland.* 1997. Pp. xiv, 240.
119 BARBARA A. FENNELL. *Language, Literature, and the Negotiation of Identity: Foreign Worker German in the Federal Republic of Germany.* 1997. Pp. xvi, 170.
120 JOHN PIZER. *Ego–Alter Ego: Double and/as Other in the Age of German Poetic Realism.* 1998. Pp. xiv, 160.
121 JEFFREY L. SAMMONS. *Ideology, Mimesis, Fantasy: Charles Sealsfield, Friedrich Gerstäcker, Karl May, and Other German Novelists of America.* 1998. Pp. xiv, 344.
122 JANE O. NEWMAN. *The Intervention of Philology: Gender, Learning, and Power in Lohenstein's Roman Plays.* 2000. Pp. xviii, 228.
123 JAMES F. POAG AND CLAIRE BALDWIN, EDS. *The Construction of Textual Authority in German Literature of the Medieval and Early Modern Periods.* 2001. Pp. xiv, 288.

Send orders to:
The University of North Carolina Press
P.O. Box 2288, Chapel Hill, NC 27515-2288

For other volumes in the "Studies" see pages 287–88.

Number One Hundred and Twenty-Three
University of
North Carolina
Studies in the
Germanic Languages
and Literatures

The Construction of Textual Authority in German Literature of the Medieval and Early Modern Periods

Edited by
James F. Poag and
Claire Baldwin

The University of North Carolina Press
Chapel Hill and London 2001

© 2001 The University of North Carolina Press
All rights reserved
Manufactured in the United States of America

The paper in this book meets the guidelines for permanence and
durability of the Committee on Production Guidelines for Book
Longevity of the Council on Library Resources.

Library of Congress Cataloging-in-Publication Data

The construction of textual authority in German literature of the medieval and early
modern periods / edited by James F. Poag and Claire Baldwin.
    p.   cm. — (University of North Carolina studies in the Germanic languages and
  literatures ; no. 123)
Includes index.
ISBN 0-8078-8123-6 (alk. paper)
    1. German literature—Middle High German, 1050–1500—History and
criticism. 2. German literature—Early modern, 1500–1700—History and criticism.
3. Authority in literature. 4. Authorship in literature. 5. German literature—
Social aspects. 6. Oral tradition—Europe, German-speaking. 7. Transmission
of texts. I. Poag, James F. II. Baldwin, Claire. III. Series.

PT171 .C66   2001
830.9—dc21

                                                                       2001027127

05   04   03   02   01   5 4 3 2 1

To
Juliane Eschweiler Poag
and
Ferdinand von Münch

Contents

1. Introduction
   James F. Poag and Claire Baldwin ... 1

2. Die Autorität des Musters: Mittelalterliche Literatur als Variationskunst und die Folgen für ihre Ästhetik
   Thomas Cramer ... 9

3. Wege der Befreiung von Autorität: Von der fingierten Quelle zur göttlichen Inspiration
   Walter Haug ... 31

4. Die Stimme und die Schrift: Autoritätskonstitution im Medienwechsel von der Mündlichkeit zur Schriftlichkeit
   Horst Wenzel ... 49

5. The Text as a Symbol of Decadence
   C. Stephen Jaeger ... 75

6. Von der Rede zur Schrift: Konstituierung von Autorität in Predigt und Predigtüberlieferung
   Rüdiger Schnell ... 91

7. The City as Text: The Entry of Charles V into Nuremberg (1541)
   Arthur Groos ... 135

8. The Reformation of the Bible and an Artist: Sacred Philology and Albrecht Dürer
   David Price ... 157

9. Invoking the Powers That Be: Types of Authority and the Production of the *Theatrum de veneficis* (1586)
   Gerhild Scholz Williams ... 191

10. Citational Science: Textuality and the Authority of the "Scientific Fact" in Early Modern Central Europe (Lohenstein's *Cleopatra*, 1680)
    Jane O. Newman ... 211

11. Authority, Prestige, and Value: Professionalization in the Musicians' Novels of Wolfgang Caspar Printz and Johann Kuhnau
    Lynne Tatlock — 239

12. Authority and Interpretation in G. C. Lichtenberg's Commentaries on William Hogarth
    Claire Baldwin — 261

Index — 279

Acknowledgments

This book would not have been possible without the generous financial support of Washington University and the Deutsche Forschungsgemeinschaft. We thank the anonymous readers of our manuscript for their helpful suggestions and Paul Roberge for his expert and unfailing help during the editing process. The faculty, the graduate students, and the secretarial staff of the Department of Germanic Languages and Literatures at Washington University also deserve thanks for their customary and cheerful aid throughout the long process of planning and mounting the symposium. Our special recognition goes to our spouses, Juliane Eschweiler Poag and Ferdinand von Münch, who were always there and to whom this volume is gratefully dedicated.

The Construction of Textual Authority in German Literature of the Medieval and Early Modern Periods

1. Introduction

James F. Poag and Claire Baldwin

> *Pro captu lectoris habent sua fata libelli.*
> —*Terentianus Maurus,* De litteris syllabis et metris

When the textual authority of his inscription on the cross was questioned, Pontius Pilate famously issued the simple rebuttal, "What I have written, I have written," and relied on his political privilege to end the debate. For Galilei, however, such an answer would not have sufficed to silence his critics. The essays collected in this volume, previously presented at the Fourteenth Biennial St. Louis Symposium on German Literature (March 1998), all direct attention to the multifaceted relationships between author, text, and audience and to the manifold fashions in which authority is asserted or challenged in medieval and early modern German texts. We thought it would be productive to view these works together. During the periods in question, the authority represented by canonized texts like the writings of the ancients or those of the church fathers was, of course, paramount and the weight of textual precedent and textual proof enormous. One site where this can be seen is in the traditions of commentary. Commentaries recognize the text they interpret as authoritative and lend those texts a further and renewed legitimacy through their own act of interpretation. But it is clear that specific techniques of shoring up authority not only reveal aspects of the dominant evaluative systems of the day; they also bring into focus the intellectual matrices that allow for historical and textual transformations, for challenge to authority. Our volume, when taken as a whole, reveals—among other things—precisely this complex interplay between negation and affirmation.

I

The authority of a text may be claimed by its author, but it is granted or refused by an interpretive community and is therefore subject to negotiations between author and reader that leave their mark on the texts themselves. The current interest in the intersections and competitions between various kinds of discourse provide the basis for a fresh look at claims to authority and diverse textual strategies of cultural legitimation. The generic and discursive expectations and possibilities exploited or created in different kinds of texts are addressed in the essays that follow from such varied perspectives as political performance (Groos), popular culture and daemonologies (Scholz Williams), history of science (Newman), interrelations between verbal texts and other arts (Cramer, Price, Tatlock, Baldwin), and artistic professionalism (Tatlock). Our topic, *The Construction of Textual Authority*, offers a point of convergence for a wide range of approaches to medieval and early modern studies. Together, the essays span a period of seven centuries, yet this diachronic breadth does not preclude continuities between medieval and early modern cultures or the similarities of critical interest found in the contributions to this volume. Read together, they illuminate both specific historical contingencies of various moments across this spectrum from the twelfth to the eighteenth centuries and the changes in "technologies of authority" (Tatlock) that these cultures manifest.

One way in which texts construct their authority is through reference to the personal standing of the speaker or author. Personal authority can derive from various sources: from divine or secular artistic inspiration; from status as a representative of an institution or higher authority; from prestige as a renowned author; from recognized skills, knowledge, or experience; or from an exemplary vita. The junctions of oral communication, dependent on the physical presence of an author or authorized speaker, and written communication in the medieval period give rise to new textual tactics to transfer the authority embodied in a speaker to the written text, as a new embodiment of authority. The representative appearance of a speaker—for example, a messenger (Wenzel) or a preacher (Schnell)—of a text mediated orally can vouch for its credibility, and the bodily presence of this mediator embeds the communication in a particular social, physical context replete with nonverbal signs to be interpreted, for which the written text needs to compensate in establishing its own textual authority. However, the relationship between the personal profile of an author and the authority of the text is not always straightforward. An emphasis on personal authority can lead to questions regarding textual authenticity. Anonymous publication shifts the legitimizing strategies of the texts away from the person of the author. The text can claim authority not invested in an individual person by emphasizing its materiality and written form (Schnell), or its significance can lie in its very divergence from lived experience (Jaeger). As the concept of authorship undergoes historical transformations, assertions of personal artistic authority are configured textually in varying fashions. Medieval artists express their aesthetic sovereignty in play with surface variation on philosophically authoritative thematic substance (Cramer) or celebrate new fictional means of approaching veiled truths, thereby calling attention to their personal creativity, guided by divine inspiration (Haug). The seventeenth and eighteenth centuries witness different arguments for the social value of artistic expertise that support authorial prestige. The nascent culture of professionalism is apparent in the artistic profiles of musicians found in baroque novels (Tatlock), whereas Enlightenment values of critical, empirical observation, refined aesthetic sensibilities, and individual genius provide a foundation for declarations of personal authority in the eighteenth century (Baldwin).

A second overarching means of investing texts with authority is through reference to other respected texts. Constructions of authority through intertextuality can draw on a wide array of resources, from classical learning and sacred Scripture to legends and recognized fictional source texts and topoi, from paradigms of socially influential discursive fields (juridical, medical, theological) to evocations of other art forms. The relationships established between the new text and its intertexts can likewise be configured in diverse manners. Intertexts can be used to support or substantiate claims of content or authoritative gestures (Scholz Williams). Texts can align themselves with authoritative positions through intertextuality—or define themselves in contrast to spurious or inferior ones—to assert legitimacy, ideological rectitude, and power. New texts can borrow their authority by fashioning themselves as part of an authoritative tradition, as imitation or derivation; they can concurrently assert their own originality through juxtaposition and comparison to the older texts, underscoring their own strategies of adaptation or variation (Cramer, Groos, Baldwin). A philological relationship to the intertexts, such as exegesis, commentary, or translation, shores up the personal authority of an author by displaying divine favor and/or learnedness and expertise, while drawing attention to the contingency of the work being interpreted, and thus to its controversial potential (Price). Philological or learned engagement with traditionally authoritative texts can simultaneously subject them to new scrutiny and debate and reestablish their credibility through historically new cultural paradigms of validation. This process then reshapes discursive fields, for example, by reframing sacred philology as a science, not a miracle, and introducing it as a mechanism of reform (Price) or verifying the authority of classical texts through the modern test of empiricism (Newman). Intertextual strategies of constructing authority frequently direct the reader to the particular textual conditions of the works thus interpolated, as well as, self-reflexively, to the materiality of the new text and to its processes of production as they influence the creation of an authoritative textual profile, including such factors as the choice of linguistic medium, genre, or institutional status.

Textual authority constitutes itself, ultimately, in reception. A third general strategy important for establishing textual legitimacy is therefore the direct appeal to the authority of the audience, its social institutions, and common cultural practices. Reference to social and cultural authority can serve disparate and even contradictory purposes. Practical motivations for textual devices such as dedications aimed at assuring the approval of a particular audience might include currying favor with those in political power or avoiding censorship. Recourse to authoritative discourses may be used to applaud reigning mentalities or to question or challenge them; a text can elicit audience approbation through confirmation of what is familiar, through appropriation of accepted arguments to support new contentions, or through revelation of disjunctions within a culture. The illumination of constructions of textual authority can thus uncover, for example, the textual mechanisms of wielding political, juridical power, as in the invocation of authorities to persecute a particularly defined, gendered social group in sixteenth-century witch tracts (Scholz Williams), or the negotiation of conflicts in religious and political identities and values, as in the entry of Charles V into Nuremberg (Groos). Texts may actively fashion and cultivate the image of an ideal audience and mode of desired reception as one means of self-definition and cultural legitimation. The varied strategies of constructing textual authority with requisite reference to the social contexts of an interpretive community clearly mark, exploit, and help shape particular cultural constellations and transitions in specific historical moments.

This volume attempts to offer a stimulating diversity of critical approaches to the common issue of the construction of textual authority in German literature of the medieval and early modern periods while simultaneously creating new occasions for scholarly dialogue on shared interests across the broad time span addressed in the essays of its contributors.

II

One of the fundamental questions in any inquiry into the authority of texts must be that of the role of traditional forms. This is particularly important for medieval literature. Thomas Cramer (Chapter 2) compares poetry, music, and painting from the medieval and modern periods. He argues that medieval tradition sought to portray the world as essentially unchanging. In the medieval period, artistic originality, the aesthetic dimension of a work, lay in "surface" variation, in the reconfiguration of "accidents" lodged in an unchanging "substance" or pattern. The latter, a repeated, underlying pattern (*Muster*), conveyed authoritative sociopolitical and religious behavioral models. For medieval artists, the aesthetic and ideological dimensions of a work could be viewed as separable. For moderns, on the other hand, variation came to be seen as inseparable from meaning. Historically, this represents a change from "ornamental" to "substantial" variation.

Walter Haug (Chapter 3) approaches the problem of medieval artistic representation from a different point of view, examining the interaction between innovation and tradition. He contends that the medievals did not perceive the world as a totally transparent environment, as one whose interpretation was fixed; its meaning had, in fact, been partly veiled by sin. Divine aid was required to reillumine its darkness. Haug describes what happens to this schema when, as part of a complex historical development, the ultimate sense of things becomes even more radically obscured. A new kind of literary art emerges, an art that seeks through its own (fictional) means to become the bearer of truth. The poet now invokes God to aid his naturally given creativity. Authority is lodged increasingly in the human subject. Despite the conservative nature of medieval culture, tensions within it nourish and bring forth more modern forms of poetic legitimation.

New forces are also generated through the growth of literacy in medieval culture; different kinds of discourse compete with one another for authority. Horst Wenzel (Chapter 4) examines the complex relationship between orality and written text in the literature of the *Blütezeit*. Particularly revealing is the case of the *Nibelungenklage*. The bishop of Passau commissions the work; the fictional messenger, Swämmel, "reports" it; Konrad "writes" it down. The work's production is depicted as a cooperative effort between the oral culture of the laity and the written culture of the clerics; the witness of one who has actually seen and heard remains a legitimating factor in the transition from bodily to textual memory. In the course of the development from *Mündlichkeit* to *Schriftlichkeit*, however, the work increasingly gains its authority from an intertextual location. The speaker-narrator continues to make orality present but functions—in the written medium—through increased reference of his text to other texts.

C. Stephen Jaeger (Chapter 5) offers yet another point of view in his discussion of the emergence of the written text during the High Middle Ages. Jaeger finds in this era a new awareness, an emerging recognition of the antagonistic relationship "between deeds and their records." In this environment the written text itself may become a symbol of decline;

it may be perceived as a distancing medium, which cuts one off from the compelling authority of the originary event. He argues that the emergence of literacy was accompanied by a sense of loss. He points out that contemporary observers saw their era less as an age of accomplishment and more as a time of crisis: in poetry, in intellectual discipline, in law, in religion, and in ethics.

Like Wenzel, Rüdiger Schnell (Chapter 6) investigates the complicated interrelationship in medieval culture between oral and written communication. He uses the medieval sermon as the basis for his discussion. A sermon delivered before a congregation will, for example, derive its authority preeminently from the virtuous life of the preacher who speaks. On the other hand, in a culture that is growing increasingly literate, the very fact that a sermon is written down can make it seem more believable. Collections of anonymous sermons may aspire to a high degree of authority if they are didactically effective; on the other hand, the authority of collections can be guaranteed by attaching them explicitly to famous names. During the period considered there is great variety in authorizing strategies, which is explained by the simultaneity of *Mündlichkeit* and *Schriftlichkeit*. Despite this variety, however, a form of authority linked to "author" and "authorship" increasingly emerges in the course of the later Middle Ages.

Cultural artifacts may express the tension between competing sociopolitical institutions. In the early sixteenth century the relations between German city and empire were particularly contested. Arthur Groos (Chapter 7) examines the symbolic significance of the "Ehrenpforte" erected by free citizens of Nuremberg to honor the emperor on the occasion of his ceremonial visit to that city in 1541. Drawing upon architectural handbooks and texts of Hans Sachs, Groos examines the interplay between the iconography of the arch and the Latin epigrams inscribed on its sides. He discovers not the univocal expression of imperial authority but a "dialectic of obedience and hesitation, hierarchy and community, of mutually linked and separated imperial and civic spheres of influence." The arch's "discourse of homage is balanced by one of difference."

In the early sixteenth century new movements and disciplines made new assertions. In his examination of the relationship between artistic and textual traditions, David Price (Chapter 8) uncovers some of the fundamental concerns of the era. He sees clear connections between Dürer's art and the claims to truth advanced in the scriptural scholarship of the humanists. Throughout his career, the artist concerned himself with the problem of representing, iconographically, essential interests of biblical philology. Dürer's depiction of Saint Jerome is, for example, rooted in the scholarship of Erasmus and his portraiture reflects the influence of humanistic discipline. A major part of Dürer's reception of the Reformation is a reflection of Erasmian learning with "its special interest in the authority and condition of the Bible."

In her consideration of sixteenth-century learning, Gerhild Scholz Williams (Chapter 9) analyzes the collection of texts on witchcraft printed by Nicolaus Basseus and edited by Abraham Saur. The volume relies not only upon the authority of earlier textual tradition, older histories, and sacred scripture, but also on that of well-known contemporaries. It makes repeated reference to the scholarship, the science, and the debate, to the judicial, theological, and medical arguments and controversies of the time. There is a consistent appeal to *erfarung* and *vernunft*, an expression of "the fundamental experiential realism of early modern self-awareness." Authority is now characteristically conferred through "attention to details of argument and research into the background of a given problem."

In the seventeenth century, early modern knowledge, expressed in and purveyed by a new genre, the scientific journal, continues to combine with and make inroads into the old. In her contribution, Jane Newman (Chapter 10) examines the footnotes in the 1680 version of Daniel Casper Lohenstein's drama *Cleopatra*. She argues that the dramatist's learnedness is rooted in a world that is in the process of making a "transition between a culture of curiosity and a culture of method." Here the lines between science and magic, science and literature, experimental verification and textual authority are "permeable." Fascination with the wondrous and the occult combines with the logic of observation and exploration, and the authority of classical texts is verified by bringing them into proximity with experimental knowledge.

In the early modern period, new classes of people seek to legitimate themselves by interpreting their work in a new fashion. Lynne Tatlock (Chapter 11) views the novels of Wolfgang Caspar Printz and Johann Kuhnau as expressions of a reconception of labor as professionalization, part of a growing embourgeoisement taking place in the late seventeenth century. In an attempt to combat the precariousness of their positions, the musicians seek, among other things, to regulate themselves according to corporate standards, to privilege specialized knowledge, to insist on the value of their labor for the common good, and to translate that value into financial remuneration. Models for this authorizing process were to be found in policies of an absolutism that increasingly required a well-trained bureaucracy.

Born into a century that took pride in questioning (although not necessarily negating) authority in almost all its manifestations, G. C. Lichtenberg does not claim the status of professional, but rather celebrates his individual voice as that of a gifted amateur in the field of art criticism to establish legitimation for his commentaries on William Hogarth. Claire Baldwin (Chapter 12) examines Lichtenberg's serious yet playful approach to the construction of an authoritative voice in his *Erklärung der Hogarthischen Kupferstiche*. Taking on the challenge to "translate" Hogarth's observations from the visual medium into language and to adapt Hogarth's satire of English culture for a German audience, Lichtenberg sets out to supersede earlier commentators by both developing a narrative style that matches Hogarth's authoritative pictorial wit and extending Hogarth's satiric enterprise through his own observations on human nature and social conventions. Lichtenberg's "poetic commentary" establishes its authority by staying true to Hogarth and true to life—and by courting the enlightened public with his own brand of "prodesse et delectare."

The essays of this volume, viewed collectively, reveal then, in an arc that ranges from the medieval to the modern periods, gradually changing attitudes toward the construction of textual authority. Let us, in conclusion, draw some of the more important ones together. Initially, we see evidence for a culture that—rooted in a stable, theocentric cosmos—privileges conservative art forms. This belief in the substantiality of the world, which legitimates conservative artistic expression, can, however, be undermined by a countermovement (caused by the "civilizing process"); there is a certain "disenchantment," a loss of wonder, the growth of a sense that the world is a place where the divine no longer necessarily guarantees an unchanging order, where the poet's own creativity must become the bearer of new forms. Additional, complex changes are brought about by the gradual emergence, the increasing importance of the written text. Here authority is shown, at first, to fluctuate between the worlds of orality and literacy, between a more archaic type of legitimation lodged in personal presence and newer forms of authentication ascribed to the written form. In the course of this process a sense for the power of the lived event can be lost, but other, more affirming strategies come simultaneously to the fore. Increasing importance is attributed to the intertextual dimension and to the notion of *auctor*, as legitimizing factors. This growth of "bookishness" continues into the early modern period. The disciplines of philology, of scholarship contribute to a certain demystification of the hermeneutic process. With the advent of science and empirical observation, with the emergence of professional standards and the construction of the modern state, and finally with the appearance of the critical, enlightened individual, experience of the world as primarily a place of miracle, beyond human control, is seriously undermined and the understanding of the nature of authority, in the end, fundamentally transformed.

2. Die Autorität des Musters: Mittelalterliche Literatur als Variationskunst und die Folgen für ihre Ästhetik

Thomas Cramer

Im ersten oder zweiten Jahrzehnt des 13. Jahrhunderts beklagt sich der Trobador Gui d'Ussel, es gäbe in der Lyrik nichts Neues[1] mehr zu sagen, und dieses Bewußtsein lähme seine literarische Produktivität:

> Ben feira chansós plus soven,
> Mas enòja'm tot jorn a dire
> Qu'eu planh per amor e sospire
> Quar o sabon tuit dir comunalmen;
> Per qu'eu vòlgra motz nòus ab son plazen,
> Mas re no tròbo qu'autra vetz dit no sia.[2]

Unter dem Diktat eines Kunstbegriffs, der Innovation ontologisch versteht, wäre die Konsequenz für den neuzeitlichen Literaten allererst die Suche nach neuen Gegenständen und Themen. Für eine Kunst, deren Aufgabe im Gegenteil die immer neue *repraesentatio* vorfindlicher Welt ist, liegt das Problem nicht in den Gegenständen, sondern im Modus der Repräsentation, und konsequent folgt für Gui d'Ussel aus der Einsicht, alles sei schon gesagt, weder die grundsätzliche Sprachskepsis des "Lord-Chandos-Briefes" noch die Frage nach neuen Gegenständen, sondern ausschließlich die Suche nach neuen Mitteln der poetischen Äußerung.

> De qual guisa'us pregarai donc, amia?
> Aquò meteis dirai d'autre semblan,
> Qu'aissi farai semblar novèl mon chan.[3]

Das *de qual guisa* bezieht sich nicht, nach den Eingangsversen einigermaßen überraschend, auf die Inhalte des Bittgedichts: es ist konventionell wie eh und je in panegyrischen Formeln, Beständigkeits- und Aufrichtigkeitsbeteuerungen, genau das, was nach Aussage des zweiten

Verses der ersten Strophe jeden Tag wiederholt wird und den Autor in seinen Ansprüchen unbefriedigt läßt:

> Dòmna, ben sai certanamen
> Qu'el mon non pòsc mais dòmn'eslire
> Don qualsque ben no si'a dire,
> Oqu'òm pensan no formès plus valen:
> Mas vos passatz sobre tot pensamen
> Et atressi dic vos qu'òm non poiria
> Pensar amor que fos pars a la mia.
> Sitot non pòsc aver valor tan gran,
> Endreit d'amor, sivals no'i a engan.[4]

Die an sich selbst gestellte Frage *de qual guisa'us pregarai* und damit die Frage nach der Einlösung eines literarischen Anspruchs beantwortet Gui d'Ussel mit dem Verweis auf die ästhetischen Spielräume, die das unverändert beibehaltene Muster läßt.

Das Adjektiv *novel* bezeichnet ein Bedürfnis nach Originalität,[5] das sich nicht in den Formulierungen, den Tropen oder den Bildern realisiert—sie sind gewohnt konventionell—sondern in formalen Merkmalen. Bei gleichbleibenden Inhalten, gleichbleibenden Formulierungen, gleichbleibendem Strukturschema sind die Dimensionen des Verses und der Strophe in den Grenzen, die die Ausgewogenheit des Maßes setzt, variabel, und vor allem ist es die Anordnung der Reime. Pierre Bec charakterisiert diese Struktur mit der Opposition von *fixité* und *variété*.[6]

Gui d'Ussels Eingangsstrophe ist nichts anderes als eine Reflexion über die unentrinnbare Autorität und Verbindlichkeit des Gegenstandsmusters und über die Spielräume, die es für Variationen läßt, in denen sich die ästhetischen Ambitionen des Autors verwirklichen können. Fragt man sich allerdings, worin die Variation des Themas in Guis Gedicht besteht, was an ihm *novel* ist, so fällt die Antwort zunächst dürftig aus: augenfällig ist allein, daß Gui d'Ussel *coblas unisonans* verwendet. Nun ist aber diese Form der in allen Strophen durchgereimten Kanzone zu Beginn des 13. Jahrhunderts keineswegs neuartig. Daraus ergeben sich drei mögliche Folgerungen: (1) Gui d'Ussels Anspruch, Altes auf neue Weise zu sagen, bleibt bloße Behauptung; (2) die Verwendung von *coblas unisonans* ist zwar objektiv nicht neu, aber subjektiv für einen Autor, der sich zum erstenmal dieser Technik bedient; oder (3) unsere Fähigkeit, zu erkennen, was *novel* ist, worin die Variation des Musters besteht, ist unzulänglich. Daß letztere Folgerung die zutreffende sei, läßt sich mangels zeitgenössischer theoretischer Schriften nur als Verdacht äußern, der nur durch einen rund hundert Jahre jüngeren Quellentext zu erhärten ist. In *De vulgari eloquentia* erkennt Dante nicht allein den Wörtern objektive, ästhetische und sensorische Eigenschaften zu, die nicht mit den rhetorischen *proprietates* verwechselt werden dürfen[7], sondern auch der Gestalt, d. h. der bloßen Silbenzahl der Verse: "Sed nullum adhuc invenimus carmen in syllabicando endecasyllabum transcendisse, nec a trisyllabo descendisse. Et licet trisyllabo carmine atque endecasyllabo, et omnibus intermediis cantores latii usi sint, pentasyllabum, et eptasyllabum, et endecasyllabum in usu frequentiori habentur: et post haec trisyllabum ante alia; quorum omnium endecasyllabum videtur esse superbius, tam temporis occupatione, quam capacitate sententiae, constructionis et vocabulorum; quorum omnium specimen magis multiplicatur in illo, ut manifeste apparet; nam ubicumque ponderosa multiplicantur, multiplicatur et pondus"[8].

In der bloßen Verwendung und Kombination von Versen verschiedener Länge könnte sich unter anderem also der ästhetische Anspruch des Autors in der Variation und als Variation realisieren. Dantes Kapitelüberschriften des 2. Buchs *de vulgari eloquentia* enthalten fast durchweg das Wort *variatio*.[9] In der Variation entfaltet sich die künstlerische Eigenständigkeit; oder anders gesagt: das Neue ist nicht das Thema, das Neue ist die Variation.

Unter dieser Perspektive stellt sich die Aufgabe, mittelalterliche Kunst als Variationskunst einzuschätzen.

Der Begriff der Variation selbst macht einen historischen Wandel durch, den man mit der Formel "von der ornamentalen Variation zur substantiellen Variation" charakterisieren könnte. Am klarsten manifestiert sich dieser Wandel auf dem Gebiet, wo "Variation" als Gattungsbezeichnung beheimatet ist, in der Musik. Mit dem Begriff assoziieren sich heute unvermeidlich Bachs Goldberg-Variationen, Beethovens Diabelli-Variationen oder Brahms' Haydn-Variationen. Diese Werke sind jedoch gar keine Variationen mehr im ursprünglichen Sinne, sondern Alterationen des Themas dergestalt, daß aus ihm substantiell Neues entsteht.

Bach nennt deshalb sein Werk gegenüber dem heutigen Sprachgebrauch sehr viel präziser "Aria mit verschiedenen Veränderungen". Den gleichen Terminus gebraucht Beethoven: "33 Veränderungen C-Dur über einen Waltzer von Diabelli": das Thema ist nicht variiert, es ist anders geworden. Im Verhältnis zum Ausgangsmuster, dem Thema, heißt im neuzeitlichen musikalischen Zusammenhang "Variation" das gerade Gegenteil dessen, was für das Mittelalter gemeint ist. Dort heißt Variation die Festlegung jedes in Wort oder Bild oder Musik dargestellten Themas auf ein unveränderliches Ausgangsmuster, dessen Stabilität sich gerade darin erweist, daß es die Lizenz bietet, Akzidentien zu

Notenbeispiel 1. Johann Sebastian Bach, Goldberg-Variationen.

variieren. Die ästhetische Leistung des Künstlers liegt in der Fähigkeit, diese Spielräume zu nutzen, und die ästhetische Arbeit des Rezipienten besteht darin, Qualität und Quantität dieser Nutzung unter der Decke des konstanten Musters aufzuspüren.

Der neuzeitliche Komponist verfährt gerade umgekehrt. Seine ästhetische Leistung ist es, das Thema in der Variation zu verbergen, und die ästhetische Aufgabe des Rezipienten heißt, es dort wieder zu entdecken.

Ein Blick auf die parallel untereinandergesetzten acht Anfangstakte der "Aria" der "Goldberg-Variationen" mit ihrer ersten Variation (Notenbeispiel 1) erhellt diesen Tatbestand.

Nach dem spontanen Höreindruck ist die Variation (wie alle anderen) unmöglich selbst vom geschulten Hörer als Variation des Themas zu

Notenbeispiel 2. Hugh Aston, The Crocke.

erkennen; er wird sie als zwei unterschiedliche Sätze in gleicher Tonart hören. Erst geduldiges, oft wiederholtes Hören oder das Studium der Partitur (durch den Spieler) entdeckt im Wortsinne das Thema in der Variation: die zentralen, harmoniebestimmenden Töne jedes Thementaktes wiederholen sich im entsprechenden Takt der Variation sowohl im Diskant wie im Baß (im Notenbeispiel 1 mit Tonbuchstaben gekennzeichnet). Invariante ist das harmonische Grundgerüst, alles andere, Melodieführung, Notenwerte, Rhythmik, Kontrapunktik ist Variation oder vielmehr Veränderung.

Genau umgekehrt verfährt die traditionelle, aus dem Mittelalter überkommene Variationskunst. Als ein beliebig herausgegriffenes Beispiel unter tausenden diene ein Virginalstück des Londoner Organisten Hugh Aston aus dem Anfang des 16. Jahrhunderts, betitelt *The Crocke* und bestehend aus acht Takten Thema und acht Takten Variation (Notenbeispiel 2). Es ist leicht sichtbar, daß die Variation in nichts besteht als einer Diminuierung des Themas, das heißt einer Auflösung von dessen Viertelnoten in Achtelnoten. Auch in dieser Diminuierung bleibt das Thema ohne weiteres hörbar; nicht das Thema muß in der Variation, sondern die Variation im Thema entdeckt werden.[10]

Dienen die musikalischen Beispiele dazu, den Wandel des Variationsbegriffs, dessen ästhetischen Ursachen ich später nachgehe, zu illustrieren, so lassen sich besondere Bedingungen mittelalterlicher Variationskunst als Spiel von Varianten und Invarianten, als Autorität des Musters und Freiheit der Spielräume naturgemäß augenfälliger an der bildenden Kunst darstellen, zumal die Wiederholung eines Musters auch aber nicht nur ihre historisch handfesten Ursachen in der mittelalterlichen Werkstattpraxis hat. Ich wähle als Beispiel vier Madonnendarstellungen, die im gleichen künstlerischen Umfeld, der Sieneser Schule, in einem Zeitraum von etwa 25 Jahren entstanden sind; zwei von ihnen stammen vom gleichen Maler, Duccio di Boninsegna, aus dem gleichen Jahr, 1285. Die dargestellten Merkmale gelten nur für diesen Umkreis, halten sich in ihm aber über einen erstaunlich langen Zeitraum. Für ihn sind sie so verbindlich, daß die Kunstgeschichte aus Abweichungen vom Muster mit Sicherheit auf außersienesische (meist florentinische) Einflüsse bzw. Auftraggeber schließen kann; so etwa bei der auf 1319 datierten "Thronenden Madonna mit Kind" von Ambrogio Lorenzetti, bei der die rechte Hand und der rechte Fuß des Kindes entgegen dem sieneser Muster (siehe unten) verhüllt sind. Die übrigen sienesichen Merkmale sind vollständig vorhanden, aber allein diese geringfügige Abweichung genügt, um das Bild als "verwirrend" zu charakterisieren: "Bereits das erste, uns bekannte Werk von Ambrogio ist in seiner Einzigartigkeit verwirrend, da es sich deutlich von der Malkultur Duccios, welcher die Anfänge aller anderen großen sienesischen Maler geprägt hatte, erheblich unterscheidet und offenkundig eher Übereinstimmungen mit den Arbeiten florentinischer Künstler, mit Giotto und mit dessen besten Schülern aufweist"[11].

Um den Preis einer gewissen Schematisierung befrage ich die Bilder auf ihre Invarianten, d. h. die ikonographisch festliegenden Merkmale und die Spielräume, in denen sich die ästhetische Eigenständigkeit des Malers entfalten kann. Die selbstverständlichen, nicht so sehr durch ikonographische Festlegungen als durch thematische Zwänge vorgegebenen Invarianten: Frauengestalt mit Kind, Nimbus, Kopfbedeckung Mariens übergehe ich. Wichtiger sind die Invarianten, die nicht durch Erzählzwänge begründet werden können.

Stereotyp ist die Blickrichtung Mariens; sie blickt nicht auf ihr Kind und auch nicht auf eine gegebenenfalls im Bild vorhandene andere Figur, sondern immer auf den Betrachter, während die Blickrichtung des Jesusknaben variabel ist. Bei Guido da Siena (Abb. 1) blickt er in den Himmel auf Gottvater, der in einem dreieckigen Bildaufsatz dargestellt ist; bei Segna di Bonaventura (Abb. 2) blickt das auch im übrigen ganz auf sich bezogene Kind ohne bestimmte Richtung ins Leere; bei der *Madonna da Crevole* (Abb. 3) sieht das Kind seine Mutter an und bei der *Madonna Rucellai* (Abb. 4) blickt es auf die Engel links im Bild. Der Sinn der Invariante ist klar: durch ihren Blick auf den Betrachter nimmt Maria ihre Rolle als *mediatrix* wahr, als Vermittlerin zwischen dem göttlichen Kind und dem Betrachter, was durch die Hinweishaltung der rechten Hand Mariens unterstrichen werden kann (Abb. 1 und 3). Die ikonographische Invarianz garantiert die rituelle Funktion des Bildes, seinen Wiedererkennungswert als Gegenstand der Andacht; hier gibt es keine ästhetischen Spielräume für den Künstler.

Abb. 1. Guido da Siena, Maestà, *letztes Drittel 13. Jahrhunderts.*

Abb. 2. Segna di Bonaventura, nach 1300.

Abb. 3. Duccio di Boninsegna, Madonna da Crevole, *1285.*

Abb. 4. Duccio di Boninsegna, Madonna Ruccellai, *1285.*

Die Autorität des Musters 19

Abb. 5. Luca di Tommè, Die heilige Anna selbdritt, *ca. 1390.*

Das gleiche gilt für die Stellung des Kindes im Verhältnis zu Maria: es sitzt oder steht immer auf dem linken Oberschenkel der Mutter. Es scheint dies das Bildvokabular zu sein, mit dem ein Mutter-Kind-Verhältnis angezeigt wird. Die Autorität dieses Musters begründet auch, unter welchen Umständen die regelgerechten Bildbestandteile umarrangiert werden können beziehungweise müssen: in der Darstellung des Mutter-Kind-Verhältnisses über drei Generationen. In der *Anna selbdritt* des Luca di Tommè (Abb. 5) nimmt Maria auf dem Schoß ihrer Mutter Anna die Stellung ein, die sonst das Jesuskind hat, während die eigentliche Madonnendarstellung unter Bewahrung aller sonstigen Festlegungen genau seitenverkehrt ist.

Zu den Invarianten gehört schließlich, daß Hände und Füße des Jesusknaben alle sichtbar, und daß die Füße, im Widerspruch zu den zeitgenössichen Gewohnheiten, unbekleidet sind. Der vorausdeutende Sinn dieses Darstellungsmusters ist leicht zu erahnen: der Betrachter muß die Gliedmaßen sehen, durch die das Kind später ans Kreuz genagelt wird. Diese Deutung erklärt auch eine scheinbare Varianz: zweimal hat das Kind die Beine übereinandergeschlagen (Abb. 1 und 3), zweimal liegen oder stehen sie nebeneinander (Abb. 2 und 4). Es ist dies nichts anderes als die Beinhaltung des Dreinagel- bzw. Viernagel-Kruzifixus.

Ein interessantes Spiel mit Varianz und Invarianz ist dagegen bei den Armen des Jesuskindes zu beobachten. Der linke Arm hängt immer schlaff herab und die Hand macht keinerlei Gestus. Der Signalwert dieser augenfälligen Festlegung, die auch (seitenverkehrt) bei der Anna Selbdritt des Luca di Tomè beibehalten ist (Abb. 5) erschließt sich mir nicht. Offenkundig ist aber, daß dem Künstler in der Gestaltung des rechten Arms weitgehende Freiheit der Variation zugestanden ist. Analog zur jeweiligen Blickrichtung macht das Kind bei Guido da Siena (Abb. 1) einen Segensgestus; bei Segna di Bonaventura (Abb. 2) deutet es auf sich selbst (da auf diesem Bild die rechte Hand Mariens die Hinweisfunktion nicht wahrnimmt). Bei der *Madonna da Crevole* (Abb. 3) liebkost das Kind seine Mutter, und bei der *Madonna Rucellai* (Abb. 4) bedeutet die mit drei Fingern ausgestreckte Hand den Herrschaftsgestus.[12]

Die eigentlichen Freiräume für die Einlösung des ästhetischen Anspruchs aber öffnen sich den Künstlern dort, wo sie nicht erzählen müssen, wo ihr Bild keine rituelle Funktion wahrzunehmen hat: im Ornamentalen. Die schöpferische Phantasie, die von den Malern auf die Darstellung des Faltenwurfs der Gewänder und vor allem des Mantelsaums Mariens verwandt wird, zeigt die Bedeutung, welche die Künstler diesen Akzidentien als Spielraum für ihren ästhetischen Anspruch beimessen. Die Durchzeichnungen der Mantelsäume (Abb. 6), die vollständig unterschiedliche Bilder entstehen lassen, erhellen dies schlagartig. Die Art, wie sich in Duccios *Madonna da Crevole* der Rechtsschwung des Mantelsaums im Gegenschwung des Jesusgewandes fortsetzt, oder die bildkompositorische Bedeutung der Gürtelschnur des Kindes, die das Gegengewicht zum rechten Arm Mariens hält und überdies mit ihrer Schlaufe eine *crux ansata*, ein Henkelkreuz, bildet, auf das der Mittelfinger Mariens zeigt, machen das Bild ungeachtet seiner thematischen Stereotypie und der Dominanz der festgelegten Muster zum unverwechselbaren Kunstwerk eigenen Anspruchs. In ihr artikuliert sich das *novel;* das Ornament ist die Möglichkeit, um Gui d'Ussels Formulierung aufzunehmen, dieselbe Sache auf eine andere Weise zu sagen.

In der mittelalterlichen Variationskunst überlagern sich zwei verschiedene Ansprüche: der auf erzählende, auch rituelle Vermittlung, die durch stereotype Wiedererkennungsmerkmale zu sichern ist, und der auf ästhetische Originalität, die sich durch Abweichung zu erkennen gibt. Damit erfahren die Bestandteile des Kunstwerks eine je unterschiedliche Funktionszuweisung. Die Autorität des Musters, das, wenn überhaupt, nur sehr langfristig verändert werden kann, sichert dem

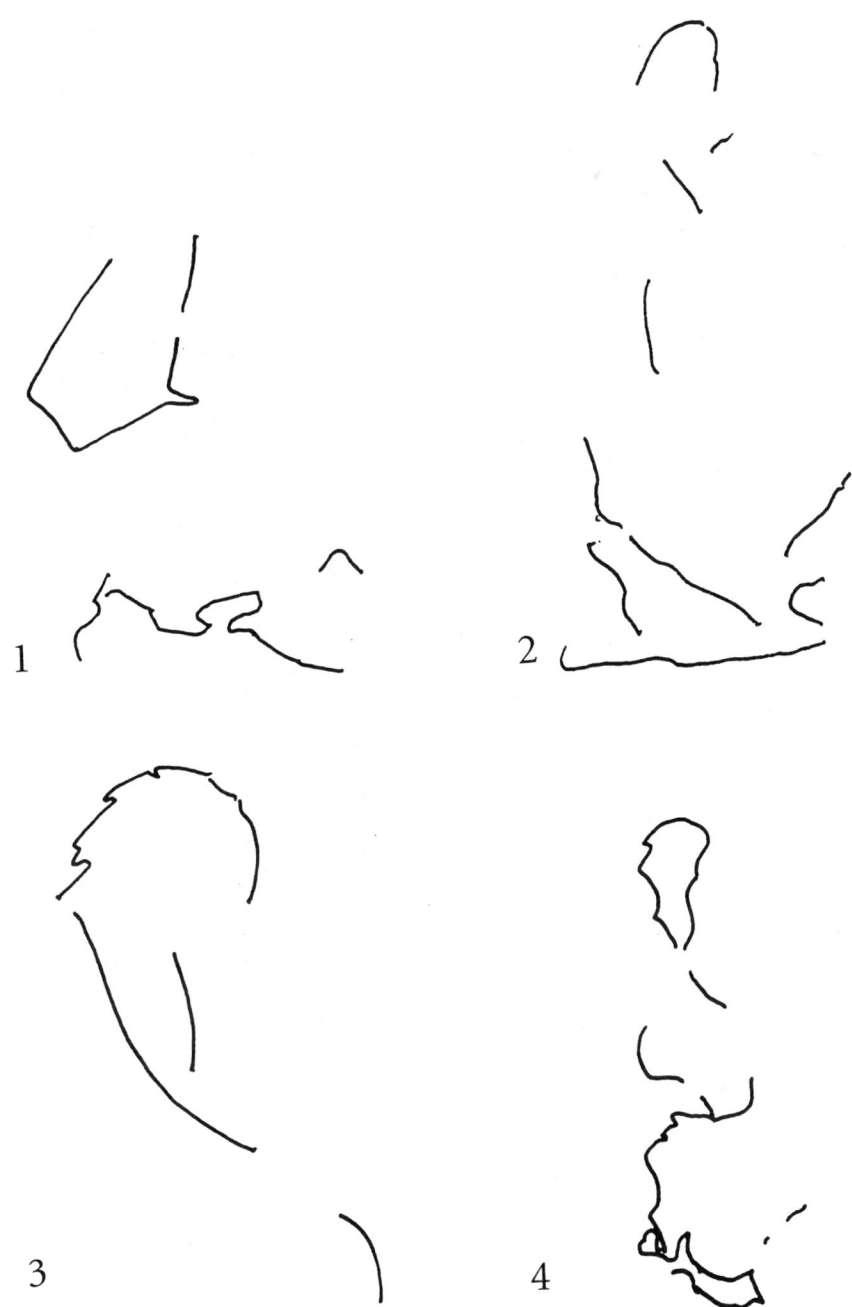

Abb. 6. Durchzeichnungen der Mantelsäume von Abb. 1–4.

Madonnenbild, der Kreuzigung, der Verkündigung, der Minnekanzone, dem Abenteuerroman ihre rituelle, im weitesten Sinne soziale Funktion durch die Möglichkeit, eben diese Funktion durch die invarianten Strukturen sofort und unmittelbar wiedererkennen zu können. Die ikonographischen Invarianten des Madonnenbildes als Wiedererkennungssignal, Grobmerkmale—Frau mit Kind auf dem Schoß—in notwendiger Kombination mit den Feinmerkmalen—Blickrichtung der Madonna, Gliedmaßen des Kindes usw.—sichern seine Gebrauchsfunktion im Hervorrufen von Andacht und Frömmigkeit. Diese Aufgabe leistet das Bild durch das bloße Vorhandensein der invarianten Merkmale prinzipiell ungeachtet der ästhetischen Qualität seiner Ausführung. Den Zweck des Erzeugens von Andacht erfüllt es unabhängig von den künstlerischen Fähigkeiten seines Herstellers und der ästhetischen Kompetenz des Rezipienten. Die vielen Kitschmadonnen, die heutzutage die Kirchen bevölkern, sind ein ebenso banales wie beredtes Zeugnis für diesen Tatbestand. Daß unter Umständen auch ästhetische Qualität die Andacht befördern und daß umgekehrt ihr Mangel die Andacht des ästhetisch Geschulten stören oder gar verhindern kann, ändert nichts an der grundsätzlichen Struktur.

Wenn die ästhetische Leistung und ihre Anerkennung den variierbaren Akzidentien zugewiesen wird, so unterstellt dies zwei Bedingungen:

(1) Der Rezipient muß Sinn und Wert des Kunstwerks nicht mehr oder nicht nur in seiner sozialen Vermittlungsfunktion sehen, sondern in seiner ästhetischen Unverwechselbarkeit. Diese ist aber das gerade Gegenteil von Autonomie des Kunstwerks. Da sich

(2) diese Einmaligkeit—paradox genug—nur in der Variation zeigt. Da Tatbestand und Art des Variierens sich nur im Vergleich erschließen, setzt die Einschätzung von Variationskunst die zumindest mentale Präsenz möglichst vieler Vergleichsobjekte voraus, an denen man die künstlerische Leistung im Wortsinne "studieren" kann. Das Kunstwerk ist also immer nur in seinem Zusammenhang mit anderen Kunstwerken zu beurteilen. Die Kunst der Linienführung des Mantelsaums der *Madonna da Crevole* wird sich über das spontane Wohlgefallen hinaus in ihrer Besonderheit und als Leistung des Künstlers nur dem Kenner und Experten erschließen, der Kompetenz und Gelegenheit hat, sie mit der ornamentalen Behandlung des gleichen Gegenstandes auf anderen Bildern desselben oder eines anderen Malers zu vergleichen und im interikonologischen Zusammenhang die Kunst der Variation, d. h. Ähnlichkeit und Differenz einzuschätzen.

Die der mittelalterlichen Kunst unterstellte Doppelfunktion in grundsätzlich voneinander zu trennende soziale Leistung und ästhetische Leistung erlaubt es, bei aller Problematik der Übertragung, die Literatur in den Blick zu nehmen, vorab Trobadorlyrik und Minnesang, von denen ich ausgegangen bin. Die unveränderliche Konstanz von deren Mustern in poetischer Rollenverteilung, Struktur eines erotischen Ausnahmeverhältnisses, Vokabular und sprachlichen Formeln, jene Stereotypie, die Gui d'Ussel (angeblich) so sehr langweilt—gerade sie sind die Voraussetzungen, unter denen allein das Gedicht zum Medium eines performativen Repräsentationsaktes mit sozialem Identifikationswert gemacht werden kann. Die Stereotype oder Invarianten sichern die Möglichkeit des Wiedererkennens beim Rezipienten unabhängig von seiner ästhetischen Kompetenz. Der soziale Identifikationsakt wird nicht durch die künstlerische Leistung des Autors begründet, sondern liegt in der Tatsache und im Vorgang der Darbietung selbst, d. h. in der Erzeugung des Bewußtseins beim Rezipienten, an einem als statusspezifisch empfundenen, repräsentativen und zugleich leicht wiedererkennbaren Vorgang teilzunehmen, dessen soziale Erheblichkeit nur ungenau zu definieren, aber um so unbefragter vorausgesetzt ist. Ästhetisches Urteilsvermögen ist für diese Teilhabe nicht erforderlich. Das Phänomen ist noch heute bei allen sozial ritualisierten kulturellen Veranstaltungen zu beobachten.

Wenn die künstlerische Leistung des Dichters sich in der Variation von Akzidentien manifestiert, wenn die ästhetische Arbeit des Rezipienten darin besteht, die Variation im Thema zu entdecken, dann schließt der Vorgang der "Aufführung" einen solchen Zugang zum Gedicht geradezu aus. Er erfordert das geduldig wiederholte, vergleichende Studium mental oder materiell bereitliegender Gedichte, das dann ein ganz anderes Gefühl der Teilhabe erzeugt: das der Zugehörigkeit zu einer kleinen Elite der Kenner und Urteilsfähigen. Das gilt für das Einzelgedicht im Vergleich mit anderen ebenso wie in noch höherem Maße für Gedichte, die von vornherein als Variationenkette angelegt sind wie die Gedichte der sogenannten Reinmar-Walther-Fehde. Vielleicht sind die uns so häufig überlieferten verschiedenen Fassungen ein und desselben Gedichts eine Art selbstgenerierte Variationenkette.

Ob es möglich und überhaupt sinnvoll wäre, die Erstellung eines Katalogs der Invarianten in der Lyrik analog zu den ikonographischen Katalogen der Kunsthistoriker anzustreben, die wohlgemerkt nichts mit Toposkatalogen zu tun hätten, sei dahingestellt. Eine der Hauptschwierigkeiten liegt darin, daß uns über die Urteilskriterien der Autoren selbst, das zeigte sich schon bei Gui d'Ussel, so gut wie nichts bekannt ist. Sie reden zwar viel von der Schönheit ihrer Gedichte, aber worin sie nach ihrer Auffassung besteht, sagen sie nicht. Der einzige mir bekannte Beleg für die Begründung eines positiven Urteils über ein Gedicht in der deutschen mittelalterlichen Literatur scheint zunächst von desillusionierender Trivialität zu sein. In seinem Lied "Hoher muot, nu wis empfangen / in min herze tusentstunt" (*Frauendienst*, 440, 19–20) verwendet Ulrich von Liechtenstein die Formel *hoher muot* anaphorisch zu Beginn jeder der sieben Strophen. Das begründet im kritischen Urteil der durch das Gedicht beglückten Dame seinen im Wortsinn unerhörten literarischen Wert:

> Diu liet von reht si duhten guot.
> daz ieslich liet sprach "Hoher muot"
> da ez sich huob, des smielte sie,
> wan siz gehort het da vor nie.
> si sprach "diu liet sint minneclich,
> getichtet deswar meisterlich."
>
> (*Frauendienst*, 422, 8–13)[13]

Das hört sich an, als garantiere die Verwendung einer Anapher die Qualität eines Gedichtes. Immerhin tritt die von Gui d'Ussel geforderte Wertkategorie des *novel* hinzu. Zumindest für die Rezipientin ist die Verwendung der Anapher neu ("wan siz gehort het da vor nie"), und die positive Selbsteinschätzung Ulrichs, durch den Mund der Dame artikuliert, wird ausdrücklich damit begründet. Das Urteil differenziert sich weiter, wenn man bemerkt, daß es sich bei der Anapher *hoher muot* um ein Variationswort handelt: mit seinem Gedichtanfang "hoher muot, nu wis empfangen / in min herze tusentstunt" variiert Ulrich den Anfang des Sommerlieds 9 von Neidhart von Reuenthal: "Sumer, wis enphangen / von mir hundert tusent stunt" (SL 9, 1, 1–2).[14]

Das Urteil über das Gedicht begründet sich also nicht allein durch die Verwendung einer rhetorischen Figur, sondern darin, daß diese Figur eine Variation und insofern *novel* ist.

Ist diese Deutung richtig, so hätten wir es mit einem Urteilsverfahren zu tun, das den ästhetischen Wert eines Werkes nicht an der Gesamtstruktur, sondern an der punktuellen Variation bemißt. Eine Beurteilung nach der "Unerhörtheit", der Neuartigkeit von Details nach dem seit dem deutschen Idealismus so verachteten Prinzip der "schönen Stellen" unter Außerachtlassung des "Ganzen".[15] Bis zum Ende des 18. Jahrhunderts gibt es hingegen viele Zeugnisse dafür, daß Beifalls- oder Mißfallenskundgebungen etwa für ein neues Musikstück nicht an dessen Ende als Quittung für den Gesamteindruck, sondern während der laufenden Aufführung für einzelne Stellen gleichsam als Szenenbeifall gespendet wurden, ein Praxis, die bei heutigen Konzertbesuchern helle Empörung auslösen würde. Ein berühmter Beleg ist Mozarts Bericht von der Uraufführung seiner Pariser Symphonie an seinen Vater vom 3. Juli 1778:

> ich batt *gott* um die gnade daß es gut gehen möchte, indemm alles zu seiner grösten Ehre und glory ist, und Ecce, die Sinfonie fieng an, Raaf stunde neben meiner, und gleich mitten im Ersten Allegro, war eine Pasage die ich wohl wuste daß sie gefallen müste; alle zuhörer wurden davon hingerissen—und war ein grosses applaudißement—weil ich aber wuste, wie ich sie schriebe, was das für einen Effect machen würde, so brachte ich sie auf die lezt noch einmahl an—da giengs nun Da capo. das Andante gefiel auch, besonders aber das lezte Allegro—weil ich hörte daß hier alle lezte Allegro wie die ersten mit allen instrumenten zugleich und meistens unisono anfangen, so fieng ichs mit die 2 violin allein piano nur 8 tact an—darauf kam gleich ein forte-mit hin machten die zuhörer /wie ichs erwartete/ beym Piano sch-dann kamm gleich das forte-sie das forte hören, und die hände zu klatschen war eins-ich gieng also gleich für freüde nach der Sinfonie ins Palais Royale-nahm ein guts gefrornes—bat den Rosenkranz den ich versprochen hatte—und gieng nach haus.[16]

Ein bewußt mit dem Prinzip des Unerhörten fast zynisch kalkulierender Effekt, der sich aus der Variation eines Musters, des stereotypen Forteanfangs des letzten Satzes, ergibt und der—wie in Ulrich von Liechtensteins Gedicht—eher auf die affektive, das heißt soziale Reaktion zielt als auf die ästhetische.

Schwieriger als bei der Lyrik ist die Analyse von Invarianten und Varianten beim Roman wegen seiner größeren Offenheit und größeren Handlungskomplexität. Immerhin ließe sich wohl auch hier eine Liste invarianter Verlaufsmuster mit einem Katalog der Variationsspielräume konfrontieren. Zu ersteren gehören unter vielem andern die Alterslosigkeit der Helden oder die Unangefochtenheit von den Banalitäten des Lebens, zu letzteren wohl (in Grenzen) der strukturelle Aufbau, stichwortartig zu bezeichnen mit den Möglichkeiten des Chrestien/Hartmannschen Doppelwegs, seiner Variation bei Wolfram, die Episodenverschränkung durch *entrelacement* oder die amorphe Reihung. Die Annahme einer sozialen und ästhetischen Doppelfunktion der Literatur könnte überdies die bis heute offene Frage beantworten helfen, wie die anscheinend sorgfältig kalkulierte formale Anlage der Romane vereinbar ist mit der Tatsache, daß große Teile eines offenkundig ständig wechselnden Publikums die Romane nur ausschnitthaft und in Episoden zur Kenntnis nehmen konnten. Für das Erzeugen des Gefühls der Teilhabe genügt auch das Anhören einer Episode, sofern sie die notwendigen Wiedererkennungsmerkmale enthält. Überdies bewährt sich in der episodenhaften Kenntnisnahme das Prinzip der schönen Stellen. Der literarische Kenner hingegen wird seine ästhetischen Ansprüche nur durch das Studium des ganzen Romans im Vergleich mit anderen befriedigt sehen.

Der Vorgang der Gewichtsverlagerung von der ornamentalen Variation zur substantiellen Veränderung, der Abbau der Autorität des Musters, dergestalt, daß nun nicht mehr im Thema mehr oder minder große Nieschen zu variabler ästhetischer Ausfüllung gelassen werden, sondern daß umgekehrt das Thema selbst Gegenstand der Variation wird, ist trotz ihrer zeitlichen Verspätung gegenüber der Literatur wieder an der bildenden Kunst anekdotisch genauer zu überprüfen und zumindest besser dokumentiert.

Im Mai 1448 erhielt Andrea Mantegna von den Ovetari in Padua den Auftrag, die Familienkapelle in der Chiesa degli Eremitani auszumalen.[17] Die Auftraggeber waren mit Mantegnas Arbeit unzufrieden, und der Prozeß um die Bezahlung, 1457, gibt präzise Auskunft über die ästhetischen Urteilskriterien, das heißt über den Abbau der Verbindlichkeit des Musters zugunsten einer Dominanz der jeweils und bei jedem Bild anderen und neuen ästhetischen Notwendigkeiten.

Gegenstand der Auseinandersetzung ist die Darstellung der Himmelfahrt Mariens auf einem sehr schmalen Wandstück zwischen den Chorfenstern. In einem gemalten Gewölbebogen steigt Maria, von Putten getragen, in den Himmel auf, ganz unten stehen als Zeugen acht Apostel anstelle der durch das ikonographische Muster geforderten zwölf. An dieser Variation nahmen die Auftraggeber Anstoß und verweigerten die Bezahlung des Bildes. Zwei Gutachter wurden bestellt. Der eine sagte zu Mantegnas Gunsten aus und führte ins Feld, der schmale Raum zwischen den Fenstern hätte eine andere ästhetisch zuträgliche Lösung nicht zugelassen; im Gegenteil sei zu bewundern, welche Harmonie der Proportion der Maler trotz ungünstiger Umstände erreicht hätte, so daß wegen der künstlerischen Vollkommenheit Mantegna den vollen Lohn verdiene. Der Gegengutachter befand, der Maler hätte trotz des schmalen Bildfeldes sehr wohl zwölf Figuren unterbringen können, wenn er sie einfach kleiner gemacht hätte.

Die beiden Gutachter stehen als Protagonisten zweier verschiedener Kunstauffassungen. Für den einen begründet die rituelle Funktion des Bildes seinen Sinn. Für sie ist der Wiedererkennungswert ausschlaggebend. Zu ihm gehört als ikonographische Invariante Maria, von Engeln getragen, mit der Zwölfzahl der Apostel zusammen. Für ihre Reduzierung gibt es keine Rechtfertigung. Erst wenn das Muster garantiert ist, könnte sich die ästhetische Qualität in der Variation von Akzidentien, beispielsweise im Ornamentalen bewähren. Mit dem Gutachter auf Seiten Mantegnas fordert eine Kunstauffassung ihr Recht, die sich auf die formale Harmonie und auf die ästhetische Überzeugungskraft des Bildes unabhängig vom ikonographischen Muster beruft[18] und sich damit über Festlegungen, hinwegsetzt, die mehr sind als bloße Konvention.

Das Eigengewicht des ästhetischen Anspruchs setzt die Autorität des Musters außer Kraft in einem Maße, daß die Auftraggeber die rituelle Funktion des Kunstwerks nicht mehr erfüllt sehen. Der Zweck des Bildes, Andacht, Belehrung oder Erbauung zu erzeugen, interessiert den Künstler nicht mehr hinreichend, um in ernsthaften Konflikt mit der Herausforderung zu geraten, die Aufteilung einer problematischen Fläche proportional vollkommen zu bewältigen. Diese Gewichtverschiebung führt dazu, daß sich der künstlerische Anspruch nicht mehr in der Variation der Akzidentien eines Musters einlöst, sondern in der Veränderung von dessen Substanz.

Wann, wo und mit welchen Mitteln spielen sich analoge Vorgänge in der Literatur ab? Sind die Substitution des Personals in den Liedern Neidharts von Reuenthal oder die Variationen der Doppelwegstruktur in Wolframs *Parzival* akzidentelle oder substanzielle Variationen? Besteht die poetische Leistung des Pfaffen Konrad oder Heinrichs von Veldeke[19] bei der Bearbeitung französicher Quellen in der Variation von Akzidentien im Sinne des Hervorbringens "schöner Stellen", während das durchlaufende Namensakrostichon in Gottfrieds *Tristan* ein Signal dafür ist, daß hier ein Werk nach seiner Gesamtstruktur beurteilt werden will? Die Fragen sind besonders prekär für die großen Erzählformen, denn für die Lyrik erscheint es einfacher eine literarische Ikonologie zu entwickeln, die so weit gefaßt ist, daß sie auch die formale *dispositio* mit einbezieht.[20] Nimmt man den Begriff der Variationskunst für das Mittelalter als heuristische Kategorie ernst, so wirft dies Fragen auf, deren Reichweite gegenwärtig weder qualitativ noch quantitativ sicher eingeschätzt werden kann.

Anmerkungen

1. Zum Begriff des Neuen im Mittelalter vgl. grundsätzlich: Dieter Kartschoke, "Nihil sub sole novum? Zur Auslegungsgeschichte von Eccl. 1,10", in *Geschichtsbewußtsein in der deutschen Literatur des Mittelalters*, hg. v. Christoph

Gerhardt, Nigel F. Palmer und Burghart Wachinger (Tübingen: Niemeyer, 1985), 175–88. Zu den hier erörterten Problemen: *Innovation und Originalität,* hg. v. Walter Haug und Burghart Wachinger (Tübingen: Niemeyer, 1993), besonders Walter Haug, "Innovation und Originalität", 1–13, und Conrad Wiedemann, "'Dispositio' und dichterische Freiheit im Barock", 239–50.

2. Pierre Bec, *Anthologie des Troubadours* (Paris: Union générale d'éditions, 1979), 16. "Ich wollte wohl öfter Lieder machen, aber es langweilt mich, jeden Tag zu sagen, daß ich aus Liebe leide und seufze, denn das wissen alle zu sagen. Deshalb wünsche ich mir neue Wörter und eine angenehme Melodie, aber ich finde nichts, was nicht schon gesagt worden wäre."

Zur Interpretation des Gedichtes vgl. Marc René Jung, "Ben feira chanson", in *Studia occitanica in memoriam Paul Remy,* hg. v. Hans Erich Keller u. a. (Kalamazoo: Medieval Institute Publications, Western Michigan University, 1986), 1:101–8.

3. Pierre Bec, *Anthologie,* 17. "Auf welche Weise soll ich dich also bitten, Geliebte? Ich werde dieselbe Sache auf eine andere Weise sagen, derart, daß mein Lied für neu gelten kann."

4. Pierre Bec, *Anthologie,* 17, Str. 3. "Donna, ich weiß wohl, daß es mir unmöglich ist, auf der Welt eine Dame zu finden, von der man nicht einiges Gute sagen könnte oder die man in Gedanken mit noch größeren Tugenden ausstatten könnte. Aber Ihr seid über allen Gedanken, und außerdem sage ich Euch, daß man sich keine Liebe vorstellen kann, die meiner gleichkommt. Auch wenn ich sonst nicht von hohem Wert bin—wenigstens was die Liebe betrifft, gibt es bei mir keinen Betrug."

5. Zum Begriff des *novel* in der Trobadorlyrik vgl. Antoine Travera, "'Farai chonsoneta nueva'", in Keller (Hg.), *Studia occitanica in memoriam Paul Remy,* 1:301–12.

6. Pierrre Bec, "Quelques réflexions sur la poésie lyrique médiévale", in *Ecrits sur les troubadours et la lyrique médiévale* (Paris: Editions Paradigme, 1992), 121–41; hier 137.

7. "Testamur, proinde incipientes, non minimum opus esse rationis discretionem vocabulorum habere, quoniam perplures eorum materies inveniri posse videmus. Nam vocabulorum quaedam puerilia, quaedam muliebra, quaedam virilia; et horum quaedam silvestra, quaedam urbana; et eorum, quae urbana vocamus, quaedam pexa et lubrica, quaedam irsuta et reburra sentimus: inter quae quidem pexa atque irsuta sunt illa, quae vocamus grandiosa: lubrica vero et reburra vocamus illa, quae in superfluum sonant" (Dante, *De Vulgari Eloquentia,* Buch II, 7; *Dantis Alegheri opera omnia* [Leipzig: Insel, 1921], 2:420). "Zu Beginn stellen wir fest, daß es nicht weniger notwendig ist, einen Begriff von der Unterschiedlichkeit der Wörter zu haben, weil wir sehen, daß man viele Arten von ihnen finden kann. Denn es gibt kindliche Wörter, oder weibliche oder männliche; unter ihnen wieder wildnisgemäße oder stadtgemäße. Unter denen, die wir stadtgemäß nennen, empfinden wir manche als schmuck oder gleitend, manche als rauh und widerborstig. Unter den schmucken und rauhen sind die, die wir großartig nennen; unter den

glatten und widerborstigen nennen wir die, die im Überfluß [überflüssigerweise?] erklingen."

8. Ebd., Buch II, 5, 2:417: "Wir finden kein Gedicht, daß in seiner Silbenzahl den Elfsilber überschritte oder den Dreisilber unterschritte. Für Gedichte können Dreisilber und Elfsilber verwendet werden, und alle Größen dazwischen werden von den Dichtern benutzt; der Fünfsilber, der Siebensilber und der Elfsilber werden am häufigsten gebraucht, danach der Dreisilber vor den andern. Aber von allen scheint der Elfsilber der beste: durch die Zeit, die er einnimmt und seine Aufnahmefähigkeit für Sätze, Konstruktionen und Wörter. Ihre Schönheit entfaltet sich in ihm am besten, wie offensichtlich ist. Denn überall, wo Gewichte vermehrt werden, vermehrt sich auch die Gewichtigkeit."

9. Kap. 4: *De varietate stili*; Kap. 5: *De compositione versuum et varietate eorum per syllabas*; Kap. 6: *De varia constructione*; Kap. 8: *Quid sit cantio, et quod pluribus modis variatur*; Kap. 10: *Quid sit cantus stantiae; et quod stantia variatur pluribus modis in cantione.*

10. Als Glosse am Rande vermerke ich, daß der amerikanische Komponist Steve Reich, der sich einer Kompositionsart bedient, in der musikalische Einheiten sich ständig mit minimalen Veränderungen wiederholen, sein musikalisches Verfahren halbironisch "neomedievalism" genannt hat, wahrscheinlich ohne sich selbst klar zu sein, wie präzise er damit diese Variationsstruktur beschreibt.

11. Giulietta Chelazzi Dini, Alessandro Angelini und Bernardina Sani, *Sienesische Malerei* (Köln: DuMont, 1997), 143.

12. Theodor Michels, "Segenstypus oder Hoheitstypus?", in *Festschrift für A. Thomas*, hg. v. Wolfgang Fruehwald (Trier: Selbstverlag des Bistumsarchivs, 1967), 277–83.

13. Ulrich von Lichtenstein, *Frauendienst*, hg. v. Karl Lachmann (1841; Nachdruck Hildesheim: Olms, 1974): "Die Strophen gefielen ihr mit Recht. Daß jede Strophe am Anfang 'hoher Mut' sagte, darüber mußte sie lächeln, denn so etwas hatte sie vorher noch nie gehört. Sie sagte: 'die Strophen sind lieblich und wahrhaft meisterlich gedichtet'."

14. *Die Lieder Neidharts*, hg. v. Edmund Wiessner, 4. Auflage revidiert v. Paul Sappler (Tübingen: Niemeyer, 1984).

15. Einen der frühesten und durch seine Begründung charakteristischsten Belege bietet Eichendorff in "Halle und Heidelberg": "Sie [die Weimarer Schauspieler] hatten allerdings ... keine eminent hervorragenden Talente, die durch das Hervortreten einer übermächtigen Persönlichkeit so oft die Harmonie des *Ganzen* [Hervorhebung original] mehr stören als fördern, gleichwie die sogenannten schönen Stellen noch lange kein Gedicht machen." Joseph von Eichendorff, *Werke* (Frankfurt a. M.: Deutscher Klassikerverlag, 1993), 5:428.

16. Wolfgang Amadeus Mozart, *Briefe und Aufzeichnungen: Gesamtausgabe*, hg. v. der Internationalen Stiftung Mozarteum Salzburg, gesammelt und erläutert von Wilhelm A. Bauer und Otto Erich Deutsch (Kassel: Bärenreiter, 1962), 2:388–89.

17. Für das folgende vgl. Steffi Roettgen, *Wandmalerei der Frührenaissance in Italien* (München: Hirmer, 1997), 2:14–15.

18. Ebd., 14.

19. Vgl. Silvia Schmitz, *Inventio* (Habilitationsschrift, Technische Universität Berlin [masch.], 1995).

20. Für die Barocklyrik hat Wiedemann, "'Dispositio' und dichterische Freiheit im Barock", dies bereits geleistet, und die Ergebnisse könnten für die Beurteilung mittelalterlicher Lyrik mehr als nur anregend sein.

3. Wege der Befreiung von Autorität: Von der fingierten Quelle zur göttlichen Inspiration

Walter Haug

Im Jahre 1117 zieht ein Mönch aus Siegburg nach Frankreich, um wild entschlossen den größten Autoritäten seiner Zeit, Anselm von Laon und Wilhelm von Champeaux, die Stirn zu bieten: Es ist Rupert, späterer Abt von Deutz, eine der farbigsten Figuren in dem an einzigartigen Persönlichkeiten so reichen 12. Jahrhundert. Er hat die Kühnheit, die hochgelehrten und bewunderten Theologen des frühscholastischen Denkens zur Disputation herauszufordern, getragen allein von der Kraft seiner persönlichen religiösen Erfahrung, aus der heraus er sich gegen die neue rationale Theologie empört. Man hat den Mann verlacht, denn er hat keine der berühmten Schulen besucht. Ja, Rupert selbst vergleicht sich dem einfältigen Jakob, der zuhause bei seiner Mutter geblieben ist. Sein Selbstbewußtsein gründet nicht in gelernter Gelehrsamkeit, sondern in der Unmittelbarkeit seiner Gotteserfahrung. Und Rupert ist sich der Bedeutung dieser Auseinandersetzung mit Wilhelm, Anselm und deren Anhang durchaus bewußt. Er schreibt hinterher in einem Brief an Abt Kuno von Siegburg:

> Ego autem omne canticum eorum, omnemque despectum, dura fronte contemnens, ita ut nunc ego rei vel temporis illius memor admirari possim, et gaudere quod mihi quoque illud propheticum acciderit: "Ecce dedi faciem tuam valentiorem faciebus eorum, et frontem tuam duriorem frontibus eorum, ut adamantem et ut silicem dedi faciem tuam" (Ezech. III). Ivi in Franciam, ut potissimum contra magistros illos prælium disputationis committerem, quorum tanta super me et contra me auctoritas erat . . . Nam alter eorum magister simul et episcopus alter, quovis episcopo famosior, quamvis ipse non esset episcopus. Mirum mihimet nunc est illud recordationis meæ spectaculum, quomodo solus ego vili asello residens, juvenculus, uno tantum puero comitatus, ad exteras tam longe civitates ad conflictum contra tales profectus sum, quibus

adesse et os et ingenium, et magnam tam officii quam magisterii dignitatem noveram, nec defuturum quod et factum est, ut magistrorum pariter ac discipulorum cœtus quasi non parvus conveniret exercitus ad me audiendum, ap me convincendum. Illud autem magis mirum videtur quod me ingrediente civitatem, jam dictorum alter et præcipuus magistrorum ultimum trahens spiritum, statim post ingressus meum vitam finivit, alter cum quo acerbum habui conflictum, nescio an integrum annum supervixerit.[1]

Anselm von Laon stirbt tatsächlich in dem Augenblick, als Rupert auf seinem Eselchen in Laon einreitet; Wilhelm freilich lebt doch noch ein bißchen länger, bis 1122. Aber die Dramatisierung zeugt vom Bewußtsein des epochalen Konflikts, dem Rupert sich gestellt hat, dem Konflikt zwischen der Frühscholastik und dem Durchbruch einer neuen, personal-subjektiven Religiosität, die dann bei Bernhard von Clairvaux und Wilhelm von St. Thierry zum Aufblühen der Mystik führen sollte. Sie geht zusammen mit einer neuen Bibelexegese, insbesondere einer Neuinterpretation des Hohenliedes. Dies schon bei Rupert, der die Braut des Hohenliedes nicht mehr wie üblich auf die Kirche, sondern auf Maria deutet. Wenn nach seiner Meinung das *Canticum canticorum* von der Liebe spricht, durch die Gottes Sohn in Maria Mensch geworden ist, so ist das nicht einfach eine exegetische Variante, sondern es handelt sich um eine radikale Wende der Perspektive: die Empfängnis Christi durch Maria steht für die Empfängnis Gottes im menschlichen Herzen. Und aus dieser subjektiven Wende heraus bricht Rupert auf, um nicht nur die großen französischen Theologen, sondern zugleich eine fast tausendjährige Tradition durch ein ganz persönliches Ringen um das Wort der Schrift herauszufordern. Die Berechtigung dazu holt er sich—wie er sagt—aus der Überzeugung, daß jeder, der unversehrt im Glauben stehe, die Freiheit habe, die Bibel auch anders auszulegen als die Väter.[2]

Was damit geschieht, bringt Bewegung in das traditionelle exegetische System, wobei ein Spielraum genutzt wird, der grundsätzlich mit ihm gegeben war: der Spielraum zwischen Faktum und Bedeutung, die Bruchstelle zwischen Wort und Sinn. Gott als der Schöpfer der Welt und als der *auctor* der Heiligen Schriften hat Welt und Schrift mit seiner Wahrheit geprägt; er hat das Heilsgeschehen als zweiten, geistigen Sinn in sie eingezeichnet. Wäre der Mensch nicht in seiner Erkenntnisfähigkeit durch die Sünde beeinträchtigt, könnte er diesen Sinn unverstellt sehen, lesen, verstehen. Nun jedoch ist dieser Sinn verdunkelt, und es bedarf einer interpretatorischen Anstrengung, um ihn aufzudecken.

Diese Hermeneutik der Erhellung ist unter zwei Aspekten zu sehen. Auf der einen Seite versteht man sie als Aufgabe sowohl gegenüber den

Gegenständen wie auch in Hinblick auf den Exegeten. Die Verdunkelung des Sinns verlangt nicht nur, daß man dieses Dunkel durchdringt, sondern dieses Durchdringen bedeutet zugleich die Überwindung der Beschränktheit, der der menschliche Geist durch die Sünde unterworfen worden ist. Die Sinnfindung ist zugleich ein Erkenntnis- und ein Läuterungsprozeß.[3] Aber der Mensch vermag dies aus eigener Kraft nicht zu leisten. Der exegetische Prozeß als Deutung und Läuterung ist auf göttliche Gnade, auf göttliche Inspiration angewiesen.

Auf der andern Seite geht es um ein ontologisch-anthropologisches Problem, denn die Verdunkelung verweist auf eine grundsätzliche Differenz zwischen den Erscheinungen und ihrem göttlichen Ursprung. Alles was wir erfahren können, bleibt der Dunkelheit verhaftet. Sie ist Zeichen der Bedingtheit des Irdischen. In das absolute Licht vermag man nur dann einzutreten, wenn man alles Irdische zurückläßt, das heißt im Augenblick der mystischen Unio mit Gott und dann nach dem Tod. Grundlage ist das berühmte Paulus-Wort, 1. Kor. 13:12: "Videmus nunc per speculum in aenigmate: tunc autem facie ad faciem" [Wir sehen jetzt durch einen Spiegel in einem Rätselwort, dann aber von Angesicht zu Angesicht]. Man darf wohl sagen: An diesem Wort hängt das ganze mittelalterliche Weltverständnis. Und entscheidend dabei ist, daß dieses Verständnis eine immer neue Bewegung fordert, da nur die lebendige Erfahrung den Sinn erreicht beziehungsweise die Grenzen der Sinnerfahrung zum Bewußtsein bringt. Man hat dies nicht durchgehalten, man hat nach einem mehrfachen Schriftsinn schematisiert, man hat die Bedeutungen erstarren lassen; es kommt zu einer Flut von Bedeutungswörterbüchern. Der Protest gegen diese Verfestigung ist nicht ausgeblieben. Schon Johannes Scotus Erigena setzt ihr eine offene, unendliche Exegese entgegen[4], und die religiösen Erneuerungsbewegungen sind immer auch exegetische Aufbrüche.

Nun stellt sich dieses Problem der Sinnfindung nicht nur für die Bibelexegese, sondern grundsätzlich für alle christliche Literatur. So haben denn die christlichen Dichter die *Invocatio Dei* in ihre Prologe aufgenommen. Man bittet um die Hilfe des Heiligen Geistes. Nur wer von ihm erfüllt ist, vermag die Wahrheit zu sagen. Dieser Topos zieht sich von den frühchristlichen Schriftstellern, insbesondere seit Juvencus, durch die Jahrhunderte, und mag die *Invocatio* dabei auch zu einem bloßen Versatzstück verkommen, so hält sie doch im Prinzip das Bewußtsein von der Bruchstelle offen, die zwischen unserer beschränkten Erkenntnis und dem göttlichen Sinn besteht. Und damit kann das Problem des Brückenschlags auch immer wieder virulent und lebendige Erfahrung werden. So zum Beispiel eindrucksvoll gleich zu Beginn der deutschsprachigen Literatur bei Otfrid von Weißenburg in der Begründung seiner interpretierenden Evangelienharmonie.[5]

Die *Invocatio Dei* hatte einen antik-heidnischen Vorläufer, den Musenanruf. Er beruht auf der Ansicht, daß die Fähigkeit des Dichtens göttlichen Ursprungs ist und damit die normale Erfahrung übersteigt. Der Dichter bedarf der Inspiration, er arbeitet in einem Zustand besonderer Art, in einer *ekstasis*, einem *furor*, es wirkt ein Gott in ihm: das besagt der Begriff des Enthusiasmus.[6] Diese Vorstellungen klingen im Mittelalter nach, man spricht sogar weiterhin von den Musen, sie werden metonymisch für die Dichtung oder das poetische Werk eingesetzt.[7] Auch der *furor poeticus* ist bekannt, vermittelt vor allem durch Cicero.[8] Aber kennzeichnender als solche rhetorischen Lizenzen ist die Gegenstellung: die Musen werden als Ausdruck einer heidnischen Haltung zurückgewiesen—beispielhaft ist die Vertreibung der als Huren apostrophierten Musen zu Beginn der *Consolatio philosophiae* des Boethius[9]—; der Musenanruf wird programmatisch durch den Anruf an Gott oder die Dreifaltigkeit oder auch an einen Heiligen ersetzt.

Die göttliche Herkunft der Poesie hat zwei Seiten, eine mehr formale, die Begabung, sich in poetisch-gebundener Rede äußern zu können, und eine inhaltsbezogene, die Fähigkeit, eine besondere Wahrheit zu offenbaren: der Dichter als *vates*. Beide Aspekte wirken im Mittelalter nach, die formale etwa in Caedmons Berufung bei Beda[10]—hier und auch im deutschen Bereich verbunden mit der Legitimierung religiöser Dichtung in der Volkssprache. In frühmittelhochdeutschen Prologen wird immer wieder Bileam als Beispiel herangezogen: So wie Gott einem Esel Sprache gab, so möge er auch mir den Mund öffnen, mir also Sprachfähigkeit oder meiner Sprache die Fähigkeit geben, die Wahrheit zu vermitteln.[11] Dem gegenüber steht das rechte Verständnis; hier zielt die Bitte auf die Enthüllung des Sinns, auf die Offenbarung der Wahrheit, die hinter den Worten oder Bildern steht. Beides kann ineinanderfließen. Die Aspekte können aber auch in Gegensatz treten; dann heißt es: Entscheidend ist nur die Wahrheit, nicht die Form, so Otfrid in einer pointierten Wende seiner poetologischen Überlegungen, mit der er die formalen Fragen vom Tisch wischt.[12] Letztlich geht es um die Legitimation der Sinnvermittlung, das heißt, da Sinnhaftigkeit, christlich gesehen, auf Gottes Sinngebung beruht, ist die Vermittlung nur dadurch denkbar, daß man sich in diesen Sinn stellt, was ohne göttliches Entgegenkommen nicht möglich ist. Die Erfahrung wie die Darstellung der Wahrheit verdankt sich der Gnade Gottes.

Das gilt nicht nur für die Bibelinterpretation und die Bibeldichtung, sondern auch für die außerbiblische Literatur, indem vorausgesetzt wird, daß auch in heidnischer Poesie Gottes Wahrheit gewirkt haben kann, auch wenn die Autoren nichts davon ahnten.[13] Und es gilt selbstverständlich für die Lektüre des "Buchs der Welt".[14] Dieses—neben der Offenbarung—zweite "Buch" Gottes umfaßt nicht nur die Natur, die sinngeprägt ist—es sei an die allegoretische Tier-, Pflanzen- und Steinkunde erinnert[15]—, sondern auch die profane Geschichte, die letztlich dem universalen Heilsplan unterworfen ist. Kennzeichnend ist die Interpretation historischer Ereignisse im Hinblick auf die Auseinandersetzung zwischen Gott und Teufel. Ein Musterbeispiel ist Rolands und Karls Heidenkampf in Ronceval; dies besonders prägnant in Konrads deutscher Version der französischen *Chanson de Roland*.

Konrad hat seinem *Rolandslied* einen Prolog vorangestellt, in dem er Gott bittet, ihm seine "heilige urkunde"—sein heiliges Zeichen oder Zeugnis—in den Mund zu legen, was soviel heißt wie: ihm die Bedeutung, den Sinn der Geschichte aufzuschließen, damit er die Wahrheit schreibe.[16] Eine *Invocatio Dei* also auch bei einer Dichtung, von der der Autor sagt, daß sie der französischen Vorlage ohne irgendwelche Abweichungen folge. Wozu braucht er da Gottes Hilfe? Man könnte antworten, daß die *Invocatio* als bloßes Prolog-Versatzstück mit eingeflossen sein dürfte, denn man würde doch schwerlich unterstellen wollen, daß Konrad Gott als Übersetzungshelfer bemühen möchte, weil er vielleicht nicht genügend Französisch konnte! Doch die Sachlage sieht ganz anders aus, wenn man feststellt, daß Konrad entgegen seiner behaupteten Quellentreue massiv in seine Vorlage eingegriffen hat. Das heißt: Die Quellentreue bezieht sich nicht auf den Wortlaut, sondern auf den Stoff.[17] Und damit öffnet sich auch hier die charakteristische Kluft zwischen dem Stoff als dem Faktisch-Geschehenen und dessen Bedeutung. Auch bei einer Übersetzung zielt der Dichter über die Vorlage auf den Sinn. Und deshalb ist die Faktentreue als Garantie der historischen Wahrheit die Voraussetzung dafür, daß man die höhere Wahrheit erkennen kann, in der das Faktische letztlich steht und von der her es sinnvoll wird. Zugleich aber gestattet sich die Manipulation der Quelle im Blick auf diesen Sinn, denn sie kann nur wahr sein, insoweit sie diesen Sinn vermittelt.

Dieses Denk-, Darstellungs- und Vermittlungssystem ist in allen seinen Ausprägungen von der Bibelexegese über das Welt- und Geschichtsverständnis bis zur Literaturinterpretation so lange in sich konsistent, als man seine drei Bedingungen akzeptiert: 1. daß die Welt, die Geschichte und inspirierte Schriften vom göttlichen Sinn durchdrungen sind, 2. daß dieser Sinn für uns verdunkelt ist—sei es aus heilsgeschichtlichen, ontologisch-anthropologischen oder auch nur strategischen Gründen—, was zur Aufhellung dieses Dunkels drängen muß, und 3. daß man bei dieser Aufhellung auf göttliche Hilfe angewiesen ist, die aber nicht nur notwendig ist, um die Kluft zwischen Zeichen und Bedeutung zu überwinden, über die vielmehr die Interpretation zu einem Gnadenakt wird, der den Interpretierenden ebenso wie den Rezipienten im Sinne der vermittelten Wahrheit verwandelt. Es gibt in diesem Zusammenhang kein Legitimationsproblem; es ist in der Idee der Inspiration aufgehoben. Es gibt nur die Gefahr der Erstarrung zum toten Repertoire allegoretischer Gleichungen.

Doch nun die kritische Frage: Was geschieht, wenn man sich aus diesem Bedingungszusammenhang löst, oder historisch konkret formuliert: wenn sich im 12. Jahrhundert eine profane Literaturtradition zu etablieren beginnt? Woher holt man sich die Legitimation, Stoffe weltlicher Provenienz, seien sie schriftlich überliefert oder mündlich vermittelt, poetisch zu bearbeiten, ohne sie dem traditionellen Sinngebungsverfahren zu unterwerfen? Pointiert gefragt: Wie begründet man eine "autonome" Literatur?—was immer im Mittelalter darunter verstanden werden darf.[18]

Was sogleich überraschend in die Augen fällt, ist, daß man die traditionelle Strategie der Quellenberufung übernimmt.[19] Der Gedanke der Authentizität des Stoffes scheint merkwürdigerweise sein legitimierendes Gewicht zu behalten. Hartmann von Aue streicht mehrfach heraus, daß er sich auf schriftliche Quellen stützt.[20] Ulrich von Zatzikhoven beruft sich auf ein französisches Buch.[21] Ja, es wird immer wieder darauf abgehoben, daß man "nur" aus dem Französischen oder Lateinischen übersetze; so: Heinrich von Veldeke, Otte, Albrecht von Halberstadt, Herbort von Fritzlar, Heinrich von dem Türlin und andere mehr.[22] Gottfried von Straßburg behauptet, daß er nach der authentischen Geschichte von Tristan und Isold gesucht und sie bei Thomas von England gefunden habe, wobei er seltsamerweise aber noch auf dessen Quelle zurückgegangen sein will[23], und dies übrigens in Abwandlung der Quellenberufung, die ihm bei Thomas vorgegeben war. Wolfram von Eschenbach beruft sich, indem er sich von seinem Vorgänger, Chrétien de Troyes, distanziert, auf den ominösen Kyot: er habe dessen französisches Werk ins Deutsche übersetzt.[24] Aber überall da, wo wir solche Berufungen auf Vorlagen mit diesen vergleichen können, zeigt sich, daß von strenger Quellentreue nicht die Rede sein kann, ja immer wieder werden Quellen nur vorgeschoben[25], um sich von den tatsächlichen Vorlagen frei zu machen. Wir wissen seit neuestem—durch den Manuskript-Fund von Carlisle—, in welchem Maße Gottfried an zentraler Stelle von Thomas abgewichen ist.[26] Wolfram hat es sich unter Berufung auf seinen Kyot nicht nur erlaubt, Chrétiens *Perceval*-Fragment frei zu ergänzen, sondern auch entscheidend in den Gang der Handlung einzugreifen.[27]

Ob man sich aber auf Quellen beruft und dann doch von ihnen abweicht oder ob man fingierte Quellen vorschiebt, die Strategie ist offensichtlich immer dieselbe: Man sichert sich ab, um sich zugleich von der Bindung an den vorgegebenen Stoff zu lösen, und dies möglicherweise so ostentativ, daß der Hörer oder Leser das Spiel durchschaut. In diesem Fall wird die Quellenberufung in ihrem Unernst zu einem Fiktionalitätssignal. Ein besonders durchsichtiges Beispiel: Chrétien beruft sich im *Cligés*-Prolog auf ein altes Buch in der Bibliothek von St. Pierre in Beauvais, doch da es sich beim *Cligés* um eine *Tristan*-Persiflage handelt, dürfte es dem Kenner klar geworden sein, daß seine Quellenberufung diejenige des Thomas ironisiert.[28] Oder nochmals Wolfram: Obschon er vorgibt, nur das Buch Kyots ins Deutsche zu übersetzen, kann er sagen: "disiu âventiure / vert âne der buoche stiure"[29].

Man übernimmt also die Strategie, sich über die stoffliche Authentizität abzusichern, aus der poetologischen Tradition, hält sich aber—ebenfalls traditionsgemäß—nicht an die Vorgaben. Was ist der Sinn dieses Verfahrens? Ist das, soweit man daraus nicht ein augenzwinkerndes Spiel mit dem Publikum macht, bloße Konvention oder bestenfalls eine Rückversicherung im Blick auf nur bedingt Glaubwürdiges? Etwa: Wenn ich Lügenhaftes vorbringe, so ist die Quelle daran schuld, wie Lambrecht in seinem *Alexanderlied* und andere nach ihm sagen?[30] Wenn man im Rahmen christlicher Literatur beim interpretierenden Umgestalten von der Quelle abwich, dann im Blick auf die eine Wahrheit, die in den Fakten gerade dadurch deutlicher heraustreten sollte. Darf man in Anlehnung daran gegenüber den angeführten oberflächlichen Erklärungen nicht doch fragen: Gibt es in der neuen Literatur vielleicht eine neue Wahrheit, die entsprechend einen Freiraum für ihre Gestaltung verlangte?

Wolfram läßt im *Parzival* zu Beginn des 9. Buches, in dem die Erzählung nach den Gawan-âventiuren wieder zum Haupthelden zurückkehrt, eine Figur auftreten, die mit dem Ruf *Tuot ûf* Einlaß begehrt. Der Erzähler fragt zurück: "Wer seid Ihr?" Die Antwort: "Ich will in dein Herz hinein." "Da wollt Ihr in einen zu engen Raum." "Ach was! Wenn ich auch nur mit Mühe unterkomme, du wirst dich über meine Zudringlichkeit nicht zu beklagen haben. Ich werde dir Unerhörtes berichten." Und jetzt geht dem Erzähler auf, mit wem er es zu tun hat: "Ach, Ihr seid's, *vrou Âventiure*"[31]. Und so kann er sie denn gleich fragen, wie es inzwischen mit Parzival steht: Ist er verzweifelt, oder hat er sein Ziel erreicht? Eine überstürzt dringliche Kaskade von Fragen schließt sich an, die zugleich dazu dient, in Erinnerung zu rufen, in welchen Schwierigkeiten man den Helden, als zuletzt von ihm die Rede war, zurückgelassen hat und mit welchen Hoffnungen er sich auf den Weg machte, und das alles gipfelt in der Bitte: "nu erliuhtet mir die fuore sîn." *Fuore* kann entweder einfach Weg heißen: "Werft mir Licht auf seinen Weg", oder es kann Lebensweise bedeuten: "Erhellt mir, wie er sich befindet."

Seit Jacob Grimm hat niemand mehr diese Passage so eindringlich geistvoll besprochen wie Friedrich Ohly in einem seiner schönsten Aufsätze: *Cor amantis non angustum*[32]. Er zeigt die geistliche Tradition auf, in der sowohl das Motiv des Anklopfens zu sehen ist wie auch das Eindringen des Überirdischen, sei es die Wahrheit oder die Liebe, oder sei es das Göttliche schlechthin, in die endliche Enge des menschlichen Herzens. An die Stelle der überirdischen Instanz tritt im *Parzival* freilich die Dichtung oder, mit Thomas Mann zu reden, der Geist der Erzählung. Der Erzähler wendet sich an die personifizierte Poesie und bittet sie um Erleuchtung. Es ist dies die einzige Stelle in seinem gesamten Werk, an der Wolfram *erliuhten* gebraucht. Es ist damit offensichtlich an eine "illuminatio als eine Form der Inspiration" gedacht.[33] Der Dichter hypostasiert seine Dichtung zur Trägerin ihrer eigenen Wahrheit. Und dies an einer entscheidenden Stelle des Romans, im Übergang zu Parzivals Einkehr bei Trevrizent, bei der das Geschehen in ganz neuem Licht erscheinen wird. Es stehen Enthüllungen insbesondere über den Gral bevor, die bisher bewußt zurückgehalten wurden, und zwar auf Anweisungen Kyots, der fingierten Quelle! Der Schluß, der daraus zu ziehen ist, liegt auf der Hand: Es heißt dies nichts anderes, als daß *vrou Âventiure* und Kyot identisch sind, oder besser, daß man sie als Masken derselben Autorität zu verstehen hat. Und was ist diese Autorität? Man kann der Antwort schwerlich ausweichen, daß es die Fiktion selbst ist.

Doch, wenn dies zutrifft, wie verhalten sich dann Wahrheit und Fiktion zueinander? Ohly schreibt: "Anders als die Dichtergebete im Eingang von Werken anderer Gattung gibt die *tuot ûf*-Eröffnung dieses Buches dem Einbruch einer über den Dichter verfügenden Wahrheit Raum in einem Ton, dessen Heiterkeit die Dimension des Metaphysischen eben in der Brechung durch das Prisma Wolframs nicht gefährdet"[34]. Das ist kühn gesagt, trifft aber das Entscheidende, nämlich, daß hier die traditionelle Idee der Wahrheitsvermittlung in den Bereich der poetischen Fiktion übertragen wird, so daß die Fiktion nun die ihr eigene Wahrheit zu enthüllen hat. Wenn der Dichter sich also an die Wahrheit seiner Fiktion wendet, wenn er sie um Erleuchtung bittet, wenn er sich ihr gewissermaßen unterwirft, indem er ihr sein Herz öffnet, so ist das mehr als nur ein poetisches Personifikationsspiel. Denn damit wird der Gang der Erzählung als Wahrheitsfindung inszeniert. Und ebendies ist letztlich auch gemeint, wenn Wolfram sagt: "disiu âventiure / vert âne der buoche stiure": *stiure*, die Ausrichtung der Erzählung, ihr Sinn, ist nicht mit der schriftlichen Quelle, dem überlieferten Stoff vorgegeben, oder, wie es im Prolog heißt: es ist nicht möglich, vorwegzunehmen, "welher stiure disiu maere gernt / und waz si guoter lêre wernt"[35]. Wolfram will und kann nicht sagen, welche Deutung seine Erzählung verlangt, wie sie zu verstehen ist oder was für eine Lehre sie bietet. Er fordert vielmehr von seinem Hörer oder Leser, daß er sich dem Gang der Erzählung in seinen "schanzen allen"[36], das heißt in all seinem Hin und Her, in seinen Überraschungen und Umbrüchen ausliefert, daß er also unvoreingenommen in den Prozeß der Sinnenthüllung eintritt.

Und das ist auch die *âventiure*, auf die der Dichter selbst sich einläßt, die *Âventiure*, die er in sein Herz einlassen muß: Sein Werk ist für ihn Sinnsuche, und zwar Sinnsuche als Problem, denn es geht um die prekäre Frage, ob eine poetische Fiktion ein Weg der Sinnfindung, einschließlich ihrer Vermittlung, in einer Welt sein kann, der gegenüber man sich nicht mehr damit begnügt, sie als Schöpfung Gottes heilsgeschichtlich zu deuten. Da somit ein Sinn nicht mehr vorgegeben ist, bleibt dem Dichter nur eines, nämlich ihn fiktional zu konstruieren und diese Konstruktion narrativ zu erproben.

Den genialen Wurf einer solchen Konstruktion verdankt man bekanntlich Chrétien de Troyes. Er hat ein Handlungsmuster entworfen, das es erlaubt, den Helden über einen Weg zu führen, auf dem er diejenigen Mächte, die eine Konstitution von Sinn verhindern—Gewalt, Begierde, Tod—besiegt, um damit jene ideale Gemeinschaft, wie der arthurische Hof sie als Balance aller positiven menschlichen Kräfte darstellt, zu ermöglichen, zu erneuern, zu aktualisieren.[37] Chrétien nennt diese Konstruktion *conjointure*, und indem er sie der Erzählweise der mündlichen Dichter entgegensetzt, von denen er sagt, daß sie den Stoff zerstückeln und verderben, ihn also sinnlos machen, bestimmt er *conjointure* als sinngebende Komposition.[38]

Dieser Ansatz ist bezeichnend für die neue, vom religiösen Sinnhorizont abgelöste Literatur: man dichtet aus der Erfahrung dieses Sinnverlusts heraus. Und diese Erfahrung zittert nach in allen großen fiktionalen Entwürfen der Zeit. Man liest den *Erec* nur richtig, wenn man sich klarmacht, daß der Dichter vor dem versöhnenden Schluß die *Joie de la cort*-Episode eingeschaltet hat, die die Vollkommenheit der Liebe im Wundergarten mit dem Blutzoll verbindet, den die Frau von ihrem Geliebten fordert. Man liest den *Yvain* nur richtig, wenn man beachtet, daß die Versöhnung am Ende nur über einen Trick zustande kommt und der Held schließlich wieder dort steht, wo er nach der ersten *âventiure* stand, bei der Gewitterquelle, an der er sich für seine Frau mehr oder weniger mörderisch zu verteidigen hat. Man liest den *Parzival* nur richtig, wenn man sich bewußt ist, wie künstlich am Schluß die Linien zusammengebogen werden und daß letztlich nichts bleibt, als Gottes Gnade zu bemühen, um Parzival in der Sinnlosigkeit seines Tuns, in seiner unbelehrbar trotzigen Kämpferei, doch noch zu retten. Und daneben bleiben die großen Bilder des Leids stehen, die Wolfram mit seinen Frauengestalten gezeichnet hat, es bleibt die Erinnerung an die Vielzahl jener, die ihre Männer in sinnlosen Kämpfen verloren haben, aus der Menge herausragend Herzeloyde und Sigune, die an ihrem Schmerz sterben.[39]

Die fiktionalen Konstruktionen können letztlich nicht aufgehen. Und darin liegt auch der Sinn des Experiments mit der Fiktionalität. Denn es gründet in der Erfahrung des Kontingenten, des Sinnwidrigen, des Unversöhnlichen, und so kann man es sich nur erlauben, Sinn zu konstruieren, indem man die Fragwürdigkeit dieses Tuns mitträgt, es mit hineinnimmt in den utopischen Entwurf, sonst bleibt es bei der Unverbindlichkeit des Konstrukts, der man ja dann auch in nachklassischer Zeit in hohem Maße verfällt, wenn man sich nicht auf platte Lehrhaftigkeit zurückzieht.[40]

Aber hat Wolfram nicht auch selbst die prekäre neue Position preisgegeben, indem er nach dem *Parzival* die Gattung gewechselt und mit dem *Willehalm* einen Legendenroman geschrieben hat? Ein Rückfall in die Geschichte mit einem Heiligen als Helden, was in traditioneller Weise eine Sinnlenkung durch Gott voraussetzt? Und darauf stimmt denn auch der Prolog ein, der dem Schema geistlicher Vorreden folgt[41]: eine *Invocatio* der Trinität, die übergeht in einen Schöpfungspreis, in die Feier eines als sinndurchwirkt gedachten Universums. Und daß dann in sie der Inspirationsgedanke eingebunden wird, ist zunächst kaum überraschend: Wie Gottes Geist die Welt durchwirkt, so durchwirkt er auch das Wort; Wolfram sagt: "mîn sin dich kreftec merket"[42], und indem er auch hier nocheinmal alle Verpflichtung gegenüber irgendwelcher Buchgelehrsamkeit von sich weist, begründet er sein Dichtertum aus diesem Zusammenhang. Ich darf die berühmte Stelle einmal mehr zitieren:

swaz an den buochen stât geschriben,
des bin ich künstelôs beliben.
niht anders ich gelêret bin:
wan hân ich kunst, die gît mir sin.

(*Willehalm*, 2, 19–22)[43]

Der Schlüsselbegriff ist *kunst;* er schwankt in seiner Bedeutung zwischen Wissen, *ars,* und spezifischer poetischer Fähigkeit. Er verdanke, so sagt Wolfram, seine *kunst* nicht dem Buchwissen, vielmehr besitze er sie als besondere Form von Gelehrtheit, die aus dem *sin* fließe, das heißt aus der Einsicht in die Wahrheit dessen, was er darstellt. Die Sinngebung liegt im poetischen Vermögen. Die *Invocatio Dei* zielt hier also nicht mehr auf die Doppelbitte um dichterisch-formales Können einerseits und um die Fähigkeit zur Interpretation anderseits, vielmehr wird die Dichtkunst insofern autonom gesetzt, als sie auf der natürlichen Wirkung der göttlichen Kraft im Menschen beruht, auch wenn Wolfram dann schnell ins traditionelle Prologschema zurücklenkt und eine Bitte an Gott um Hilfe anschließt, ja am Ende sogar strikte Quellentreue behauptet, wovon selbstverständlich auch hier nicht die Rede sein kann. Aber man sollte gerade im Blick darauf nicht verkennen, daß in den zitierten Versen mit dem Gedanken einer Verbindung zum Göttlichen über die menschliche Natur das traditionelle Schema durchbrochen und auch in der Poetik der Legende jener Standpunkt erreicht ist, den auf der Ebene der religiösen Erfahrung Rupert von Deutz vertreten hat: das Recht, in Freiheit von jeder Autorität die Sinnfrage zu stellen.

Die Begabung mit poetischer *kunst* schließt in sich, daß man sich auf den Weg der Sinnfindung macht. Sie erscheint zwar im *Willehalm*-Prolog zurückgebunden in den universalen Sinn, der die Schöpfung durchwirkt. Aber der Stoff straft diesen Ansatz Lügen. Die Geschichte von Willehalms Heidenkampf ist ein mörderisch-brutales Geschehen voll herzzerreißender Qual; Willehalm muß gegen die Verwandten der eigenen Frau kämpfen, und dies mit ihrer Unterstützung. Der Mord ist—wie schon im *Parzival*—Brudermord, Kainstat. Aber anders als dort verzichtet Wolfram auf eine fiktionale Linienführung, er will Geschichte geben, ohne eine Lösung zu konstruieren, das heißt, er ist bereit, die Widersprüche, die Sinnlosigkeit, die Aussichtslosigkeit der kontingenten Wirklichkeit anzunehmen.[44] Zwar signalisiert der Prolog ein Vertrauen, daß all dies doch in Gottes Händen ruht, aber das verlangt einen Glauben, der sowenig diskutierbar ist wie der Gnadenakt im *Parzival*. Wenn man also im Verzicht auf eine fiktionale Sinnkonstruktion unmittelbar mit der Sinnlosigkeit der Geschichte konfrontiert wird, bleiben—abgesehen vom nicht hintergehbaren Glauben an die Heilsordnung—bestenfalls Nischen personaler Sinnstiftung, die Liebe als ein Trotzdem in bedrängendster Not.[45]

Eine letzte Frage: Wie fügt sich Gottfrieds Poetik in dieses Bild? Gottfried hat Wolfram seine Verrätselungsstrategie zum Vorwurf gemacht: die Zeit sei ihm zu schade, die Dunkelheiten von dessen wildem Stil auf ihren Sinn hin zu ergründen.[46] Hat Gottfried nicht begriffen, worum es Wolfram ging? Warum hat er sich über den *Parzival* anscheinend dermaßen geärgert? Wir können die Frage natürlich nicht direkt beantworten, wir können nur feststellen, daß Gottfried anders verfährt, und überlegen, worauf sein Verfahren beruht und inwiefern es ihn in eine Gegenposition zu Wolfram bringt.

Die *âventiure*, auf die Wolfram sich im *Parzival* einläßt, ist, wie gesagt, die *âventiure* der Sinnsuche mithilfe fiktionaler Konstruktionen. Die *âventiure*, auf die Gottfried sich einläßt, hingegen ist die *âventiure* in der Bedeutung des Zufälligen.[47] Gegen dieses Zufällige setzt nicht der Dichter seine Konstruktionen, sondern die Protagonisten der Erzählung selbst tun dies in ihrem konkreten Planen, ihren Tricks und Manipulationen. Was Gottfried Wolfram vorwirft, Lug und Trug in der Handlungsführung, das erscheint bei ihm selbst als Lug und Trug seiner Figuren. Gottfried stellt es in der Poetik seiner Dichterschau als sein höchstes Ziel hin, daß es ihm gelingen möge, seine "rede durchliuhtec"[48] zu machen, und diese Bitte richtet er an Apollo und die neun Musen. Und zuvor hat er jene Epiker und Lyriker gepriesen, bei denen *wort* und *sin* eins seien.[49] Die charakteristische Spannung zwischen Gegenstand und Sinn, die Kluft, die die Interpretation herausfordert und ermöglicht, gerade dies soll es überhaupt nicht mehr geben. Unterläuft er aber diese Forderung nicht im selben Atemzug, wenn er von Apollo und den Musen spricht? Denn diese Figuren sind natürlich nicht wörtlichernst zu nehmen, vielmehr stehen sie ironisch verspielt, gar mit den neun Engelchören kontaminiert, für die Dichtkunst als autonome, unableitbare Größe—so wie *vrou Âventiure*, könnte man sagen, mit dem Unterschied jedoch, daß diese Kunst nicht etwas sein soll, auf das der Dichter sich sinnsuchend einläßt, vielmehr soll sie ihren Sinn immer schon offen zur Schau tragen. Und dem entspricht Gottfrieds Prolog, der in radikalem Gegensatz zu Wolframs Position vorweg schon programmatisch das Thema, seinen Sinn und die Art und Weise, wie mit diesem Sinn umzugehen ist, angibt.[50] Die Erzählung von Tristan und Isold soll offenbar machen, was Liebe ihrer höchsten Möglichkeit nach sein kann, und dieses Erzählen hat als literarische Erfahrung für den Hörer oder Leser Heilswirkung. Freilich erfüllt sich dieses Programm dann keineswegs in der Form schlichter Beispielhaftigkeit, vielmehr läßt Gottfried diese zusammenbrechen: die Erfahrung der vollkommenen Liebe realisiert sich nur als Vision in der Darstellung ihrer Unvollkommenheit. Doch selbst das ist insofern schon angekündigt, als die Tristanliebe von vornherein das Signum des Todes trägt. An der Stelle von Wolframs Dunkelheit und seiner Enthüllungsstrategie steht hier der grundsätzliche und von Anfang an offenbare Widerspruch, in den alles Absolute gerät, wenn man es im Rahmen dieses Lebens zu fassen und darzustellen versucht. Aber auch das ist, wie zu Beginn gesagt, eine Form der Dunkelheit, die Dunkelheit des ontologischen Status des Menschen, der der Kontingenz ausgeliefert ist. Gottfried reagiert vielleicht gerade deshalb so allergisch auf Wolfram, weil er ihm von einem gegensätzlichen Ausgangspunkt her im letzten doch sehr nahe kommt. Es gibt hier wie dort keine autoritativen Vorgaben mehr, es bleibt nur noch das Wagnis des Erzählens selbst.

Anmerkungen

1. *Super quaedam capitula regulae divi Benedicti*, PL 170 482C–483A. Der von Oehl übersetzte Text findet sich in Ruperts Widmungsschreiben zu Beginn seines Kommentars, *Deutsche Mystikerbriefe 1100–1550*, hg. v. Wilhelm Oehl (München und Wien, 1931; Nachdruck Darmstadt: Wissenschaftliche Buchgesellschaft, 1972), 33–34: "Ich aber verachtete mit eherner Stirn all ihre Spottlieder und all ihre Verachtung, derart, daß ich mich jetzt wundere, wenn ich an diese Zeit und an diese Sache denke. Ich freue mich, daß damals das Prophetenwort an mir verwirklicht wurde: 'Siehe, ich machte dein Angesicht stärker als ihre Angesichter und deine Stirne härter als ihre Stirnen, wie Diamant und Kiesel machte ich dein Angesicht.' Ich ging nach Frankreich, um jenen Lehrern im Redezweikampf entgegenzutreten, deren Ansehen so hoch über mir und gegen mich stand ... Der eine von ihnen war zugleich Lehrer und Bischof, der andere zwar nicht Bischof, aber berühmter als irgend ein Bischof. Ich wundere mich jetzt in der Erinnerung über das Schauspiel, wie ich, ein junger Mann, nur von einem Knaben begleitet, auf einem billigen Eselchen reitend, fern in ein fremdes Land zog zum Kampf gegen solche Gegner. Ich wußte, daß ihnen Beredsamkeit und Geist zu Gebote stand, sowie das hohe Ansehen ihrer kirchlichen Würde und Lehrtätigkeit. Ich sah voraus, was auch wirklich geschah, daß eine große Versammlung von Lehrern und Schülern bereit sein würde, mich zu hören und zu besiegen. Dies aber scheint mir am wunderbarsten, daß der eine der beiden erwähnten Lehrer, der bedeutendste, bei meinem Einzug in die Stadt in den letzten Zügen lag und gleich darauf aus dem Leben schied; der zweite aber, mit dem ich diesen bitteren Zusammenstoß hatte, ich weiß nicht, ob er den ersten um ein ganzes Jahr überlebte."

2. Rupert drückt dies in einem Brief an den Erzbischof Friedrich von Köln bildlich folgendermaßen aus (Widmungschreiben an Erzbischof Friedrich von Köln bei der Übersendung des Kommentars zur Johannes-Apokalypse, PL 169, 827–28): "Nimirum sanctarum spatiosus ager Scripturarum, omnibus Christi confessoribus communis, est, et tractandi illas nulli jure negari potest licentia, dummodo salva fide, quod sentit dicat aut scribat. Quis namque recte indignetur, eo quod in eadem possessione post unum aut duos puteos, quos foderunt Patres præcedentes, plures proprio fodiant labore filii succedentes?"

Übersetzung, Oehl, *Mystikerbriefe*, 15–16: "Das weite Ackerland der heiligen Schriften ist allen Bekennern Christi gemeinsam zu eigen, und niemandem kann das Recht, es zu bearbeiten, abgesprochen werden, wenn er nur mit unversehrtem Glauben seine Meinung sagt oder schreibt. Wer dürfte sich mit Recht darüber entrüsten, wenn die nachfolgenden Söhne auf dem Boden, auf dem die Vorfahren einen oder zwei Brunnen gegraben haben, später mit eigener Arbeit noch mehrere neue Brunnen graben?" Dann nimmt Rupert Bezug auf Jakob, der auch andere Brunnen gegraben habe als die Knechte seines Vaters, um so fortzufahren (ebd.): "Itaque, juxta hanc regulam, nobis quoque concedant, post illos puteos quos foderunt, id est, post illos tractatus quos tractaverunt Patres et priores nostri, et alios fodere puteos proprii vomere ingenii, dummodo vivam, et nos aquam reperire possimus, quæ nulli noceat bibenti, nulli scandalum vel errorem faciat legenti." ("Nach diesem Vorbild möge man also auch uns gestatten, daß wir nach den Brunnen der Alten, das heißt nach den Kommentaren der Väter und unserer Vorläufer, auch andere neue Brunnen graben mit den Werkzeugen unseres eigenen Talentes, wenn wir nur frisches Wasser finden, das keinem beim Trinken schadet, das keinem beim Lesen Ärgernis oder Irrtum verursacht.") Zu Ruperts Position in der Geschichte der *Hohelied*-Allegorese: Friedrich Ohly, *Hohelied-Studien: Grundzüge einer Geschichte der Hoheliedauslegung des Abendlandes bis um 1200* (Wiesbaden: Steiner, 1958), 121–34.

3. Es geht darum, das göttliche Ebenbild im Menschen wiederherzustellen. Der Gedanke findet sich im 12. Jahrhundert bei Hugo von St. Viktor—vgl. Hennig Brinkmann, *Mittelalterliche Hermeneutik* (Tübingen: Niemeyer, 1980), 14–15. Bonaventura wird in seinem *Itinerarium mentis in Deum* das Ineinander von Erkennen und Sich-Läutern ins Zentrum seines Aufstiegsweges stellen; vgl. Walter Haug, "Christus tenens medium in omnibus: Das Problem der menschlichen Eigenmächtigkeit im neuplatonischen Aufstiegskonzept und die Lösung Bonaventuras im *Itinerarium mentis in Deum*", in *HOMO MEDIETAS: Aufsätze zu Religiosität, Literatur und Denkformen des Menschen vom Mittelalter bis zur Neuzeit. Festschrift Alois M. Haas*, hg. v. Claudia Brinker-von der Heyde und Niklaus Largier (Bern: Lang, 1999), 79–96.

4. Johannes Scotus Eriugena, *De divisione naturae*, PL 122, 749.

5. Dazu: Walter Haug, *Literaturtheorie im deutschen Mittelalter von den Anfängen bis zum Ende des 13. Jahrhunderts*, 2. Aufl. (Darmstadt: Wissenschaftliche Buchgesellschaft, 1992), 40–41, 47–49, 57–58, 77, mit weiterführender Literatur; besonders wichtig: Ulrich Ernst, *Der Liber Evangeliorum Otfrids von Weißenburg: Literarästhetik und Verstechnik im Lichte der Tradition*, Kölner germanistische Studien, 11 (Köln und Wien: Böhlau, 1975), 46–61. Siehe nun auch die riesige Materialsammlung von Christian Thelen, *Das Dichtergebet in der deutschen Literatur des Mittelalters*, Arbeiten zur Frühmittelalterforschung, 18 (Berlin: de Gruyter, 1989).

6. Manfred Fuhrmann, *Einführung in die antike Dichtungstheorie* (Darmstadt: Wissenschaftliche Buchgesellschaft, 1973), 73.

7. Paul Klopsch, *Einführung in die Dichtungslehren des lateinischen Mittelalters* (Darmstadt: Wissenschaftliche Buchgesellschaft, 1980), 27–30.

8. Die klassischen Stellen: *De oratore* 2, 194; *De divinatione* 1, 4 und 80; *Pro Archia poeta* 8, 18. Vgl. Isidor von Sevilla, *Etymologiae* VIII, 7, 3–4.

9. *De consolatione philosophiae*, 1,1. Zur Ablehnung der Musen: Gerhard Strunk, *Kunst und Glaube in der lateinischen Heiligenlegende: Zu ihrem Selbstverständnis in den Prologen*, Medium Aevum, 12 (München: Fink, 1970), 89, 94 u. ö.

10. Beda Venerabilis, *Historia ecclesiastica gentis Anglorum*, IV, 24. Caedmon wird im Traum aufgefordert, etwas zu singen. Seine Antwort ist "Nescio . . . cantare" ("Ich kann nicht . . . singen"). Doch er wird weiter gedrängt, und als er fragt, was er singen solle, wird ihm das Thema, die Schöpfung, sozusagen in den Mund gelegt. Das Problem ist also nicht das Verständnis, sondern die technische Fähigkeit. Dasselbe gilt für die Dichterberufung in der versus-Vorrede des *Heliand*. Karl-Heinz Schirmer, "Antike Traditionen in der versus-Vorrede zum Heliand", in *Festschrift für Gerhard Cordes*, hg. v. Friedhelm Debus und Joachim Hartig (Neumünster: Wachholtz, 1973), 1:136–59, hat die Traditionszusammenhänge, in denen diese Berufungen stehen, skizziert. So diffus sie sein mögen, die antiken Hintergründe sind wahrscheinlicher als eine Beeinflussung durch Muhammeds Berufungsvision, die Klaus von See, "Caedmon und Muhammed", *Zeitschrift für deutsches Altertum* 112 (1983): 226–33—offenbar ohne Schirmers Aufsatz zu kennen—ins Spiel bringt. Aber es handelt sich zweifellos um dieselbe Tradition, deren Kennzeichen eben nicht die Frage nach der Wahrheit ist, sondern bei der es um die poetische Begabung geht.

11. Haug, *Literaturtheorie*, 49–50.

12. Ebd., 38.

13. Vergil z. B. soll in der IV. Ekloge, wenn er die Geburt eines Heilskindes verkündet, zwar an ein profanes Ereignis gedacht, aber doch unwissentlich die Herabkunft des Gottessohnes prophezeit haben. So Augustinus, *Civitas Dei*, XVIII, 23. Zur verborgenen Wahrheit heidnischer Poesie siehe Hugo Rahner, *Griechische Mythen in christlicher Deutung*, 3. Aufl. (Zürich: Rhein-Verlag, 1966); teilweise weiterentwickelt in *Symbole der Kirche: Die Ekklesiologie der Väter* (Salzburg: Otto Müller, 1964).

14. Zum "Buch der Welt": Ernst Robert Curtius, *Europäische Literatur und lateinisches Mittelalter*, 3. Aufl. (Bern und München: Francke, 1961), 323–29, 341–42. Hans Blumenberg, *Die Lesbarkeit der Welt* (Frankfurt a. M.: Suhrkamp, 1981); Friedrich Ohly, "Zum Buch der Natur", in Friedrich Ohly, *Ausgewählte und neue Schriften zur Literaturgeschichte und Bedeutungsforschung* (Stuttgart und Leipzig: Hirzel, 1995), 727–843.

15. Siehe Brinkmann, *Hermeneutik*, 93–121.

16. *Das Alexanderlied des Pfaffen Lamprecht. Das Rolandslied des Pfaffen Konrad*, hg. v. Friedrich Maurer (Darmstadt: Wissenschaftliche Buchgesellschaft, 1964):

> du [Gott] sende mir ze munde
> dîn heilege urkunde,
> daz ich die luge vermîde,
> die wârheit scrîbe.
>
> (*Rolandslied*, 5–8)

"(Gott,) lege mir deine heilige Botschaft in den Mund, daß ich Lügen vermeide, (nur) die Wahrheit schreibe." Vgl. zum Folgenden: Haug, *Literaturtheorie*, 76–77.

17. Siehe dazu Carl Lofmark, *The Authority of the Source in Middle High German Narrative Poetry*, Bithell Series of Dissertations, 5 (London: Institute of Germanic Studies, University of London, 1981), Kap. 6, 67, in dem dies sehr gut dargestellt wird.

18. Zu diesem Problem sei auf den 4. Teil des Bandes *Literarische Interessenbildung im Mittelalter: DFG-Symposion 1991*, hg. v. Joachim Heinzle, Germanistische Symposien. Berichtsbände, 14 (Stuttgart und Weimar: Metzler, 1993), 357–496, verwiesen.

19. Die umfassendste Dokumentation zur Quellenberufung nicht nur in der mittelhochdeutschen Literatur, sondern auch mit Ausblicken auf die französische und englische Tradition bietet Lofmark, *The Authority*. Lofmarks Vorstellung von der Freiheit mittelalterlicher poetischer Gestaltung bleibt freilich im wesentlichen dem Gedanken der bloß variierenden Adaptation verhaftet.

20. *Der arme Heinrich*, 16. Aufl. hg. v. Hermann Paul und Kurt Gärtner, Altdeutsche Textbibliothek, 3 (Tübingen: Niemeyer, 1996), 6–25; *Iwein*, 7. Aufl. hg. v. Georg Friedrich Benecke, Karl Lachmann und Ludwig Wolff (Berlin: de Gruyter, 1968), 21–30.

21. *Lanzelet*, hg. v. K. A. Hahn (Frankfurt a. M., 1845; Neudruck Berlin: de Gruyter, 1965), 9322–41.

22. Belege bei Lofmark, *The Authority*, 49–50.

23. *Tristan und Isold*, 14. Aufl. hg. v. Friedrich Ranke (Dublin und Zürich: Weidmann, 1969), 148–66.

24. Wolfram von Eschenbach, *Parzival*. Mittelhochdeutscher Text nach der sechsten Ausgabe von Karl Lachmann. Übersetzung v. Peter Knecht (Berlin: de Gruyter, 1998), 416, 25–30.

25. Noch immer lesenswert: Friedrich Wilhelm, "Über fabulistische Quellenangaben", *Beiträge zur Geschichte der deutschen Sprache und Literatur* 33 (1907–8): 186–339.

26. Dazu: Walter Haug, "Reinterpreting the Tristan Romances of Thomas and Gotfrid: Implications of a Recent Discovery", *Arthuriana* 7, Nr. 3 (Fall 1997): 45–59.

27. Vgl. Walter Haug, "Hat Wolfram von Eschenbach Chrétiens 'Conte du graal' kongenial ergänzt?", in *Brechungen auf dem Weg zur Individualität: Kleine Schriften zur Literatur des Mittelalters* (Tübingen: Niemeyer, 1995), 109–24.

28. Haug, *Literaturtheorie*, 116.

29. "Diese Geschichte ist nicht auf Bücher angewiesen." *Parzival*, 115, 29–30. Vgl. Haug, *Literaturtheorie*, 177–78. Zur Einbeziehung des Publikums ins Spiel mit der Fiktionalität bei Wolfram: Michael Curschmann, "Das Abenteuer des Erzählens: Über den Erzähler in Wolframs 'Parzival'", *Deutsche Vierteljahrsschrift für Literaturwissenschaft und Geistesgeschichte* 45 (1971): 627–67.

30. Die Traditionslinie führt von Lambrecht über Veldekes *Eneasroman* zu Wolfram und zum Stricker; siehe Lofmark, *The Authority*, 63–64, und Haug, *Literaturtheorie*, 86–87.

31.
"Tuot ûf." wem? wer sît ir?
"ich wil inz herze dîn zuo dir."
sô gert ir zengem rûme.
"waz denne, belîbe ich kûme?
mîn dringen soltu selten klagn:
ich wil dir nu von wunder sagn."
jâ sît irz, frou âventiure?

(*Parzival*, 433, 1–7)

32. Friedrich Ohly, "Cor amantis non angustum: Vom Wohnen im Herzen", in *Schriften zur mittelalterlichen Bedeutungsforschung* (Darmstadt: Wissenschaftliche Buchgesellschaft, 1977), 128–55, hier 148–54.

33. Ebd., 150.

34. Ebd., 151.

35. "Welchen Sinn diese Geschichte hat, und welche Lehre sie anbietet." *Parzival*, 2, 7–8. Vgl. Haug, *Literaturtheorie*, 164.

36. *Parzival*, 2, 13.

37. Eine knappe Würdigung dieses epochalen Entwurfs: Haug, *Literaturtheorie*, 97–100, mit Literaturhinweisen.

38. Ebd., 101–5.

39. Vgl. Walter Haug, "Lesen oder Lieben? Erzählen in der Erzählung: vom 'Erec' bis zum 'Titurel'", in *Brechungen*, 153–67, und "Mittelhochdeutsche Klassik zwischen Norm und Normverstoß", in *Norm und Transgression in deutscher Sprache und Literatur: Kolloquium in Santiago de Compostela, 4.–7. Okt. 1995,* hg. v. Victor Millet (München: Iudicium, 1996), 1–17; zum *Parzival* insbes. vgl. auch Walter Haug, "Parzival ohne Illusionen", in *Brechungen*, 125–39.

40. Siehe Walter Haug, "Über die Schwierigkeiten des Erzählens in 'nachklassischer' Zeit", in *Brechungen*, 265–87.

41. Zum Folgenden: Haug, *Literaturtheorie*, 184–93.

42. "Ich spüre deine Macht in meinem Innern." Wolfram von Eschenbach, *Willehalm*. Mittelhochdeutscher Text, Übersetzung, Kommentar hg. v. Joachim Heinzle, Bibliothek des Mittelalters, 9 (Frankfurt a. M.: Deutscher Klassiker Verlag, 1991), 2, 18.

43. "Was in den Büchern geschrieben steht, davon habe ich mein Wissen und Können nicht. Ich habe nur insofern Wissen und Können, als es aus meinem inneren Sinn kommt." Ebd., 2, 19–22; dazu Heinzles Kommentar, 821.

44. Zu diesem offen demonstrierten Widereinander der Denkmuster und Wertorientierungen sehr eindrucksvoll: Burghart Wachinger, "Schichten der Ethik in Wolframs *Willehalm*", in *Alte Welten—neue Welten: Akten des IX. Kongresses der Internationalen Vereinigung für germanische Sprach- und Literaturwissenschaft,* hg. v. Michael S. Batts (Tübingen: Niemeyer, 1996), 1:49–59.

45. Haug, "Lesen oder Lieben?" 160–61.

46. *Tristan*, 4665–90.

47. Siehe Walter Haug, "*Aventiure* in Gottfrieds von Straßburg 'Tristan'", in

Strukturen als Schlüssel zur Welt: Kleine Schriften zur Erzählliteratur des Mittelalters (Tübingen: Niemeyer, 1989), 557–82, und "Kontingenz als Spiel und das Spiel mit der Kontingenz: Zufall, literarisch, im Mittelalter und in der frühen Neuzeit", in *Kontingenz,* hg. v. Gerhart v. Graevenitz und Odo Marquard, Poetik und Hermeneutik, 17 (München: Fink, 1998), 151–72, hier 168.
    48. *Tristan,* 4902.
    49. Zu Gottfrieds Dichterschau: Haug, *Literaturtheorie,* 219–20.
    50. Ebd., 200–219.

4. Die Stimme und die Schrift: Autoritätskonstitution im Medienwechsel von der Mündlichkeit zur Schriftlichkeit

Horst Wenzel

Die methodologische Perspektive dieses Aufsatzes ist historisch-anthropologisch und mediengeschichtlich ausgerichtet, zielt auf das Spannungsverhältnis von Mündlichkeit und Schriftlichkeit, auf die Übergänge und wechselseitigen Modifikationen des alten und des neuen Mediums, die für die Poetik volkssprachlicher Texte in vieler Hinsicht grundlegend erscheinen. Das gilt auch für die Frage der Autoritätskonstitution in literarischen Texten. Den Ausführungen dazu möchte ich einige Thesen voranstellen, die zugleich den Gang der Argumentation vorzeichnen:

a) In der Kommunikation von Angesicht zu Angesicht verbinden sich Gleichzeitigkeit und Gleichräumlichkeit[1] mit der wechselseitigen Wahrnehmung von Sprecher und Hörer. Die Autorität des Wortes hängt von der Glaubwürdigkeit des Sprechers ab, von seiner gesellschaftlichen Reputation und von der Überzeugungskraft seines Auftretens, der Wahl seiner Gesten und Worte. Mit dem Wechsel von der Mündlichkeit zur Schriftlichkeit wird das Wort zum Text, der Sprecher und sein Auditorium werden durch Raum und Zeit getrennt.

b) Boten und Botschaften überbrücken Raum und Zeit, wobei die körpergebundene Stimme und die schriftgebundene Nachrichtenübertragung sich wechselseitig ergänzen. Die Aufspaltung des Sprechers in eine natürliche Person und seine mediale Stellvertretung entspricht der Vorstellung von den zwei Körpern des Königs, seiner natürlichen und seiner symbolischen Präsenz. Die Autorität des abwesenden Sprechers oder Auftraggebers wird durch Boten, Briefe oder Texte repräsentiert, körperlich-stimmlich und zeichenhaft vergegenwärtigt. Boten und Botschaften stehen jedoch nicht nur *für* den Herrn, sondern auch *vor* dem Herrn, das Medium geht in seiner Funktion der Repräsentation nicht völlig auf.

c) Wird der Bote durch die Schrift ersetzt, müssen die Autoritätsverweise in den Text selbst integriert werden. Die textuelle Repräsentation des abwesenden Autors in der Gestalt eines vermittelnden Erzählers oder *tihters*, der sein Publikum persönlich anspricht, führt deshalb immer wieder auf die Ebene des Textes selbst zurück. Das Gesprächsmodell wird zur literarischen Form, suggeriert einen Dialog zwischen Autor und Publikum, der auf die Kommunikationsverhältnisse der *face-to-face*-Kommunikation zurückverweist und die Konstitutionsbedingungen des schriftlichen Textes weitestgehend ausblendet. Das schließt einen außertextuellen Referenzpunkt für innertextliche Repräsentation nicht aus, aber der Text gewinnt seine Autorität durch seinen spezifischen Ort im intertextuell geprägten Feld des schriftlichen Entwurfs.

I. Die Autorität der körpergebundenen Stimme

Vor der Verwendung von Handschriften, als die Verbindlichkeit von sprachlichen Aussagen nur durch die interaktive Anerkennung eines Sprechers garantiert werden konnte, wurde die Memorialleistung, die für die Beständigkeit einer Aussage erforderlich war, durch den Ritualcharakter des Verfahrens gewährleistet, durch die Verbindung des Wortes mit symbolischen Handlungen und Körperzeichen. Um eine Erzählung glaubwürdig zu machen, war die Reputation des Erzählers wichtig und in der unmittelbaren Begegnung mit seinem Auditorium zu bestätigen. Dokumente nehmen der Zeugenschaft durch Hören und Sehen ihre primäre Bedeutung, weil sie selbst gehört und gesehen werden können.[2]

An der Verschriftlichung des *Eides* läßt sich die Verlagerung von der rituellen Sicherung des rechtsetzenden Wortes in die rechtskräftige Urkunde beispielhaft verfolgen.[3]

Charakteristisch für die Sicherung des Eides ist das Zusammenwirken von Worten, Gebärden und Memorialzeichen. Während des Schwures legte der, der ihn ablegte, seine Hand auf ein sakrales Symbol, auf einen Klumpen Erde oder auf sein Schwert, legte er die Schwurfinger an seinen Bart oder an seine Hoden, die Frauen legten eine Hand auf ihre Brust, auf ihre Haarflechten oder ihren Bauch. Damit wurde die Integrität des eigenen Körpers und die spezifische Potenz der schwörenden Personen (Hoden, Bauch) eingebunden in die Sicherung der Eidformel. Das Ablegen eines Eides machte das Wort sichtbar—nicht auf dem Papier, sondern im lebendigen Leib der agierenden Personen. Der öffentliche Charakter dieses Eides machte das Forum der Anwesenden zu Zeugen und Garanten der Eidesleistung.

Das Zusammenwirken von Wort und Gebärde gilt für den politischen Rhetor ebenso (Quintilian) wie für den Vortrag des Jongleurs, der das vorgetragene Wort zugleich hörbar und sichtbar macht, weil er es mit dem Einsatz seines ganzen Körpers vorstellt. In der Poetik des Geoffroi de Vinsauf (ca. 1208-13) heißt es dazu: "In recitante sonent tres linguae: primus sit oris, altera rhetorici vultus, et tertia gestus." Und weiter: "Exterior sequitur motus, pariterque moventur unus et alter homo"[4]. Die interaktive Dimension des mündlichen Vortrags wird hier ebenso benannt wie die multisensorisch angelegte Aufführung des Wortes und die Rückkopplung des Wortes mit dem Auditorium.

Die Verbindung von Stimme und körperlichem Ausdruck gilt auch für den Raum der Kirche, die allerdings verlangt, die körperliche Rhetorik solle deutlich, aber nicht expressiv sein. Dazu Hugo von Sankt Victor (1096-1141): "Secunda est custodia disciplinae in gestu, ut unumquodque membrum, id quod facit, eo modo atque mensura faciat quo faciendum est, id est nec plus nec minus, nec aliter quam oportet, faciat. Quatenus in actu suo sic et dirigatur et moveatur, ut in nulla unquam parte temperantiae limitem aut formam honestatis excedat, hoc est (ut id paucis exemplis probemus) ridere sine apertione dentium, videre sine defixione oculorum, loqui sine extensione manuum et intentatione digitorum"[5]. In den Forderungen Hugos von Sankt Victor manifestiert sich die Dominanz des Spirituellen, die Kontrolle der Vernunft über den affektiven Ausdruck des Körpers, und hier ist eine deutliche Abrenzung gegenüber der expressiven Körperlichkeit der Jongleurs und Histrionen zu erkennen. Aber die zentrale Einschätzung des Körpers als Ort und Medium interaktiver Verständigung gilt auch und gerade für die Kirche, denn die Priester, die das Drama der Messe und andere Rituale aufführen, sollen eine Körpersprache beherrschen, die eine hohe symbolische Bedeutung hat und dauerhaft erkennbar bleibt. Zusammenfassend läßt sich sagen, daß im Wirkungsbereich der Mündlichkeit das Erzählen am Körper dominiert, körpergebundene Darstellung und Autorität nicht zu trennen sind.

Als im frühen Mittelalter der Prozeß der Verschriftlichung einsetzte, der im späten Mittelalter weite Teile des Rechtswesens und des literarischen Lebens dominierte, wurden zwar die auf der Mündlichkeit beruhenden Beziehungen nicht ausgelöscht[6], aber zwischen den beiden Realisierungsmöglichkeiten kommen Spannungen auf; das textuelle Element herrscht in der schriftlichen Botschaft vor, das soziokorporelle in der mündlichen. Der mündlich produzierte Text stemmt sich in dem Maße, in dem er sich einer körpergetragenen Stimme verdankt, mehr als der geschriebene Text gegen jede Wahrnehmung, die ihn aus seiner sozialen Funktion, seinem Ort in einer realen Gemeinschaft, aus der Tradition, auf die er sich vielleicht beruft, und aus den Umständen, unter denen er gehört wird, lösen möchte.[7]

Diese Konkurrenz von körpergebundener und schriftgebundener Sprache manifestiert sich im Für und Wider der zeitgenössischen Diskussion. So berichtet Clanchy von Auseinandersetzungen darüber, ob einer beschriebenen Schafshaut oder einem menschlichen Zeugen mehr zu trauen sei.[8] Lebende Zeugen waren glaubhafter als Texte, weil sie angegriffen werden konnten, ihre Argumente auf die Probe stellen und verteidigen mußten. Petrus Venerabilis (gest. 1156) dagegegen betont gegenüber Bernhard von Clairvaux (1090–1153), daß der geschriebene Brief ein höheres Maß an Verläßlichkeit besitze als mündlich übermittelte Grüße: Pergamente könnten die ihnen anvertrauten Botschaften nicht mehr verändern; die Zunge der Redenden hingegen sei nicht an die Schrift gebunden und habe deshalb die irritierende Möglichkeit, durch Hinzufügen und Weglassen von Wörtern und Sätzen die Wahrheit einer Aussage abzuwandeln.[9] Im *Schwabenspiegel* (um 1280) klingt die gleiche Kontroverse nach, aber sie ist dort entschieden zugunsten des neuen Mediums: "Wir sprechen, daz brieve bezer sint danne geziuge. Wan geziuge die sterbent: sô belîbent die brieve immer staete"[10].

Wir müssen uns den "Übergang" von der Mündlichkeit zur Schriftlichkeit demnach als einen komplexen Prozeß der wechselseitigen Modifikation vorstellen. Die Schrift wird auf vielfältige Weise in die traditionellen, mündlich dominierten und magisch-rituell gesicherten Lebenszusammenhänge integriert. Das Buch gilt im Anschluß an das alte Medium als Gefäß oder als Körper einer Stimme und gewinnt seinen Vorrang dadurch, daß es dem biologischen Ablauf der Zeit enthoben ist. Dennoch benötigt die Schrift für lange Zeit einen persönlichen Vermittler.

II. Zur Autorität von Boten und Briefen im *Parzival* Wolframs von Eschenbach

Das Gespräch verläuft in Bahnen, in denen "fortschreitend neue Bestimmtheit artikuliert"[11] wird, indem die Teilnehmer im Fortgang des Sprechens direkt an das Vorhergesagte anschließen und somit gemeinsam den Verlauf und den Inhalt des Gesprächs bestimmen. In den einfachsten Formen der Fernkommunikation rücken Hörer und Sprecher auseinander. Die Distanz von Raum und Zeit verbietet eine Kommunikation von Angesicht zu Angesicht, und deshalb müssen Mechanismen entwickelt werden, welche die Leerstelle zwischen Sprecher und Hörer füllen. Das erscheint deshalb so problematisch, weil die Verständigung im Raum der wechselseitigen Wahrnehmung nicht auf den Austausch von Worten reduziert ist, sondern auf der Einbeziehung aller Sinne beruht. Der Einsatz eines Boten oder Botschafters löst dieses Problem, weil er mit seinem eigenen Körper die Stimme seines Herrn überträgt und zugleich dessen Status darstellt. Der abwesende Sprecher teilt sich über die Sprache und über den Körper eines Boten mit. Deshalb sind die Boten zunächst aus der unmittelbaren Nähe, aus den vertrauten Mitgliedern der herrscherlichen *familia* gewählt.

Die besondere Nähe des Boten oder Botschafters zu dem, der ihn aussendet, weist darauf hin, daß die Fernkommunikation von einem ähnlichen Verhältnis zwischen Körper und Sprechen gekennzeichnet bleibt, wie es in der *face-to-face*-Kommunikation vorgegeben ist. Wird der Körper des Sprechers durch den Körper des Boten repräsentiert, trägt der Bote die Stimme und das Bild des Sprechers von Angesicht zu Angesicht.

Der Botenbericht ist grundsätzlich charakterisiert durch zwei Sprechsituationen, in denen der Bote zwei unterschiedliche Rollen einnimmt: In der ersten Sprechsituation, in der er die Information des Senders erhält, fungiert der Bote als Hörer, während er in der zweiten Sprechsituation, in der er die Information weitergibt, die Rolle des Sprechers übernimmt. Auf diesem Wege bleibt die Kommunikation über Zeit und Raum an den Akt des Sprechens gebunden. Bei der Bestimmung dessen, was ein Text sei, spricht Ehlich von einer "zerdehnten oder verdoppelten Sprechsituation", und damit öffnet er die Perspektive, Boten und Botenberichte als Vor- und Frühgeschichte der Literaturgeschichte zu verstehen.[12] Die Bezeichnung "zerdehnte Sprechsituation" faßt begrifflich zwei stattfindende Sprechsituationen zusammen und impliziert damit bereits das Ziel des Vorgangs, eine Sprechhandlung über die räumliche und zeitliche Distanz hinaus auszuführen. Das Einordnen der Botschaft ergibt sich im Verlauf der zweiten, "verdoppelten Sprechsituation"[13], liegt also noch keineswegs ausschließlich im Aufgabenbereich des Adressaten. Die Botschaft bleibt an einen lebendigen Träger gebunden, der dafür sorgt, daß sich der "propositionale Gehalt der Sprechhandlung"[14] sowie die "illokutive Qualität" der primären und der sekundären Sprechsituation entsprechen. Mit anderen Worten: Der Bote, "der die Speicherung und Reaktualisierung der Sprechhandlung vornimmt"[15], repräsentiert den abwesenden Sprecher durch die Haltung seines Körpers, durch seine Gestik, seine Ausstattung und seine Stimme, und er gewährleistet damit ein "reframing", einen Akt der Einordnung, der der Kommunikation im Raum der wechselseitigen Wahrnehmung entspricht. Das Gesprächsmodell des Dialoges setzt sich im Botenbericht fort.

Darum kann es nicht verwundern, daß der Botenkörper mit der Botschaft so identifiziert wird, daß der Überbringer einer schlechten Nachricht dafür bestraft, der Überbringer einer guten Nachricht fürstlich belohnt werden kann. Der Komplexität der Vermittlungssituation entspricht jedoch ihre Störanfälligkeit. Der Prozeß der körperlichen (schriftlichen) Repräsentation kann den originalen Sprecher nicht ersetzen, denn die unmittelbare Präsenz des Repräsentanten steht zwar für das, was er repräsentiert, aber zugleich immer für sich selbst. Collins hat am Beispiel des mündlichen Botenberichtes darauf verwiesen: "But this representation process can never actually reinstate the original speaker; moreover, the messenger necessarily occludes that speaker by interposing his own presence and by his unavoidably interpreting the message in the act of re-presenting it. The message itself is revised by the fact that this is an orally transmitted text that depends on its memorability and on the mnemonic skills of the messenger"[16].

Die mit der Übermittlung einer Nachricht einhergehende Transformation einer Sprechsituation in eine andere verlangt bereits nach einem Bewußtsein, welches Kommunikation nicht mehr im Sinne einer gegenwärtigen und damit unmittelbaren Gesprächssituation deutet, sondern den intentionalen Gehalt einer Sprechhandlung versteht. Der Bote wird nicht nur mit einer Botschaft ausgestattet, er bekommt auch noch Verhaltensregeln, die den Übertragungsweg der Botschaft und ihre Aufnahme sichern sollen. Er soll verschlossen sein, den direkten Weg zu seinem Zielort wählen und sich nicht durch Geld oder durch guten Wein verführen lassen.[17]

Bei der Verlagerung der Botschaft in das Medium der Schrift stellt sich das Problem, daß allein die sichtbar vorliegenden Buchstaben[18] die Verbindung zwischen Absender und Adressat herstellen und die sensorischen Erfahrungen[19], welche die Wahrnehmung oraler Gesellschaften bestimmen, nicht mitvermittelt werden. Die Reduktion auf die abstrakten Zeichen der Schriftzeugnisse führt leicht zu Mißverständnissen, und so behält der Bote seine besondere Stellung als vermittelnder Botschafter und Nachrichtenträger noch lange bei, obwohl bereits über den schriftlichen Weg kommuniziert wird. Im Vordergrund der Nachrichtenübermittlung im Mittelalter steht die Zielsetzung, die physische Verkörperung des Wortes, die in der schriftlichen Übertragung von Nachrichten nicht mehr gewährleistet ist, durch den Botenkörper oder durch ein Schriftcorpus zu substituieren oder zu imaginieren.

Der gezeichnete Körper

Betrachtet man den *Parzival* Wolframs von Eschenbach unter dem Aspekt der Fernkommunikation, eröffnet sich ein weites Feld unterschiedlicher Formen der Nachrichtenvermittlung über Zeit und Raum. Die Nachrichtenübertragung reicht von der Stellvertretung (metonymischen Repräsentation) einer Person durch eine andere, über den Boten, der eine Nachricht mündlich überbringt, bis hin zum Brief, der auch vom Boten selbst nicht mehr als Nachricht eingesehen werden kann.

Das Gelingen jeder Form von Kommunikation hängt davon ab, daß die Teilnehmer aus ein und demselben "konventionalisierten Zeichensystem" schöpfen.[20] Dementsprechend korrespondiert die Möglichkeit, eine Botschaft durch einen Botenkörper zu übertragen, mit der Fähigkeit vorliterarischer Gesellschaften, "körperliche Darstellungsmittel als Kultursignale einzusetzen und zu verstehen"[21]. Möglichkeiten und Grenzen dieses Verfahrens werden in den ersten Büchern von Wolframs *Parzival* eingehend reflektiert.

Parzival ist zwar als Adliger geboren, aber fern des Hofes aufgewachsen ("an küneclîcher vuore betrogen," *Parzival*, 118, 1)[22]. Er folgt den Worten, die seine Mutter ihm mit auf den Weg gegeben hat, kann sie aber nicht mit den Bildern verbinden, die ihm eine höfische Erziehung vermittelt hätte. Deshalb reagiert er immer wieder ungemäß, er kollidiert mit den Erwartungen des Hofes und wird dadurch zu einer komischen Figur. Bei seinem ersten Eintreffen am Artushof ist er gekleidet wie ein Bauernjunge, und er hat auch keine Ahnung von kultiviertem höfischem Verhalten. So reizt er die schöne Cunneware zum spontanen Gelächter und den schweigsamen Antanor zum Reden.[23] Cunnewares Lachen ist jedoch kein Lachen wie jedes andere, es ist vielmehr Auszeichnung und Prophetie zugleich, weil sie gelobt hatte, erst dann wieder zu lachen, wenn sie den Mann erblicken werde, der zu höchstem Ruhm bestimmt sei. Auf Cunnewares Lachen angesichts des "dörperlichen" Parzival reagiert der Truchseß Keie deshalb so erbost, daß er sie öffentlich züchtigt.

Parzival kann sich erst viel später revanchieren, als er das Königreich Brobarz befreit hat, das von Condwiramurs als Königin regiert wird. Im Zweikampf hat er Kingrun überwunden, den Anführer des feindlichen Heeres und danach auch Clamide, den feindlichen König. Die Nachricht seines ersten großen Sieges soll umgehend an den Artushof gelangen. Der Auftrag Parzivals verpflichtet zunächst Kingrun, an den Artushof zu ziehen. Dort soll er sich in Cunnewares Dienst stellen (*Parzival*, 198, 14–22). Es reicht Parzival also durchaus nicht, den Hof in Form einer mündlichen Nachricht von seinen Heldentaten zu informieren, die Zeichen seines Sieges sollen sensorisch erfahrbar werden.[24] Sie sind Kingrun auf den Leib geschrieben, der gezeichnet ist durch seine Niederlage. Die augenfälligen Spuren, die seine machtvollen Schläge an der Erscheinung Kingruns hinterlassen haben, übertragen die *fortitudo* Parzivals an den Hof, obwohl er dort selbst nicht präsent wird. Indem Kingrun sein Erscheinen sprachlich kommentiert und für alle hörbar auf den Auftrag Parzivals zurückführt, wird der Hof darauf verwiesen, Kingrun gleichzeitig als Boten und als Gegenstand der Botschaft anzusehen.[25] Er fungiert als Medium, das primär optisch und akustisch aufgenommen werden kann, aber grundsätzlich für alle Sinne wahrnehmbar den Sieger Parzival vergegenwärtigt (*Parzival*, 206, 10–13).

Es geht Parzival bei seinem Auftrag also nicht um eine bloße Übertragung von Information, sondern um die Möglichkeit, den Hof an seinem Sieg teilhaben zu lassen. Den Unterschied von Information und Kommunikation hebt Walter Ong in einer seiner jüngsten Publikationen besonders nachdrücklich hervor: "'Communication' as just suggested, consists of interactions between conscious human beings (paradigmatically 'I' and 'You'). By contrast, 'information' is something transmitted by a mechanical operation—no consciousness as such involved, only various signals or indicators moved spatially over 'channels' from place to place"[26]. Ong betont damit nachdrücklich, daß mündliche Kommunikation durch ihre "Ereignishaftigkeit" geprägt ist: "Spoken words are not things: they are events"[27]. Diese "Ereignishaftigkeit" wird in der Ankunft Kingruns und Clamides vor dem Hof bewahrt und unterscheidet ihre "Botschaft" von jeder anderen Form der Nachrichtenübertragung: Der gezeichnete Körper des Besiegten macht sinnlich faßbar, was er als Bote mündlich mitzuteilen hat. Kingrun und Clamide überbringen nicht nur eine Nachricht, sie stellen sie auch dar. Weder der Körper des Boten noch die mündlich von ihm überbrachte Botschaft sind allein ausreichend aussagefähig, erst im Zusammenwirken von sichtbaren und hörbaren Zeichen wird der Sieg Parzivals am Hof eindringlich genug erfahrbar. Das ist für Parzival besonders wichtig, weil er sich noch nicht als Artusritter etabliert hat. Da die Anerkennung des adligen Status (*êre*) im Kontext der höfischen Gesellschaft aus der öffentlichen Interaktion hervorgeht, bleibt auch das individuelle Handeln stets an die Geschehnisse am Hof gekoppelt. Ein errungener Sieg sagt nichts über den Sieger aus, solange der Kampf nicht öffentlich erfahrbar wird. Bei der Ankunft Clamides am Artushof wird dieses Prinzip besonders deutlich:

> Clâmidê der jungelinc
> reit mitten in den rinc.
> verdecket ors, gewâpent lîp,
> *sach* an im Artûses wîp,
> sîn helm, sîn schilt verhouwen:
> daz *sâhen* gar die vrouwen.
> sus war er ze hove komen.
> ir habet ê wol vernomen
> daz er des wart betwungen.
>
> (*Parzival*, 217, 19–27)[28]

Seine körperliche Selbstpräsentation ergänzt Clamide um die Botschaft, die er nicht eher vorbringt, bis er Cunneware gegenübersteht:

> er erbeizte. vil gedrungen
> wart sîn lîp, ê er sitzen vant
> vroun Cunnewâren de Lâlant.
> dô *sprach* er "vrouwe, sît ir daz,
> der ich sol dienen âne haz?
> ein teil mich es twinget nôt.
> sîn dienst iu enbôt der ritter rôt.
> der wil vil ganze pflihte hân
> swaz iu ze laster ist getân,
> ouch bitet erz Artûse clagen.
> ich waene ir sît durch in geslagen.
> vrouwe, ich bringe iu sicherheit.
> sus gebôt, der mit mir streit:
> nu leist ichz gerne, swenne ir welt.
> mîn lîp gein tôde was verselt."
> (*Parzival*, 217, 28–218, 12)[29]

Der Auftritt von Clamide zeigt, was er auch mündlich übermittelt. Er bietet eine Fläche, worauf "der Auftraggeber in Erscheinung tritt".[30] Er ist die körperliche Manifestation der *fortitudo* Parzivals, eine mediale Repräsentation des Roten Ritters. Es ist das Grundprinzip der herrscherlichen Repräsentation, den Körper des abwesenden Herrschers medial zu vergegenwärtigen, d. h., seine Präsenz über räumliche und zeitliche Distanz zu tragen. Daß diese Übertragung im Sinne einer fernwirkenden Abstrafung Keies funktioniert, bestätigt Wolfram ganz ausdrücklich:

> dô sprâchen si alle gelîche,
> beide arme und rîche,
> daz Keie hete missetân.
> (*Parzival*, 222, 7–9)[31]

Der abwesende Parzival teilt sich über den Körper des Boten und über dessen Sprache mit. Die Botschaft ist sinnvoll decodierbar, weil sie in einem übergreifenden Verständigungskontext steht, die Vermittlung durch einen lebendigen Träger gewährleistet wird, und die Fernkommunikation in das traditionelle Schema der wechselseitigen Wahrnehmung eingeschlossen bleibt.

In einer Welt, in der metonymische Beziehungen Wirklichkeit konstituieren, ist das in der Repräsentation Vermittelte nicht bloß "Zeichen" des Repräsentierten. In der körperlichen Repräsentation des Herrschers wird der Herrscher gegenwärtig. Den zwei Körpern des Königs entspricht Parzivals Vergegenwärtigung im Körper eines Boten. Anderseits verstellt das Zeichen das, was es repräsentiert. Der Botenkörper macht präsent und abwesend zugleich, ist Garant für die Vergegenwärtigung des Herrschers und zugleich sein Substitut. Nachdem er seine Botschaft ausgerichtet hat, wird Clamide von seiner Rüstung befreit und als Person erkennbar, die eine eigene Geschichte hat. Die Neugier richtet sich danach nicht mehr auf Parzival, sondern auf Clamide. Das gilt ähnlich bereits für die Ankunft Kingruns. Nachdem er seine Botschaft ausgerichet hat, wird er von Keie nicht primär als Botschafter Parzivals sondern als Träger seines eigenen Namens adressiert:

> dô sprach er "bistûz Kingrûn?
> âvoy wie mangen Bertûn
> hât enschumpfieret dîn hant,
> du Clâmidês scheneschlant!
> wirt mir dîn meister nimmer holt,
> dîns amtes du doch geniezen solt:
> Der kezzel ist uns undertân,
> mir hie unt dir ze Brandigân.
> hilf mir durch dîne werdekeit
> Cunnewâren hulde umb crâpfen breit."
> er bôt ir anders wandels niht.
>
> (*Parzival*, 206, 23–207, 3)[32]

Kingrun ist nicht nur Bote, sondern zugleich auch er selbst. Insofern ist das Gesprächsmodell, das die Figur des Boten ganz auf seine Funktion als Medium reduziert, gegenüber der tatsächlichen Komplexität der Situation einerseits selektiv, andererseits erkennbar überhöht. Wenn sich der Bote gegenüber seinem Herrn verselbständigt, wenn er eigenmächtig handelt oder seine eigene Erscheinung sich vor das Bild des Herren schiebt, ist der intendierte Dialog gefährdet. Das Gesprächsmodell, wonach der Bote ausschließlich das Medium eines fernwirkenden Dialoges ist, erweist sich so als Ideal von hohem Anspruch. Es weist bereits voraus auf das vermeintliche "Gespräch" zwischen Autor und Leser, das den komplexen Vorgang der Textherstellung und -vermittlung auf ein Dialog-Modell reduziert, das die tatsächliche Komplexität der Literaturverhältnisse im Mittelalter selektiv vereinfacht und zugleich anschaulich überhöht. Das gilt in verstärktem Maße für die Textherstellung und -vermittlung unter den Bedingungen des Buchdrucks. Die hochkomplexe Kette der Vermittlungsprozesse wird bis heute als Gespräch zwischen Autor und Leser imaginiert.

Der sprechende Brief

Bei der schriftlichen Nachrichtenübermittlung tritt der Brief an die Stelle des Boten. Die metonymische Repräsentation des Schreibers in der Schrift konkurriert mit der Präsenz des Botenkörpers, weil der Bote vielfach ein Mitspracherecht über die Vermittlung und Darstellung der Botschaft besitzt. Ein schönes Beispiel dafür ist die Szene, in der die Königin am Artushof einen Brief entgegennimmt, den ihr Gawan übersandt hat:

> einen brief si nam ûz sîner hant,
> dar an si geschriben vant
> schrift, die si bekante
> ê sînen hêrren nante
> der knappe den si knien dâ sach.
>
> (*Parzival*, 644, 27–645, 1)[33]

Ginover erkennt die Authentizität der Botschaft an dem Charakter von Gawans Handschrift. Vor der Entzifferung der Botschaft gilt ihre Aufmerksamkeit somit jener Spur, die die Körperbewegung des Schreibens in der Schrift der Botschaft hinterlassen hat. Derart vollzieht sich die Vergegenwärtigung des abwesenden Gawan für die Königin im Angesicht der Schrift ganz ähnlich wie die Vergegenwärtigung von Parzival bei der Erscheinung Kingruns und Clamides. So wie die Schwerthand Parzivals sich in die Körper der Besiegten eingeschrieben hat, so hinterläßt die Schreibhand Gawans ihre Spuren auf dem Pergament. Die Handschrift "ist eben nicht nur die Botschaft, sondern die Wiedereinführung der virtuell verschwindenden Leiblichkeit in die kommunikative Situation, die Invasion physischer Spuren in die Sphäre unpersönlich geistigen Sinns: Das Unkörperliche des Schriftsinns wird vom Körper unterminiert"[34]. Als ihr das Schreiben überbracht wird, liest die Königin also nicht primär, was die Schriftzeichen ihr übermitteln. Das erste Erkennen findet über die schriftliche Physiognomie des Briefes statt, da eine metonymische Beziehung zwischen Hand und Schrift zum Schreiber selbst zurückführt: "The recipient of the letter treats the document as an extension of its author, conflating the script and the hand that wrote it"[35]. Dementsprechend richtet Ginover auch ihre Worte an den Brief, als spräche sie zu einer Gawan nahestehenden Person:

> diu künegîn zem brieve sprach
> "ôwol der hant diu dich schreip!
> âne sorge ich nie beleip
> sît des tages daz ich sach
> die hant von der diu schrift geschach."
>
> (*Parzival*, 645, 2–6)[36]

Daß die Schrift als persönliches Zeichen des Schreibenden angesehen werden kann, wird besonders deutlich im Hinblick auf die Situation, in welcher die Abfassung des Briefes beschrieben wird: Gawan hat einen wohlerzogenen Knappen als Boten ausgewählt, eine wahre Zierde aller Knappen, den er schwören läßt, die Botschaft niemandem mitzuteilen als dem vorgesehenen Empfänger. Dann greift er zu *tincten unde permint* (*Parzival*, 625, 13), um das Schreiben eigenhändig aufzusetzen:

> Gâwân des künec Lôtes kint
> schreib gevuoge mit der hant.
>
> (*Parzival*, 625, 14–15)[37]

Gawans höfisches Wesen prägt sich in seine Handschrift ein, die als *gevuoge*, als "zierlich" bezeichnet wird. So übertragen sich persönliche Merkmale auf die Schrift, die nicht bloß als technisches Mittel sondern als Abdruck der Person betrachtet wird. Gawan verzichtet folgerichtig darauf, seinen Brief zu siegeln, ihm ein persönliches Zeichen aufzudrücken oder ein *wârzeichen* beizugeben, weil er auch ohnedies als unverwechselbares Zeugnis seiner Hand erkennbar sei:

> der brief niht insigels truoc:
> er schreib in sus erkant genuoc
> mit wârzeichen ungelogen.
>
> (*Parzival*, 626, 9–11)[38]

Ginovers Reaktion zeigt, daß etwas von Gawan selbst noch in der Schrift enthalten ist, und sie ist weit entfernt davon, "die Schrift als arbiträres Zeichen zu fassen, das sie doch auch ist"[39]. Erst nach der Wahrnehmung des Briefes wendet sich Ginover dem Knappen zu und identifiziert ihn als den Diener Gawans:

> si weinde sêre und was doch vrô:
> hin zem knappen sprach si dô
> "du bist Gâwânes kneht."
>
> (*Parzival*, 645, 7–9)[40]

Der Bote bestätigt das und richtet Gawans Bitte um Hilfe aus. Dann verweist er seinerseits auf das handschriftlich beschriebene Dokument:

> "ir mugt wol an dem brieve sehen
> mêr denne ich iu des künne jehen."
>
> (*Parzival*, 645, 19–20)[41]

Die Stimme des Boten tritt zurück und wird ersetzt durch den Anblick des Briefes. Das Erscheinungsbild des Briefes (*event*) und die Aussage des Briefes (*information*) werden also deutlich unterschieden. Der Brief erweist sich derart als das Substitut eines Gesprächsbeitrages, der nicht nur das isolierte Wort, sondern auch ein Bild vermittelt. Erst in der Rückkopplung von Adressat und Absender wird die Botschaft als wirklichkeitsrelevant erfahren. Man sieht den Brief, und dahinter erkennt man den Absender, die Autorität der Schrift bleibt an diesen Wahrnehmungszusammenhang gebunden. Demjenigen, der den Brief vor Augen hat und der die Schrift erkennt, kann der Brief als ganzheitliche Repräsentation des abwesenden Briefschreibers erscheinen. Als Itonje eine Nachricht von Gramoflanz erhält, küßt und drückt sie den Brief, als stünde sie ihrem Geliebten selber gegenüber:

dô wart der brief vil gekust:
Itonjê dructe in an ir brust.

(*Parzival*, 714, 17–18)[42]

So wie bei der Einschätzung einer Person eine Entsprechung von inneren und äußeren Werten angenommen wird, "die sichtbare Schönheit ein Abbild der unsichtbaren Schönheit ist"[43], so spiegelt sich im eigenhändig ausgeführten Brief das Wesen des Schreibers wider. "So wie die Erinnerungszeichen des Abendmahls das Abwesende und Vergangene in die sinnlich konkreten Substanzen Brot und Wein bannen, so sollen die abstrakten, in Tinte und Druckerschwärze gezeichneten Buchstaben zum Unterpfand werden für die Schönheit des/der Geliebten"[44]. Um Raum und Zeit zu überwinden, muß der lebendige Körper in ein anderes Medium übersetzt werden. Das Repräsentationsprinzip, das hier zur Geltung kommt, findet sich bereits in der antiken Theorie des Briefes: "Für Seneca ist die Kongruenz von Stil und Charakter ein Gesetz, das grundsätzlich für jede sprachliche Äußerung gilt"[45]. Krauttner verweist auf die *ars dictaminis*, die nicht "von der informativen, sondern von der kommunikativen Leistung des Briefes ausging", deren Grundmodell das "der unmittelbaren menschlichen Kommunikation ore ad os war"[46].

Diese Unmittelbarkeit der Teilhabe zeigt sich allerdings nur in der nichtöffentlichen Aufnahme von Gawans Schreiben durch die Königin Ginover. Die Überlegenheit des handgeschriebenen Briefes, die darin besteht, daß die Kommunikation zwischen Gawan und Ginover nicht mehr auf die Vermittlung einer Person angewiesen ist, bezieht sich ausschließlich auf die private, nichtöffentliche Wirkungskraft des Briefes. Für die größere Öffentlichkeit des Hofes erweist sich der Auftritt des Boten als unverzichtbar, und dieser Auftritt wird besonders eindrucksvoll inszeniert, um die allgemeine Bedeutung des Gawan-Briefes öffentlich einsichtig zu machen. Die Königin gibt dem Boten detaillierte Instruktionen und schickt ihn daraufhin zu Artus, wo er solange warten soll, bis sich Ritter und Knappen versammelt haben (*Parzival*, 646, 30). Um die Aufmerksamkeit der Menge zu erreichen und allgemeine Neugier zu erwecken, trägt sie ihm folgendes auf:

> "als du gâhest ûz dem viure
> gebâre mit rede und ouch mit siten.
> von in vil kûme wirt erbiten
> waz du maere bringest:
> waz wirret ob du dich dringest
> durch daz volc unz an den rehten wirt,
> der gein dir grüezen niht verbirt?
> disen brief gib im in die hant,
> dar an er schiere hât erkant
> dîniu maere und dînes hêrren ger:
> des ist er mit der volge wer."
>
> (*Parzival*, 647, 6–16)[47]

Der Bote ist hier nicht nur Überbringer einer Botschaft (*messenger*), sondern Gawans Botschafter (*ambassador*). Er unterstreicht durch seinen kalkulierten Auftritt, durch sein mimisches und gestisches Spiel, die Dringlichkeit der Botschaft, die er in der Form des Briefes übergibt. Ähnlich wird die öffentliche Bitte an die Königin, Gawans Ersuchen um Hilfe nachzukommen, durch die Instruktionen Ginovers selbst vorbereitet:

> noch mêre wil ich lêren dich.
> offenlîche soltu sprechen mich,
> dâ ich und ander vrouwen
> dich hoeren unde schouwen.
> dâ wirb umb uns als du wol kanst,
> ob du dîme hêrren guotes ganst.
>
> (*Parzival*, 647, 17–22)[48]

Gawans Bote stellt den Brief also nicht einfach zu. Damit seine Nachricht den größtmöglichen Effekt erzielt, muß sein Auftritt auf eine breite Wirkung angelegt werden. Die Königin präpariert den Knappen dementsprechend für einen öffentlichkeitswirksamen Auftritt vor dem Hof. Autoritätskonstitution bedarf der situativen Rahmung, einer textübergreifenden Kommunikationssituation, die die politische Bedeutung des Briefschreibers und seine öffentliche Geltung angemessen zu demonstrieren vermag. Erst was dem "ganzen Hof" dargeboten wird, gewinnt öffentliche Relevanz, deshalb ist die Anwesenheit des *volces* ebenso wichtig wie die Präsenz des Königs und der Königin.

Somit lassen sich mehrere Komponenten bei der Aufnahme des Gawan-Briefes ausmachen:

1. Am Anfang steht die schriftliche Nachricht, welche aufgrund der sichtbaren Beziehung zwischen Handschrift und Schreibhand eine persönliche, affektiv bestimmte Übertragungssituation zwischen Absender/Gawan und Empfänger/Ginover herstellt.

2. Die Übergabe der schriftlichen Nachricht wird durch den nichtöffentlichen Bericht des Boten im Gespräch mit Ginover ergänzt; Empfang und Lektüre des Briefes erscheinen als ein vertraulicher Vorgang, der jedoch zum politischen Vorgang ausgeweitet wird.

3. Die nichtöffentliche Beratung mit der Königin führt zur öffentlichen, zeremoniell gebundenen Nachrichtenübermittlung durch den Boten, der die schriftlich gebundenen Worte Gawans statusadäquat "vorträgt" und für den ganzen Hof erlebbar macht. Dabei wird die Hierarchie sorgfältig eingehalten, erst der König und danach die Königin angesprochen, während die Präsenz des *volces* als Gewähr dafür erscheint, daß der König im Sinne der öffentlich gültigen Standards reagiert.

An diesem Ablauf zeigt sich, daß die nichtöffentliche und die öffentliche Sphäre unterschiedliche Rezeptionssituationen bieten und daß für die öffentliche Akzeptanz der schriftlichen Botschaft die nichtöffentliche, mündliche Vorbereitung des höfischen Zeremoniells/der höfischen Spielregeln von zentraler Bedeutung ist. Das Defizit der Schrift, die als körperlose Sprache auf das Pergament gesetzt ist, wird im Raum der öffentlichen Herrschaftsdarstellung dadurch kompensiert, daß die Schrift auf eine Stimme übertragen und als körpergebundener Vortrag in die Zeremonien des Hofes integriert wird. Dieses Ineinandergreifen von schriftlicher und mündlicher Nachrichtenübermittlung macht erkennbar, daß sich die Schrift der körpergebundenen Nachrichtenübermittlung nicht alternativ entgegensetzt: "Vielmehr stehen nach der Entwicklung der Schrift beide Kommunikationsmöglichkeiten zur Wahl, sie entlasten sich wechselseitig und können je in ihrer Art verfeinert werden, so daß die Wahl der Form und ein etwaiges Zusammenwirken reguliert werden müssen"[49].

Die Überblendung des Gesprächsmodells auf die schriftliche Kommunikation macht einsichtig, wie sehr das neue Medium sich in den Kategorien des alten Mediums definiert. Das hat für das Verständnis von Autor und Erzähler in der höfischen Literatur einige Bedeutung.

III. Zur Autorität der Bücher

Die Stellvertretung eines Sprechers durch Boten oder Briefe weist voraus auf die "Vaterlosigkeit" der Schrift (Platon)[50], auf die Ablösung eines Schriftstückes von seinem Verfasser, eines literarischen Werkes von seinem Dichter. Dieser Ablösungsprozeß ist häufig auf den Gegensatz von Stimme und Schrift reduziert worden. Erst die intensive Diskussion von Schriftlichkeit und Mündlichkeit hat die situative Einbindung des Wortes in mündlicher Rede und in geschriebener Sprache herausgearbeitet, die sich signifikant unterscheiden.

Mündliche Rede ist verbunden mit einer komplexen, physiologischen, sozialen und situativen Umgebung. Neben Gestik und Mimik, Sprachhöhe und Lautstärke ist die soziale Situierung ein wichtiges Konstituens bei der Ausarbeitung und Festlegung von Bedeutung.

Geschriebene Sprache behauptet eine Fernstellung und Unabhängigkeit gegenüber mündlichen Kontrollen und Rückkoppelungen. Das ganze Referenzsystem von Physiognomie, sozialer und situativer Gemeinsamkeit ist suspendiert. Wörter, die aus ihrer nichtsprachlichen Umgebung herausgelöst sind, werden in eine einseitige Beziehung mit anderen geschriebenen Wörtern gezwungen. Dem Textzusammenhang unterworfen, hat das einst gesprochene Wort seine semantische Bedeutung einem neuen Kontext anzupassen und sich anderen hermeneutischen Regeln zu fügen.

Während die situative Einbindung für die *außerliterarische* Zeichenverwendung selbstverständlich scheint, muß die *literarisch* dargestellte Rede *mit* ihren situativen Merkmalen versprachlicht werden. Wenn die situative Gemeinsamkeit, die Gleichräumlichkeit und Gleichzeitigkeit von Sprecher und Hörer durch den Medienwechsel von der Mündlichkeit zur Schriftlichkeit sich auflöst, wird auch das Bild des Sprechers und des Hörers in die Schrift verlegt.[51] Das Gesprächsmodell, das bereits in der Fernkommunikation durch Boten einen idealen Anspruch demonstriert, bleibt auch für die Zuordnung von Autor und Leser bestimmend und wird zum Deutungsmodell für die schriftliche Kommunikation überhaupt. In dieses Repräsentationsmodell der Kommunikation zwischen Autor und Leser gehen aber keineswegs alle situativen Merkmale mit ein, die für das neue Medium konstituiv sind: Bücher beziehen sich auf Bücher. Die Vorgänge des Recherchierens, Exzerpierens, Übersetzens, Komponierens und Aufschreibens, des Redigierens und Illuminierens, die in mehr oder weniger verschiedenen Händen liegen, werden tendenziell in einer einzigen Vermittlungsinstanz zusammengezogen, sie werden im Textzusammenhang als *tihter*, als ein sprechendes "Ich" repräsentiert. Damit werden, ähnlich wie bei der Verwendung eines Boten, die Autoritätsinstanzen, die dem Text vorausgehen, einerseits vergegenwärtigt, aber zugleich auch verstellt. Auf diesen Zusammenhang möchte ich im letzten Abschnitt meiner Ausführungen eingehen.

Besonders aufschlußreich erscheint mir der Bericht der *Klage* über

Die Stimme und die Schrift 65

die Verschriftlichung des Nibelungenstoffes.[52] So wenig dieser Bericht in seinen verschiedenen Fassungen[53] mit der tatsächlichen Entstehung des *Nibelungenliedes* zu tun haben dürfte, so aufschlußreich ist er für die zeitgenössischen Vorstellungen von der Verschriftlichung mündlicher Überlieferung.[54] Der Text erzählt, daß der Bischof Pilgrim von Passau die Geschichte vom Untergang der Nibelungen aufzeichnen läßt:

> ich wilz heizen schrîben,
> die stürme und die grôzen nôt,
> oder wie si sîn gelegen tôt,
> wie ez sich huop unde wie ez quam
> und wie ez allez ende nam.
>
> (B 3465–68)[55]

Er stützt sich dabei auf den "videlaere Swemmel" (B 3551), "der Ezeln videlaere" (C 3447), der auf seinem Weg nach Worms in Passau eintrifft und vom Untergang der Burgunden berichtet:

> er sagte im, als er kunde,
> wie ez allez was geschehen
> wand er het ez wol gesehen.
>
> (B 3354–56)[56]

> . . . .
> er saget im an der stunde,
> wiez allez dort geschach,
> wand erz hôrte und sach.
>
> (C 3450–52)[57]

Swemmel erscheint bereits im *Nibelungenlied* (neben Wärbel) als Spielmann und als Bote König Etzels. Er ist nicht nur Augenzeuge, sondern als *videlaere* auch Repräsentant der laikal-mündlichen Literatur, zugleich Dichter und Chronist des Geschehens. In diesem Sinne wird er in der *Klage* auch als Bote bezeichnet und als Garant glaubwürdiger Berichterstattung vom Bischof selber adressiert:

> Swaz ir des wâren habt gesehen,
> des sult ir danne mir verjehen.
>
> (B 3469–70)[58]

Aber auch andere Augenzeugen aus dem Land der *Hiunen*, wohin er eigens Boten sendet, will der Bischof für sein Vorhaben befragen:

> dar umbe sende ich nu zehant
> mîne boten in Hiunen lant.
>
> (B 3475–76)[59]

Das Wissen aller dieser Zeugen soll im Prozeß der Verschriftlichung zusammengeführt werden. Der Bischof von Passau wählt dafür die lateinische Schriftsprache, die als Sprache der Chronistik die Glaubwürdigkeit der Erzählung besonders für die *litterati* sichert:

> Von Pazzouwe der bischof Pilgerîn,
> durch liebe der neven sîn
> hiez er schrîben dizze maere,
> wie ez ergangen waere,
> in latînischen buochstaben,
> ob ez iemen vür lüge wolde haben,
> daz er die wârheit hie vunde,
> von der alrêrsten stunde,
> wie ez sich huop und mans began
> und wie ez ende sît gewan.
>
> (C 2145–54)[60]

Ein Schreiber namens Konrad übernimmt die schriftliche Fassung:

> daz maere prüeven dô began
> sîn schrîbaere, meister Kuonrât.
>
> (C 4420–21)[61]

Danach, so heißt es in der *Klage*, hat man das Werk in deutscher Sprache oft verbreitet:

> getihtet manic ez sît hât
> vil dicke in tiutscher zungen.
>
> (C 4422–23)[62]

Nach dem Zeugnis des 13. Jahrhunderts ist die Aufzeichnung des *Nibelungenliedes* demnach ein arbeitsteiliger Prozeß, an dem als Auftraggeber der Bischof von Passau, als Hauptzeuge der *videlaere Swemmel*, zahlreiche Nebenzeugen und der Schreiber Konrad beteiligt sind. Das authentische Werk geht aus dem Zusammenwirken laikal-mündlicher und klerikal-schriftlicher Kultur hervor. Ermöglicht wird diese Integration "durch den geistlichen Gönner, der als Verwandter des hohen Laienadels für dessen *memoria* Sorge zu tragen hat"[63]. Der lateinische Text, der so entsteht, wird in der deutschen Fassung weit verbreitet, *litterati* und *illiterati* können in der ihnen genuinen Form historischer Erzählung daran partizipieren.[64]

Dieser Aufzeichnungs- und Distributionsprozeß, die mehrfache Interferenz von Mündlichkeit und Schriftlichkeit, von Kleriker- und Laienkultur, erscheint als durchaus typisch für das Selbstverständnis früher volkssprachlicher Epik, tatsächlich aber wird Geschichte hier fingiert. Die zeitgenössischen Prinzipien der historischen Beglaubigung werden in den Stoff der *alten maeren* zurückprojiziert. Der erzählte Bote, also Swemmel, ist kein historischer Bote, sondern eine literarische Figur des *Nibelungenliedes*, die als Glaubwürdigkeitsinstanz im Text der *Klage* installiert wird. Er gewährleistet den Autoritätsanspruch, der sich über die Ohren- und Augenzeugenschaft vermittelt:

> wande erz allez ane sach,
> er und manic ander man.
>
> (C 4418–19)⁶⁵

Der Bote wird erkennbar als eine Autoritätsinstanz, die ihre Funktion aus dem Textzusammenhang erhält, aber Augenzeugenschaft fingiert. So demonstriert die *Klage*, wie das Muster des Zeitzeugen oder Histors, also dessen, der gesehen hat oder Zeitzeugen befragt hat, in die schriftliche Dichtung übertragen wird.

Noch weiter entwickelt ist dieses Verfahren, wenn wir uns der höfischen Literatur zuwenden. Wir alle kennen den Prolog aus Hartmanns *Armen Heinrich*:

> Ein ritter sô gelêret was,
> daz er an den buochen las
> swaz er dar an geschriben vant;
> der was Hartmann genant,
> dienstman was er ze Ouwe.
> er nam im manege schouwe
> an mislîchen buochen;
> dar an begunde er suochen
> ob er iht des vunde,
> dâ mite er swaere stunde
> möhte senfter machen,
> und von sô gewanten sachen,
> daz gotes êren töhte
> und dâ mite er sich möhte
> gelieben den liuten.
>
> (*Der arme Heinrich*, 1–15)⁶⁶

Als Beglaubigungs- und Autoritätsinstanz wird in den ersten Versen der Erzählung ein Ritter eingeführt, der den Namen Hartmann von Aue trägt. Als außertextueller Referenzpunkt wird kein Zeuge und auch kein Mäzen genannt, sondern andere Bücher. Vorgestellt wird also kein Geschehen, das ein Ohren- oder Augenzeuge mitzuteilen hätte, die Erzählung verweist vielmehr über die Erzählerfigur auf andere Bücher. Die Autoritätsinstanz wird über ihre Schriftkenntnis beglaubigt, über ihre Belesenheit.⁶⁷

Als entscheidend erweist sich nunmehr die Autorität der Schrift: Der belesene Hartmann tritt auf als Boteninstanz, die nicht mehr zwischen zwei Gesprächssituationen, sondern zwischen zwei Lektüren steht. Der aktuelle Text gewinnt seine Geltung durch einen wissenden Erzähler, der sich als erfahrener Leser einführt. Das "ich habe gesehen und gehört" wird ersetzt durch ein "ich habe gelesen."[68] Das erzählende Ich berichtet jedoch nicht von der Lektüre, vom Recherchieren, Exzerpieren, Übersetzen, Komponieren, Aufschreiben und Redigieren. Alle diese materiellen Dimensionen der Texterstellung werden zum Verschwinden gebracht. Der Textzusammenhang überblendet den komplexen Prozeß der Texterzeugung durch das suggestive Bild eines belesenen Erzählers. Der "vaterlose" Text, wie Platon die schriftliche Aufzeichnung im Unterschied zur Stimme nennt, erzeugt seinen eigenen Vater, gewinnt seine Autorität durch die textuelle Repräsentation eines "Sprechers", der in Abhängigkeit und im Hinblick auf seinen spezifischen Ort im Spiel der Intertextualität als Erzählerfigur konstruiert wird.

Wir haben zwar den Namen Hartmanns, aber dieses Datum hat uns nicht sehr weit geführt. Der Autorname erschließt uns keine Individualbiographie, sondern steht für eine Gruppe von Texten, ihre spezifische Sprache und Form. Das gilt auch für Wolfram von Eschenbach, dessen demonstrativer Hinweis auf seine eigene Illiterarizität—"ich kan deheinen buochstab" ("ich beherrsche keinen einzigen Buchstaben")—ihn eher zum Gegenbild des belesenen Hartmann stilisiert als ein biographisches Faktum zu benennen. "Dieser gänzlich vom lebendigen Körper abgelöste und dafür unlöslich mit dem Textkörper verbundene Name verbürgt die (nunmehr personalisierte) Wahrheit des Wissens"[69]. Der Gegensatz zwischen Wolfram und Hartmann verweise dann auf keine lebensgeschichtlich zu deutende Konkurrenz, sondern auf die Opposition zweier Autoritätsinstanzen, die auf den Gegensatz von *litterati* und *illiterati* zurückzuführen ist. "Das physische Verschwinden des Autors ist die Bedingung der Existenz einer aus den Buchstaben geborenen *persona*"[70]. Der Text gewinnt seine Autorität jeweils durch die Erzählerinstanz, die vom Text selber generiert wird und durch die Referenz auf jene Diskurse als deren Vermittlungsinstanz die Erzählerfigur installiert wird.

Resümee

Das Bild des Dichters wird vom Text vergegenwärtigt und zugleich verstellt. Der literarische Text gewinnt seine Autorität durch seinen spezifischen Ort im Spiel der Intertextualität. Die Darstellung des innertextuellen "Sprechers", der als Vermittler (Bote) der Erzählung auftritt, führt immer wieder auf den Text zurück. Das schließt außertextuelle Referenzpunkte nicht aus, aber wie bei einem Königsboten wird das Repräsentierte nur im Repräsentierenden ansichtig. Der Sprecher/ Erzähler ist eine Repräsentationsinstanz, vergegenwärtigt Mündlichkeit, fungiert jedoch im Medium der Schrift, die eben nicht mehr durch die Kommunikation von Angesicht zu Angesicht charakterisiert ist, sondern durch die Referenz der Schrift auf andere Schriften. Deshalb setzt das Bemühen um eine biographisch faßbare Dichterpersönlichkeit die Auseinandersetzung mit der literarischen Konstruktion der innertextlichen Erzählerfigur immer schon voraus.

Anmerkungen

1. Konrad Ehlich, "Text und sprachliches Handeln", in *Schrift und Gedächtnis*, hg. v. Aleida Assmann, Jan Assmann und Christoph Hardmeier (München: Fink, 1983), 30.

2. Vgl. dazu *Recht und Schrift im Mittelalter*, hg. v. Peter Classen, Vorträge und Forschungen, 23 (Sigmaringen: Thorbecke, 1977); Gernot Kocher, "Bild und Recht: Überlegungen zur Rolle des Bildes in der privatgeschichtlichen Lehre und Forschung", in *Arbeiten zur Rechtsgeschichte: Festschrift Gustav Klemens Schmelzeisen*, hg. v. Hans-Wolf Thümmel, Karlsruher kulturwissenschaftliche Arbeiten, 2 (Stuttgart: Klett-Cotta, 1980), 142–65.

3. Eide zählen zu den Formen von Äußerungen, die überaus sorgfältig vor Veränderungen geschützt werden. Ihr Wortlaut, getragen von Rhythmus, Alliteration und Wiederholung, bewahrt sie davor, dem Vergessen anheimzufallen. Vgl. Ivan Illich und Barry Sanders, *Das Denken lernt schreiben: Lesekultur und Identität* (Hamburg: Hoffmann und Campe, 1988), 44; Ivan Illich, *Schule ins Museum: Phaidros und die Folgen*. Mit einer Einleitung von Ruth Kriss-Rettenbeck und Ludolf Kuchenbuch (Bad Heilbrunn: Klinkhardt, 1984), 42–43.

4. Zitiert bei Edmond Faral, *Les arts poétiques du XIIe et du XIIIe siècle* (Paris: Champion, 1923), 290. "Der Vortragende spricht mit drei Sprachen: die erste sei der Mund, die zweite das Gesicht und die dritte die Gestik. Dem Inneren folgt die äußerliche Bewegung, und gleicherweise werden bewegt der eine und der andere Mensch" (nach Wolfgang Kemp, *Sermo corporeus: Die Erzählung der mittelalterlichen Glasfenster* [München: Schirmer und Mosel, 1987], 259).

5. Hugo von St. Victor, *De institutione novitiorum*, PL 176, 943. "Es ist wichtig, beim *gestus* Disziplin zu bewahren, damit jedes Glied auf seine Weise und mit Maß das ausführt, was es ausführen muß, nicht mehr und nicht weniger. Bei seiner Verrichtung soll es so bewegt und gelenkt werden, daß es an keiner Stelle die Grenze der Zucht oder die Form des Anstandes verläßt, das heißt, um einige Beispiele zu geben: lachen, ohne die Zähne zu zeigen, sehen, ohne die Augen zu rollen, reden, ohne die Hände auszustrecken und mit den Fingern zu zeigen" (Übersetzung: Kemp, *Sermo corporeus*, 181).

6. "Auch in der schriftlichen Form des Gelöbnisses oder Eides bleibt die enge Bindung an die Situation, hier die Schwurhandlung, bestehen . . . Diese

Situationsgebundenheit des Textes bedingt einen parallelen Bau der Sätze (Verlöbnis, Judeneid), eine Ausstattung des Textes mit möglichst gängigen Rechtswörtern (Eid des Heeres, Gottesurteilsverfahren) und die Verwendung klanglicher Mittel wie Alliteration, Endreim, Wortwiederholung" (Ruth Schmidt-Wiegand, "Eid und Gelöbnis: Formel und Formular im mittelalterlichen Recht", in Classen [Hg.], *Recht und Schrift*, 89).

7. Paul Zumthor, "Körper und Performanz", in *Materialität der Kommunikation*, hg. v. Hans Ulrich Gumbrecht und Karl Ludwig Pfeiffer (Frankfurt a. M.: Suhrkamp, 1988), 707.

8. Michael T. Clanchy, *From Memory to Written Record: England 1066–1307* (London: Blackwell, 1979), 210–11.

9. Klaus Schreiner, "Verschriftlichung als Faktor monastischer Reform: Funktionen von Schriftlichkeit im Ordenswesen des hohen und späten Mittelalters", in *Pragmatische Schriftlichkeit im Mittelalter: Erscheinungsformen und Entwicklungsstufen. Akten des Internationalen Kolloquiums 17.–19. Mai 1989*, hg. v. Hagen Keller, Klaus Grubmüller und Nikolaus Staubach (München: Fink, 1992), 38.

10. "Wir sagen, daß Dokumente besser sind als Zeugen. Denn Zeugen sterben, während die Dokumente dauerhaft erhalten bleiben" (*Schwabenspiegel* § 34. Nach Joachim Bumke, *Höfische Kultur: Literatur und Gesellschaft im hohen Mittelalter* [München: Deutscher Taschenbuch Verlag, 1986], 636).

11. Wolfhart Panneberg, "Sprechakt und Gespräch", in *Das Gespräch*, hg. v. Karlheinz Stierle und Rainer Warning, Poetik und Hermeneutik, 11 (München: Fink, 1984), 75.

12. Vgl. Ehlich, "Text und sprachliches Handeln", 32; Horst Wenzel, "Boten und Briefe. Zum Verhältnis körperlicher und nichtkörperlicher Nachrichtenträger", in ders. u. a. (Hgg.), *Gespräche, Boten, Briefe: Körpergedächtnis und Schriftgedächtnis im Mittelalter* (Berlin: Erich Schmidt, 1997), 96.

13. Vgl. Wenzel, "Boten und Briefe", 96.

14. Ehlich, "Text und sprachliches Handeln", 30.

15. Ehlich, "Text und sprachliches Handeln", 38.

16. Christopher Collins, *Reading the Written Image: Verbal Play, Interpretation, and the Roots of Iconophobia* (University Park: Pennsylvania State University Press, 1991), 38.

17. Wenzel, "Boten und Briefe", 99–101.

18. Aleida Assmann und Jan Assmann, "Das Gestern im Heute: Medien und soziales Gedächtnis", in *Die Wirklichkeit der Medien*, hg. v. K. Merten, S. J. Schmidt und S. Weischenberg (Opladen: Westdeutscher Verlag, 1994), 134.

19. Assmann und Assmann, "Das Gestern im Heute", 139.

20. Hans Georg Soeffner, "Appräsentation und Repräsentation", in *Höfische Repräsentation: Das Zeremoniell und die Zeichen,* hg. v. Hedda Ragotzky und Horst Wenzel (Tübingen: Niemeyer, 1990), 56.

21. Joachim Bumke, "Höfische Kultur—Höfische Körper", in *Modernes Mittelalter,* hg. v. Joachim Heinzle (Frankfurt a. M. und Leipzig: Insel, 1994), 97.

22. Wolfram von Eschenbach, *Parzival.* Mittelhochdeutscher Text nach der Ausgabe von Karl Lachmann. Übersetzung und Nachwort von Wolfgang Spiewok (Stuttgart: Reclam, 1996).

23. *Parzival*, 151, 11–20. Zur Komplexität der Szene vgl. Harald Haferland, *Höfische Interaktion: Interpretationen zur höfischen Epik und Didaktik um 1200* (München: Fink, 1986), 236–37.

24. Dazu Haferland am Beispiel Gahmurets, *Höfische Interaktion*, 97. Zur vergleichbaren Delegation Iders an den Artushof im *Erec* Hartmanns von Aue vgl. Haiko Wandhoff, *Der epische Blick: Eine mediengeschichtliche Studie zur höfischen Literatur*, Philologische Studien und Quellen, 141 (Berlin: Erich Schmidt, 1996), 211–12; ders., "'Aventiure' als Nachricht für Augen und Ohren: Zu Hartmanns von Aue 'Erec' und 'Iwein'", *Zeitschrift für deutsche Philologie* 113 (1994): 1–22; ders., "Gefährliche Blicke und rettende Stimmen. Eine audiovisuelle Choreographie von Minne und Ehe in Hartmanns 'Erec'", in *'Aufführung' und 'Schrift' in Mittelalter und früher Neuzeit. DFG-Symposion 1994*, hg. v. Jan-Dirk Müller, *Deutsche Vierteljahrsschrift* Sonderband. Germanistische Symposien. Berichtsbände, 17 (Stuttgart und Weimar: Metzler, 1996), 170–89.

25. Vgl. *Parzival*, 206, 5–21.

26. Walter J. Ong, "Information and/or Communication: Interactions", *Communication Research Trends* 16, Nr. 3 (1996): 4.

27. Ong, "Information", 12.

28. "Der Jüngling Clamide ritt geradewegs in den Kreis. Die Gemahlin des Königs *sah* auf das gepanzerte Roß und den gewappneten Reiter, die Damen *sahen*, daß sein Helm und Schild arg mitgenommen waren. So war er an den Hof gekommen. Ihr habt ja bereits gehört, daß er dazu gezwungen wurde."

29. "Nachdem er vom Roß gestiegen war, drängte er sich durch die Schar der Neugierigen zu Frau Cunneware von Lalant und sprach: 'Seid ihr es, edle Frau, der ich zu Diensten sein soll? Ich tue es allerdings nicht ganz freiwillig. Der Rote Ritter läßt euch sagen, daß er Euch zu Diensten steht und die Euch widerfahrene Schmach zu seiner eigenen Sache macht. Außerdem hat er mich gebeten, in dieser Angelegenheit vor Artus Klage zu führen. Wenn ich nicht irre, seid Ihr seinetwegen gezüchtigt worden. Edle Frau, ich will Euch mein Unterwerfungsgelöbnis leisten, wie es mein ritterlicher Gegner befahl. Seid Ihr einverstanden, so leiste ich es gern, war ich doch schon dem Tode verfallen.'"

30. Bernhard Siegert, "Vögel, Engel und Gesandte: Alteuropas Übertragungsmedien", in Wenzel u. a. (Hgg.), *Gespräche*, 50.

31. "Bei Hofe aber waren sich alle darin einig, daß Keye übel gehandelt habe."

32. "Da sprach er: 'Du bist also Kingrun! Ha, viele Bretonen hast Du bezwungen, Seneschall Clamides! Ist dein Bezwinger auch unversöhnlich, dein Hofamt soll dir doch hier zugute kommen. Wir haben die Küche unter uns, ich hier und du in Brandigan. Hilf mir also, Frau Cunneware mit großen Krapfen/Pfannekuchen zu versöhnen!' An andere Sühne dachte er nicht."

33. "Sie nahm aus seiner Hand einen Brief entgegen und sah darauf eine bekannte Schrift, noch ehe der vor ihr kniende Knappe den Namen seines Herrn erwähnt hatte."

34. Alois Hahn, "Handschrift und Tätowierung", in *Schrift*, hg. v. Hans Ulrich Gumbrecht und Karl Ludwig Pfeiffer (München: Fink, 1993), 205. Vgl. Alois Hahn, "Kann der Körper ehrlich sein?", in *Materialität der Kommunikation*, hg. v. Hans Ulrich Gumbrecht und Karl Ludwig Pfeiffer (Frankfurt a. M.: Suhrkamp, 1988), 666–79.

35. Arthur Groos, *Romancing the Grail: Genre, Science, and Quest in Wolfram's Parzival* (Ithaca: Cornell University Press, 1995), 33. Vgl. Haferland, *Höfische Interaktion*, 229–30.

36. "Die Königin sprach zum Briefe: 'Alles Glück der Hand, die dich geschrieben hat! Nie verließ mich die Sorge seit dem Tag, da ich die Hand zuletzt gesehen, die dich schrieb.'"

37. "In zierlicher Schrift versicherte König Lots Sohn."

38. "Der Brief blieb ungesiegelt, wurde aber so geschrieben, daß untrügliche Zeichen auf Gawan wiesen."

39. Haferland, *Höfische Interaktion*, 229.

40. "Sie weinte Freudentränen und fragte den Knappen: 'Du bist Gawans Diener?'"

41. "'Aus dem Briefe mögt Ihr mehr entnehmen, als ich Euch sagen kann.'"

42. "Itonje küßte den Brief wieder und wieder, drückte ihn an die Brust." Weitere Beispiele in Horst Wenzel, *Hören und Sehen, Schrift und Bild: Kultur und Gedächtnis im Mittelalter* (München: Beck, 1995), 259. Zum Brief Lavinias an Eneas in der *Eneit* Heinrichs von Veldeke vgl. Haferland, *Höfische Interaktion*, 228–29; Henning Wuth, "*was, strâle unde permint*: Mediengeschichtliches zum Eneasroman Heinrichs von Veldeke", in Wenzel u. a. (Hgg.), *Gespräche*, 63–67. Zu Briefen und Botschaften im *Willehalm von Orlens* des Rudolf von Ems vgl. Franziska Wenzel, "Situationen höfischer Kommunikation: Studien zu Rudolfs von Ems *Willehalm von Orlens*" (Diss., Technische Universität Dresden [masch.], 1998), 216. Die "leibliche" Stellvertreterfunktion des Briefes überdauert das hohe Mittelalter und findet sich noch bei Luther, der 1531 an seine erkrankte Mutter schreibt: "Ich hab die Schrift meines Bruders Jacobs von Euer Krankheit empfangen, und ist mir ja herzlich leid, sonderlich daß ich nicht kann leiblich bei Euch sein, wie ich wohl gern wäre; aber doch erscheine ich hie mit dieser Schrift leiblich" (*D. Martin Luthers Werke: Kritische Gesamtausgabe. Briefwechsel*, Bd. 6. [Weimar: Böhlau, 1935], 103, Nr. 1820). Dazu Hermann Maué, "Verschlossene Briefe-Briefverschlußsiegel", in *Kommunikationspraxis und Korrespondenzwesen im Mittelalter und in der Renaissance*, hg. v. Heinz-Dieter Heimann in Verbindung mit Ivan Hlaváček (Paderborn: Schöningh, 1988), 223.

43. Zitiert nach Bumke, *Höfische Kultur*, 423.

44. Aleida Assmann, "Exkarnation: Gedanken zur Grenze zwischen Körper und Schrift", in *Raum und Verfahren*, hg. v. Jörg Huber und Alois Martin Müller (Zürich: Stroemfeld/Roter Stern, 1993), 133–55, hier 146.

45. Wolfgang G. Müller, "Der Brief als Spiegel der Seele: Zur Geschichte eines Topos der Epistolartheorie von der Antike bis zu Samuel Richardson", *Antike und Abendland* 26 (1980): 139.

46. Konrad Krauttner, "Asci ore ad os . . . Eine mittelalterliche Theorie des Briefes und ihr antiker Hintergrund", *Antike und Abendland* 28 (1982): 168.

47. "'Tu mit Worten und Gebärden so, als brenne dir der Boden unter den Füßen, damit sie vor Neugier kaum erwarten können, deine Botschaft zu erfahren. Dränge dich ohne Scheu durch die Menge, bis du vor dem Herrscher stehst, der dich nicht zurückweisen wird. In seine Hand lege den Brief, aus

dem er rasch deine Botschaft und den Wunsch deines Herrn erfährt. Er wird ihn gern erfüllen.'"

48. "'Laß Dir noch weiter raten: Öffentlich sollst Du zu mir sprechen, wo ich und andre Frauen Dich hören und sehen. Dort wirb um unsere Unterstützung, wenn dir das Heil deines Herrn am Herzen liegt.'"

49. Niklas Luhmann, "Das Problem der Epochenbildung und die Evolutionstheorie", in *Epochenschwellen und Epochenstrukturen im Diskurs der Literatur- und Sprachhistorie*, hg. v. Hans Ulrich Gumbrecht und Ursula Link-Heer (Frankfurt a. M.: Suhrkamp, 1985), 20. Zum Ineinandergreifen von schriftlichem und mündlichem Diskurs im *Parzival* gibt Arthur Groos weitere Beispiele aus den Gahmuret-Büchern. Er resümiert: "In Wolfram's linguistic world, then, writing—and reading—are still undifferentiated extensions of speaking. . . . This is not uncommon during the transition from oral to written culture, in which 'reading' could designate reading in private or reading aloud for others to hear, and 'writing' could refer to dictation as well as actually placing a stylus to parchment" (Groos, *Romancing the Grail*, 34).

50. Platon spricht vom vaterlosen Text. Das Christentum und die historisch-transzendentale Tradition des neunzehnten Jahrhunderts hat dem Text einen transzendentalen Vater gegeben (den abwesenden Autor). Vgl. Michel Foucault, *Schriften zur Literatur*, aus dem Französischen von Karin Hofer und Anneliese Botond (Frankfurt a. M.: Fischer Taschenbuch Verlag, 1988), 14–15.

51. *Der Wälsche Gast* des Thomasin von Zerclaere (1215) ist gedacht für "vrume rîtr und guote vrouwen und wîse phaffen" (14695–96) und dies nicht etwa am Hof von Aquileja, wo Thomasin sein Werk erstellt, sondern im Land der *tiuschen zunge*, wohin er sein Buch als Gast aussendet. "Ein buoch sol lange wern" (14627), so heißt es weiter, und eine lange Dauer setzt erst recht ein Publikum voraus, das ein Bild des Autors und die Kontexteinbindung des Textes aus dem Text selber gewinnen muß. Eine aufschlußreiche Miniatur stellt dar, wie ein Bote das fertige Buch an eine Dame übergibt, die durch ein Sprechband als Verkörperung der *tiuschen zunge* des deutschen Publikums identifizierbar ist. Faktisch jedoch müssen Wort und Schrift nicht mehr durch einen außertextuellen Kommentar vermittelt werden (*reframing*), wenn der Text selbst derart seine Situierung übernimmt. *Der 'Wälsche Gast' des Thomasin von Zirclaria*, hg. v. Heinrich Rückert. Mit einer Einleitung von Friedrich Neumann (Berlin: de Gruyter, 1965). Thomasin von Zerclaere, *Der Welsche Gast*, hg. v. Friedrich Wilhelm van Kries. 4 Bde., Göppinger Arbeiten zur Germanistik, 425 (Göppingen: Kümmerle, 1984–85).

52. *Der Nibelunge Noth und die Klage. Nach der ältesten Überlieferung mit Bezeichnung des Unechten und mit den Abweichungen der gemeinen Lesart*, hg. v. Karl Lachmann (Berlin: de Gruyter, 1878).

53. Zitiert nach Joachim Bumke, *Die vier Fassungen der "Nibelungenklage": Untersuchungen zur Überlieferungsgeschichte und Textkritik der höfischen Epik im 13. Jahrhundert* (Berlin: de Gruyter, 1996).

54. Jan-Dirk Müller, *Spielregeln für den Untergang: Die Welt des Nibelungenliedes* (Tübingen: Niemeyer, 1998), 62–68.

55. "Ich will alles aufschreiben lassen, die Kämpfe und die große Not oder wie sie gestorben sind, wie es anfing, wie es weiterging und wie es alles endete."

56. "Er sagte ihm, nach seinem Vermögen, wie sich alles abgespielt hatte, denn er hatte es tatsächlich gesehen" (B).

57. "Er sagte ihm zu der Zeit, wie dort alles zugegangen war, denn er hatte es gehört und gesehen" (C).

58. "Was ihr wirklich gesehen habt, das sollt ihr mir berichten."

59. "Deshalb sende ich sogleich meine Boten in das Land der Hunnen."

60. "Der Bischof Pilgrim von Passau ließ diese Geschichte, wie sie sich ereignet hatte, seinen Neffen zum Gedächtnis aufschreiben, in lateinischen Buchstaben, damit jemand, sollte er daran zweifeln, hier die Wahrheit finde von der allererste Stunde, mit der es anfing und wie man damit umging und wie alles ein Ende fand."

61. "Da begann ein Schreiber, Meister Konrad, die Geschichte zu dokumentieren."

62. "Seither hat man es oft in deutscher Sprache eingerichtet."

63. Müller, *Spielregeln*, 63.

64. Klaus Grubmüller, "Mündlichkeit, Schriftlichkeit und Unterricht: Zur Erforschung ihrer Interferenzen in der Literatur des Mittelalters", *Deutschunterricht* 41 (1989): 41–54.

65. "denn er hat alles gesehen, er und viel andere Leute."

66. "Ein Ritter war so gebildet, daß er in den Büchern las, was er darin aufgeschrieben fand. Sein Name war Hartmann, zu Aue war er Ministeriale. Er nahm Einblick in viele verschiedene Bücher, an denen er zu ergründen begann, ob darin nicht etwas zu finden sei, womit er schwere Stunden erleichtern könne und von solchen Dingen, daß es zu Gottes Ehren diente und womit er sich selbst den Leuten angenehm machen könne." Hartmann von Aue, *Der arme Heinrich*, hg. v. Hermann Paul. 16. Aufl. besorgt v. Kurt Gärtner, Altdeutsche Textbibliothek, 3 (Tübingen: Niemeyer, 1996).

67. Zum Autornamen vgl. Michel Foucault: "Der Autorname hat seinen Ort nicht im Personenstand der Menschen, nicht in der Werkfiktion, sondern in dem Bruch, der eine bestimmte Gruppe von Diskursen und ihre einmalige Seinsweise hervorbringt" ("Was ist ein Autor?", in *Schriften zur Literatur*, 17).

68. Dazu grundsätzlich D. H. Green, *Medieval Listening and Reading: The Primary Reception of German Literature 800–1300* (Cambridge: Cambridge University Press, 1994).

69. A. Assmann, "Exkarnation", 139.

70. A. Assmann, "Exkarnation", 153.

5. The Text as a Symbol of Decadence

C. Stephen Jaeger

In a volume dedicated to the authority of the text, it might not be inappropriate to reflect on the resistance that texts had to overcome in order to establish their authority. One hindrance to textual authority was the opposition of vitality to textualizing, of life to the book. The history of written traditions in the West contains an important strain of resistance to writing, in which books and texts stand for loss of intellectual vitality.

In the spell of Thomas Mann's *Buddenbrooks*, Rilke wrote a poem called "Der Sänger singt vor einem Fürstenkind," included in his *Buch der Bilder* from 1906.[1] It is full of the jeweled and perfumed imagery, the posed and mannered tiredness that played well in neoromantic circles, and it added the Nietzschean, Thomas-Mannian motif of early generations using up a limited supply of vitality, leaving their heirs sapped of life-force but rich in intellect, aesthetic sense, and artistic mission. Rilke has his pale, sickly prince parade down an ancestral hall where his forebears, bold warriors and beautiful women, vital, robust, sensuous, and dangerous, stare down at him from portraits, and find that his effeteness justifies their reluctance to bring him forth. He holds in his hand a "little book" that is bound in the bridal garments of his ancestors, an image of vitality transmuted into the intellectual: when a bride wore the dress it signaled love, sexuality, fecundity, coupling, and coming life; as bookbinding it signals a kind of parasitism of the intellect. It appropriates the symbolism of life to decorate the sterile, secondhand pleasures of the mind.

This is the book as a symbol of decadence from a writer who recognized himself and his generation as representatives of Decadence with a capital D. The Book has many valences in Western traditions. Curtius could write a long chapter on the subject in his *European Literature and the Latin Middle Ages*.[2] In Judeo-Christian prophetic traditions it symbolized, among other things, the predestined, recorded course of history, the scenario of the apocalypse. The Middle Ages made it into a symbol of a transparent nature and a "readable" universe. The book occurred persistently in images of Melancholy, reading being one of its causes; the angel of Dürer's *Melencolia I* holds a large book in her lap.[3] That is just a brief glance at a few of its many meanings in the premodern world.

In modern Germany the book has a strong tradition as a symbol of lost vitality. Nietzsche invented the term "Alexandrine man" (in *The Birth of Tragedy*) to designate the representative of a culture whose highest accomplishments are the arts of writing and bookmaking and their museal counterpart, the library. Alexandrine man finds life worth living because its minor puzzles open themselves so conveniently to his shrewd solutions, and he represents for Nietzsche the trivializing of life in its tragic aspect. The godfather or great-grandfather of this thought is Faust in his study at the beginning of Goethe's play, where we find the scholar stifled by dusty books and studies and by a scholastic mentality that "curls up human beings into scraps of paper." He desperately seeks release from the bondage to intellect and the suffocation through texts.

The text as a symbol of decline is, of course, not in a specifically German tradition. It is far broader. Plato's seventh letter is a classic attack on the writing and making of books, texts, tracts, as threats to a tradition of intellectual inquiry that relies on dialogue, on the development of thought in immediate exchange, and, that means, on the living presence of teacher and learners.[4] In the *Phaedrus* he satirizes the pseudo-wisdom of letters: they *appear* to have some form of intelligence and understanding, but they cannot be questioned; they always signify one and the same thing; letters cannot speak, cannot choose their audience, and cannot answer its objections, refute its arguments, or capitulate to its proofs. Letters are ultimately powerless because lifeless, and their appearance of energy and force is illusion and deception.[5] Writing is also dangerous and contrary to the purpose of inquiry, because it erodes the main human faculty of cognition, the memory, and replaces wisdom with desiccated symbols of knowledge.

Cicero sketched an intellectual history of early Rome in the *Tusculan Disputations,* locating its true genius in its archaic period, which had a culture of banqueting, poetry performance, and hermetic transmission of knowledge from mouth to ear, from connoisseur to initiate.[6] He blamed the decline of this culture on published writings, which simplified learning and made it available to the masses. Prior to this decline Roman philosophers had practiced the most bountiful of all arts, the discipline of the good life, and they had preferred to do this in their behavior rather than in writings, a neat juxtaposition of vital, embodied philosophy and dead letters. It speaks a language Rilke and Thomas Mann would have warmed to: "vita magis quam litteris" (life rather than letters).

Saint Paul would have warmed to it too. A strong Christian anti-intellectual tradition rejected written knowledge in favor of the embodied spirit of the living God. Paul declared the Christians of Corinth the "true epistle of Christ, written not with ink but with the spirit of the living God; not in tables of stone, but in fleshy tables of the heart." The flesh, and not letters on parchment, is the medium of the New Testament, "for the letter kills but the spirit gives life" (2 Corinthians 3:6).

In 1022 two learned clerics in Orleans were tried, along with a group of their followers, for heretical teachings. Careful records were kept on their arrest and their trial. The interrogations make clear that these men rejected learning and study as corrupting the true faith. Asked whether they accepted various orthodox beliefs, they replied that they left such questions to those "who believe the fabrications which men have written on the skins of animals. We believe in the law written within us by the Holy Spirit, and hold everything else, except what we have learned from God . . . , empty, unnecessary, and remote from divinity."[7]

This is an important juxtaposition of two media: the written text and the body imprinted or infused with spiritual lessons. The former is as contemptible to them as the animal skin it is written on. True knowledge beats in the heart and circulates in the blood, their testimony implies; true teachings ring in the living voice and beam from the body and face of the teacher.

That dim view of texts was not their heresy. On the contrary, solid spokesmen of orthodoxy could share such mistrust of book learning. There is the phenomenon that Dennis Green calls "Theology of the spoken word," which prefers the oral to the written transmission of Christ's teachings.[8] Bernard of Clairvaux praised his brother Gerard for his ignorance of written letters: "non cognovit litteraturam" (he knew no letters/Latin/literature),[9] a monastic formula of praise rejecting worldly learning in favor of inspired knowledge, which turns up only slightly varied in the well-known and much studied passage of Wolfram's *Parzival*.[10] For conservative orthodoxy, or even for a conservative lay noble, ignorance of letters and writing can be high praise, insofar as the inward illumination of the Holy Spirit or some indwelling genius replaces it. In the Latin tradition it lives in the context of the thought that Christ has chosen simpletons to confound the vain wisdom of the world (1 Corinthians 3:18–20; also 1 Corinthians 1:18–25).

There is also the widespread conservative opposition to worldly learning in the twelfth century: Bernard of Clairvaux juxtaposes wisdom-charged living presence with dead letters in a letter to a learned English cleric, Henry Murdac, urging him to convert to the Cistercian order. Henry claims, so Bernard argues, to seek Christ in his studies. If so, then he will find him in imitating him more than in reading: "Quid quaeris verbum in Verbo, quod jam caro factum praesto est oculis? . . . O si semel paululum quid de adipe frumenti, unde satiatur Jerusalem, degustares! Quam libenter suas crustas rodendas litteratoribus Judaeis relinqueres! . . . Experto crede: aliquid amplius invenies in silvis, quam in libris. Ligna et lapides docebunt te, quod a magistris audire non possis."[11] The living presence of Christ speaks a higher language; so does nature, which fills its forests with a language perceptible to those living in claustral paradise, their ears and minds cleansed of the raucous crowing of worldly professors. When charismatics like Bernard compare the living presence with the written word, the latter inevitably appears threadbare and contemptible, and that can include Scripture.

A remarkable work from the late eleventh century gives dramatic highlight to living presence over written word: Sigebert of Gembloux's *Passion of the Theban Legion*, written around 1075. Sigebert, a schoolmaster in Metz and spokesman of the imperial cause in the investiture controversy, wrote this odd work in retirement. It is a blend of heroic epic and martyr legend with direct ties to the Latin epic *Waltharius*. A Roman legion from Thebes in Egypt refuses a direct order from the emperor Maximian to slaughter a Germanic tribe. They (the Theban legionaires) are converted Christians, and the emperor takes revenge on them for refusing his order by insisting that they renounce their faith or face martyrdom. They choose the latter, and die in a terrible slaughter at the hands of the emperor's army. The warrior saint Maurice addresses the legion in a grand oration before the battle; he urges them to passive resistance and martyrdom, first by citing sayings and stories of Christ. But then he interrupts his own sermon and cries: "Non opus exemplis? exemplum vos magis estis." He goes on to contrast written history to living, embodied history and ends:

> Legimus hactenus hec, audivimus hactenus istec,
> Sanctorum tanti recitantur in orbe triumphi,
> Hic video coram fieri que facta legebam.
> . . . .
> En mihi quos imiter, sunt presto quos bene mirer.[12]

Again, we have a juxtaposition of mediated, textual presence with living presence, to the advantage of the latter. The Theban martyrs in Sigebert's version are heroes of the present moment and the living deed, not the recorded word. And their heroism has greater exemplary force than the recorded teaching of the Christian hero par excellence, Christ.

That is the structure within which the text serves as a symbol of decline: the lived as opposed to the recorded heroic moment. We can take as a definition of decadence with a small "d": decline from a once firm norm of vitality, virtue, greatness; a move from embodied to recorded heroism, wisdom, vitality.

There is a phase in the transition from orality to literacy where the living voice and the physical presence are preferable to writing, textualizing, indeed any form of representation. This has been noted often in studies of transition in media from the earlier to the High Middle Ages.[13] The conservative posture ("the new medium means things are going to hell") is also evident in the early twentieth century in the rejection of technology and modernism in favor of older modes of production, recording, transmitting, and receiving art. And it is still now evident in the mistrust of many colleagues in academia toward the computer, which is seen as destroying the good old discipline of handwritten essays and books.

But to call the new mode a sign of "decadence" or "decline" requires a specific historical situation. I think we can locate this situation in a much discussed passage from the beginning of Hartmann's *Iwein*. Hartmann, like Sigebert, juxtaposes lived heroism with heroic stories. But his attitude is very different. He interrupts his description of the great joy of the springtime festival at Arthur's court to complain about the joylessness of the present age: such intensity of feeling has passed out of the world, he laments, and now we must compensate ourselves with the stories from those vital times. But then he makes a remarkable commitment to the joyless but story-filled present:

> ichn wolde dô niht sîn gewesen,
> daz ich nû niht enwaere,
> dâ uns noch mit ir *maere*
> sô rehte wol wesen sol:
> dâ tâten in diu *werc* vil wol.
>
> (*Iwein*, 48–58)[14]

The passage has loomed large in the discussion of the emergence of "Fiktionalitätsbewusstsein" in the twelfth century.[15] But I want to stress the author's placement of himself in a *historical* trajectory. Hartmann presents the Arthurian past as a heroic age of deeds and the present as a weak and dark age of words and stories. It is the historicizing of a well-known opposition of men of deeds with men of words. The topos that distinguished Achilles from Ulysses becomes an age of deeds opposed to an age of words. Hartmann, remarkably, is willing to trade in the age of heroic *deeds* and intensely lived pleasures for the dreary contemporary world with its vivid *stories* of the past.

In Hartmann's mind there is a sharp opposition between deeds and words, deeds and intentions, that becomes a theme of *Iwein*. Deeds count, not words or intentions; deeds give dignity and worth. The timorous, self-pitying Kalogrenant picks himself up from the ground after losing his battle with Ascalon and soothes his ego by the thought that his intentions were good, but his deeds just could not quite match them; Iwein himself, however, can blame no one else for losing his lady's favor when his acts do not match his words, and he can only regain it by heroic deeds.[16] Certainly, Hartmann is fond of putting himself ironically in an unheroic position, as does his narrator in *Gregorius*, who claims he cannot understand real suffering in love because he has never experienced it.[17] And the passage at the beginning of *Iwein* may be an ironic posture in this sense. But it resonates clearly with an attitude in the air that beats the age of words with the stick of the heroic age.

Wolfram is following the same logic of words versus deeds when he refuses to concede that his epic is a book at all. If any woman loves him for his poetry, she must be a fool. His deeds are what count and what establish his worth (*Parzival*, 115.11–18). His commitment to deeds over words perhaps scoffs at Hartmann's effete posture on the same question. It seems probable that Wolfram had the beginnings of *Der Arme Heinrich* and *Iwein* in mind when he declared that *Parzival* was not a book. I think it just as likely that Hartmann's preference was for an age of written stories to an age of action, whereas Wolfram had his eye on his proud rejection of book learning in favor of chivalric action.

Whatever Hartmann's real attitude to past and present, he and Wolfram both see the agonistic relationship between deeds and their records, between vitality and texts. Worth noting is that these two observers of the primacy of heroism over texts are nearly alone as knights writing in the classical period of Middle High German narrative, the only other member of their class being Wirnt von Gravenberc. The major representatives of courtly narrative poetry in France, Germany, and England were clerics, and of course these learned authors were inevitably advocates, at least willing beneficiaries, of a transition in media that so clearly favored their talents. Chrétien considers himself the savior of the Arthurian romance, rescuing it from the feckless butchers of tales who regularly ruin them in oral recitation before kings and counts,[18] and Gottfried, the learned cleric par excellence, sees love stories and poems as precisely the medium to rescue love from its present decline and restore a past when love had dignity.[19]

A transition in media inevitably stirs conflict and polarizes opposed attitudes. Alongside the clerical affirmation of texts and a culture of writing there was a conservative attitude closer to Christian anti-intellectualism that opposed writing to heroism or to direct, physical-oral revelation. Whether or not he actually preferred the less to the more vital age, Hartmann had a sense of living in an age of decline, as we defined it earlier; texts, books, stories were compensation for the passing of vitality from the world.

But it would be good to corroborate this sense from other sources than courtly romance, because otherwise we might suspect that this is not a held conviction at all, but just the posture of golden age thinking and the topos of praise of times past, *laudatio temporis acti*. What we need to pin down the argument is a sense of decline in which writing, poetry, texts, representation are complicitous.

Here is an example from the context of chivalry and knighthood, but from a very different genre. Peter of Blois, a prolific letter writer, wrote to a certain Archdeacon John.[20] It is an attack on John's two nephews, who are knights, and through them, on knighthood in the present day generally. Peter accuses them of many vices: they slander and malign clerics; their speech is foul and their behavior undisciplined; their highest esteem is reserved for those whose speech is filthiest, whose curses are most scurrilous, and whose respect for the church is lowest. They claim the license to rob and slander. Hardly girded with the sword of knighthood, they turn to plundering the church, persecuting mercilessly those who are poor and suffering. They let their exorbitant lusts and desires run riot. Slothful and drunken, corrupted by leisure, they neglect their duty to fight. They betray an ideal of knighthood established in Roman antiquity by heroes like Aeneas, Scipio Africanus, Pompey, and Caesar. These modern knights go to battle as if to a banquet, their pack animals laden with wine and cheese. Instead of weapons, they carry sausages and roasting forks. Now comes the reproach that interests us; they have their shields gilded and encrusted with jewels, which are so precious that they want to protect them from sword blows at all costs: "Bella tamen et conflictus equestres depingi faciunt in sellis et clypeis, ut se quadam imaginaria visione delectent in pugnis, quas actualiter ingredi, aut videre non audent."[21]

Whatever the power to indict and convict knighthood in reality, it is clear that Peter of Blois's criticism shares the structure of Hartmann's juxtaposing of past and present. Knights of the past were stringent in their ideals, bold, brave, and honest; those of the present take pleasure not in combat itself but in its representation in gilded and jewel-encrusted fantasy images, as Hartmann prefers the stories of King Arthur to the real world of chivalry they depict. Both prefer to read or view the heroic life than to live it.

The twelfth century is an age of new things; it is also an age of proliferation. The categories, a period of transition and radical transformation, seem to me to "rescue the phenomena" better than the often quoted and belabored "renaissance of the twelfth century." Johan Huizinga pointed out some years ago Westerners' gullibility for all that can be called a Renaissance.[22] And it is perennially in effect rescuing Haskins's great study that stamped that term on the twelfth century.

No one could deny the accomplishments of that age. Modern scholars credit it with the creation of courtly literature, of courtly love, the discovery of individualism, a renewal of studies and the Latin classics, of Latin poetry, of historical writing, science, and philosophy—a new humanism, in short—and new schools that developed into the institution of the university, brilliant teachers and philosophers, a new style of architecture and sculpture, and a revival of Roman jurisprudence. That is a résumé of the table of contents of Haskins's book, and then some. And because we are still living in customs and working in institutions founded then—courtesy and universities, for instance—we are strongly tempted to glorify those beginnings, as we tend to glorify origins generally.

Curiously, next to no one in the twelfth century glorified the age or those accomplishments. It is very difficult to find optimistic voices, and impossible to find voices, apart from those of monastic reformers, who think of their own age as a period of renewal.[23] One could go through that entire list of accomplishments just rehearsed and cite a host of powerfully critical voices. Enthusiasm about any of those trends and innovations is very limited indeed. For this essay I limit myself to two items that might well have aroused enthusiasm in an age that both renewed and thought of itself as renewing: the conception of history, the conception of love.

Otto of Freising was for Charles Homer Haskins a perfect example of a philosophizing historian,[24] in the mainstream of his time, educated in Paris, in touch with recent trends in philosophy and theology, Cistercian, bishop and uncle of Frederick Barbarossa, he seems to touch all bases—or most of them—of the twelfth-century Renaissance.[25] His *Chronicle or History of the Two Cities* adapts a work of immense polemical energy and exuberant Christian optimism, Augustine's *City of God*, and it uses the apparently optimistic structure of *translatio imperii* and *translatio studii* as one frame of development in universal history. And yet Otto's *Chronicle* is a work of profound and cynical pessimism. The purpose of histories in general, the author writes in his prologue, is to tell the "tragedies of mortal woes."[26] A wise God wanted it that way so as to scare humans away from transitory things. The men of the present age do not need histories so much, however, because they are living amid vivid examples of the miseries of existence in the city of Babylon, the Roman Empire. The empire in its wanderings has not grown better: it has declined. It has sunk to the last position instead of the noblest and foremost. It has become senile and decrepit, marred with innumerable stains and defects, as it passed from Babylon to Greece to Rome, to Germany. The fate of the chief world power reflects the world's misery and foretells the imminent fall of the whole structure.

Otto wrote the *Chronicle* during the turbulence prior to the election of his nephew as emperor in 1152. His view of the present age brightened in his later work, the *Gesta Friderici,* which he began in 1157 and left as a fragment of two books at his death in 1158.[27] His conception of a worldly history doomed to steady decline through a series of tragic events gives way to a new age of exemplary deeds of the emperor. But, in other respects, the skepticism remains. The comprehensive and predetermined development of history is interrupted by Friedrich's rule, but not suspended.

His skepticism shows in an area important for our topic, studies and learning, that locus of energy and accomplishment which in modern eyes above all distinguished the twelfth from earlier centuries. In his *Chronicle,* he sees the learning of his day as a participant in the general decline that characterizes his age. Although it is true that all learning originated in the East and moved West, that development occurs, he says, because knowledge is destined to end here.[28] Otto agrees with what we also can observe: that studies and learning indeed proliferate in the present age, but he sees this trend as fulfilling the prophecy of Daniel, who had received God's word that the period of decline before the last judgment would be marked by a proliferation of studies: "Pertransibunt plurimi et multiplex erit scientia" (Daniel 12:4),[29] and their running is inane busy-ness, the increase of useless publications. Otto sees the proliferation of studies in his own time in this light: the old age of the world favors the increase of knowledge; his own age is placed strategically to see the fulfillment of earlier prophecies, that the world is already failing and drawing the last breath of extreme old age. This is not the vaulting self-confidence of an age of renewal but rather the resignation of an embittered old man. There is hardly even the limited satisfaction at being a dwarf who can see further than the giants whose shoulders he is sitting on. His age is a weary traveler come exhausted to the end of its road, and all the intellectual energy of his age is but a look back to the dreadful tragedies of the road just traveled.

Many medievalists believe that the twelfth century invented romantic love.[30] It is hard to take issue with that conviction. But it is nowhere in evidence in the twelfth and early thirteenth centuries. Poets of courtly love represent love as in a state of decline. Not one of them, to my knowledge, shares C. S. Lewis's conviction that what they depicted was "an entirely new way of feeling," or Peter Dinzelbacher's that they were among the discoverers of love in the West. Chrétien begins his *Yvain* by complaining about the decline of love:

> mes or i a molt po des suens,
> qu'a bien pres l'ont ja tuit lessiee,
> s'an est Amors molt abessiee,
> car cil qui soloient amer
> se feisoient courtois clamer
> et preu et large et enorable;
> or est Amors tornee a fable.[31]

And Gottfried von Strassburg laments:

> Ez ist vil wâr, daz man dâ saget:
> "Minne ist getriben unde gejaget
> in den endelesten ort.
> wirn haben an ir niwan daz wort.
> uns ist niwan der name beliben."
>
> (*Tristan*, 12279–86)[32]

Of course, these statements also may be variants of the topos, *laudatio temporis acti*. But it does seem early in the history of romance to be sounding that particular motif, and given that the originator of Arthurian romance himself tended to irony and satire of love, it may be a statement of a real sense of loss.

Chrétien and Gottfried thought of themselves as trying to breathe new life into a dying ideal. Gottfried blames the decline of love on the lack of "steadfast friendship" in love in the present day (*der staete vriundes muot*). In a poem from the *Carmina Burana*, the god of love himself would make a similar complaint:

> vigor priscus abiit, evanuit iam virtus.
> Me vis deseruit, periere Cupidinis arcus![33]

It might be objected that the apparent pessimism is precisely the ground out of which the new grows, and that the real answer to the quest for good love positively presented is precisely the romances of *Yvain* and *Tristan*, the lyric poetry of a new love—whatever their authors may say about contemporary conditions. However, that pessimism is widely shared, not only among court poets. I could find no one who wrote about love of any kind or who observed love from noncourtly social sites in the twelfth century, who thought that the practice of love represented a bright new discovery and a happy broadening of the spectrum of human amatory experience. The sense of the decline of good love is widely shared and registers often in nonliterary sources. Cicero had said that true friendships are rare, but the twelfth century took the comment seriously and personally and created or at least stoked a nostalgia for a kind of friendship that had passed from the earth:

> Non amor est hodie quo se Pylades et Orestes,
> Quo se amaverunt Laelius et Scipio.
> Fidens vel fidus rarus in alterutrum.[34]

One of the speakers in Aelred of Rievaulx's dialogue on friendship, *De spiritali amicitia,* puts a peculiar spin on this motif by turning it into an indictment of the Christian era: "Cum tanta sit in amicitia vera perfectio, non est mirum quod tam rari fuerunt hi quos veros amicos antiquitas commendavit. Vix enim, ut ait Tullius, tria vel quatuor amicorum paria in tot retro saeculis fama concelebrat. Quod si nostris, id est christianis temporibus, tanta est raritas amicorum, frustra, ut mihi videtur, in huius virtutis acquisitione desudo, quam me adepturum, eius mirabili sublimitate territus, iam pene despero."[35] Aelred himself jumps in at once to defend Christian friendship, and so the voice of an unworthy present intimated by a glorious past is not unopposed here. Heloise in her letters to Abelard as abbess of the Paraclete strongly affirmed the passion of her youth, but at the same time she lamented the loss of love and "natural vigor" in men at present because the world is old. She called for a new rule of the religious life, one that would take into account male frigidity over against the rule of Saint Benedict, which was written in a time when men were still capable of loving: "Senuisse iam mundum conspicimus hominesque ipsos cum ceteris quae mundi sunt pristinum naturae vigorem amisisse, et . . . ipsam caritatem non tam multorum quam fere omnium refriguisse."[36] She is, of course, generalizing from her own castrated husband and measuring the difference that separates the passion of their early days from the frigid consolations of philosophy, theology, and the religious life. Bernard of Clairvaux recalls the days when the patriarchs burned with desire for the presence of Christ in the flesh, and he weeps for the lukewarmness and frigid unconcern of these times.[37]

Whatever such statements may say about the experience of love in the period, it does indicate that the new paradigm of love was perceived by contemporaries as a response to a decline of good love and friendship.

Unquestionably, these are topoi of golden age thinking; but that does not discredit them as revelations of the self-definition of the age. The same age had other topoi of Christian optimism at its disposal in abundance—as, for instance, Augustine's City of God, which saw a rise to dignity in Christian history. The point is: the age sounded the decline motif regularly, and the voice of optimism is barely heard.

Whatever value we may place on the impressive creations and accomplishments of the twelfth century, we cannot get around the pervasive pessimism and sense of crisis that dominates contemporary judgments of the age: crisis in language, in poetry, in learning, in the schools, in the law, in an earlier ethical discipline. The age thought of itself by and large as an age of decline. I think Giles Constable's phrase "Reformation of the Twelfth Century" fits and accommodates the sense of renewal and reform present in the period far better than "Renaissance."[38]

The text as a symbol of decline fits into this broader context. It is beyond dispute that the age produced a delightful and new form of literature. The late nineteenth and early twentieth centuries also produced an extremely vivid and rich literature—and the very movement that produced that literature judged and called itself "decadent." The evaluation of a sudden proliferation and innovation will be judged variously by various viewers and readers. But we should be careful in forming our own judgment not to ignore that of contemporaries.

I end with an anecdote that shares the deep gloom evoked earlier, but that at least presents the sapping effects of learning and texts with a touch of humor. A legend grew up around the conversion of Serlo of Wilton, a twelfth-century English master in Paris. He wrote poems on grammatical and bawdy subjects in his youth, but then gave up his worldly career to convert to monasticism, and he eventually became abbot of the Cistercian abbey of L'Aumône in 1171. The legend was retold by Jacques de Vitry in the mid-thirteenth century in the following form:[39] One evening the master was visited in his room by the ghost of a former student, recently dead. He is wearing a winding sheet, "heavy as a stone tower." The shroud is a large piece of parchment covered at every point with tiny letters and characters. The teacher asks what the letters mean, and the student answers that they spell out the sophisms and vain questions on which he had wasted his time as a student. The ghost is sweating profusely from his burden, and the teacher experiences its sufferings when a drop of sweat falls on the back of his hand. Acid-like it eats a hole in his hand that remains as a permanent reminder of the apparition. The next morning the professor resigns his chair and enters a monastery.

The student is weighed down not by the moral debts incurred in life, like his colleague in suffering, Jacob Marley, but by parchment and writing, by thought, its visible representation and its mediators. The killing influence of the text and the letter continues even in the afterlife. But at least the apparition can save one professor from textual suffocation.

Notes

1. Rilke, *Das Buch der Bilder,* book 2, part 1.
2. E. R. Curtius, *European Literature and the Latin Middle Ages,* trans. Willard Trask (Princeton: Princeton University Press, 1953; rpt., 1990), 302–47 ("The Book as Symbol").
3. See Erwin Panofsky, Fritz Saxl, and Raymond Klibansky, *Saturn and Melancholy: Studies in the History of Natural Philosophy, Religion and Art* (London: Nelson, 1964). C. S. Jaeger, "Grimmelshausen's Simplicius and the Figure of the Learned Madman in the 17th Century," *Simpliciana* 3 (1981): 39–64.
4. See Eric Havelock, *Preface to Plato* (Cambridge, Mass.: Harvard University Press, 1963).
5. Plato, *Phaedrus,* 275e–276a.
6. Cicero, *Tusculan Disputations,* 4.2, 3–7.
7. The basic documents and bibliography on the events are given in Edward Peters, *Heresy and Authority in Medieval Europe: Documents in Translation* (Philadelphia: University of Pennsylvania Press, 1980), 66–71; quotation from 71.
8. Dennis Howard Green, *Medieval Listening and Reading: The Primary Reception of German Literature, 800–1300* (Cambridge: Cambridge University Press, 1994).
9. *Sancti Bernardi opera,* ed. J. Leclercq, C. H. Talbot, and H. M. Rochais (Rome: Editiones Cistercienses, 1957), 1:175, Sermo super Cant. Cant., 26.V.7.
10. *Parzival,* 115.27: "ine kan decheinen buochstap."
11. Bernard of Clairvaux, Epist. 106, in *Sancti Bernardi opera,* ed. J. Leclercq, C. H. Talbot, and H. M. Rochais (Rome: Editiones Cistercienses, 1957), 7:266–67: "Why seek the Word in words, when it stands before your very eyes in the flesh? . . . Once you've tasted from the fruit of the wheat . . . you would soon leave the husks for those teachers of mere letters to chew on. . . . In the forests you will find more wisdom than in books; the trees and stones will teach you things no professors know."
12. *Sigeberts von Gembloux Passio sanctae Luciae virginis und Passio sanctorum Thebeorum,* 2.448, ed. Ernst Dümmler, Akademie der Wissenschaften Berlin. Phil.-Hist. Kl. 1 (Berlin, 1893), 2.448, 83, and 2.505–13, 85: "Who needs examples from books? You yourselves are the example. . . . We have read this, we have heard that. So many triumphs of the saints are reported throughout the world. But here I see with my very eyes those deeds I have read about. . . . Are not those whom I should imitate and those at whom I should marvel right here in front of me!"
13. There are good examples in Michael Clanchy's book *From Memory to Written Record: England, 1066–1307,* 2d ed. (Oxford: Blackwell, 1993), and in Haiko Wandhoff's *Der epische Blick: Eine mediengeschichtliche Studie zur höfischen Literatur* (Berlin: Schmidt, 1996).

14. "I would not want to have lived then if I had to give up the present where their *stories* (of King Arthur) give us such pleasure. In those days it was *deeds* which gave satisfaction" (emphasis added). Hartmann von Aue, *Iwein*, 7th ed., ed. G. Benecke, K. Lachmann, and L. Wolff (Berlin: de Gruyter, 1968).

15. See Walter Haug, *Literaturtheorie im deutschen Mittelalter von den Anfängen zum Ende des 13. Jahrhunderts* (Darmstadt: Wissenschaftliche Buchgesellschaft, 1985), 124.

16. *Iwein*, 756–72.

17. Hartmann von Aue, *Gregorius*, 13th ed., ed. Hermann Paul, rev. Burghart Wachinger, Altdeutsche Textbibliothek, 2 (Tübingen: Niemeyer, 1984), 789–804.

18. See the prologue to *Erec et Enite*. Chrétien de Troyes, *Erec and Enide*, ed. and trans. Carleton W. Carroll (New York: Garland, 1987), 19–22.

19. See the prologue to *Tristan*, esp. *Tristan*, 155–236. Especially worth reflecting on is the claim "wir lesen ir leben" (*Tristan*, 35). Its unquestioned presupposition of the textualizing, or the textualizability, of life, the reprocessing of vitality into the written word, must have appeared as typically clerical and therefore contemptible to Wolfram.

20. Peter of Blois, Epist. 94, PL 207, 293–97. See my "Courtliness and Social Change," in *Cultures of Power: Lordship, Status and Process in Twelfth-Century Europe*, ed. Thomas N. Bisson (Philadelphia: University of Pennsylvania Press, 1995), 291–94.

21. PL 207, 296A: "They have scenes of combat painted on their saddles and shields, so that they may take pleasure in a kind of fantasy vision of battles, which in reality they would not have the courage even to watch, let alone to take part in."

22. Johan Huizinga, "The Problem of the Renaissance," in his *Men and Ideas: History, The Middle Ages, The Renaissance: Essays*, trans. James S. Holmes and Hans van Marle (New York: Meridian, 1959), 243–87.

23. Gerhart Ladner, who studied the language of renewal, noted with emphasis the reluctance of contemporaries to apply it to their age as a whole: "It is very remarkable that philosophers of nature and natural scientists of the twelfth century, such as Adelard of Bath and Herman of Carinthia—while they considered nature as an innovating force under God in generation and conservation—do not seem to have designated their own time as an age of either rebirth or reform." "Terms and Ideas of Renewal," in *Renaissance and Renewal in the Twelfth Century*, ed. Robert Benson and Giles Constable (Cambridge, Mass.: Harvard University Press, 1982), 7.

24. C. H. Haskins, *The Renaissance of the Twelfth Century* (1927; rpt., New York: Meridian, 1955), 224–75 (on historical writing), 241–44 (on Otto of Freising).

25. On Otto's career, his view of history, and its context, see Hans-Werner Goetz, *Das Geschichtsbild Ottos von Freising: Ein Beitrag zur historischen Vorstellungswelt und zur Geschichte des 12. Jahrhunderts* (Cologne and Vienna: Böhlau, 1984).

26. *The Two Cities: A Chronicle of Universal History to the Year 1146 A.D. by Bishop Otto of Freising*, trans. Charles C. Mierow, Records of Civilization,

Sources and Studies (New York: Columbia University Press, 1928), 94–95 (prologue to book 1); original text in Otto Bischof von Freising, *Chronik oder die Geschichte der zwei Staaten,* ed. Walther Lammers, trans. Adolf Schmidt, Ausgewählte Quellen zur deutschen Geschichte des Mittelalters, 16 (Darmstadt: Wissenschaftliche Buchgesellschaft, 1974), 10–14.

27. See Goetz, *Das Geschichtsbild,* 275, on this change of attitude.

28. *Chronicle,* prologue, ed. Lammers, 12–14; trans. Mierow, 94–95.

29. "Many shall run to and fro and knowledge shall be increased." There is a problem in understanding the line in the Bible. See the commentary in *The Interpreter's Bible* (New York: Abingdon Press, 1956), 6:544–45. But decisive for our context is Otto's understanding of the line. And he clearly understood "pertransire" as scurrying and the "multiplicity" of knowledge as a phenomenon of final decline: "Hanc in senio mundi ex his, quas dixi, causis sapientiam fore multiplicandam propheta previdit, qui ait, *Pertransibunt plurimi*" (The Prophet foresaw this growth of wisdom in the old age of the world for the reasons I have cited [namely corruption and senility], and so he said "Many shall hurry to and fro"). *Chronicle,* book 5, prologue, ed. Lammers, 372; trans. Mierow, 322.

30. C. S. Lewis, *The Allegory of Love: A Study in Medieval Tradition* (London: Oxford University Press, 1936; rpt., 1972), 4, 11; Peter Dinzelbacher, "Über die Entdeckung der Liebe im Hochmittelalter," *Saeculum* 32 (1981): 185–208.

31. "Nowadays it has few adherents, since almost all have abandoned love, leaving it much debased. For those who used to love had a reputation for courtliness, integrity, generosity and honour; but now love is made a laughing-stock." Chrétien de Troyes, *Yvain ou Le Chevalier au Lion,* ed. Jan Nelson, Carleton W. Carroll, and Douglas Kelly (New York: Appleton-Century-Crofts, 1968), 18–24. English quoted from Chrétien de Troyes, *Arthurian Romances,* trans. D. D. R. Owen (London: Dent and Tuttle, 1993), 281. Also the troubadour Giraut de Borneil complains that all pleasure has passed from the world, and "worth" (*pretz*) is banished. He has given up his attempt to rescue these values. Minstrels no longer praise noble ladies; therefore their "worth" (*pretz*) is in ruins. Their lovers now prefer to practice deceit than to praise them. Giraut de Borneil, *Sämtliche Lieder des Trobadors Giraut de Bornelh,* ed. Adolf Kolsen (Halle: Niemeyer, 1907), 412–20, no. 65 ("Per solatz revelhar").

32. "They are right who say that Love is hounded to the ends of the earth. All that we have is the bare word, only the name remains to us." Gottfried, *Tristan,* ed. F. Ranke, ed. and trans. Rüdiger Krohn (Stuttgart: Reclam, 1985). English by A. T. Hatto, *Tristan with the "Tristran" of Thomas* (Harmondsworth: Penguin, 1985), 203.

33. *Carmina Burana: Die Lieder der Benediktbeurer Handschrift,* ed. A. Hilka, O. Schumann, and B. Bischoff, trans. Carl Fischer (Munich: Deutscher Taschenbuch Verlag, 1979), no. 105, 6.3–4. "The ancient vigor has passed away [from love]; its virtue has vanished; my strength has failed me and Cupid's bow shoots no more!"

34. Hugo Sotovagina, in *Anglo-Latin Satirical Poets,* ed. Th. Wright, Rolls Series, 59 (London: Longman, 1872), 2:219: "That love which Pylades felt for

Orestes and Laelius for Scipio does not exist today. Confidence and loyalty in either partner is rare."

35. Aelred of Rievaulx, *Spiritual Friendship*, 25, trans. Mary Eugenia Laker (Kalamazoo, Mich.: Cistercian Publications, 1977), 56; *De spiritali amicitia*, ed. A. Hoste, Corpus Christianorum Continuatio Mediaevalis, 1 (Turnholt: Brepols, 1971), 293: "There never were many friends . . . but in this age of Christianity, friends are so few, it seems to me that I am exerting myself uselessly in striving after the virtue which I, terrified by its admirable sublimity, now almost despair of ever acquiring."

36. Heloise, "Letter 5 to Abelard," in *The Letters of Abelard and Heloise*, trans. Betty Radice (Harmondsworth: Penguin, 1974), 167; "The Letter of Heloise on Religious Life and Abelard's First Reply," ed. J. T. Muckle, *Mediaeval Studies* 17 (1955): 246: "We see that the world has now grown old, and that with all other living creatures men too have lost their former natural vigour; and . . . amongst many or indeed almost all men love itself has grown cold." She changes the biblical reference (Matthew 24:12): "because iniquity shall abound, the love of many shall wax cold" so that a senile world and not "iniquity" is responsible for frigidity—gendered masculine in Heloise's text. On the motif in literature, see James M. Dean, *The World Grown Old in Later Medieval Literature* (Cambridge, Mass.: Medieval Academy of America, 1997). On the cooling of charity with reference to Heloise's statement, 62–66; as a literary motif ("The Decline of Love"), 99–102.

37. *Serm. in Cant.*, 2.1.1. Cf. Richard of Saint Victor, *De gradibus charitatis*, ch. 4, PL 196, 1204C–D. And Peter of Blois, *De amicitia Christiana*, prologue, PL 207, 871A.

38. Giles Constable, *The Reformation of the Twelfth Century* (Cambridge: Cambridge University Press, 1996).

39. Jacques de Vitry, *The Exempla or Illustrative Stories from the Sermones vulgares of Jacques de Vitry*, ed. Thomas F. Crane (1890; rpt., New York: Franklin, 1971), 12. On the genesis of the legend of Serlo of Wilton, see Stephen C. Ferruolo, *The Origins of the University: The Schools of Paris and Their Critics, 1100–1215* (Stanford, Calif.: Stanford University Press, 1985), 202–3.

6. Von der Rede zur Schrift: Konstituierung von Autorität in Predigt und Predigtüberlieferung

Rüdiger Schnell

In einem neueren Sammelband über die Postmoderne wird eine Kontrastierung von Mittelalter und Moderne vorgenommen und dabei behauptet: "'Autorität' steht heute nicht—wie im Mittelalter—*vor dem Beginn einer Äußerung*, die sich nur im Anschluß an bereits vorgegebene, zitierbare Autoritäten legitimieren konnte"[1]. In der Moderne sei Autorität "*am Ende einer Äußerung*" gestanden, "kraft deren (subjektiver) Leistung dem modernen Sprecher oder Schreiber Autorität zufällt". Daß diese Gegenüberstellung den mittelalterlichen—und damit auch den neuzeitlichen—Befund verzeichnet, dafür ist der Nachweis leicht zu erbringen: Jedem mittelalterlichen Dialektikschüler war die Grundregel des Boethius bekannt, wonach gerade die Berufung auf eine (vorgegebene) Autorität das schwächste aller Argumente sei.[2] Alanus de Insulis (ca. 1200) verhalf dann dieser Einsicht zu der berühmten Formulierung: "Sed quia auctoritas cereum habet nasum, id est in diversum potest flecti sensum, rationibus roborandum est"[3]. Folglich setzt ein Text nicht Autorität voraus, sondern hat sie allererst zu konstituieren. Antoninus Florentinus (ca. 1450) gibt in seiner *Summa theologica* den Predigern den Rat, sie sollten eine Sentenz aus der Bibel oder anerkannten Kirchenlehrern vorzugsweise dort zitieren, wo eine Sache nicht durch *ratio vel experientia* schon klar sei.[4] Die *auctoritas* einer Schriftstelle tritt also komplementär zum Vernunftargument und zur Erfahrung hinzu, kann aber durch diese auch ersetzt werden. In vielen Diskursen des Mittelalters schließen sich *ratio* und *auctoritas* keineswegs aus, sondern stützen sich gegenseitig.[5] Sichtbaren Ausdruck erlangt diese Engführung von Vernunft und autoritativer Aussage in der Wortverbindung *auctoritas rationis:* Vernunft als Autorität.[6] Freilich verschiebt sich das Verhältnis von *ratio* und *auctoritas* während des Mittelalters.[7] Aber auch das Verhältnis von *auctoritas* und *auctoritas* bleibt nicht konstant. Wir treffen in mittelalterlichen Schriften auf eine Abstufung und Differenzierung von Autoritäten.[8] So konnte Albertus Magnus in seinem Sentenzenkommentar schreiben: "Unde sciendum, quod Augustino in his quae sunt de fide et moribus plus quam Philosophis credendum est, si dissentiunt. Sed si de medicina loqueretur, plus ego crederem Galeno, vel Hipocrati: et si de naturis rerum loquatur, credo Aristoteli plus vel alii experto in rerum naturis"[9]. Dieses Zitat belegt die Konkurrenz von Autoritäten schon im Mittelalter. Abälards *Sic et non* thematisiert geradezu den Gegensatz von theologischen *auctoritates*.[10] Nicht das Alte, die Vergangenheit, das Vorgängige insgesamt gilt als Autorität, sondern die *eine* Vergangenheit zerfällt hier schon in konkurrierende Geschichten. Aus der Tradition werden Tradition*en*.

"Autorität" stellt also für das Mittelalter keineswegs eine a priori akzeptierte Größe dar, auch wenn in viel höherem Maße als heute bestimmte Aussagen und Thesen einzelner Autoren als *auctoritates* in Sentenzensammlungen (Florilegien) tradiert wurden.[11] Oft mußte "Autorität" in einzelnen Texten immer wieder erst hergestellt bzw. erworben werden. Die Überzeugung, im Mittelalter gehe Autorität einem Text stets voraus, hängt meines Erachtens mit der fragwürdigen Vorstellung zusammen, Autorität werde allein durch Personen gestiftet. Doch Konstituierung von Autorität verdankt sich—wie wir sehen werden—nicht nur Personen, sondern auch Texten—und situationellen bzw. kommunikativen Faktoren.

I

In diesem Beitrag soll es um die widerspruchsvolle Vielfalt von Aspekten gehen, die bei der Konstitution textueller, aber auch außertextueller Autorität bestimmend waren: außertextuell deshalb, weil meines Erachtens die Differenz und Interferenz von mündlicher und schriftlicher Kommunikation im Mittelalter besondere Aufmerksamkeit beansprucht: Gibt es eine Autorität der Mündlichkeit und eine der Schriftlichkeit? Die Antwort auf diese Frage setzt überlieferungsgeschichtliche Studien voraus. Überlieferungsgeschichte und die Geschichte der Autorität gehören schon deshalb zusammen, weil Autorität sich erst im Zusammenwirken einer Person bzw. eines Textes mit Anderen einstellt. Es müssen Menschen da sein, die eine Person anerkennen, akzeptieren, verehren bzw. einen Text immer wieder zitieren, kommentieren, abschreiben. Autorität konstituiert sich in der Rezeption.

Als Ausgangspunkt für meine Überlegungen zur "textual authority" wähle ich die Predigt. Im Mittelalter wie heute verdankt sich die Autorität von Kanzelreden nicht allein dem Wortlaut. Denn in mittelalterlichen Anleitungen zum Verfassen von Predigten wird immer wieder darauf hingewiesen, wie wichtig die Übereinstimmung von Leben und Lehre, von Werk und Wort (*vita* und *verbum*) für die Wirkung einer Predigt sei.[12] In seiner Anleitung zum Predigen geht Alexander von Ashby (vor 1215) ausführlich auf das Verhältnis von Wort und persönlichem Lebenswandel bei Geistlichen ein. Das Beispiel einer guten Tat müsse den Worten der Weisheit vorausgehen; denn Gregor der Große sage: "Eine Herde wird besser durch Beispiele als durch Worte ihren Weg gehen." Der Geistliche solle durch beispielhaftes Verhalten (*exemplo*) die Tugend an sich selbst sehen lassen, die er dann den anderen mit dem Wort predigen werde.[13] An einer anderen Stelle heißt es: "Illi ergo gladios habent qui scientiam sacre Scripture habent. Set illi soli gladios tenent qui instanter verbum Dei predicant, qui quod ore docent opere complent"[14]. Sollten die Geistlichen ein schlechtes Vorbild sein, würden sie ihre Gemeinde ins Verderben stürzen. "Pravum exemplum sacerdotis causa est ruine populi quia de operibus eorum facilius sumitur exemplum. Cum enim laici vident sacerdotes mala opera facere, ad eadem facienda audaciores fiunt. Dicunt enim: si adeo grave peccatum esset, ut dicitur, fornicatio, adulterium, simonia, tam audacter non ea committerent qui nobis sapientiores sunt"[15].

Ende des 13. Jahrhunderts behandelt Gerhard von Bologna in einem Quodlibet die "quaestio utrum melius sit praedicare et facere contrarium ejus qui praedicat quam omnino tacere"[16]. Für den Fall, daß das sündhafte Verhalten des Predigers bekannt sei, plädiert Gerhard für Schweigen und zitiert ein Wort Gregors des Großen (PL 76, 1119): Wessen Leben verachtet werde, dessen Predigt falle unausbleiblich der Verachtung anheim.

Im Spätmittelalter versuchten Ordensreformen, die Lebensweise der Kleriker strengeren Normen zu unterwerfen. Der Straßburger Leutpriester (Domplebanus) Johannes Schoup bringt im 15. Jahrhundert den Zusammenhang von Predigttätigkeit und Lebenswandel auf die einfache Formel: "ein iegelicher prediger [sic!] der sol an ime haben zwei ding: das eine, wort die ernsthaftig sint vnd wol gesetzet. Das ander, ein wandel vnd werck die den worten glich sint"[17].

Die Glaubwürdigkeit und die Geltung einer Kanzelrede werden also auch an die *vita*, die Person des Predigers gebunden, nicht nur an dessen Amt.[18]

Weshalb aber spielt der persönliche Lebenswandel der Prediger eine so bedeutsame Rolle, wo doch die Lehren der Kanzelreden hinreichend durch *autoritates, rationes* und *exempla* abgesichert sind, wie die Predigtlehrbücher immer wieder fordern?[19] Es ist wohl der grundsätzliche Anspruch der Predigt, auf den Lebenswandel, auf die *mores* der Hörer und Hörerinnen einzuwirken: Alanus ab Insulis definiert die Predigt als eine *institutio morum* (eine "Unterrichtung in den Sitten")[20]; Thomas von Chobham möchte, daß die Prediger die Menschen in den guten Sitten unterweisen.[21] Doch diese beabsichtigte Wirkung erreichen die Predigten nur, wenn die Person des Predigers das Gesagte vorlebt, sich in ihren *mores* als untadelig erweist.[22]

Im 13. Jahrhundert widmet Humbertus de Romanis ein Kapitel seiner Schrift über die Ausbildung von Predigern der *vita predicatoris*.[23] Wer das Wort verkündige, müsse zuvor sehen lassen, wie er lebe. Ein Prediger müsse nicht nur durch das Wort, sondern auch durch die Tat predigen. "Aliud est concordia actionum cum verbo. Hieronymus: Non confundant opera tua sermonem tuum; ne cum loquaris in Ecclesia, tacitus quilibet respondeat: Cur ergo quae dicis ipse non facis?"[24] Wer selbst nicht vorbildhaft lebt, kann andere nicht tadeln bzw. zu einem besseren Leben anhalten.[25]

Predigtaussage und Lebenswandel müssen übereinstimmen ("concordia actionum cum verbo"), andernfalls leidet die Glaubwürdigkeit und die Geltung, kurzum die Autorität der Predigt.[26]

Freilich gibt es daneben die Auffassung, daß die Predigt als Gottes Wort zu gelten habe, daß Gott dem Prediger die wahre Beredsamkeit verleihe und daß das Wort Gottes auch aus dem Mund eines unmoralischen Priesters fließe.[27] Doch haben wir es eher mit zwei an verschiedene Adressaten—an Gemeinde und Prediger—gerichteten Positionen zu tun als mit einem Widerspruch. Der katholische Kontroverstheologe Friedrich Grau, genannt Nausea (1490–1552), verbindet beide Perspektiven. Zunächst redet er die Gemeinde an: "Non est igitur, vt ob malitiam praedicatoris dei verbum, quod ipse loco Christi praedicat, spernas, qui eo pacto non praedicatorem sed dominum, cuius veritas denuntiatur, sperneres, qui per ipsum loquitur . . . Quapropter magis obligamur deo, quod etiam nobis gratiam verbi non subtrahit, sed ne nos errare permittat etiam per indignos ministrat et in hoc suae dignitati nostram vtilitatem anteponit." Dann belehrt Nausea den Prediger: "Studeat igitur praedicator tam bene vivere quam bene docere, animabusque vtilis esse, studeatque prius in se habere quicquid alios docturus est, alioqui parum proficiet. Nam eius verbum inefficax erit, nisi prius homines comperiant esse ea quae docet, in ipso"[28]. Die Autorität von Gottes Wort verliert durch einen untauglichen Prediger an Wirkung. Die Gemeinde kann zwar auch bei einem unmoralischen Priester das Wort Gottes erkennen, aber die Predigt wird ihre Wirkung verfehlen, weil es ihr an Autorität mangelt. Umgekehrt kann, wie Jacques de Vitry betont, das beispielhafte Leben des Predigers ersetzen, was seinen Worten mangelt. Ein gutes Leben mache die Lehre liebenswürdig.[29] Im Leben des Predigers sieht Jacques de Vitry eine unerläßliche Voraussetzung für den Erfolg der Predigt—er liegt vor allem in der Bekehrung der Sünder: "Inania verba sunt velut palea; unde in statera locum non habent, quia pondere et gravitate carent. Tunc autem verbis nostris stateram facimus cum per bonam vitam verbis nostris pondus adicimus. Tunc aurum, id est bonum opus in caritate factum, et argentum eloquentiae nostrae quasi in unum conflamus, cum aurum sapientiae argento eloquentiae coniungimus"[30].

Wir können also festhalten: der persönliche Lebenswandel eines Geistlichen entscheidet in hohem Maße über die Glaubwürdigkeit und somit Wirksamkeit dessen, was er sagt[31]: die Glaubwürdigkeit, d. h. die Autorität des Predigers ist Voraussetzung für die Glaubwürdigkeit, d. h. die Autorität der Kanzelrede. Was aber passiert, wenn eine Kanzelrede verschriftlicht wird, wenn von einer mündlich vorgetragenen Predigt in einer Handschrift nur noch der Wortlaut übrig bleibt, ohne Rückhalt durch die Vita des Geistlichen? Wodurch wird jetzt die Autorität der Predigt gesichert, nachdem der Prediger nicht mehr mit seiner leiblichen Präsenz für die Aussagen der Predigt einstehen kann?

Friedrich Nausea weist im 16. Jahrhundert auf den Unterschied hin: "Sed ais, quid si scripturam legere valens, doctore non indigens, dei verbum lego, et non audio? Nunquid bene facio? Bene, iniquam, sed melius ut audires illud; quando quidem ipsum diligenter auditum, altius movet quam lectum, quando viva vox plus adficit quam mortua pellis"[32]. Zugegeben, damit ist eher der Aspekt der Stimmlichkeit (*vocalité*) als der der Mündlichkeit (*oralité*) betont.[33] Dennoch kann dieses Zitat die Bedeutung der körperlichen Präsenz bei der Kanzelrede belegen.[34]

Zunächst sei aber ein zweites außertextuelles Moment erwähnt, das ebenfalls die Glaubwürdigkeit einer Kanzelrede stützt, aber bei der Verschriftlichung entfällt: der Faktor Öffentlichkeit. Alanus ab Insulis definiert Predigt als eine "manifesta et publica instructio morum et fidei, informationi hominum deserviens, ex rationum semita et auctoritatum fonte proveniens"[35]. Würde die Predigt sich im Verborgenen abspielen, könne Gottes Wort nicht, wie es ihm angemessen sei, als strahlendes Licht den Menschen leuchten. Gottes Wort müsse offenbar und öffentlich verkündet werden. Demgegenüber wird mit Heimlichkeit Falschheit und Unwahrheit verbunden.[36]

Öffentlichkeit allein wird der Bedeutung der Verkündigung von Gottes Wort gerecht, signalisiert zugleich Glaubwürdigkeit und Autorität der Aussage und grenzt von Häresie ab.[37] Hugo von St. Viktor verbindet schließlich die drei Momente "Lebenswandel", "Öffentlichkeit", und "Autorität", indem er sagt, wer durch die Vorzüglichkeit seines Lebens lehre, leuchte gleichsam und bringe ein Licht zu denen, die weiter unten stehen.[38] Der Lebenswandel des Priesters bedarf also der Öffentlichkeit, der Sichtbarkeit, um zu wirken, und mit dem öffentlichen Auftritt als Prediger verdoppelt sich dann die Wirkung.[39]

Mit der Öffentlichkeit (der Predigt) greifen wir eine überindividuelle Voraussetzung für die Autorität einer Aussage: Der kommunikative Ort der Kanzelrede sichert den Aussagen des Priesters a priori eine gewisse Gültigkeit, hebt sie heraus aus der Vielzahl sprachlicher Mitteilungen. Autorität leitet sich hier also—auch—von der Kommunikationssituation her, nicht nur von der Glaubwürdigkeit der redenden Person.

II

Was aber, und damit greife ich meine frühere Frage auf, was passiert, wenn eine Predigt verschriftlicht, gelesen und damit dem Bereich der Öffentlichkeit entzogen wird und deren Glaubwürdigkeit keine Stütze mehr am Lebenswandel des Predigers besitzt? Wenn sich also die Glaubwürdigkeit einer Predigt nicht mehr an der Person eines vortragenden Klerikers und wenn sich die Wahrhaftigkeit einer Predigt nicht mehr an der Öffentlichkeit des Vortrags festmachen lassen, welche Qualität besitzt dann noch eine Predigt? Hat sie noch die Autorität, d. h. hier das Recht, von anderen ein bestimmtes Verhalten einzufordern oder geht mit der Verschriftlichung die Akzeptanz einer Predigt verloren?[40]

Zunächst vermute ich, daß der verschriftlichte Text gegenüber der mündlichen Kanzelrede bestimmte Veränderungen aufweist, um den drohenden Autoritätsverlust zu kompensieren. Um aber den Beweis für die Richtigkeit dieser Vermutung zu führen, müßte ich eine mündlich gehaltene Predigt mit der entsprechenden schriftlichen Fassung vergleichen können.

Doch ein solcher Vergleich von mündlich gehaltenen Predigten mit den schriftlich fixierten Versionen auf mögliche kompensatorische Veränderungen hin ist kaum durchführbar: Erstens besitzen wir keine Predigt in genau der Form, in der sie gehalten wurde. Überlieferte Predigten sind niemals identisch mit der gesprochenen Kanzelrede. Auch die sogenannten *Reportata*-Predigten, also Predigtnachschriften bieten keinen vollwertigen Ersatz.[41] Zweitens geht mit der Verschriftlichung von Predigten ein Funktionswandel einher: aus der Kanzelrede wird eine Lesepredigt zur persönlichen Lektüre, eine Vorlage zur Tischlesung im Kloster, eine Arbeitshilfe für Kleriker; aus der sonntäglichen Einzelpredigt werden Predigtsammlungen; aus den Laien als Adressaten der Kanzelrede werden oft Kleriker als intendierte Benutzer von Predigtsammlungen (auch von volkssprachlichen Predigtsammlungen).[42] Es ist dann oft nicht zu entscheiden, ob sich ein Merkmal der schriftlichen Predigt dem Funktionswandel oder aber der Verschriftlichung verdankt.[43]

Wer also schriftlich fixierte Predigten auf mögliche neuartige Autorisierungselemente hin untersucht, gerät schnell aufs Glatteis: Denn er vergleicht Vorhandenes mit etwas, was man nicht hat, allenfalls konstruiert—die mündlich vorgetragene Predigt.[44] Deshalb sei dieser Ansatz nicht weiter verfolgt.

Doch *ein* Punkt verdient Erwähnung: In den Predigten, die von der Forschung aufgrund verschiedener Kriterien als schriftliterarische Texte bzw. als Lesetexte klassifiziert werden, finden wir häufig sehr präzise Quellenhinweise mit Titel- und Kapitelangabe der zitierten Quelle.[45] In der mündlichen Predigt konnte auf präzise Quellennachweise verzichtet werden, zumal viele der zitierten Quellen den Laien völlig unbekannt waren.[46] Solche Quellenangaben lassen sich zwar mit den klerikalen Rezipienten erklären, denen eine Hilfe für die Predigtvorbereitung gegeben werden soll; sie dienten möglicherweise aber auch der Autorisierung des Textes. Wir finden diese Quellenangaben nämlich auch in Predigtsammlungen, die mit laikalen Rezipienten rechnen. Sie stützen den Eindruck von Gelehrsamkeit, sie dienen überdies der Glaubwürdigkeit der Aussagen. Der Einsatz dieses Textelements wäre dann so zu deuten: Nachdem die biographisch-persönliche Stützung des Wortlauts durch den Geistlichen weggefallen war, bedurfte es neuer Autoritätsstrategien. Überspitzt ließe sich behaupten: Das biographische exemplum, das der Prediger gemäß mittelalterlichen Predigthandbüchern mit seinem Lebenswandel gibt und das durch seine Predigt hindurch wirken soll, wird ersetzt durch die—aufgrund der Schrifttradition—beglaubigten Autoritäten des Textes.

Doch statt eines Vergleichs von schriftlichen und rekonstruierten mündlichen Predigten soll nun die Analyse der tatsächlich überlieferten Texte im Vordergrund stehen: Dabei gilt unser Interesse weniger dem Inhalt des Textes als vielmehr dessen kodikologischem Umfeld. Die Ausgangsfrage lautet: Wie wird über die Einrichtung eines Textes in der Handschrift Autorität erzeugt bzw. Autorität neu begründet, nachdem die leibliche Präsenz des Predigers nicht mehr für die Glaubwürdigkeit des Gesagten einstehen konnte?[47] Meines Erachtens werden die fehlende Öffentlichkeit und die fehlende Gegenwärtigkeit eines Predigers durch folgende Elemente kompensiert: die Schriftlichkeit; das sprachliche Medium; die Namensnennung; den Hinweis auf Nutzen; die Gebrauchsfunktion eines Textes.

98 · Rüdiger Schnell

1. Die *Schriftlichkeit* an sich ersetzt schon viel an verlorener Glaubwürdigkeit: Schriftlichkeit gilt als Autoritätsausweis. Bekannt sind die zahlreichen Stellen, an denen volkssprachliche Dichter mögliche Zweifel an der Glaubwürdigkeit des Erzählten entkräften mit dem Hinweis, ein geschriebenes Buch habe ihnen als Quelle gedient.[48] Schriftliche Quellen besitzen a priori *auctoritas* (Glaubwürdigkeit). Das Buch, das Geschriebene wird zum Nachweis der Authentizität und Autorität neuer Textproduktion. Umgekehrt kann natürlich auch mündlich Vorgetragenes durch die Verschriftlichung an Dignität und Authentizität gewinnen. So läßt sich der durch leibliche Absenz eingetretene Autoritätsverlust durch die Autorität der Schrift kompensieren. Das heißt, durch die Umsetzung in ein anderes Medium gewinnt die mündlich gehaltene Predigt eine andere, neue Autorität.

Man ist versucht zu sagen: So mußte es kommen. Denn das Zurückdrängen der mündlichen, persönlich-direkten Kommunikation seit dem 12. Jahrhundert und das gleichzeitige stetige Anwachsen der schriftlichen Kommunikation standen ja in einem ursächlichen Zusammenhang[49]: Wir können diese Entwicklung auf dem Gebiet des Rechts, der Rhetorik, der Herrschaft, der sozialen Ordnung u. a. verfolgen. Wo früher bei einer Gerichtsverhandlung das Wort, die Gebärde, die Gestik rechtssichernde Kraft besaß, übernahmen mehr und mehr schriftliche Aufzeichnungen die Funktion von Glaubwürdigkeit.[50] Die Tendenz weg von der unmittelbaren, körperlichen, mündlichen Kommunikation hin zur Schriftlichkeit mußte einen Prestigezuwachs der Schriftlichkeit nach sich ziehen, sollte Kommunikation noch gelingen. Die Autorität des gesprochenen Wortes verlagerte sich in das Geschriebene. Freilich ist diese Entwicklung, die in sich höchst komplex gewesen ist und keineswegs als eine Einbahnstraße mißverstanden werden darf, mit unterschiedlichen Bewertungen begleitet gewesen. Schon im 11./ 12. Jahrhundert hat sich eine ambivalente Bewertung von Schriftlichkeit herausgebildet, die sich bis heute gehalten hat.[51] Einerseits unterstellen wir, alles Schriftliche sei wahr, und sagen: "Hier steht es schwarz auf weiß", bzw. wir wollen "etwas schwarz auf weiß nach Hause tragen"; andererseits ist noch immer der Spruch verbreitet "der lügt ja wie gedruckt". So bemerkt Robert von Gretham um 1230 im Prolog seiner *Evangiles des domnées*, einer französischen Predigtsammlung in Versen: "E ço n'est pas chose creiable / que tut seit vair k'est dit en fable; / nun est ço vair quant k'est escrit"[52]. Daß sich aber Roberts Kritik gegen die verschriftlichten volkssprachlichen Erzählungen von *Karlmeinet* oder *Tristan* richtet, zeigt, daß im 13. Jahrhundert die Gegenüberstellung von Schriftlichkeit/Wahrheit einerseits und Mündlichkeit/Lüge andererseits nicht mehr für alle Literaturbereiche gilt. Schriftlichkeit als alleiniges Autoritätskriterium genügt nicht mehr. Auch das sog. Buch wird der Lüge verdächtigt.[53] Dadurch aber ist die Frage nach anderen bzw. weiteren autoritätssichernden Merkmalen eines Textes aufgeworfen.

2. Dies führt uns zum zweiten Element, dem *sprachlichen Medium*, d. h. in unserem Falle zum Latein. Wenn *ad populum* bzw. *ad laicos* gehaltene Predigten schriftlich fixiert wurden, dann überwiegend auf Latein. Bis ins 15. Jahrhundert sind zahlreiche Nachschriften volkssprachlicher Predigten auf Latein angefertigt worden.[54] Das war wegen der bekannten und präzisen lateinischen Terminologie nicht nur praktischer, sondern verschaffte einem Text auch mehr Autorität, insofern er dadurch in den Diskurs der Theologie eingebunden war. Die Ausgangsbasis für die volkssprachliche Kanzelrede bildeten meist lateinische Predigtmagazine, das schriftliche Endprodukt der Kanzelrede war dann wiederum eine lateinisch fixierte Predigt.[55] Latein war die Sprache der Gelehrsamkeit und somit auch der Schriftlichkeit. Neben den tausenden von lateinischen Predigthandschriften nimmt sich die Zahl der deutschen Predigthandschriften sehr bescheiden aus.[56] Obwohl die Volkssprache während des 14. und 15. Jahrhunderts einen Prestigezuwachs verzeichnet und Autoritätsvorstellungen des lateinischen Literaturbetriebs auch auf volkssprachliche Dichter übertragen werden konnten (z. B. Freidank, Stricker)[57], besteht noch im 15. Jahrhundert. ein eklatanter Unterschied zwischen lateinischer und volkssprachlicher Predigtüberlieferung. In Frankreich sind in der Regel alle volkssprachlichen Predigtsammlungen nur in einer einzigen Handschrift überliefert.[58] Es ist also anzunehmen: Was die volkssprachliche Kanzelrede an leiblicher Präsenz in der Verschriftlichung verliert, gewinnt sie teilweise durch das Latein an Autorität zurück.[59]

3. Von einem dritten Element profitiert aber auch volkssprachliche Predigtüberlieferung: vom *Namen des Autors*. Einer Predigtsammlung wird der Name des Predigers vorangestellt und damit Autorität zugesprochen. Spätestens seit Alastair Minnis wissen wir, daß im Mittelalter *auctoritas* und *auctor*, Autorität und Autorschaft einander bedingen.[60] Der Mangel an leiblicher Präsenz, der durch die Verschriftlichung einer Predigt entsteht, kann also durch die Nennung des Namens z. T. kompensiert werden. Der Text allein vermag nicht die Rolle und die Funktion zu übernehmen, die dem Lebenswandel des Predigers bei der Kanzelrede zukommt. Mit der Nennung des Autornamens wird die Erinnerung an eine bestimmte Person aufgerufen, und mit dieser Erinnerung ein Stück Vita zurückgeholt.[61]

Dazu paßt der Befund, daß die Predigten zahlreicher Kleriker vor allem oder nur in den Klöstern bzw. in den Ordensprovinzen tradiert wurden, in denen sie während ihres Lebens aufgetreten sind. Die Autorität eines Textes war an die Autorität der leibhaftig erlebten Person gebunden.

So heißt es z. B. in einer Handschrift des Katharinenklosters von Nürnberg, die von der Hand der Elsbeth Karlin geschrieben ist, unmittelbar vor einem deutschen Predigtzyklus: "Diß hot gepredigt pruder Johannes Herolt cursor in dem advend in dem xxxvi. jor [1436]".[62] Diese Handschrift ist wohl mit dem Vermerk im mittelalterlichen Bibliothekskatalog desselben Klosters gemeint: "Item ein puchlein; sten an gut predig, die unser liber vater vicarius, Johannes Herolt, predigt, do er noch kursor was"[63]. Ob Johannes Herolt tatsächlich in der Klosterkirche der Nonnen gepredigt hat[64] oder ob es sich um Predigten handelt, die Herolt im Dominikanerkloster zu Nürnberg gehalten hat, die dann aber verschriftlicht auch ins Frauenkloster gelangten, läßt sich nicht entscheiden. Tatsache ist, daß Johannes Herolt eben im Jahre 1436 als Beichtvater der Nonnen des Katharinenklosters und im Jahr 1438 als Prior des Dominikanerkonvents bezeugt ist (später 1451 war er Generalvikar des Frauenklosters).[65] Offensichtlich haben sich die Nonnen die Kanzelreden Herolts, den sie gut kannten, auch als Lesepredigten gewünscht, verständlicherweise nicht in lateinischer, sondern in deutscher Sprache. Dem Namen Herolt wird also ein Stück Vita mitgegeben, so daß der Name besser für die Vita des Predigers einstehen kann.[66]

Ähnlich ist wohl der große überlieferungsgeschichtliche Erfolg von Taulers Predigten zu erklären: ca. 200 Handschriften sind auf uns gekommen.[67] Die Donaueschinger Hs. 293 aus dem Jahre 1484, also über 100 Jahre nach Taulers Tod, mag verdeutlichen, worauf unter anderem die Autorität von Taulers Predigtsammlung gründet[68]: Auf einem der Predigtsammlung vorgehefteten Vorsatzblatt (Bl. +1v) heißt es:

> Eyn kloster lygt dry mylen von Nŭrenberg das heyst Engeltail. das ist by sancte Elsbethen ziten angefangen. Auch von eyner yrer dienerin/ das selbig kloster ist prediger ordens/ do sind so fiel seliger gotts kinder ynnen gewesen. das es eyn wŭnder ist. Onder den selbigen was eyne die hieß Cristina Ebnerin deren legend vnd lesen [verschrieben aus leben?] man ym kloster vnd zŭ Nŭrenberg hait.[69] der ward von gott onder anderen offenbarungen geoffenbart von disem daler/ der dise sermonen hait geprediget/ das er gott der liebsten menschen eyns was/ als er yn vff ertrich hett/ vnd das hort man auch woil an disen sermonen/ das er v̊ß eym lŭtren grŭnd vnd herczen hait geprediget/. Der selbig Meyster hans daler/ prediger ordens hait gelebt do man zalt nach der gepŭrt vnsers herren Ihesu Christi. dusent. dry hŭndert vnd fúnfftzig iar.[70]

Das Ansehen von Taulers Predigtsammlung wird hier nicht von einer langen schriftlichen Tradition (seit 1350) abgeleitet, sondern von dem persönlichen Wirken und der außergewöhnlichen Gottesnähe des Verfassers. Dem unvermeidlichen Verlust an persönlicher Ausstrahlung, den eine Verschriftlichung der Kanzelpredigt mit sich bringt, versucht die Vorbemerkung dadurch entgegenzusteuern, daß sie suggeriert, man könne heute noch etwas von dem reinen Herzen des Predigers in den Texten heraus*hören*. Es ist wohl an Tischlesung zu denken. Das reine Herz des Predigers, das die Übereinstimmung von Leben und Wort (*vita* und *verbum*) gewährleistet, sei also auch noch im Vorlesen des verschriftlichten Wortlauts durch eine andere Stimme wahrnehmbar. Doch müssen wir auch mit stiller Privatlektüre der Taulerschen Predigten durch die Nonnen rechnen. Unbestritten ist jedenfalls der Befund: Die Predigten haben sich vom Körper Taulers abgelöst und können dessen persönliche Wirkung kaum noch vermitteln, auch wenn ein Vorleser bzw. eine Vorleserin einspringt. Deshalb muß die Autorität der Predigtsammlung anders begründet werden: durch einen biographischen Vorspann, der die frühere Wirkung wenigstens in der Memoria vergegenwärtigt.[71] Wichtige Legitimations- und Autorisierungsstrategien sind die einzelnen Elemente dieses Vorspanns: Zugehörigkeit zum Predigerorden; besondere Gottesnähe; besondere Verbundenheit mit der als Heiligen angesehen Christine Ebner.[72] Alle diese Elemente tragen Autorität an die Predigtsammlung heran, sorgen somit für wachsendes Interesse an ihr und vergrößern damit wiederum das Ansehen.

Die überlieferungsgeschichtliche Forschung zu Tauler ist zu dem Ergebnis gekommen, daß neben Straßburg Nürnberg, und hier besonders das Dominikanerinnenkloster St. Katharina, zum wichtigsten "Verteiler" von Taulers Predigten wurde.[73] Ich vermute, daß die breite Rezeption von Taulers Predigten dort, wie der Eintrag in der Donaueschinger Handschrift besagt, auf eine bewußte Anknüpfung an Taulers Vita zurückzuführen ist. Somit tragen Namensnennung und erinnerte Vita die Autorität des Predigtkorpus. Bemerkenswert ist, daß sich die Autorität von Taulers Predigtsammlung auch 100 Jahre nach dem Tod des Verfassers nicht auf dem schriftliterarischen *auctor*-Prinzip aufbaut, sondern immer noch auf der Funktion des zu seinen Lebzeiten wirkungsvollen Predigers. Der schriftliterarische Status der Predigten allein konnte noch keine *auctoritas* begründen.

Doch läßt sich an der Überlieferung der Tauler-Predigten insgesamt eine komplexe Entwicklung ablesen, in der mehrere Aspekte zusammenwirken[74]: a. das gepredigte Wort wird zum Text, die Rede zur Schrift, b. der Eindruck der lebendigen Predigt wird folglich abgelöst vom Lektüreerlebnis, das Hören weicht dem Lesen, c. die Autorität des Predigers wandelt sich zur Autorität des Gelehrten, d. der Körper des Predigers zum Körper des Buches. Einige wenige Beispiele mögen dies belegen. Dabei wird auch deutlich werden, daß entscheidende Veränderungen in der Medien- bzw. Kommunikationsgeschichte nicht mit dem Druck einsetzten, sondern sich bereits in der handschriftlichen Überlieferung abzeichnen. Nicht der Wechsel von der angeblich oralen Kultur des Mittelalters zum Druck-Zeitalter markiert den entscheidenden Einschnitt, sondern der Wechsel von der Rede zur Schrift innerhalb der mittelalterlichen Handschriftenkultur.[75]

In den Tauler-Handschriften des 14. Jahrhunderts wird, wenn der Autor genannt wird, allein seine Predigttätigkeit erwähnt: "Dit sint die sermone die Brůder Johan Tauler geprediget hait"[76]. Auch Einzeltexte sind nur mit Taulers Predigerstatus in Verbindung gebracht: "Dit ist bruder Johannes des taulers predigate; Disen sermon sprach brůder Johan tauler; Disen sermon sprach Brůder Johan Tauler des maindages vůr pingisten; Dit hait auch der tauler gesprochen"[77]. Auch noch im 15. Jahrhundert stoßen wir auf diese, ausschließlich den Prediger Tauler hervorhebende Betrachtungsweise.[78] So steht in einer Handschrift im Anschluß an zwei Taulerpredigten: "dis vorgeschrieben predig haut geton brůder johannes tauweler. jm jar von cristi geburt mccclxlvj"[79]. Daß Tauler auch noch im 15. Jahrhundert vor allem als Prediger, nicht als weithin berühmter Autor, geschätzt wurde, verrät der lateinische Eintrag (15. Jahrhundert) in eine Tauler-Handschrift des 14. Jahrhunderts: "Isti sunt sermones alique [sic] cuiusdam nomine tauler"[80]. In einer Tauler-Handschrift des Nürnberger Klosters St. Katharina befindet sich auf dem Spiegel des Vorderdeckels ein Pergamentzettel, der einen Eintrag der Buchmeisterin Kunigund Niklasin (gest. 1457) enthält: "Item an dem predigpuch sten gar vil schöner predig vnd ler . . . die denn der Tauler all gepredigt hat"[81]. Auch hier wird an die Predigttätigkeit Taulers erinnert.[82] Diese Akzentuierung findet sich sogar noch in der Donaueschinger Hs. 293 (J. 1484), wie wir gesehen haben: "von disem daler der dise sermonen hait geprediget . . . Vnd das hort man auch woil an disen sermonen das er vß eym lůtren grůnd vnd herczen hait geprediget"[83]. Den Predigten kommt insofern Autorität zu als sie von Tauler vorgetragen worden sind.[84]

Seit ca. 1400 begegnet uns aber daneben eine neue Bewertung Taulers, die sich mit geringen Abweichungen in zahlreichen Handschriften wiederfindet: "Ditz sind ettlich gůtt andåchtig predig des erwirdigen lerers průder Johannes Tallers"[85]. Neben den Prediger tritt nun der Lehrer Tauler. Auffallend oft ist diese Perspektivenverschiebung mit der Vorschaltung eines Registers bzw. einer Inhaltsangabe der einzelnen Predigten in den Handschriften verbunden, so schon in einer Berliner Handschrift, die um 1400 entstanden ist und die die zweite Hälfte einer zweibändigen Sammlung enthält: "Dis ist das ander bůchelin des

Tauwelers predigen mit einre vorgonden tofeln, in der die meynunge vnd der syn einer iegelichen predigen kurtzlich alle vor genennet sint vnd mit der zale gezeichnet. Die selbe zale dar nach an alle bletter einer ieglichen predigen sunderlichen geschriben stot"[86]. In einer Stuttgarter Handschrift lautet der Titulus so: "Dis sint ettlich gút andachtig predigen des erluchten begnadeten lerers prüder Johannes Tawlers von sant dominicus orden mit ainer vorgenden taffeln. In der mainung vnd sinne ainer yeglichen predig kürtzlich alle vorbenempt sind. Vnd mit der zal gezaichnet"[87]. Tauler ist nun der erleuchtete begnadete Lehrer religiöser Einsichten. Mit dem veränderten Rezeptionsmodus—vom Hören zum Lesen—verändert sich die Einrichtung der Predigthandschriften, die nun als "Buch" mit Register fungieren. Damit verbunden ist eine Verschiebung in der Konstituierung von Autorität: Das Ansehen der Tauler-Predigten beruht mehr und mehr auf dem Gelehrten-Status des Autors. Eine aus dem Elsaß stammende Tauler-Handschrift des ausgehenden 15. Jahrhunderts dokumentiert dies zu Anfang und Ende der Predigtsammlung: "Predigen oder sermones maister Hansen Tauler prediger orden der ain gelerter und andechtiger man waß" (Titulus, fol. 1r); "Diß buch hat gemacht der groß lerer bruder Johannes Tauller prediger ordens meister [Nachtrag: und doctor] der heilgen geschrift [gestrichen: und ein bewerter leßmeister] in der heilgen stat zu Côlen off an dem Rein und bürtig von Stroßburg und ist diß buch ouch genant der Tauller" (fol. 322r unter dem Text).[88] Einige Beobachtungen seien stichwortartig festgehalten: 1. Eine Verlagerung des Interesses von der Schrift auf den Autor: das Adjektiv "andächtig" wird nicht mehr den Predigten, sondern dem Verfasser zugeordnet; die Vita spielt eine Rolle; 2. die Autorität des Autors beruht auf seiner Gelehrtheit: er wird *meister* genannt[89], als *gelerter man* vorgestellt, sogar zum "doctor" erklärt; der Prediger verschwindet hinter dem Schriftgelehrten (dem Ausleger der Heiligen Schrift); 3. die Predigten werden zum "Buch"[90]: Zwar liegen gemäß dem Titulus Predigten vor, doch diesen Predigten ist der orale Aspekt verlorengegangen; sie bilden nun ein Buch, das "Tauler" (bzw. in zahlreichen Handschriften der "kleine Tauler") genannt wird. Sogar der Name des Autors scheint in der Bezeichnung des Buches aufzugehen. Der Körper des Predigers und der Wortlaut seiner Predigten verwandeln sich in den Körper eines Buches.

Was sich an den Handschriften des 15. Jahrhunderts ablesen läßt, die Transformation des Predigers Tauler zum gelehrten Schriftsteller Tauler, zugleich der Wandel in der Konstituierung von Autorität, wird dann verstärkt sichtbar in den Drucken des 16. Jahrhunderts. Im Leipziger Druck von 1498 lautet der Titel: "SERMON DES GRO[Z]gelarten in gnaden erlauchten doctoris Johannis Thauleri predigerr [!] ordens."

Auch der Kolophon betont die Gelehrsamkeit des Autors: "Hie endet sich das buchlein von den andechtigen vnd gnadenreichen predigen vnd leren des beschawlichen lebens. Des begenadten vnd hochgelerten doctoris Johannis Thauleri Des heiligen ordens sancti Dominici"[91]. In den Drucken Basel 1521 und 1522 wird der ursprüngliche Prediger des 14. Jahrhunderts schließlich als "weitberühmter", "hochgelehrter", "erleuchteter" Lehrer und "Doktor" der Heiligen Schrift vorgestellt.[92]

Die Geschichte der Namensnennung Taulers, angefangen von den Handschriften des 14. Jahrhunderts bis zu den Drucken des 16. Jahrhunderts, kann somit die Verschiebungen in der Konstituierung von Autorität anschaulich belegen. Während das Ansehen Taulers zunächst auf seiner Wirkung als Prediger beruhte, tritt er den Lesern des 15. und 16. Jahrhunderts als gelehrter Verfasser eines "Buches" entgegen, gemäß dem Motto "Der Prediger ist tot, es lebe der Autor." Anhand dieses Beispiels erhalten wir zumindest einen Eindruck davon, wie sich der Übergang vom mittelalterlichen Prediger zum neuzeitlichen Autor, vom lebendigen Vorbild zur Schriftautorität vollzogen haben könnte.[93] Wichtig ist die Erkenntnis, daß sich durch die Verschriftlichung gesprochener Rede auch die Begründung für die Autorität dieser Texte ändert: Zunächst besitzt der Prediger kraft seiner leiblichen Präsenz Autorität; dann muß der vom Prediger abgelöste und sozusagen allein gelassene Predigttext die Autorität übernehmen; offensichtlich gelingt dies nicht hinreichend, so daß in einem dritten Schritt wieder der Urheber der Predigten zum Träger von Autorität gemacht wird, nun aber als "Autor" eines "Buches".

Daß auch noch in der Niederschrift von Predigten versucht wird, die Übereinstimmung von Leben und Lehre bei einem Autor als autoritätssicherndes Element einzusetzen, läßt sich in einer frühen Eckhart-Handschrift nachweisen. Bei der Hs. Stuttgart, LB, cod. brev. 88 (14. Jahrhundert) handelt es sich um eine Sammelhandschrift, die aber in ihrem 1. Teil (bis fol. 67) fast ausschließlich Eckhart-Texte überliefert.[94] Der erste (nur fragmentarisch vorhandene) Text wird abgeschlossen mit der Autornennung "dis ist meister eckehartes wurtschaft" (ein Tischgespräch zwischen drei Personen).[95] Kurz vor dieser Autorisierung, am Ende von "Eckharts Wirtschaft", wird die Übereinstimmung von Leben und Lehre bzw. von *vita* und *verbum* eingefordert: "der meister sprach: liebe kinder, wie sol der mensche leben, der die warheit leret. Die jungfrow sprach: er soll also leben, so waz er leret mit den worten, daz er daz vollebringe mit den wercken"[96]. Auf Bl. 24r wird eine Predigt eingeleitet mit dem Titulus "Diz ist öch meister Eckehart der lerte dú warheit alle vart." Für den Schreiber bzw. Kompilator der Handschrift sowie für deren Leser(innen) stand sicher fest, daß die Vorbildlichkeit des Lehrers Eckharts die Untadeligkeit des Lebenswandels mit einschloß. Auf Bl. 43r (in der Predigt 105, Pfeiffer Nr. 15) nennt sich Eckhart ausdrücklich mit eigenem Namen. Dort stellt er sich als Autorität anderen zeitgenössischen Meistern gegenüber: "Vnd daz wider sprich ich meister echart alzemole. vnd sprich also"[97]. In der Stuttgarter Handschrift ist der Autor auch dadurch stets präsent, daß zahlreiche Einzeltexte mit einem Hinweis auf seine Autorschaft gekennzeichnet werden: "Diz ist meister Eckehart dem got nie nút verbarg" ("Dies ist Meister Eckhart, dem Gott nie etwas verheimlicht hatte") (fol. 13v); "dise predie prediete meister Eckehart" (fol. 47r); "diz ist meister Eckehart" (fol. 64v). Die Stuttgarter Handschrift bietet einen Versuch, trotz der Verschriftlichung der Predigten eine wichtige Voraussetzung von Autorität eines jeden Predigers präsent zu halten: die Übereinstimmung von Wort und Werk, von Leben und Lehre. Diesem Ziel dient auch die häufige Nennung der Autorschaft.

4. *Anonymität* und *utilitas:* Nicht immer reicht die Nennung eines Autornamens aus, um einem Text Autorität zu sichern. Es muß schon der Name eines wichtigen, bekannten Autors sein. Dies zeigt sich an den deutschen Bairischen *Verba seniorum* (ca. 1400). Der Verfasser dieser Übertragung der *Adhortationes sanctorum patrum,* der ältesten lateinischen Apophthegmen-Sammlung, nennt seinen Namen nicht, damit nicht die Akzeptanz des Werkes unter dem mangelnden Bekanntheitsgrad des Namens leide: "Ich main auch alle, die dicz bůch lesen, daz si nit fraugent nach meinem namen, den ich hie nit schriben wolt, dar vmb daz iht villicht von miner gepresten wegen dicz puch versmäht vnd verworffen werde, so si minen namen an dem anfank alz balt sehen"[98]. Ein bekannter Autorname sorgt also für erhöhtes Ansehen eines Werkes, ein unbekannter Name untergräbt Autorität.[99]

In diesem Fall ist Anonymität besser als Autorschaft. Aber es bedarf bestimmter Voraussetzungen für diese Art von Autoritätssicherung: An erster Stelle steht hier *utilitas,* d. h. die religiös-moralische Zielsetzung eines Textes. Wo kein Autorname existiert, also Anonymität vorliegt, muß zu anderen Autorisierungsmitteln gegriffen werden. Was kann der Schreiber oder der Bearbeiter einer anonym überlieferten Predigtsammlung tun, um diesem Text Geltung und Ansehen zu verschaffen? Er muß das Interesse der Rezipienten vom Autor weg auf den Text selbst hinlenken! Wie aber gelingt dies?

Die deutschen *Schwarzwälder Predigten* aus dem Ende des 13. Jahrhunderts sind anonym und dennoch ungewöhnlich breit in ca. 30 Handschriften überliefert. In der Schaffhauser Handschrift aus dem Anfang des 15. Jahrhunderts ist die Anonymität offensichtlich als ein Mangel empfunden worden und hat eine entsprechende Antwort gefunden. Der Kolophon dieser Handschrift schließt mit der Bemerkung:

"Expliciunt sermones boni et peroptimi et ex theologya sumpti. Et non sit tibi cura quis dicat Sed quid dicatur"[100]. Das erinnert in erstaunlicher Weise an Foucaults Dictum gegen das Fragen nach dem Autor: "N'importe qui parle".[101] Unser mittelalterlicher Schreiber spricht, in Ermangelung eines Autors, dem Text selbst Autorität zu. Er tut dies mit der Bemerkung, die Predigten seien "aus der Theologie", d. h. der wissenschaftlichen Tradition der Theologie genommen.[102] Dann wird der Mangel der Anonymität als zweitrangig abgetan mit der Bemerkung, es komme nicht auf den Autor, sondern auf den Inhalt der Predigtsammlung an. Die Frage nach dem Autor wird umgelenkt zur Frage nach dem Text. Er hat nun die Autorität zu tragen.[103]

Wir dürfen folglich die Vorstellung, wonach nur ein bekannter *auctor* *auctoritas* besitzt, nicht für die einzige Autoritätsvorstellung des Mittelalters halten.

Bei welchen anonymen Texten aber gelingt im Mittelalter eine solche Umorientierung der Autorität, weg vom Autor zum Text?[104]

Es ist bezeichnend, daß die Formel zuerst in einer moraldidaktischen Schrift begegnet, in der *Formula vitae honestae* des Martin von Braga (gest. 580 n. Chr.), die in Hunderten von Handschriften überliefert ist und im Mittelalter als Schrift des Seneca galt. Zwischen vielen anderen moralischen Lehren heißt es dort: "nec te moveat dicentis auctoritas, nec quis, sed quid dicat, intendito"[105].

Daß es vor allem didaktische Texte sind, die ihre Autorität eher von der *utilitas* des Gesagten als von der *auctoritas* eines Autors herleiten[106], sei an einem Beispiel erläutert: Im Jahre 1520 erschien in Basel bei Adam Petri eine deutsche Übersetzung des lateinischen *Speculum sapientiae*, einer 95 Einzeltexte umfassenden Fabelsammlung aus dem zweiten Viertel des 14. Jahrhunderts. Die Fabelsammlung wurde einem Bischof Cyrillus zugeschrieben, über den allerdings keine biographischen Nachrichten vorlagen. Die Übersetzung erschien anonym, soll aber nach neuesten Erkenntnissen von Sebastian Münster stammen.[107] Im Vorwort berichtet der Übersetzer zunächst davon, ihm sei ein Büchlein unter die Hände gekommen, das einem Bischof mit Namen Cyrillus zugeschrieben werde und das neben Fabeln und Gedichten hübsche sittliche Lehren biete, nämlich, wie man Tugend üben und Laster fliehen solle und so zu einem rechten geordneten Lebenswandel komme.[108] Der Nutzen einer Lektüre wird also in den Vordergrund gestellt. Dann geht der Übersetzer auf die Autorenfrage ein: über den Bischof Cyrillus sei leider nichts Näheres bekannt. Er weist die Meinung einiger, es handele sich um den heiligen Cyrillus, der um 400 n. Chr. in Alexandria gelebt habe, mit stichhaltigen Argumenten zurück. Schließlich hält er die Frage, wer das Werk geschrieben habe, für zweitrangig gegenüber dem Inhalt und Nutzen des Werkes: "Nůn er sey wer er wõl/ ist nit so vil gelegen daran/ ob man syn namen wiß oder nit/ man leß diß bůch/ denen fürnemlichen vertütscht/ die sich gern mit nutzbaren dingen bekümmern/ es wirt vilen des ich nit zwyfeln gefallen"[109].

Sodann wird die Struktur der einzelnen Texte erläutert: zuerst werde eine Fabel geboten, dann die Auslegung auf den "sittlichen Sinn" (*sensus moralis*) hin. Auf den Autornamen läßt sich folglich leicht verzichten, wenn nur der moralische Nutzen des Textes unbestritten ist. Ihm verdankt sich die Autorität der Exemplasammlung.[110]

Wenn die Formel "non quis sed quid dicatur sit tibi cura"[111] bei moralisch-didaktischen Werken überhaupt Autorität auch ohne Autor schafft, so gilt dies insbesondere für Predigten. Denn der Gattungsbegriff "Predigt" (afrz. *sermun*)—so umstritten dieser Gattungsbegriff auch sein mag—implizierte die Kriterien Wahrhaftigkeit und moralischer Nutzen. Im Prolog der altfranzösischen Chanson de geste *Ami et Amile* (V. 5ff.) wird die Glaubwürdigkeit des Erzählten der einer Predigt gleichgestellt: "Es ist kein Märchen (*fable*), was wir euch sagen wollen,/ vielmehr ist es wahr wie ein sermon/ Denn verschiedene Leute rufen wir dafür als Zeugen auf,/ Kleriker und Priester, Geistliche (*clers et prevoires, gens de religion*)"[112]. Wenn der Gattung Predigt eo ipso Wahrhaftigkeit und Glaubwürdigkeit zugebilligt wird, dann können auch anonyme Predigtsammlungen Anspruch auf Autorität erheben. Es bedarf keines Autors. Warum aber, so frage ich mich, legen die Autoren von Predigthandbüchern so großen Wert auf den Lebenswandel von Predigern[113], wenn doch die Predigt an sich schon Glaubwürdigkeit besitzt?

Hier sind wir an dem Punkt angelangt, wo sich die mündlich vorgetragene Predigt und die schriftlich überlieferte Predigt als unterschiedliche Autoritätsträger erweisen: Bei der Kanzelpredigt ist die Glaubwürdigkeit von Predigt *und* Prediger gefragt, das eine ist nicht losgelöst vom anderen zu denken. Deshalb ist hier der Lebenswandel so entscheidend. Bei der schriftlichen Lesepredigt hingegen wird der Text für sich genommen, er muß allein für Glaubwürdigkeit und Wahrhaftigkeit einstehen, und er vermag dies zu tun, weil er sich einfügt in die Gattungstradition der Predigt. So kann der Predigttext losgelöst von einer Einzelperson Vorbildfunktion übernehmen. Jetzt ist tatsächlich nur das wichtig, was gesagt wird, nicht, wer es sagt. Die Autorität des Predigers wird abgelöst von der Autorität der Predigt.[114]

5. Vom moralischen Nutzen als einer wichtigen Bedingung von textueller Autorität ist es nur ein kleiner Schritt zum nächsten Element, das Autorität verschafft: der *Gebrauchsfunktion*.

Ein durch die schriftliterarische Tradition berühmter Name verleiht, wie wir bei Tauler gesehen haben, einer schriftlichen Predigt Autorität. Diese Autorisierungsstrategie mittels des Namens begegnet aber selten bei volkssprachlichen Predigtsammlungen. Die allermeisten deutschen Predigtsammlungen sind anonym überliefert.[115] Entweder haben volkssprachliche Verfasser von Predigten keinen Wert darauf gelegt, ihren Predigtsammlungen ihren Namen mitzugeben—weil diese lediglich Bearbeitungen lateinischer Predigtmagazine darstellten—, oder sie haben wenig Chancen gehabt, sich einen Namen zu machen und so zur Autorität aufzusteigen. Was aber hat ihnen dann Autorität verliehen oder einfacher gefragt: Was hat andere dazu gebracht sie abzuschreiben? Daß einige deutsche Predigtsammlungen (z. B. das *Speculum ecclesiae*, 12. Jahrhundert)[116] nur in einer einzigen Handschrift bzw. in einigen wenigen Handschriften überliefert sind (wie die *Bairische Predigtsammlung*, Ende 13. Jahrhunderts),[117] scheint den Zusammenhang von Anonymität und mangelnder Wirkung zunächst zu bestätigen. Doch gibt es auch Gegenbeispiele wie die ca. 30 Handschriften der *Schwarzwälder Predigten* (s. u.).

Die Tatsache, daß viele Predigtsammlungen anonym in Plenarien des 14./15. Jahrhunderts "versteckt" sind, bringt uns einer Erklärung näher: Eine wesentliche Rolle bei der Verbreitung von Predigten scheint deren Gebrauchsfunktion gespielt zu haben. Die Einbettung einer Kanzelrede in eine Predigtsammlung, deren Anordnung nach dem Kirchenkalender sie als Predigthilfe erweist, legitimiert sie als Teil eines kirchlich-autoritativen Vorgangs. Auch viele deutsche Predigtsammlungen scheinen ihre Legitimität allein aus der Gebrauchsfunktion zu ziehen. Hier ist die Gebrauchsfunktion noch präziser benannt als bei lateinischen Predigtsammlungen, die ja ohne Perikopen auskommen. Zwei Beispiele mögen genügen: In der Handschrift Heidelberg, cpg 55 (J. 1455), wird ein Plenar mit Glosse mit diesen Worten eingeleitet (fol. 1r): "Hie hebent sich ane die ewangelio zů düschem mit dem text vnd mit der glose durch daz gantze iar uff den heligen sondag als sie gelegen sint nach den iaren vnd darnach die vier passion von unserem herren Jesum christi alß man sie liset zů der osterlichen zitten etc. Zů dem ersten ist daz der erst Sondagen in dem adwent vnd schreÿpt vns Matheus vnd lůdt also zů dem dutschen Cum appropinquasset ihesus etc. vnd taten alß jnen vnser herr geboten hett/ vnd brachten den esel vnd lathin ÿme cleÿder dar uff"[118].

In einer anderen Handschrift lautet der Anfang eines Plenars mit Glosse so: "Diss sind die epistel die man singt vnd liset über iar in der můtter der heiligen cristenheit Vnd öch die ewangilg dar zů iii tag in der wuchen vnd in der vasten alle tag ein epistel vnd ein ewangelium vnd durch daz gancz iar am sunnentag die bredige zů dem ewangilg vnd werdent die ewangilg vnd die epistel ordenlichen nach ein andren geseczt durch daz iar vmb daz allwegen die epistel vor gat vnd daz ewangelium dar nach durch die wuchen über iar Vnd wirt geordnot durch ein registe [!] wo man ein ieklich epistel vnd ewangelium vinden mag in der wuchen durch das iar durch die zal des registrums vnd wart diss werk angeuangen am fritag in der fronuasten nach dem heiligen pfingstag jm̃ lxxviii iar von mir [?] Heinrich Kramer von zürich ein lermeister. Bittent gott für jnn"[119].

Infolge des Hinweises auf die Organisation des Werkes, die Anordnung der Predigten gemäß dem Kirchenjahr, wird der Eindruck erweckt, daß die Funktion, die Verwendung in der heiligen Messe, in den Text hineingenommen ist. Die Autorität der heiligen Handlung strahlt auf den Text über, ja der Text scheint überhaupt nur noch als Teil der heiligen Handlung zu fungieren (auch wenn im 15. Jahrhundert Plenare auch zur Privatlektüre benutzt wurden). Demgegenüber scheinen sich die lateinischen Predigtsammlungen stärker von ihrer Textbasis her und mit einem Autornamen legitimieren zu müssen. Hier ist offensichtlich ein Autorname in höherem Maße die Voraussetzung für Akzeptanz und Geltung. Bei den volkssprachlichen Plenaren hingegen dominiert die Gebrauchsfunktion so stark und verschafft eo ipso einem Text Geltung, daß die Nennung eines Autornamens überflüssig wird. Der Gebrauch dominiert über die Autorschaft.

Freilich kommt es auch vor, daß die Predigten ein und desselben volkssprachlichen Autors in verschiedenen Handschriften mit unterschiedlichen autoritätssichernden Merkmalen versehen werden. Am Beispiel der Donaueschinger Hs. 293 konnte gezeigt werden, daß sich die Autorität der Tauler-Predigten dort der Erinnerung an die lebendige Wirkung des Predigers verdankt.[120] Auch in einer Stuttgarter Handschrift wird dem Predigtzyklus eine biographische Notiz vorangestellt: "Dis sind ettlich gút andachtig predigen des erluchten begnadeten lerers prüder Johannes Tawlers von sant dominicus orden mit ainer vorgenden taffeln [Register] in der mainung vnd sinne ainer yeglichen predig kürtzlich alle vorbenempt sind. Vnd mit der zal gezaichnet"[121]. Dieser "Vorspann" findet sich auch in anderen Tauler-Handschriften des 15. Jahrhunderts[122]. Die biographische Notiz wird in das Register eingefügt in einer weiteren Stuttgarter Handschrift.[123] Das Register reicht offensichtlich als alleiniges Autoritätssignal nicht aus: Immerhin kann an ihm die Funktion der Handschrift als eines pastoralen Hilfsmittels oder auch eines Erbauungsbuchs (in der Stuttgarter Hs. 2° 283 folgt auf die Taulerpredigten das sogenannte *Meisterbuch*, die Geschichte von der angeblichen Bekehrung Taulers) abgelesen werden. Diese Funktion wiederum bedeutet dem Benutzer: Dieser Kodex vertritt die Stelle eines Predigers, der Sonntag für Sonntag in der Kirche predigt. In anderen Handschriften wiederum, die nur einzelne Tauler-

110 *Rüdiger Schnell*

Predigten überliefern, fehlt oft jeder Hinweis auf den Verfasser; auch der Funktionsindikator "Register" fehlt. An welchen Signalen soll in diesen Fällen der Benutzer die "Autorität" des Predigttextes erkennen? Es ist der Überlieferungskontext, in dem die einzelne Lesepredigt steht. So enthält eine recht frühe Basler Handschrift (14. Jahrhundert) Tauler-Predigten ohne Namensnennung.[124] Doch die Taulertexte sind in dieser Handschrift umgeben von religiöser Erbauungsliteratur (Gebeten, einer Auslegung der Messe und anderen religiösen Traktaten, z. B. dem *Buch von geistlicher Armut*), so daß über den Gesamtaufbau der Handschrift den einzelnen Texten Gültigkeit und Autorität zuwächst. Die Wirkung der Predigten hängt nun nicht mehr an der leiblichen Präsenz oder der Stimme des Predigers, auch nicht am Namen des Autors, sondern an der Gebrauchsfunktion der Handschrift insgesamt, die ihrerseits an der Zusammenstellung der Einzeltexte ablesbar ist und in diesem Falle auf religiöse Unterweisung zielt. Daß für diese Basler Handschrift tatsächlich "Gebrauchstexte" abgeschrieben wurden und die Handschrift als Gebrauchshandschrift fungierte, ist an dem überaus kleinen Format abzulesen: Die zwei Taulerpredigten füllen 80 Folia (in Vetters Edition ca. 10 Seiten)! Die Autorität des Einzeltextes verdankt sich also hier der Funktion und dem Anspruch der Gesamthandschrift, religiöse Erbauung zu bieten. Die "Autorität" des Einzeltextes verflüchtigt sich in der "Autorität" der Handschrift, und der Einzeltext bezieht von dorther seine *utilitas*, d. h. seine Vorbildhaftigkeit. Auf Autorennennung kann in diesem Fall leicht verzichtet werden.[125] In diesem Falle geht die Autorität tatsächlich dem "Beginn einer Äußerung" voraus[126]: Der spätmittelalterliche Benutzer wird schon beim Durchblättern der Sammelhandschrift, bevor er überhaupt einen Einzeltext des Kodex genau gelesen hat, von der Autorität der darin enthaltenen Aussagen überzeugt sein. Doch gilt dies eben nicht für alle Kommunikationssituationen oder Diskursbereiche des Mittelalters.

Die Autorität des leiblich präsenten Predigers, der durch die Vorbildhaftigkeit seines Lebenswandels die Wirkung seiner Kanzelrede verstärkt, weicht der Autorität eines Buchkörpers, der allein schon infolge der Zusammenstellung bestimmter Einzeltexte einen Gültigkeitsanspruch signalisiert und mit seiner Gebrauchsfunktion diesen Anspruch ständig aufrecht erhält. Der neue Vermittlungsmodus—Lesen statt Hören—verändert auch die Faktoren der Autoritätssicherung.

6. Auf eine letzte Beobachtung kann nur noch kurz verwiesen werden: auf die Autorisation durch *Ordenszugehörigkeit*. Im Prolog oder im Titulus einer Predigt(sammlung) wird oft die Zugehörigkeit des Verfassers einer Predigtsammlung zu einem Orden erwähnt. Die Autorität

des Ordens stützt den Text, indem er allein schon durch Selektion der Rezeption nur die sogenannten vorbildlichen Predigten tradiert. In einer Handschrift, die die *Basler Reformpredigten* enthält, werden am Schluß nicht die Namen der Prediger, sondern nur der Orden genannt: "Disse bredien hant geton die erwürdigen vetter vnd meister prediger ordens die do worent in dem consilio zů basel in eime frŏwen closter ŏch prediger ordens genant an den steinen zů basel do man zalte M cccc xxxiiij ior vnd sint ŏch vber lesen vnd corriegieret von zweigen grossen meistern"[127]. Die Hinweise auf den Predigerorden, den "Aufführungsort", den "Aufführungstermin" und die sorgfältige Korrektur durch zwei berühmte Meister verleihen der Predigtsammlung Authentizität, Legitimität und Autorität.

Schiewer führt den 'Erfolg' der *Schwarzwälder Predigten*, die trotz Anonymität und trotz fehlendem Titel in ca. 30 Handschriften überliefert sind, auf die "gezielte Verbreitung" durch den Franziskanerorden zurück.[128]

Warum aber genügt die Erwähnung der Ordenszugehörigkeit nicht in gleicher Weise bei der Vortragssituation, um einer Predigt die nötige Autorität zu sichern? Die Ordenszugehörigkeit eines Predigers war doch an der jeweiligen Kleidung leicht zu erkennen. Warum kommt es bei der Vortragssituation auf den persönlichen Lebenswandel an?

Dies hängt mit dem Phänomen "Vortrag" zusammen: In dem Augenblick, in dem jemand vor andere hintritt und diese ermahnen oder belehren will, entscheidet über die Wirkung seiner Rede nicht nur sein Amt, seine Funktion, seine Ordenszugehörigkeit. An der Persona des Predigers selbst hängt die Glaubwürdigkeit der Predigt. Auf ihn richten sich die Aufmerksamkeit und das Interesse der Hörer. In dem Augenblick aber, in dem sich derselbe Wortlaut von einer leiblich präsenten Person löst und verschriftlicht wird, d. h. für sich selbst steht, richtet sich die Aufmerksamkeit in ganz anderer Weise auf den Text. Die Glaubwürdigkeit der Person in einer Vortragssituation wandelt sich zur Glaubwürdigkeit des Textes bei der Lektüre. Der Text muß den Verlust von Öffentlichkeit und Körperlichkeit kompensieren. Wie dies erreicht wird, habe ich anhand einiger Punkte zu zeigen versucht.

Dabei haben wir ganz unterschiedliche Autoritätsbegründungen kennengelernt: 1. Einerseits verschaffen leibliche Präsenz und vorbildhafte Vita eines Predigers der Kanzelrede Autorität; andererseits sorgt die Schriftlichkeit für Ansehen und Akzeptanz einer Predigt; 2. einerseits erhöht die Nennung von Autorschaft das Prestige einer Predigtsammlung, andererseits beansprucht eine Predigtsammlung trotz bzw. gerade wegen ihrer Anonymität einen hohen Geltungsgrad; 3. einerseits leitet sich die Autorität einer Predigt aus der Gebrauchsfunktion her, andererseits bedarf eine Predigtreihe der Unterstützung durch den Orden selbst.

Wenn über die unterschiedliche Konstituierung von Autorität in Mittelalter und Moderne diskutiert wird, sollte die skizzierte Vielfalt an Möglichkeiten der Autoritätsbegründung nicht übersehen werden. Bedingt ist diese Vielfalt durch das Nebeneinander, aber auch durch das Nacheinander von mündlicher und schriftlicher Kommunikation. Innerhalb der handschriftlichen Rezeption von Predigttexten schließlich zeichnet sich in Einzelfällen—wie bei Johannes Tauler—eine Verschiebung in der Autoritätsbegründung ab, die in ihrem Endergebnis neuzeitliche Autorvorstellungen vorwegnimmt. Autorität wird zunehmend an Autor und Autorschaft im schriftliterarischen Bereich gekoppelt. Was die Kanzelrede, die doch "als auktoritativer Akt" zu gelten hat[129], im Moment ihrer Verschriftlichung an körpergestützter Autorität verliert, wird ihr im Prozeß der schriftliterarischen Rezeption durch den Einsatz neuer Autorisierungsstrategien wieder zurückgegeben. Dabei entsteht vereinzelt eine neue Qualität von Autorität.

Anmerkungen

1. Robert Weimann, "Das Ende der Moderne? Versuch über das Autoritätsproblem in unserer Zeit", in *Postmoderne—globale Differenz,* hg. v. Robert Weimann und Hans Ulrich Gumbrecht, Suhrkamp Taschenbuch Wissenschaft, 916 (Frankfurt a. M.: Suhrkamp, 1991), 46.

2. Peter von Moos, "Das argumentative Exemplum und die 'wächserne Nase' der Autorität im Mittelalter", in *Exemplum et similitudo,* hg. v. W. J. Aerts und Martin Gosman (Groningen: Forsten, 1988), 69 (*locus ab auctoritate est infirmissimus*).

3. Alanus de Insulis, *De fide catholica contra haereticos,* I, 30 (PL 210, 333A). "Da die Autorität eine wächserne Nase hat und mithin nach verschiedenen Richtungen umgebogen werden kann, muß sie mit Vernunftgründen gestützt werden."

4. Antoninus Florentinus, *Summa theologica,* 4 Bde. (Nürnberg: Anton Koberger, 1477–79), III, 18, 4 (Abschnitt "De defectibus a quibus predicator debet se cavere in predicando").

5. Maria Lodovica Arduini, "Magistra ratione: 'Auctoritas', 'traditio', 'ratio' von Anselm bis Adelard von Bath", in *Benedictine Culture 750–1150,* hg. v. W. Lourdaux und D. Verhelst (Leuven: Leuven University Press, 1983), 190–233; Peter Ganz (Hg.), *Auctoritas und ratio: Studien zu Berengar von Tours,* Wolfenbütteler Mittelalter-Studien, 2 (Wiesbaden: Harrassowitz, 1990); Philipp W. Rosemann, "Histoire et actualité de la méthode scolastique selon M. Grabmann", in *Actualité de la pensée médiévale,* hg. v. J. Follon und J. McEvoy (Paris: Editions Peeters, 1994), 95–118, bes. 99. Daß vor allem in Predigten für wenig

gebildete Zuhörer neben das Argument (*ratio*) bzw. sogar an dessen Stelle anschauliche Beispiele (*exempla*) zu treten haben, belegt Nicole Bériou, "L'art de convaincre dans la prédication de Ranulphe d'Homblières", in *Faire Croire: Modalités de la diffusion et de la réception des messages religieux du XIIe au XVe siècle*, Collection de l'Ecole française de Rome, 51 (Rom: Ecole française de Rome, 1981), 39–65, bes. 56–61.

6. M. L. Arduini, "Magistra ratione" (wie Anm. 5), 203, 207, 221–31.

7. Seit dem 12. Jahrhundert scheint eine Harmonisierung stärker in Frage gestellt zu werden, vgl. Jürgen Miethke, "Autorität I (Alte Kirche und Mittelalter)", in *Theologische Realenzyklopädie*, hg. v. Gerhard Krause und Gerhard Müller (Berlin: de Gruyter, 1980), 5:17–32, bes. 26–27.

8. Zu Hierarchisierungen innerhalb der Theologie vgl. Miethke, "Autorität I", 27.

9. Albertus Magnus, *Opera omnia*, hg. v. S. C. A. Borgnet (Paris: Vivès, 1894), 27:247a: In 2 sent. dist. 13C, art. 2. "Im Falle von umstrittenen Glaubensfragen ist Augustin den Philosophen vorzuziehen. Aber wenn es sich um ein medizinisches Problem handelt, vertraue ich eher Galen oder Hippokrates, und wenn es um Dinge der Natur geht, Aristoteles oder jemand anderem, der sich in der Natur auskennt"; dazu Nancy G. Siraisi, "The Medieval Learning of Albertus Magnus", in *Albertus Magnus and the Sciences: Commemorative Essays*, hg. v. James A. Weisheipl (Toronto: Pontifical Institute of Mediaeval Studies, 1980), 381–82. Zur Abstufung theologischer Autoritäten bei Rupert von Deutz vgl. Arduini, "Magistra ratione" (wie Anm. 5), 206–7.

10. Petrus Abaelardus, *Sic et non* (PL 178, 1329–1610). Daß sich auch im naturphilosophischen Diskurs Autoritätskritik mit Autoritätsgläubigkeit verbinden kann, zeigt Walter Blank, "*des geloub ich Megenbergaer niht*: Konrads von Megenberg 'Naturwissenschaft' zwischen Tradition und Empirie", in *Vielfalt des Deutschen: Festschrift für Werner Besch*, hg. v. K. J. Mattheier u. a. (Frankfurt a. M.: Lang, 1993), 159–77.

11. Zu den *flores* im Sinne von *auctoritates* vgl. Richard H. Rouse und Mary A. Rouse, *Preachers, Florilegia and Sermons: Studies on the Manipulus of Thomas of Ireland* (Toronto: Pontifical Institute of Mediaeval Studies, 1979), 188–229. Daß allerdings nur die Extrakte aus Werken berühmter Autoren als *auctoritates* galten, betont Alastair J. Minnis, "The Influence of Academic Prologues on the Prologues and Literary Attitudes of Late-Medieval English Writers", *Mediaeval Studies* 43 (1981): 342–83, bes. 343–44. Vgl. auch Brian Patrick McGuire (Hg.), *Autoritet i Middelalderen* (Kopenhagen: C. A. Reitzels, 1991).

12. Alastair Minnis, "Chaucer's Pardoner and the 'Office of Preacher'", in *Intellectuals and Writers in Fourteenth Century Europe*, hg. v. Piero Boitani und Anna Torti (Tübingen: Narr, 1986), 88–119, bes. 88–100. Prägnant gibt Johann von Salisbury die weitverbreitete Vorstellung wieder, wonach Leben und Lehre bzw. Tat und Wort eines Priesters zusammen gehören und gemeinsam bewertet werden: "Nam vita et lingua sacerdotum quasi quidam vitae liber est in facie populorum" ("Denn das Leben und die Zunge der Priester sind wie das Buch des Lebens vor dem Angesicht der Völker"); Johann von Salisbury, *Policraticus*, hg. v. Clemens C. I. Webb (Oxford: Clarendon, 1909), 1:255 (in der

neuen Ausgabe von K. S. B. Keats-Rohan, Turnhout: Brepols, 1993 [Corpus Christianorum. Continuatio Mediaevalis, 118], 251). Zur Interdependenz von Lebenswandel und Predigtwirkung vgl. auch Eva Tobler, "Leit von valschen predigeren: Untersuchungen zur Aufgabe des Predigers in Heinrich von Heslers [!] Apokalypsekommentar", in *Homo medietas: Aufsätze zu Religiosität, Literatur und Denkformen des Menschen vom Mittelalter bis in die Neuzeit: Festschrift für Alois Haas zum 65. Geburtstag,* hg. v. C. Brinker-von der Heyde und Niklaus Largier (Bern: Lang, 1999), 139–52, bes. 145–47.

13. Franco Morenzoni, "Aux origines des 'Artes praedicandi'. Le 'De artificioso modo predicandi' d'Alexandre d'Ashby", *Studi medievali,* 3, ser. 32 (1991), 887–935. Edition, 902–35, ebd. 920, Z. 625–33 und 921, Z. 655–66. Zur Diskussion im 12. Jahrhundert. vgl. Caroline Walker Bynum, *Docere verbo et exemplo: An Aspect of Twelfth-Century Spirituality,* Harvard Theological Studies, 31 (Missoula, Mont.: Scholars Press, 1979); dies., *Jesus as Mother: Studies in the Spirituality of the High Middle Ages* (Berkeley und Los Angeles: University of California Press, 1982), 36–58.

14. Alexander von Ashby, ebd., 926, Z. 823–25. "Jene *haben* also die Schwerter, die die Kenntnis der Hl. Schrift haben. Aber jene allein *halten* die Schwerter, die fleißig das Wort Gottes predigen und die das, was sie mit dem Mund lehren, durch die Tat erfüllen." (Hervorhebung von mir.)

15. Ebd., 926, Z. 847–48 und 927, Z. 860–65. "Denn von deren Taten wird leichter ein Beispiel genommen (als von deren Wort). Wenn nämlich die Laien die Priester schlechte Taten vollbringen sehen, werden sie um so wagemutiger dasselbe tun. Sie sagen nämlich: 'Wenn Unzucht, Ehebruch, Simonie eine so große Sünde wäre wie es heißt, dann würden diese sie nicht begehen, die weiser sind als wir'."

16. Gerhard von Bologna, *Quodlibeta,* II, 17. ". . . die Frage, ob es besser sei zu predigen und das Gegenteil dessen zu tun, was man predige, als gänzlich zu schweigen." Frage und Antwort sind abgedruckt bei Jean Leclercq, "Le magistère du prédicateur au XIIIe siècle", *Archives d'histoire doctrinale et littéraire du moyen âge* 15 (1946): 105–47, bes. 124–27 (aus Hs. Paris, BN lat. 17485, fol. 138v–139r; ebd., 117 wird eine ähnliche Frage aus einer anderen Hs. (Paris, BN lat. 3804 A, fol. 108v) zitiert: "Item quaeritur utrum peccet qui non facit quae praedicat." ("Ebenso wird gefragt, ob derjenige sündigt, der nicht tut, was er predigt.") Zu diesen Belegen auch Minnis, "Chaucer's Pardoner" (wie Anm. 12), 91–95.

17. Hs. Berlin, Deutsche Staatsbibliothek, Preussischer Kulturbesitz [SBB PK], mgf 206, fol. 240v–241r. "Ein jeder Prediger soll über zweierlei verfügen: Worte, die voll Ernst und gut formuliert sind; zweitens, einen Lebenswandel und Taten, die den Worten entsprechen"; zitiert bei Andreas Rüther und H.-J. Schiewer, "Die Predigthandschriften des Straßburger Dominikanerinnenklosters St. Nikolaus in undis", in *Die deutsche Predigt im Mittelalter,* hg. v. Volker Mertens und Hans-Jochen Schiewer (Tübingen: Niemeyer, 1992), 169–93, bes. 185.

18. Doch das Amt schafft überhaupt erst die Legitimität zur Predigt. Frauen z. B. sind zum Priesteramt nicht zugelassen und dürfen deshalb auch nicht predigen; vgl. Humbertus de Romanis (13. Jh.), *De eruditione praedicatorum,*

hg. v. Joachim Joseph Berthier, in *Opera de vita regulari* (Rom: Befani, 1888–89; Nachdruck Turin, 1956), 2:373–484, ebd. 406. Ehefrauen und Priester stellt Humbertus aber insofern gleich als beide durch ihr lebendiges Vorbild wirken sollen: die Ehefrauen auf ihre Männer, die Priester auf die Gemeinde, vgl. Humbertus, ebd., 455–56 (VII, 35). Nach Auffassung von Erasmus von Rotterdam steht es den Ehefrauen als den angeblich (noch) Ungelehrten besser an, ihre Männer durch ihren Lebenswandel als durch Reden zu erziehen; Erasmus von Rotterdam, *Institutio matrimonii Christiani*, in *Opera omnia*, Bd. 5 (Leiden: cura & impensis Petri Vander Aa, 1704), Sp. 704E: "Non ferret maritus uxorem docentem, sed hujus vita sermo [*sic!*] est efficacior." ("Nicht wird der Ehemann eine belehrende Frau ertragen; aber wirksamer ist deren Rede durch ihren Lebenswandel.") In der Vita der franziskanischen Tertiarin Aemiliana seu Humiliana aus dem Geschlecht der Cerchi von Florenz heißt es deshalb folgerichtig, sie habe "magis opere predicavit quam verbo" ("mehr durch die Tat als durch das Wort gepredigt") (*Acta Sanctorum*, Mai, Bd. 4 [Antwerpen, 1685], 390 [§ 13]).

19. Alexander von Ashby, *De artificioso modo predicandi*, hg. v. F. Morenzoni (wie Anm. 13), 905, Z. 112 (der Glaubwürdigkeit des Gesagten dienen *auctoritates vel rationes*); Alanus de Insulis, *Summa de arte praedicatoria*, Kap. 1 (PL 210, 111C): Die Predigt diene der Unterweisung der Menschen und gehe aus dem Pfad der Vernunftgründe (*rationes*) und der Quelle der *auctoritates* hervor. Humbertus de Romanis, *De eruditione praedicatorum* (wie Anm. 18), 395 (die Wirksamkeit einer Predigt hänge von *rationes, exempla, autoritates* ab); Stephan von Bourbon (13. Jh.), *Tractatus de diversis materiis predicabilibus*, verlangt ebenfalls, *rationes, autoritates, exempla* sollten in den Predigten das Gesagte stützen; zum letzten Beispiel vgl. D. L. d'Avray, *The Preaching of the Friars: Sermons Diffused from Paris before 1300* (Oxford: Clarendon, 1985), 67–68. Vgl. auch Jacques Le Goff, *The Medieval Imagination*, übers. v. Arthur Goldhammer (Chicago: University of Chicago Press, 1988), 78–79.

20. Alanus de Insulis, *Summa de arte praedicatoria*, Kap. 1 (PL 210, 111C).

21. Thomas von Chobham, *Summa de arte praedicatoria*, Kap. 1 (CCCM 82, S. 15); vgl. Franco Morenzoni, *Des écoles aux paroisses: Thomas de Chobham et la promotion de la prédication au début du XIIIe siècle* (Paris: Institut d'Etudes Augustiniennes, 1995), 81, 115–21.

22. In den *Sermonen op die eivangelien* (Köln: Johann Koelhoff der Ältere, 1482; Hain 14699) werden die Prediger, bei denen Worte und Werke nicht übereinstimmen, verflucht, weil sie keine Früchte brächten (ebd. fol. z 7r, innerhalb der Predigt auf den 22. Sonntag nach Trinitas). In einem Kapitel seiner *Summa theologica* erörtert Antoninus Florentinus (ca. 1450) die Erfordernisse eines guten Predigers (*Summa theologica* [wie Anm. 4], Buch III, Tit. 17, Kap. 3, Paragr. 2). Dazu gehört u. a. eine weithin strahlende Lebensweise. Antonin greift eine Sentenz des Symmachus auf, wonach nur derjenige die Rolle des Ermahners spielen kann, der durch eigene Taten die monierten Fehler verurteilt. Dann zitiert er Gregor den Großen, demzufolge der Prediger nicht ernst genommen werde, dessen Lebenswandel verachtet werde. Zahlreiche Belege des 12. und 13. Jahrhunderts für die Interdependenz von Lebenswandel und Autorität eines Predigers führt an F. Morenzoni, *Des écoles* (wie Anm. 21), 42–45.

23. Humbertus de Romanis, *De eruditione praedicatorum* (wie Anm. 18), II, 8, "De vita praedicatoris" (399–400); vgl. auch ebd. II, 11 (404) und VII, 35–37 (455–59). Zu diesem Werk zuletzt Simon Tugwell, "Humbert of Romans's Material for Preachers", in *De ore domini: Preacher and Word in the Middle Ages*, hg. v. Thomas L. Amos (Kalamazoo: Medieval Institute Publications, Western Michigan University, 1989), 105–17; ders., "De huiusmodi sermonibus texitur omnis recta praedicatio: Changing Attitudes towards the Word of God", in *De l'homélie au sermon*, hg. v. J. Hamesse und X. Herman (Louvain-la-Neuve: Institut d'études médievales, 1993), 159–68.

24. Humbertus de Romanis, *De eruditione praedicatorum* (wie Anm. 18), II, 8. "Ein anderes ist die Übereinstimmung von Wort und Taten. Hieronymus sagt: Nicht sollen deine Werke deine Predigt zerstören, damit nicht—während du in der Kirche sprichst—jemand schweigend antwortet: Warum machst du selbst nicht das, was du sagst?" (400); ähnlich bereits Augustin, *De doctrina christiana*, IV, 27, 60 (PL 34, 118).

25. Humbertus de Romanis, *De eruditione praedicatorum* (wie Anm. 18), II, 8 (399–400).

26. Die *vita/verbum*-Diskussion ist um die Mitte des 13. Jahrhunderts möglicherweise aktualisiert worden—zumindest in Deutschland—durch den Konkurrenzkampf zwischen Wanderpredigern und Wanderdichtern, in dessen Verlauf beide Gruppen den Einklang von Lehre und Leben für sich zu reklamieren versuchten; vgl. Hannes Kästner, "*Sermo vulgaris* oder *Höfischer sanc*", in *Wechselspiele*, hg. v. Michael Schilling und Peter Strohschneider, *Germanisch-romanische Monatsschrift*. Beihefte, 13 (Heidelberg: Winter, 1996), 209–43, bes. 220–22 und 239–40. Daß auch außerhalb der Predigtpraxis eine kritische Zurechtweisung durch eine Person, deren Lebensweise selbst nicht den geforderten Normen entsprechen, abgelehnt und ihr somit ein Autoritätsstatus verweigert wird, zeigt eine Zusatzstrophe der Hs. Berlin, SBB PK, mgf 474 (J. 1323), zur höfischen Lehrdichtung *Winsbeckische Gedichte nebst Tirol und Fridebrant*, 3. Aufl. hg. v. Albert Leitzmann und Ingo Reiffenstein, Altdeutsche Textbibliothek, 9 (Tübingen: Niemeyer, 1962), 75.

27. Johannes Baptist Schneyer, *Die Unterweisung der Gemeinde über die Predigt bei scholastischen Predigern* (München: Schoeningh, 1968), 18–21 und 85; ders., "Die Hochschätzung der Predigt bei den Predigern des Spätmittelalters (im Hinblick auf die Erneuerung der Predigt bei den Reformatoren)", in *Wahrheit und Verkündigung: Michael Schmaus zum 70. Geburtstag*, hg. v. Leo Scheffczyk, Werner Detloff und Richard Heinzmann (München: Schoeningh, 1967), 1:579–97, bes. 585–86; zur Diskussion darüber an der theologischen Fakultät in Paris A. J. Minnis und A. B. Scott (Hgg.), *Medieval Literary Theory and Criticism c. 1100–c. 1375: The Commentary Tradition* (Oxford: Clarendon, 1988), 207–9; Minnis, "Chaucer's Pardoner" (wie Anm. 12), 88 und 112–14 zu den beiden kontroversen Positionen im 14. Jahrhundert. Zur Frage der Wirksamkeit von Sakramenten, die ein häretischer Priester spendet, äußern sich die Autoren von Sentenzenkommentaren in 4 sent. dist. 13 (z. B. Thomas von Aquin, Bonaventura, Heinrich von Gorichem).

28. Friedrich Nausea, *Sermones quadragesimales* (Köln: Peter Quentell, 1535), fol. 14v. "Verachte nicht Gottes Wort . . . wegen der Bosheit eines Predigers. Du

würdest nicht den Prediger, sondern Gott, dessen Wahrheit er verkündet, verachten ... Deswegen sind wir mehr Gott verpflichtet, weil Gott uns die Gnade seines Wortes nicht entzieht; sondern, damit wir dem Irrtum nicht erliegen, läßt er auch unwürdige Diener zu und zieht so unser Heil seiner Würde vor." [Zum Prediger:] "Doch soll der Prediger danach streben, daß der Güte seiner Lehre sein Leben entspreche, und er soll sich bemühen, zuerst in sich zu haben, was er andere zu lehren im Begriff ist, andernfalls wird er gar nichts ausrichten. Denn wenn er nicht zuvor seine Lehre an sich selbst ausgewirkt hat, wird sein Wort ohne Wirkung sein." (Deutsche Übersetzung weitgehend übernommen von Schneyer, "Die Hochschätzung der Predigt" [wie Anm. 27], 586.)

29. Jacques de Vitry (Hs. Köln, Stadtarchiv, GB fol. 181, fol. 32ra); vgl. Schneyer, *Die Unterweisung der Gemeinde* (wie Anm. 27), 38–39.

30. Jacques de Vitry (Hs. Köln, Stadtarchiv, GB fol. 181, fol. 81va–vb). "Die Worte allein sind unnütz; sie fallen auf der Waage nicht ins Gewicht. Erst durch ein gutes Leben geben wir unseren Worten Gewicht. Dann schmelzen wir das Gold, d. h. das in Liebe vollbrachte gute Werk, mit dem Silber unserer Redekunst zusammen, wenn wir das Gold der Weisheit mit dem Silber der Beredsamkeit verbinden." (Deutsche Übersetzung in Anlehnung an Schneyer, *Die Unterweisung der Gemeinde* [wie Anm. 27], 78).

31. Schneyer, *Die Unterweisung der Gemeinde* (wie Anm. 27), 74 und 77 (Guilelmus de Luxi in der Hs. Vat. Ottob. 505, fol. 44rb; ein Anonymus in der Hs. Paris, BN, lat. 14947, fol. 91ra).

32. Nausea, *Sermones quadragesimales* (wie Anm. 28), fol. 39r. "Aber du wirst sagen: Was, wenn ich, imstande die heilige Schrift zu lesen und keiner Lehren bedürfend, das Wort Gottes lese und nicht höre? Handle ich etwa nicht gut? Freilich gut, sage ich, aber besser ist es, daß du jenes Wort hörst. Denn das eifrig gehörte Predigtwort entfaltet im Vergleich mit dem gelesenen eine umso tiefere Bewegung, als der lebendigen Stimme eine tiefere Wirkung eignet als dem toten Pergament." Die Übersetzung des letzten Satzes bei Schneyer, "Die Hochschätzung der Predigt" (wie Anm. 27), 587. Vgl. auch Paul Wann (gest. 1489), *Sermones dominicales* (Hagenau, 1512), Sermo 20: Keine Lektüre zu Hause erbaue so sehr wie das eifrige unmittelbare Anhören des Gotteswortes; deutsche Übersetzung bei Schneyer, "Die Hochschätzung der Predigt", 591. Noch Ende des 17. Jahrhunderts galt "die tiefere Eindrücklichkeit des gesprochenen und körpersprachlich unterstrichenen Worts als der entscheidende Vorzug der Predigt vor der Erbauungslektüre" (Norbert Schindler, "Die Prinzipien des Hörensagens. Predigt und Publikum in der Frühen Neuzeit", *Historische Anthropologie* 1 [1993]: 363): "Ein ander ists, ein Predig lesen, ein anders hören. Der stumme Buchstab hat bey weitem keinen solchen Nachdruck, wie die lebhaffte Stimm." (Wolfgang Rauscher, *Oel und Wein Deß Mitleidigen Samaritans*, 1689; zitiert bei Schindler, 363). Im Prolog zu seiner Predigtsammlung *Sermones vulgares* betont Jacques de Vitry den Unterschied von gesprochener und gelesener Predigt: Seine Gleichnisse und Exempla seien für das Vortragen und das Hören gemacht, weniger um gelesen zu werden. Manches, was gehört gefalle, erfreue in gelesener Form nicht. Denn mit Hilfe von Gestik und Tonfall könne ein Prediger eine Erzählung "zum Sprechen bringen". Vgl. Jacques de Vitry, *Sermones vulgares, Prolog*, hg. v. Jean-Baptiste Pitra, *Analecta*

novissima spicilegii Solesmensis. Altera continuatio (Paris: Roger et Chernowitz, 1888), 2:189–93, bes. 193 (nach Hs. Paris, BN, lat. 17509); Übersetzung (einer verbesserten lat. Fassung) durch M.-Cl. Gasnault, "Jacques de Vitry", in *Prêcher d'exemples: Récits de prédicateurs du moyen âge*, hg. v. J.-Cl. Schmitt (Paris: Stock, 1985), 41–67, bes. 52–53. In Abwehr laikaler Strömungen, die einen Zugang zur Bibel über die Lektüre suchten, vertrat der Oxforder Franziskaner William Butler um 1400 die Auffassung, für einfache Leute sei unmittelbares Hören (*audire*) besser als diskursives Einsehen (*intelligere*) mit Hilfe von Büchern; vgl. K. Schreiner, "Laienbildung als Herausforderung für Kirche und Gesellschaft", *Zeitschrift für historische Forschung* 11 (1984): 257–354, bes. 290–91.

33. Vgl. Paul Zumthor, *La poésie et la voix dans la civilisation médiévale* (Paris: Presses universitaires de France, 1984) (dt.: *Die Stimme und die Poesie in der mittelalterlichen Gesellschaft*, aus dem Französischen von Klaus Thieme [München: Fink, 1994], 13). Über die mittelalterliche Auffassung von *vox* (Sprachklang) im Unterschied zu *verbum, sermo* (schriftliches Wortgebilde) handelt Wiebke Freytag, "Wolframs von Eschenbach 'Willehalm' 2,16–22. Elementargrammatik und zisterziensische Kultur", *Zeitschrift für deutsches Altertum* 127 (1998): 1–25, bes. 8–13. Zur notwendigen Klangfülle der *vox* eines Predigers vgl. Humbertus de Romanis, *De eruditione praedicatorum* (wie Anm. 18), II, 10, 402–3. Auch in monastischen Anweisungen zur Tischlesung wurde auf eine klare, deutliche und hörbare Artikulation der *vox* Wert gelegt; vgl. Klaus Schreiner, "Benediktinische Klosterreform als zeitgebundene Auslegung der Regel", *Blätter für württembergische Kirchengeschichte* 86 (1986): 105–95, bes. 117.

34. Auch Gregor der Große stellt in seiner *Regula pastoralis* die Tat und das Wort des Predigers einander gegenüber und verwendet dabei die Begriffe *actus* und *vox* (III 40, PL 77, 124). Daß man sich der unterschiedlichen Wirkung von Vortrag und Lektüre durchaus bewußt war, bezeugt Jean Daudin (Ende des 14. Jahrhunderts) im Prolog zu seiner Übersetzung von Petrarcas *De remediis utriusque fortunae:* Wenn man Cicero, Homer, Demosthenes und Vergil nur lese und sie nicht sprechen höre, so fehle einem ein großer Teil dieser Dichter; vgl. dazu Sylvia Huot, *From Song to Book: The Poetics of Writing in Old French Lyric and Lyrical Narrative Poetry* (Ithaca: Cornell University Press, 1987), 3. Robert von Melun (12. Jh.), *Oeuvres*, hg. v. R. M. Martin, Bd. 3 (Louvain: Spicilegium Sacrum Lovaniense, 1947), betont den Vorteil des Hörens vor dem Lesen (*Sententiae* I, 47–48): Wer die *auctores* bestimmter Traktate ihre Schriften mit eigener Stimme habe darlegen hören, erfahre mehr über die *voluntas* des Autors als diejenigen, die nur den geschriebenen Text vor sich hätten; vgl. Constant J. Mews, "Orality, Literacy, and Authority in the Twelfth-Century Schools", *Exemplaria* 2 (1990): 475–500, bes. 487–88. Daß man sich während des ganzen Mittelalters der besonderen Wirkung von Stimme und Gestik bei Predigern bewußt war, illustriert an mehreren Beispielen Karl-Heinz Göttert, *Geschichte der Stimme* (München: Fink 1998), 155–60 (Bernhard von Clairvaux, Berthold von Regensburg), 160–67 (Johannes Kapistran), 227–35 (zur Diskussion über *vox* und *actio* eines Redners bzw. Predigers im 16./17. Jh.).

35. Alanus de Insulis, *Summa de arte praedicatoria*, Kap. 1 (PL 210, 111C). "Predigt ist eine offenbare und öffentliche Unterweisung in Moral und Glauben, die der Unterweisung der Menschen dient und aus dem Pfad der Argu-

mente und aus der Quelle der Autoritäten hervorgeht." Vgl. dazu Jean Longère, *La prédication médiévale* (Paris: Etudes Augustiniennes, 1983), 11–17.

36. Alanus de Insulis, *Summa de arte praedicatoria*, Kap. 1 (PL 210, 111C–D): "Manifesta debet esse praedicatio, quia in manifesto proponenda est . . . Si enim praedicatio occulta esset, et videretur redolere haeretica dogmata." ("Eine Predigt muß offenbar sein, weil sie im Sichtbaren vorzustellen ist . . . Wäre die Predigt nämlich verborgen, würde sie ketzerische Glaubenssätze zu verbreiten scheinen.") Eine ähnliche Vorstellung überliefert ein anonymer Traktat (Hs. Paris, BN lat. 455, fol. 57ra), vgl. Leclercq, "Le magistère" (wie Anm. 16), 111–12. Zum Aspekt der Öffentlichkeit des Predigens vgl. Morenzoni, *Des écoles aux paroisses* (wie Anm. 21), 35–36 mit einschlägigen Belegen.

37. Vgl. auch die Übersetzung eines spätmittelalterlichen lateinischen Traktats *De arte praedicandi*, der Thomas von Aquin zugeschrieben wurde, bei Harry Caplan, "A Late Medieval Tractate on Preaching", in *Studies in Rhetoric and Public Speaking: In Honor of James Albert Winans* (New York: Russell and Russell, 1962), 61–90, ebd. 72 über die Predigt als eine öffentliche Einrichtung, da sie viele Leute, nicht einen Einzelnen erreichen wolle. Das Beispiel der Devoten, die, bedingt durch Widerstände gegen ihr öffentliches Auftreten, auf die Wirkung des geschriebenen Wortes vertrauten bzw. vertrauen mußten und denen zufolge die Lektüre von Büchern dem Hören vorzuziehen sei (gerade für Laien!), stellt eine Ausnahme dar; vgl. N. Staubach, "Pragmatische Schriftlichkeit im Bereich der Devotio moderna", *Frühmittelalterliche Studien* 25 (1991): 418–61, bes. 452–55; V. Honemann, "Der Laie als Leser", in *Laienfrömmigkeit im späten Mittelalter,* hg. v. K. Schreiner, Schriften des Historischen Kollegs, 20 (München: Oldenbourg, 1992), 241–51, bes. 246–47.

38. Hugo von St. Viktor, *Expositio in Hierarchiam coelestem S.Dionysii Areopagitae*, Buch IV (PL 175, 1001B). Vgl. auch C. S. Jaeger, "Humanism and Ethics of the School of St. Victor in the Twelfth Century", *Mediaeval Studies* 55 (1993): 5–79, bes. 57–69.

39. Daß der Prediger aufgrund seines vorbildlichen Lebenswandels wie ein leuchtendes Licht weithin strahlen soll, betonen auch Humbertus de Romanis, *De eruditione praedicatorum* (wie Anm. 18), II, 8 (wo als Voraussetzung für einen guten Prediger die *vitae luciditas* [die Klarheit des Lebens] genannt wird [400]: "sed debet sic lucere lux eius coram hominibus, ut non solum verbo, sed et opere praedicet. *Ad Philip. 2. Inter quos lucetis sicut luminaria in mundo*" ["aber dessen Licht muß so vor den Leuten leuchten, daß er nicht nur durch das Wort, sondern durch die Tat predigt"]) und VII, 35 (S. 455); Antoninus Florentinus, *Summa theologica* (wie Anm. 4), III, 18, 3, 2: "Secundum quod requiritur in predicatore est vita seu conversatio lucens. Eccli. Quasi sol refulgens sic ille refulsit in templo dei." ("Das Zweite, was von einem Prediger verlangt wird, ist ein leuchtendes Leben bzw. Lebensweise. Ecclesiasticus: Gleich wie die Sonne strahlt, so strahlte jener im Tempel Gottes.") Zum Glanz, der vom Prediger ausgehen soll, vgl. auch Schneyer, *Die Unterweisung der Gemeinde* (wie Anm. 27), 57 und 60–61.

40. Es ließe sich zunächst dahingehend argumentieren, daß eine Predigt gerade aufgrund der Ablösung von der Vita eines Predigers an Wirkungskraft gewönne, weil ihr moralisch-religiöser Anspruch nun nicht mehr angesichts

des möglicherweise lasterhaften Lebenswandels eines Priesters angezweifelt würde. Im Falle eines vorbildlichen Geistlichen würde aber der Predigt die entsprechende Schubkraft fehlen.

41. Zu einigen ganz seltenen Beispielen für solche (oft aber in Latein angefertigten, s. u. Anm. 54) Nachschriften vgl. Michel Zink, "La prédication en langues vernaculaires", in *Le moyen âge et la Bible*, hg. v. Pierre Riché und Guy Lobrichon, Bible de tous les temps, 4 (Paris: Beauchesne, 1984), 489–516, bes. 502–3; Kurt Ruh, "Fragment einer unbekannten Predigt von Meister Eckhart aus dem frühen 14. Jahrhundert", *Zeitschrift für deutsches Altertum* 111 (1982): 219–25, bes. 221–22; Werner Williams-Krapp, "Johann Geiler von Kaysersberg in Augsburg: Zum Predigtzyklus *Berg des Schauens*", in *Literarisches Leben in Augsburg während des 15. Jahrhunderts*, hg. v. Johannes Janota und W. Williams-Krapp, Studia Augustana, 7 (Tübingen: Niemeyer, 1995), 265–80. Zu den *reportata* vgl. auch G. C. Zieleman, "Das Studium der deutschen und niederländischen Predigten des Mittelalters", in *Sô predigent etelîche: Beiträge zur deutschen und niederländischen Predigt im Mittelalter*, hg. v. K. O. Seidel, Göppinger Arbeiten zur Germanistik, 378 (Göppingen: Kümmerle, 1982), 5–48, bes. 15–21; d'Avray, *The Preaching* (wie Anm. 19), 96–104; Nicole Bériou, "Latin and the Vernacular: Some Remarks about Sermons Delivered on Good Friday during the Thirteenth Century", in *Die deutsche Predigt im Mittelalter*, hg. v. Volker Mertens und Hans-Jochen Schiewer (Tübingen: Niemeyer, 1992), 268–84, bes. 270–73; ders., "La reportation des sermons parisiens à la fin du XIIIe siècle", *Medioevo e Rinascimento* 3 (1989): 87–123; R. Rusconi, "Reportatio", *Medioevo e Rinascimento* 3 (1989): 7–36. L.-J. Bataillon, "Sermons rédigés, sermons réportés (XIIIe siècle)", *Medioevo e Rinascimento* 3 (1989): 69–86, vergleicht zwei Predigtsammlungen (z. T. als Autographe erhalten) mit den entsprechenden Nachschriften und meint, diese Reportata-Predigten böten eine ziemlich zuverlässige Wiedergabe der tatsächlich gehaltenen Predigten. Bataillon setzt allerdings voraus, was erst noch zu beweisen wäre: daß die Prediger sich bei ihrem Kanzelvortrag tatsächlich an die von ihnen zuvor schriftlich fixierte Predigtfassung gehalten hätten.

42. Hans-Jochen Schiewer, "*Die Schwarzwälder Predigten*", Münchener Texte und Untersuchungen, 105 (Tübingen: Niemeyer, 1996), 8–9; Dietrich Schmidtke, "Glossen zu den Sonntagsevangelien", in Mertens und Schiewer (Hgg.), *Die deutsche Predigt im Mittelalter* (wie Anm. 41), 92–124, bes. 94, 108.

43. Zu berücksichtigen ist überdies, daß es im 14. Jahrhundert zu einem Umbruch in der Gestaltung schriftlich fixierter volkssprachlicher Perikopenpredigten kommt: Die Predigtfiktion wird aufgegeben; vgl. Zieleman, "Das Studium" (wie Anm. 41), 35–36; Schmidtke, "Glossen" (wie Anm. 42), 104. Aus dem Predigtbuch als Vorlage für einfache Kleriker wird ein Pseudopredigtbuch, das Lesestoff für Laien enthält. Dies hat zur Folge, daß die lateinischen Überschriften, Initien, Schriftbelege und Zitate durch volkssprachliche ersetzt werden. (Ein schönes Beispiel für die Umfunktionierung vom Predigthandbuch zur Perikopenglosse führt vor Schiewer, '*Die Schwarzwälder Predigten*' [wie Anm. 42], 94 [Hs. Freiburg i. Br., UB, cod. 222, fol. 208–45]).

44. Zwar ließen sich die überlieferten Predigttexte hinsichtlich ihrer (intendierten) Nähe oder Ferne zur Vortragssituation differenzieren, doch ist hier nicht der Raum für solche Überlegungen.

45. Beispiele: Marquard von Lindau, *Deutsche Predigten*, hg. v. Rüdiger Blumrich, Texte und Textgeschichte, 34 (Tübingen: Niemeyer, 1994), 60 ("Augustinus, als er von im selber schribet vi.° libro confessionum vnd sprichet . . . ") und 203 (in dem rehtbůch 26 q. 5: 'Non liceat cristianis'); *'Schwarzwälder Predigten'*, hg. v. Schiewer (wie Anm. 42), 404, Z. 26 (*Canticorum viii.*; 407, Z. 12 *Ecclesiastici xxvii.*).

46. In den für ein ungebildetes Publikum angefertigten Predigten hat es Ranulphe d'Homblières (13. Jh.) bei sehr allgemeinen Quellenhinweisen belassen, was sich sogar noch in den Predigtnachschriften belegen läßt; vgl. Bériou, "L'art de convaincre" (wie Anm. 5), 60 und Anm. 67.

47. Stellvertretend für die neuere mediävistische Tendenz, sich verstärkt mit der Präsentation von Texten in den Handschriften zu beschäftigen, seien genannt: Huot, *From Song to Book* (wie Anm. 34); Katherine O'Brien O'Keeffe, *Visible Song: Transitional Literacy in Old English Verse*, Cambridge Studies in Anglo-Saxon England, 4 (Cambridge: Cambridge University Press, 1990); Barbara Frank, "Zur Entwicklung der graphischen Repräsentation mittelalterlicher Texte", *Osnabrücker Beiträge zur Sprachtheorie* 47 (1993): 60–81.

48. Einschlägige Belege bei Carl Lofmark, *The Authority of the Source in Middle High German Narrative Poetry*, Bithell Series of Dissertations, 5 (London: Institute of Germanic Studies, University of London, 1981), 10–18; Maria Selig, "Das Buch im Mittelalter—Überlegungen zu Kommunikationstypik und Medialität", in *Gattungen mittelalterlicher Schriftlichkeit*, hg. v. Barbara Frank, Thomas Haye und Doris Tophinke (Tübingen: Narr, 1997), 137–60, bes. 145–51. Einige Beispiele mögen hier genügen. Anläßlich seiner Beschreibung des mächtigen Karthago sagt Heinrich von Veldeke: "wil her ez versûchen, / her kome zû den bûchen / diu dâ heizent Êneide. / nâch der wârheide, / als ez dar ane gescriben is, / sô mach hers wol sîn gewis." ("Wer sich darüber wundert und es überprüfen will, der komme zu den Büchern, die 'Äneis' heißen. Der Wahrheit gemäß, wie es darin geschrieben steht, kann er sich dessen versichern.") (Heinrich von Veldeke, *Eneasroman*. Mittelhochdeutsch/Neuhochdeutsch. Nach dem Text von Ludwig Ettmüller ins Neuhochdeutsche übersetzt, mit einem Stellenkommentar und einem Nachwort von Dieter Kartschoke [Stuttgart: Reclam, 1986], 26–27, V. 376–80; gegenüber Kartschokes Übersetzung habe ich "Eneide" in "Äneis" geändert, um klar zu machen, daß die antike Dichtung gemeint ist.) Im *Straßburger Alexander* wird anläßlich der prachtvollen Hochzeit Alexanders mit Darius' Tochter erwähnt, Alexander habe 300 Mundschenke gehabt. Mögliche Zweifel daran werden mit der Bemerkung ausgeräumt: "daz wêre ungeloublîch / iemanne ze sagene, / ne wêriz uns vil ebene / in den bûchen niht gescriben." ("Niemand würde diese Behauptung wohl glauben, wäre es uns nicht genauso in den Büchern überliefert und von der Wahrheit gedeckt.") (*Lamprechts Alexander*, hg. v. Karl Kinzel [Halle: Verlag der Buchhandlung des Waisenhauses, 1884], V. 4031–35; Übersetzung vom

Verf.) Der Wahrheitsbeweis kann noch dadurch verstärkt werden, daß betont wird, es handele sich um ein altes oder um ein lateinisches Buch (Chrétien de Troyes, *Cligès*, V. 18–26). In einer niederländischen Version der Brandan-Legende wird beteuert, bei Brandans Wundergeschichten handele es sich nicht um Lügen, denn diese Geschichte liege ja, auf Latein geschrieben, in zahlreichen Klöstern und Städten vor; vgl. *Van Sente Brandane naar het Comburgsche en het Hulthemsche handschrift*, hg. v. E. Bonebakker (Amsterdam: Binger, 1894), I, 53, V. 2269ff. Daß solche Quellenberufungen für die vor- und frühhöfische Epik typisch seien, während die Autoren der höfischen Romane infolge der demonstrativ inszenierten Fiktionalität solchen Berufungen auf ein "Buch" distanziert gegenüberstünden, meint Klaus Grubmüller, "Das *buoch* und die Wahrheit. Anmerkungen zu den Quellenberufungen im *Rolandslied* und in der Epik des 12. Jahrhunderts", in *Bickelwort und wildiu maere: Festschrift für Eberhard Nellmann*, hg. v. Dorothee Lindemann, Berndt Volkmann und Klaus-Peter Wegera, Göppinger Arbeiten zur Germanistik, 618 (Göppingen: Kümmerle, 1995), 37–50. Die von Grubmüller nicht berücksichtigte grundlegende Studie von Lofmark (1981) und auch die neueren Arbeiten von Barbara Frank (u. a. oben Anm. 47 und unten Anm. 112) kommen allerdings zu anderen Ergebnissen.

49. Die immens angewachsene Literatur zu "orality" und "literacy" hat eindrücklich die Interferenzen und Interdependenzen von Mündlichkeit und Schriftlichkeit im Hoch- und Spätmittelalter nachgewiesen. Verwiesen sei hier nur auf D. H. Green, *Medieval Listening and Reading: The Primary Reception of German Literature 800–1300* (Cambridge: Cambridge University Press, 1994); Horst Wenzel, *Hören und Sehen, Schrift und Bild: Kultur und Gedächtnis im Mittelalter* (München: Beck, 1995); Stefan Alkier und Anja Cornils, "Bibliographie Mündlichkeit—Schriftlichkeit", in *Logos und Buchstabe: Mündlichkeit und Schriftlichkeit im Judentum und Christentum der Antike*, hg. v. Gerhard Sellin und François Vouga (Tübingen und Basel: Francke, 1997), 235–65.

50. M. T. Clanchy, *From Memory to Written Record: England 1066–1307* (London: Arnold, 1979); Ruth Schmidt-Wiegand, "Gebärdensprache im mittelalterlichen Recht", *Frühmittelalterliche Studien* 16 (1982): 363–79; Brian Stock, *The Implications of Literacy: Written Language and Models of Interpretation in the Eleventh and Twelfth Centuries* (Princeton: Princeton University Press, 1983), 42–55; Norbert H. Ott, "Überlieferung, Ikonographie—Anspruchsniveau, Gebrauchssituation", in *Literatur und Laienbildung im Spätmittelalter und in der Reformationszeit*, hg. v. Ludger Grenzmann und Karl Stackmann, Germanistische Symposien. Berichtsbände, 5 (Stuttgart: Metzler, 1984), 356–86, bes. 381–83; Hanna Vollrath, "Rechtstexte in der oralen Rechtskultur des frühen Mittelalters", in *Mittelalterforschung nach der Wende 1989*, hg. v. Michael Borgolte, Zeitschrift für historische Forschung. Beihefte, 20 (München: Oldenbourg, 1995), 319–48; Peter von Moos, "Rhetorik, Dialektik und 'civilis scientia' im Hochmittelalter", in *Dialektik und Rhetorik im früheren und hohen Mittelalter*, hg. v. Johannes Fried (München: Oldenbourg, 1997), 133–55, bes. 149–53 (zur Schriftlichkeit in der Verwendung mittelalterlicher Rhetorik-Regeln).

51. Stock, *The Implications* (wie Anm. 50), 12–87. Zur Skepsis gegenüber Geschriebenem im Mittelalter vgl. Clanchy, *From Memory* (wie Anm. 50), 146–47 und 208–15.

52. Robert de Gretham, *Miroir ou les évangiles des domnées* [Teilausgabe], hg. v. Saverio Panunzio (Bari: Adriatica Ed., 1974), 9, Anm. 1: "Nicht alles ist wahr, was geschrieben steht" (V. 19–21). Vgl. dazu Selig, "Das Buch im Mittelalter" (wie Anm. 48), 148; Lofmark, *The Authority* (wie Anm. 48), 13.

53. Wie sich die beiden skizzierten widersprüchlichen Bewertungen von Geschriebenem auf verschiedene Diskurse, Textgruppen und Kommunikationssituationen verteilen, wäre erst noch gesamthaft zu untersuchen.

54. Vgl. z. B. Florenz Landmann, *Das Predigtwesen in Westfalen in der letzten Zeit des Mittelalters* (Münster: Aschendorff, 1900), Beilage; Zink, "La prédication en langues vernaculaires" (wie Anm. 41), 502–3.

55. Vgl. Landmann, *Das Predigtwesen* (wie Anm. 54), 104–5; Bériou, "Latin and the Vernacular" (wie Anm. 41), 271–73.

56. Die bis 1300 entstandenen 73 deutschen Predigtsammlungen, Prediger und Einzelpredigten sind bis zum Jahr 1500 lediglich in insgesamt 223 Handschriften überliefert; vgl. die Zahlen bei Schiewer, *'Die Schwarzwälder Predigten'* (wie Anm. 42), 13–16.

57. Vgl. u. a. Lutz Rosenplenter, *Zitat und Autoritätenbezug im 'Renner' Hugos von Trimberg* (Frankfurt a. M.: Lang, 1987), 444–65; Franz-Josef Holznagel, "Autorschaft und Überlieferung am Beispiel der kleineren Reimpaartexte des Strickers", in *Autor und Autorschaft im Mittelalter*, hg. v. Elizabeth Andersen u. a. (Tübingen: Niemeyer, 1998), 163–84.

58. Zink, "La prédication" (wie Anm. 41), 498. Vgl. aber auch C. A. Robson, *Maurice of Sully and the Medieval Vernacular Homily* (Oxford: Blackwell, 1952), 62–74.

59. Marquards von Lindau deutsche Predigten, die als Lesepredigten konzipiert sind, weisen zahlreiche Merkmale gelehrter lateinischer Predigten auf (zahlreiche lateinische Zitate; präzise Quellenangaben; scholastische Terminologie). Wegen dieser Affinität von lateinisch-gelehrter und volkssprachlicher Predigt bei Marquard läßt sich nur schwer entscheiden, ob Marquards Predigtwerk zuerst in lateinischer oder in deutscher Sprache vorlag und ob hier vielleicht eine volkssprachliche Ausarbeitung lateinischer Dispositionen vorliegt; vgl. Freimut Löser, "Rezension zu R. Blumrich, *Marquard von Lindau. Deutsche Predigten (1994)*", *Beiträge zur Geschichte der deutschen Sprache und Literatur* 118 (1996): 493–99.

60. Minnis, "The Influence of Academic Prologues" (wie Anm. 11), bes. 344; ders., *Medieval Theory of Authorship: Scholastic Literary Attitudes in the Later Middle Ages*, 2. Aufl. (Aldershot: Scholar Press, 1988), Kap. 3.

61. Oft wirkte der Ruf eines beeindruckenden Predigers über seinen Tod hinaus und konnte noch die schriftliche Rezeption der Predigten beeinflussen; vgl. Landmann, *Das Predigtwesen* (wie Anm. 54), 8–13 (dort werden einige Franziskanerprediger genannt, die noch viele Jahre nach ihrem Tod wegen ihrer großen Wirkung berühmt waren: Johann von Minden, Heinrich von

Werl, Johann Brugmann, Dietrich Coelde, Anton von Straelen); vgl. z. B. auch die Hs. N.R. 5000 der UB Münster, die zwei Predigten eines Kaplan Heinrich enthält, dazu D. Schmidtke, "Kaplan Heinrich", in *Die deutsche Literatur des Mittelalters: Verfasserlexikon*, 2. Aufl. hg. v. Kurt Ruh u. a., 9 Bde. (Berlin: de Gruyter, 1978–95), Bd. 3, Sp. 682. In zahlreichen Handschriften wird Zeit und Ort einer Predigt Heinrichs von Löwen angegeben, vgl. Peter Kesting, "Heinrich von Löwen", ebd., Bd. 3, Sp. 779.

62. Hs. Nürnberg, Stadtbibl., Cent. VII 57, fol. 2r. "Dies hat gepredigt Bruder Johannes Herolt, der *cursor,* im Advent des sechsunddreißigsten Jahres." Zu dieser Handschrift vgl. Karin Schneider, *Die Handschriften der Stadtbibliothek Nürnberg. Bd. 1: Die deutschen mittelalterlichen Handschriften* (Wiesbaden: Harrassowitz, 1965), 361–62. Zu dem Predigtzyklus vgl. Dietrich Schmidtke, *Studien zur dingallegorischen Erbauungsliteratur des Spätmittelalters*, Hermaea, 43 (Tübingen: Niemeyer, 1982), 23–24, 103–6 und 448–54.

63. "Ebenso ein Büchlein; es stehen darin gute Predigten, die unser lieber Vater und Vikar Johannes Herolt geprediget hat, als er noch *cursor* war"; F. J. Worstbrock, "Johannes Herolt", in *Verfasserlexikon*, Bd. 3, Sp. 1123–27, ebd. Sp. 1127.

64. Worstbrock (wie Anm. 63), Sp. 1127.

65. Der Titel *cursor* hat viele Bedeutungen; u. a. wird damit derjenige bezeichnet, der einen *cursus theologiae* hält. Cursor ist aber auch der Studienleiter eines Ordensstudiums.

66. Die Überlieferung der Werke Bömlins scheint sich ebenfalls einem lokalen Interesse zu verdanken, vgl. Paul-Gerhard Völker, *Die deutschen Schriften des Franziskaners Konrad Bömlin* (München: Beck, 1964), 131. In der Hs. Harburg, Fürstlich Oettingen-Wallersteinsche Bibliothek III 1.4°.9 (jetzt in Augsburg, UB), fol. 89r: "Diß predig haut gemachet vnd getan Brůder Conratt bömlin, ain barfüs zu strasburg." ("Diese Predigt hat gemacht und gehalten Bruder Konrad Bömlin, ein Barfüssermönch aus Straßburg"); Hs. Berlin, Staatsbibliothek, mgq 206, fol. 207v: "herr Cůnrad bômele lesemeister". Vgl. dazu Völker, 102.

67. Louise Gnädinger und Johannes G. Mayer, "Johannes Tauler", in *Verfasserlexikon*, Bd. 9, Sp. 631–57, bes. Sp. 636–37.

68. Zu dieser Handschrift, die jetzt in der Badischen Landesbibliothek (Karlsruhe) liegt, vgl. auch Siegfried Ringler, *Viten und Offenbarungsliteratur in Frauenklöstern des Mittelalters*, Münchener Texte und Untersuchungen, 72 (München: Artemis, 1980), 57.

69. Gemeint ist wohl "Leben und Offenbarungen", vgl. S. Ringler, "Christine Ebner", in *Verfasserlexikon*, Bd. 2, Sp. 297–302. Zum Kloster Engelthal und den Christine Ebner-Texten vgl. jetzt Susanne Bürkle, *Literatur im Kloster. Historische Funktion und rhetorische Legitimation frauenmystischer Texte des 14. Jahrhunderts*, Bibliotheca Germanica, 38 (Tübingen und Basel: Francke, 1998).

70. Hs. Karlsruhe, LB, cod. Donaueschingen 293, fol. + 1v. "Ein Kloster, liegt drei Meilen von Nürnberg, das heißt Engelthal. Das ist zu Zeiten der Hl. Elisabeth gegründet worden. Einer ihrer Dienerinnen ist es zu verdanken, daß dieses Kloster ein Kloster des Predigerordens ist. Darin lebten so viele glückselige Gotteskinder, daß es ein Wunder ist. Unter ihnen war eine, die hieß

Christina Ebnerin, deren Legende und Vita man im Kloster (Engelthal) und zu Nürnberg (im Kloster St. Katharina) besitzt. Ihr wurden von Gott unter anderen Offenbarungen von diesem Tauler geoffenbart, der diese Predigten gepredigt hat, (so) daß er Gott einer der liebsten Menschen war, als er ihn auf Erden leben ließ. Und dies hört man auch gut an diesen Predigten, daß er aus einem lautern Grund und Herzen gepredigt hat. Eben dieser "Meister" Johannes Tauler vom Predigerorden hat gelebt 1350 Jahre nach Christi Geburt."

71. Vgl. auch die Autorisierung einer Predigt in der Hs. St. Gallen, Stiftsbibliothek, cod. 1066: "Dis predig hat geton zu Pilnriet [Pillenreuth] Rudolf Goltschlacher [Reformprior des Klosters zu Bamberg] zu den predigern"; zitiert von Rüther und Schiewer, "Die Predigthandschriften" (wie Anm. 17), 188. Diese Person wird in den Kreisen, in denen die Predigthandschrift zirkulierte, abgeschrieben und gelesen wurde, sehr bekannt gewesen sein. Deshalb darf man vermuten, daß die Autorität der Vita durch die Namensnennung auf den Text übertragen wird. Ganz ähnlich funktioniert das Autorisierungsverfahren in der *De tempore*-Sammlung des Simon de Cremona (gest. 1415). Im Prolog weist er darauf hin, daß er die hier aufgezeichneten Predigten zuvor in Venedig gehalten habe. Über seine Vita fällt kein Wort. Doch die Namensnennung ersetzt die Autorisierung durch die Vita bzw. in ihr lebt die Vita fort. Überdies werden die Bedeutung und Glaubwürdigkeit dieser Predigtsammlung durch drei weitere Hinweise gestützt: die Nennung der Ordenszugehörigkeit ("ordo fratrum heremitarum sancti Augustini"); das Wissen, das in diese Sammlung eingegangen sei ("vera theologia"); die Wichtigkeit der Predigttätigkeit. Es wäre zu prüfen, ob das Vorwort in allen handschriftlichen Textzeugen überliefert ist. Ich benutzte den Druck von 1484 (*Postilla super evangeliis et epistolis omnium dominicarum*, Reutlingen: Johann Otmar, [26. Mai] 1484).

72. Vgl. Ringler, "Christine Ebner" (wie Anm. 69). Zu den Beziehungen zwischen Christine Ebner, Margarete Ebner, Heinrich von Nördlingen und Tauler vgl. Philipp Strauch, *Margareta Ebner und Heinrich von Nördlingen* (Freiburg und Tübingen: Mohr, 1882).

73. Gnädinger und Mayer, "Johannes Tauler" (wie Anm. 67), Sp. 639–40. Vgl. zuletzt Johannes Gottfried Mayer, *Die "Vulgata"-Fassung der Predigten Johannes Taulers. Von der handschriftlichen Überlieferung des 14. Jahrhunderts bis zu den ersten Drucken*, Texte und Wissen, 1 (Würzburg: Königshausen und Neumann, 1999), 29–32. Eine nützliche Übersicht über die Tauler-Überlieferung bietet auch Georg Hofmann, "Literaturgeschichtliche Grundlagen zur Tauler-Forschung", in *Johannes Tauler: Ein deutscher Mystiker. Gedenkschrift zum 600. Geburtstag*, hg. v. E. Filthaut (Essen: Driewer, 1961), 436–79, bes. 439–60.

74. Die überlieferungsgeschichtliche Forschung hat dem Zusammenhang von Namensnennung und Autorität noch kaum Beachtung geschenkt.

75. Zu den nötigen Modifikationen immer noch weitverbreiteter Fehleinschätzungen vgl. u. a. R. H. Rouse und Mary A. Rouse, "La naissance des index", in *Histoire de l'édition française*, hg. v. H.-J. Martin und R. Chartier (Paris: Promodis, 1982), 1:77–85; Paul Saenger, "Silent Reading: Its Impact on Late Medieval Script and Society", *Viator* 13 (1982): 367–414 (vor allem gegen Thesen MacLuhans); Huot, *From Song to Book* (wie Anm. 34); dies., *The "Romance*

of the Rose" and Its Medieval Readers, Cambridge Studies in Medieval Literature, 16 (Cambridge: Cambridge University Press, 1993), 178–79 u. ö.; Selig, "Das Buch im Mittelalter" (wie Anm. 48); Max Grosse, *Das Buch im Roman: Studien zu Buchverweis und Autoritätszitat in altfranzösischen Texten* (München: Fink, 1994); Joachim Bumke, *Die vier Fassungen der "Nibelungenklage": Untersuchungen zur Überlieferungsgeschichte und Textkritik der höfischen Epik im 13. Jahrhundert* (Berlin: de Gruyter, 1996), 68–79.

76. Hs. Wien, ÖNB, cod. 2739, fol. 1r. "Dies sind die Predigten, die Bruder Johannes Tauler gepredigt hat." Leider ist das erste Blatt der ältesten Tauler-Handschrift (Hs. Engelberg, Stiftsbibliothek, cod. 124 v.J. 1359) nicht erhalten; der Text beginnt mit 135, 1 der Edition von Ferdinand Vetter (Berlin: Weidmann, 1910): *Vnd minnent sich selber* . . . Im Engelberger Handschriftenkatalog, hg. v. Benedikt Gottwald (Freiburg i. Br.: Typis Herderianis, 1891), wird fälschlicherweise das *zweite* Blatt der ersten Lage als verloren angegeben.

77. Hs. Wien, ÖNB, cod. 2739, fol. 6v, 134v, 148v bzw. 170v. "Dies ist eine Predigt des Bruder Johannes, des Taulers; diesen Text predigte Johannes Tauler; diese Predigt hielt Bruder Johannes Tauler am Montag vor Pfingsten; auch dies hat der Tauler gepredigt."

78. Allerdings könnte erst eine Durchsicht aller Tauler-Handschriften Klarheit darüber schaffen, ob sich die Autorität Taulers gegen Ende des 14. Jahrhunderts und anfangs des 15. Jahrhunderts noch der Erinnerung an seine Predigttätigkeit oder aber schon der schriftlichen Tradition verdankt. Mayer (wie Anm. 73) thematisiert diese Frage nicht.

79. Hs. Berlin, SBB PK, mgq 1131, fol. 150 (am Ende der Predigt, die fol. 147r beginnt). "Diese voranstehende Predigt hat gehalten Bruder Johannes Tauler im Jahr 1346 n. Chr. Geburt."

80. Hs. Wien, ÖNB, cod. 2744, fol. 178r. "Dies sind einige Predigten eines gewissen Mannes mit Namen Tauler." Ein Faksimile dieser Seite findet sich bei A. L. Corin, *Sermones de Tauler et autres écrits mystiques. I: Le Codex Vindobonensis 2744* (Liège: Vaillant-Carmanne, und Paris: Champion, 1924), 323.

81. Nürnberg, Stadtbibliothek, Cent. IV 29 (1. Hälfte 15. Jh.). "Auch stehen in dem Predigtbuch sehr viele wertvolle Predigten und Lehren, die der Tauler alle gepredigt hat."

82. Freilich deutet der Terminus *predigpuch* auf einen Medienwechsel hin, der aber in diesem Fall noch mit der spezifischen Funktion dieser Äußerung erklärt werden kann: mit der Inventarisierung von Kodices.

83. Hs. Karlsruhe, LB, Donaueschingen 293, fol. +1v. "Von diesem Tauler, der diese Predigten gepredigt hat . . . Und das hört man noch gut an diesen Predigten, daß er aus einem reinen Herzensgrund gepredigt hat."

84. Ich mache die besonderen Beziehungen dieser Handschrift zur Nürnberger Tauler-Rezeption dafür verantwortlich, daß der Prediger Tauler hier so sehr im Vordergrund steht. Im Anschluß an diese Sätze dringt aber die neue Einschätzung durch: Es wird vom "Meyster hans daler" gesprochen, der 1350 n. Chr. gelebt habe (ebd. fol. +1v).

85. Hs. München, cgm 282 (2. Hälfte 15. Jh.), Vorsatzblatt IIr; Hs. München, cgm 408 (J. 1482), fol. 1r; Wolfenbüttel, Herzog August Bibliothek, cod. 2435

Helmst. (J. 1470). "Dies sind einige gute, zur Andacht nützliche Predigten des ehrwürdigen Lehrers Bruder Johannes Tauler."

86. Hs. Berlin, SBB PK, mgo 68 (ca. 1400), fol. 1. "Dies ist das zweite Büchlein der Predigten des Taulers, mit einem vorangestellten Register, in dem Bedeutung und Gehalt einer jeglichen Predigt in Kürze vollständig genannt und mit einer Zahl versehen sind. Dieselbe Zahl steht im Folgenden auf allen Blättern einer jeden Predigt gesondert geschrieben." Es folgen die Inhaltsangaben zu den einzelnen Predigten. Mit fol. 7r beginnt die erste Predigt (Edition Vetter Nr. 41).

87. Hs. Stuttgart, LB, cod. theol. et phil. 2° 155 (15. Jh.), fol. 1r: "Dies sind einige gute zur Andacht nützliche Predigten des erleuchteten begnadeten Lehrers Bruder Johannes Tauler aus dem Dominikanerorden mit einem vorangestellten Register, in dem Bedeutung und Gehalt einer jeglichen Predigt in Kürze vollständig aufgeführt und mit einer Ziffer versehen sind." Hier folgt auf Bl. 1–6 das Register; ähnlich in den Münchner Handschriften cgm 282 und 408 (vgl. oben Anm. 85). Ein Register befindet sich auch in der Hs. München, cgm 260 (J. 1468) auf dem Vorsatzblatt IIr–v (mit der Bezeichnung Taulers als *maister*). In der Tauler-Edition von Ferdinand Vetter (Berlin: Weidmann, 1910), 1 ist ein (mit der Stuttgarter Hs. 2° 155) nahezu identischer Titulus abgedruckt und suggeriert, alle drei (1870 verbrannten) Freiburger Tauler-Hss. (A 88, A 89 und A 91) hätten diesen Titulus überliefert. Dies würde meiner Argumentation insofern widersprechen als die älteste Freiburger Hs. (A 91) von Karl Schmidt, der die drei Handschriften abgeschrieben hatte und auf dessen Abschriften sich Vetters Edition für die ersten 36 Predigten stützt, noch in die zweite Hälfte des 14. Jahrhunderts datiert wird. Dem Apparat Vetters kann man aber entnehmen, daß nur die Hss. A 88 und 89 die erste Predigt und damit den Titulus enthielten. Die Hs. A 89 stammt nach K. Schmidt "noch aus dem 14. Jahrhundert", A 88 "aus dem Anfang des 15. Jhs." (vgl. Vorbemerkung Karls Schmidts in Vetters Edition). Angesichts des Überlieferungsbefundes zahlreicher anderer Tauler-Handschriften bezweifle ich den zeitlichen Ansatz Schmidts für die Hss. A 89 und 88 und würde sie beide um 1400 datieren. Der Text der Straßburger Hs. A 88 stimmt nach mündlicher Auskunft von Johannes G. Mayer (Würzburg) mit dem der Hs. Berlin, mgo 68, die ja aus dem Dominikanerkloster St. Nikolaus in undis stammt, völlig überein. Doch der Anfang des Titulus lautet dort anders. Herrn Mayer danke ich für eine Durchsicht dieser Studie, Christine Haag für eine Durchsicht der Basler Handschriften auf Tauler-Texte hin.

88. Hs. München, cgm 748: "Predigten bzw. Sermones des Meister Johannes Tauler aus dem Predigerorden, der ein gelehrter und gottesfürchtiger Mann war" (fol. 1r); "Dieses Buch hat angefertigt der große Lehrer Bruder Johannes Tauler aus dem Predigerorden, Magister (und Doktor) der Hl. Schrift (und ein erprobter Lesemeister) in der hl. Stadt Köln am Rhein, gebürtig von Straßburg. Dieses Buch wird auch der Tauler genannt" (fol. 322r). Vgl. Karin Schneider, *Die deutschen Handschriften der Bayerischen Staatsbibliothek München, cgm 691–867* (Wiesbaden: Harrassowitz, 1984), 243–44 (*den ain* habe ich in *der ain* geändert).

89. Vgl. auch die Hs. Karlsruhe, LB, cod. Donaueschingen 293, fol. +1v (s. o. Anm. 70); Hs. München, cgm 269 (J. 1468), auf dem Vorderdeckel ein altes Pergamentschild ("Der erst teil der predig maister Hanns Tauler prediger ordens") und auf dem Vorsatzblatt IIr ("Das půch ist des closters zu Tegerñsee darinn geschriben sind dy hernach geschriben predig maister Hanns Tauler"). Zahlreiche Beispiele bei Mayer (wie Anm. 73), 72, 82–83, 85, 98 u. ö.

90. Schon in der Hs. Berlin, SBB PK, mgo 68 (ca. 1400), fol. 1 wird der zweite Teil der Predigtsammlung als *das ander bůchelin* bezeichnet (s. o. Anm. 86). Vgl. auch Stuttgart, LB, cod. theol. et phil. 2° 283 (J. 1445; ältester Textzeuge des "Großen Tauler"), fol. 4rb [innerhalb des Registers] (*Daz ander bůch*). In zahlreichen Tauler-Handschriften wird auf eine Redaktion von Tauler-Predigten als auf den "Kleinen Tauler" verwiesen (Beispiele bei Mayer [wie Anm. 73], S. 49–73): Der Name des Predigers ist zum Titel eines Buches geworden; der Prediger wird zum Buch. Zu Beginn des 16. Jahrhunderts hat der Benutzer einer Tauler-Handschrift (Würzburg, UB, cod. M.ch.f.66, auf dem hinteren Schutzblatt) vermerkt, die Nonnen hätten ihm "disen Tauler" geliehen; vgl. Mayer (wie Anm. 73), 96.

91. Vgl. A. L. Corin, *Sermons de Tauler* (wie Anm. 80), xiii sq. Ähnlich im Augsburger Druck von 1508, bei Corin, xv sq.

92. Zum Basler Druck von 1521 vgl. A. L. Corin, *Sermons de Tauler. II: Le Codex Vindobonensis 2739* (Liège: Vaillant-Carmanne und Paris: Champion, 1929), xvii–xxiii. Im Druck von 1522 (Johannes Tauler, *Predigten* [Basel: Adam Petri, 1522; Nachdruck Frankfurt a. M.: Minerva-Verlag, 1966]) lautet der lebende Kolumnentitel sogar "Doktor Tauler" und erinnert somit ständig an die Begründung von Taulers Autorität. Daß generell in den Drucken des 15. und 16. Jahrhunderts eine paratextuelle Repräsentation des Autors intendiert wird—Autornennung in Incipits und Explicits, auf der Titelseite, im Kolophon; Autorenbilder—, zeigt Cynthia J. Brown, *Poets, Patrons, and Printers: Crisis of Authority in Late Medieval France* (Ithaca: Cornell University Press, 1995), Kap. 2–5.

93. Daß in einer langen Übergangsphase der Prediger- und der Autorstatus Taulers nicht immer klar zu trennen sind, bezeugt ein Schreibervermerk, der in mehreren Handschriften auftritt, z. B. in einer Berliner Handschrift von 1448 vor einer Sammlung von 8 Tauler-Predigten: *Diß sind des taulers bredyen* (Rüdiger Blumrich [wie Anm. 45], S. 18*; Berlin, SBBPK, mgf 986, fol. 144v). Wird hier Tauler als Autor oder eher als Prediger genannt? Wie stark das Bestreben ist, dem Autor Tauler auch eine Biographie zuordnen zu können, zeigt sich an einem überlieferungsgeschichtlichen Befund: Das sogenannte *Meisterbuch*, das bereits vor der Mitte des 15. Jahrhunderts in Taulerhandschriften anonym überliefert wird (z. B. Wolfenbüttel, HAB, cod. Guelf. 17.12 Aug. 4° [J. 1436]; Stuttgart, LB, cod. theol. et phil. 2° 283 [J. 1445])—ohne daß eine explizite Anbindung an das Leben Taulers erfolgt—, wird in dem Leipziger Taulerdruck von Konrad Kachelofen (1498) als *die hystorien des erwirdigen doctors Johannis Thauleri* ausgegeben. Die weiteren Drucke, Augsburg 1508 und Basel 1521–22 folgen dem, und in der lateinischen Ausgabe von Laurentius Surius (Köln, 1548) lautet der Titel: *Historia et enarratio vitae sublimis ac illuminati theologie, D. Iohannis Thauleri.* (Die Angaben verdanke ich einer schriftlichen Mit-

teilung von J. G. Mayer, Würzburg.) Wir greifen hier erstens die Biographisierung und damit Autorisierung eines anonymen Textes, zweitens eine verstärkte Anbindung der schriftlich überlieferten Tauler-Predigten an eine schriftlich fixierte Vita und schließlich die Vorstellung des Predigers als eines gelehrten Theologen. All dies trägt zur Konstituierung von Autorität (des Autors) bei.

94. Zu dieser Handschrift und den darin enthaltenen Eckhart-Predigten zuletzt Georg Steer, "Predigt 101 'Dum medium silentium tenerent omnia'", in *Lectura Eckhardi: Predigten Meister Eckharts von Fachgelehrten gelesen und gedeutet*, hg. v. Georg Steer und Loris Sturlese (Stuttgart: Kohlhammer, 1998), 1:247–88, bes. 266–68. Den Hinweis auf diesen Aufsatz verdanke ich Dietrich Schmidtke (Heidelberg), dem ich überdies wie auch Georg Steer für briefliche Auskünfte zur Eckhart-Überlieferung sehr zu Dank verpflichtet bin.

95. Zu dieser Ps.-Eckhartschen Schrift vgl. Kurt Ruh, "'Eckhart-Legenden'", in *Verfasserlexikon*, Bd. 2, Sp. 350–53, bes. Sp. 352–53.

96. Hs. Stuttgart, cod. brev. 88, fol. 1v. "Der Meister sprach: 'Liebe Kinder, wie soll der Mensch leben, der die Wahrheit lehrt?' Die Jungfrau antwortete: 'Er soll so leben, daß er das, was er mit den Worten lehrt, mit seinen Taten vollbringe'."

97. Vgl. dazu Steer, "Predigt 101" (wie Anm. 95), 267. In der bei Franz Pfeiffer (Hg.), *Deutsche Mystiker des 14. Jhs., Bd. 2: Meister Eckhart. Predigten, Traktate* (Aalen: Scientia, 1857), 71–74, abgedruckten Fassung wird diese Predigt sogar mit dem Satz eingeleitet: "Meister Eckehart sprach ze einem mâle, dô er stuont unde prediete: ich sprach in einer predie" ("Meister Eckhart sprach einst, als er da stand und predigte: 'Ich sagte in einer Predigt'"); dazu Josef Quint, *Die Überlieferung der deutschen Predigten Meister Eckharts* (Bonn: Röhrscheid, 1932), 224 zu Pfeiffer 71, 10–11.

98. Vgl. Rüdiger Blumrich, "Überlieferungsgeschichte als Schlüssel zum Text. Angewandt auf eine spätmittelalterliche bairische Übersetzung der *Vitas patrum*", *Freiburger Zeitschrift für Philosophie und Theologie* 41 (1994): 188–222, ebd., 218 (zitiert aus dem Prolog zu den bairischen *Verba seniorum*). "Ich ermahne euch alle, die dieses Buch lesen, daß sie nicht nach meinem Namen fragen, den ich hier nicht schreiben wollte, und zwar aus dem Grund, daß vielleicht wegen meinen Schwächen dies Buch getadelt und verworfen werde, sobald sie meinen Namen zu Beginn lesen."

99. Dies entspricht den Normen des lateinischen Literaturbetriebs, vgl. Minnis, *Medieval Theory of Authorship* (wie Anm. 60), 11: "Works of unknown or uncertain authorship were regarded as 'apocryphal' and believed to possess an *auctoritas* far inferior to that of works which circulated under the names of *auctores*."

100. Zitiert bei Schiewer, *'Die Schwarzwälder Predigten'* (wie Anm. 42), 257 (Hs. Schaffhausen, Ministerialbibliothek, Min. 16, fol. 238v): "Hiermit enden die guten, ja vorzüglichen und aus der Theologie genommenen Predigten. Es soll dich nicht kümmern, wer spricht, sondern was gesagt wird."

101. Michel Foucault, "Qu'est-ce qu'un auteur?", *Bulletin de la Société française de philosophie* 63, Nr. 3 (Juli–Sept. 1969): 75–95.

102. Ein ähnlicher Kolophon in der (verbrannten) Straßburger Handschrift; vgl. Schiewer, *Die Schwarzwälder Predigten* (wie Anm. 42), 265.

103. Der Kolophon der Schaffhauser Handschrift versucht aber die Predigtsammlung doch noch ein wenig der Namenlosigkeit zu entreißen und durch eine Berufung auf eine anerkannte Autorität zu legitimieren: er teilt mit, die Predigten (oder ist die Handschrift gemeint? Denn *reportata sunt hec* [sic!] steht im Gegensatz zu *sermones*) seien von einem Doktor des Kirchenrechts, Johannes de Noet (gest. vor dem 4. Januar 1432), "mitgeteilt" worden. Zur Schwierigkeit, die Bedeutung von *reportare* an dieser Stelle zu bestimmen, Schiewer, *Die Schwarzwälder Predigten* (wie Anm. 42), 258–60.

104. Zum Spiel spätmittelalterlicher französischer Dichter mit der Anonymität vgl. Laurence de Looze, "Signing Off in the Middle Ages: Medieval Textuality and Strategies of Authorial Self-Naming", in *Vox intexta: Orality and Textuality in the Middle Ages*, hg. v. A. N. Doane und Carol B. Pasternack (Madison: University of Wisconsin Press, 1991), 162–78.

105. Martinus Bracarensis, *Opera omnia*, hg. v. Claude W. Barlow (New Haven: Yale University Press, 1950), Nr. VII *Formula vitae honestae* (236–50), ebd., 240, 49–50. "Nicht soll dich die Autorität dessen, von dem die Aussage stammt, beeindrucken, und achte nicht darauf, wer spricht, sondern was gesprochen wird."

106. Es ließe sich einwenden, daß doch ein gewisser Widerspruch zwischen der Sentenz "non quis sed quid dicatur" und dem Faktum bestehe, daß diese Sentenz Seneca zugeschrieben werde und deshalb Autorität genieße. Immerhin trägt die *Formula vitae honestae* in ca. 40 Handschriften des 14. und in ca. 100 Handschriften des 15. Jahrhunderts den Namen Seneca. Auch ein mittelalterlicher Kommentator (15. Jh.) des lateinischen Schulgedichts, *Liber Floretus* (14. Jh.?), hg. v. Arpád Orbán, *Mittellateinisches Jahrbuch*. Beihefte, 16 (Kastellaun/Hunsrück: Henn, 1979), hat diese Sentenz Seneca zugeschrieben: "Causa efficiens [der vorliegenden Dichtung] pro presenti est ignorata nec hoc est inconveniens, cum dicat Seneca: non quis dicat, sed quid dicatur, attende" (Orbán, ebd., 59). Aufgenommen ist die Sentenz auch in *Autoritates Aristotelis, Senece, Boecii, Platonis, Appullei africani, Porphirii et Gilberti porritani* (Antwerpen, 1488), fol. 41v (als Ausspruch Senecas vermerkt). Dennoch wird man nicht in allen Fällen, in denen die Sentenz verwendet wurde, Kenntnis von der Autorschaft Senecas voraussetzen dürfen. Aber auch bei denjenigen, für die die Sentenz durch Seneca autorisiert erscheint, wird man mit einer Vorstellung rechnen müssen, wonach zwar die Voraussetzung für die Gültigkeit einer anonymen Aussage durch eine *auctoritas* (Seneca) geschaffen werden muß, der Inhalt dieser anonymen Aussage aber dann für sich selbst *auctoritas* beansprucht. Insofern macht die Sentenz "Non quis, sed quid dicatur" den Weg frei für die "Autorität" von anonymen Texten.

107. Romy Günthart, *Sebastian Münster. 'Spiegel der wyßheit'. Bd. 1: Einführung und Edition* (München: Fink, 1996).

108. Günthart, ebd., 32.

109. Günthart, ebd., 32. "Nun, er sei wer er sei; es ist nicht so wichtig, ob man seinen Namen kennt oder nicht. Man lese dieses Buch, das vor allem für

diejenigen ins Deutsche gebracht worden ist, die sich gerne mit nützlichen Dingen beschäftigen. Es wird vielen—daran zweifle ich nicht—gefallen."

110. Diese Prosaübersetzung wurde 1571 zu einer Reimfassung umgearbeitet: Daniel Holtzmann, *Spiegel der Natürlichen Weyßhait* (Augsburg: Philipp Ulhart, 1571). Im Prosa-Vorwort greift er die Autor/Autoritäts-Thematik auf: "Wa aber gemelter Bischoff gewonet habe/ oder gewesen sey/ mag mir auß den Schrifften nit kundtbar werden/ Yedoch wõllen etlich vermainen/ Es sey der hailig Cyrillus/ der 400 Jar nach Christi geburt zů Alexandria Bischoff geweßt sey/ Nun Er sey wer er wõll/ sein Authoritet ist jm darumb mit nichten geschwecht/ ob man schon nit gewiß waißt/ wa Er gewesen/ oder wer Er geweßt ist." ("Wo der besagte Bischof gelebt hat oder gewesen ist, kann mir aus den Schriften nicht kundig werden. Doch wollen einige annehmen, es sei der hl. Cyrillus, der 400 Jahre n. Chr. Geburt zu Alexandria Bischof gewesen ist. Nun, er sei wer er sei; seine Autorität ist dadurch nicht gemindert, wenn man auch nicht sicher weiß, wo er oder wer er gewesen ist.") Hier wird viel stärker als dies in der Übersetzung Sebastian Münsters der Fall war, auf die Tatsache abgehoben, *daß* es einen Autor dieser Sammlung gegeben hat. Und dessen Autorität bestehe unabhängig davon, ob man Näheres über seine Lebensumstände wisse oder nicht. Der Name eines—nicht identifizierbaren—Autors muß die Autorität des Textes stützen. Doch die Formulierung "Er sei, wer er auch sein möge" suggeriert, daß auch nach Auffassung Daniel Holtzmanns der Wert seiner Fabelsammlung nicht von einem Autornamen abhängt, sondern von dem Nutzen des Buches.

111. Zu dem möglichen Einwand, eine entsprechende Vorstellung sei schon der antiken Rhetorik vertraut gewesen und deshalb könne man nicht ohne weiteres behaupten, dieser Topos werde bei anonymen Schriften zur Kompensation des fehlenden Autornamens eingesetzt, ist folgendes zu sagen: Dieser Einwand geht offensichtlich von falschen Annahmen aus. Denn die einschlägige Forschung ist sich in der Auffassung einig, daß 1. das rhetorische Ideal in der römischen Antike gerade auf das Ethos und die persönliche Reputation eines Redners hinzielte; 2. die Rhetorik (infolgedessen) sehr gezielt die Berufung auf eine Autorität einsetzte (Cicero, *Topica* 19; Cicero, *De oratore* 2, 173; Quintilian 5, 11, 36); 3. daß es der Rhetorik insgesamt nicht so sehr um das Was als um das Wie sprachlicher Äußerungen ging. Vgl. Karl-Heinz Lütcke, *'Auctoritas' bei Augustin mit einer Einleitung zur römischen Vorgeschichte des Begriffs* (Stuttgart: Kohlhammer, 1968), bes. 15; Gert Ueding und Bernd Steinbrink, *Grundriß der Rhetorik*, 3. Aufl. (Stuttgart und Weimar: Metzler, 1994), 26–45 und 267–68; L. Calboli Montefusco, "L'auctoritas nella dottrina retorica", *Vichiana* 3. ser., 1 (1990): 41–60; "Art. 'auctoritas'" in *Historisches Wörterbuch der Rhetorik*, Bd. 1 (Tübingen: Niemeyer, 1992), Sp. 1177–87. Sollte—was bisher nicht gelungen ist—doch eine ähnliche Sentenz in einer antiken Gerichtsrede (für platonische Dialoge gelten wieder andere Regeln) nachgewiesen werden, so sind doch die grundlegenden Unterschiede nicht zu übersehen: Im Mittelalter begegnet der Topos ausschließlich in Texten, die zur Lektüre bestimmt sind. In der antiken Gerichtsrede wird er aber—wenn überhaupt— von einem leiblich anwesenden Redner eingesetzt und zwar als taktisches

Mittel: In Bescheidenheit wird von der eigenen Person abgesehen, obgleich der Redner ja zugleich seine ganze Persönlichkeit einsetzt, um die Zuhörer für seine Position einzunehmen. Die unterschiedliche Funktion unseres Topos in schriftlicher und mündlicher Kommunikation liegt also auf der Hand. Ebenso relevant ist der Umstand von anonymer oder bekannter Autorschaft eines Textes. Denn auch im Falle der schriftlichen Fassung einer Gerichtsrede war der Verfasser der Schrift bekannt und der "Non quis sed quid"-Topos leicht als Mittel zum Zweck durchschaubar. In mittelalterlichen Texten hingegen wird der Topos nicht in der rhetorischen Auseinandersetzung in einer Rechtssache mit Pro und Contra eingesetzt; allenfalls eine Stelle im *Policraticus* ließe sich vergleichen, s. u. Anm. 114. Schließlich macht der Hinweis auf die antike Gerichtsrede auch deshalb wenig Sinn, weil diese nach Abschluß des Prozeßverfahrens in der schriftlichen Überlieferung vor allem als rhetorisches Muster diente (also die Form interessierte), während mittelalterliche Predigten auch und gerade in der schriftlichen Überlieferung den Anspruch erhoben, überzeitliche religiöse Wahrheiten zu lehren (also der Inhalt im Vordergrund stand). Deshalb spielt nur hier der Topos "Non quis sed quid" eine bedeutsame Rolle.

112. Barbara Frank, "'Innenansicht' und 'Außenansicht': Zur Analyse mittelalterlicher volkssprachlicher Gattungsbezeichnungen", in Frank u. a. (Hgg.), *Gattungen mittelalterlicher Schriftlichkeit* (wie Anm. 48), 131 (*Ami et Amile*, V. 5ff.).

113. Vgl. meine einleitenden Bemerkungen zur *verbum/vita*-Diskussion. Eine Stelle bei Alanus de Insulis, *Summa de arte praedicatoria*, Kap. 1 (PL 210, 114A), scheint dem Gesagten zu widersprechen. Der Prediger soll, so heißt es dort, seine Zuhörer nicht durch alle möglichen rhetorischen und gestischen Mittel so beeindrucken, daß deren Aufmerksamkeit von der Sache auf den Prediger umgelenkt wird. Hat also der Inhalt doch Vorrang vor dem "Vermittler" des Inhalts? Doch wird bald deutlich, daß Alanus hier den Prediger im Auge hat: Er muß bei der Kanzelrede hinter der Aussage zurücktreten. Der Prediger soll seine Worte so vortragen, "ut eorum animi informentur, et quod ipsi considerare non debent quis loquatur, sed quid" ("daß deren sittliches Empfinden unterrichtet werde, und daß sie selbst nicht überlegen, wer spreche, sondern was gesprochen werde"). Für die Zuhörer aber gilt nach wie vor, daß die Vita des Predigers die Wirkung von dessen Predigt nachhaltig beeinflußt. Je nach Adressat wird der "Non quis sed quid dicatur"-Topos unterschiedlich funktionalisiert.

114. Die Formel "Non quis sed quid" wird aber auch von namentlich bekannten Autoren eingesetzt, und zwar dann, wenn sie drohende Kritik an ihrer Person abwenden und den Nutzen des Textes in den Vordergrund stellen wollen. So versucht Johannes von Salisbury im *Policraticus* seinen mißliebigen Kritikern den Wind aus den Segeln zu nehmen, indem er verkündet: "Nam quibus bona placent, non a quo sed quid dicatur attendunt et, ex causis dicendi dicta pensantes, gratum habent quicquid undecumque elicitum proficit ad virtutem. Non ergo quis sed quid quave de causa scribam diligens lector attendat" ("Welchen das Gute gefällt, die achten nicht darauf, von wem etwas, sondern

was gesagt wird, und, aus den Gründen des Sagens das Gesagte beurteilend, nehmen alles gern auf, was, woher es auch ausgewählt sei, zur Tugend nützt. Nicht also soll der sorgfältige Leser darauf achten, wer schreibt, sondern was und aus welchem Grund ich schreibe"); Johannes von Salisbury, *Policraticus*, hg. v. Webb (wie Anm. 12), Bd. 2, 226, 24–227, 4 (Prolog zum 8. Buch).

115. Im Straßburger Dominikanerinnenkloster St. Nikolaus in undis überliefern zwei Drittel der 40 Predigthandschriften Predigten, von denen der Verfasser unbekannt oder ungenannt ist; vgl. Rüther und Schiewer, "Die Predigthandschriften" (wie Anm. 17), 183. Die mit ca. 30 erhaltenen Textzeugen relativ gut überlieferten "*Schwarzwälder Predigten*" sind mit durchweg unspezifischen Überschriften versehen: *Sermones de tempore et sanctis in theutonico; Sermones dominicales in volcari; Ain postil vber dy ebangely* u. ä., vgl. Schiewer, "*Die Schwarzwälder Predigten*" (wie Anm. 42), 63.

116. Hg. v. Gert Mellbourn (Lund und Kopenhagen: Gleerup, 1944).

117. Vgl. dazu Hans Ulrich Schmid, "Eine bairische Predigtsammlung des späten 13. Jahrhunderts", in Mertens und Schiewer (Hgg.), *Die deutsche Predigt im Mittelalter* (wie Anm. 41), 55–91.

118. Hs. Heidelberg, cpg 55 (J. 1455), fol. 1r. "Hier fangen an die Evangelien zu deutsch mit dem Text und mit der Glosse durch das ganze Jahr für den heiligen Sonntag, wie sie gemäß den Jahren angeordnet sind, und darnach die vier Passionen unseres Herrn Jesus Christus, wie man sie liest zur Osterzeit etc. Zuerst kommt der 1. Sonntag im Advent; dazu schreibt uns Matthäus, und dies lautet auf Deutsch: Cum appropinquasset ihesus etc., 'und taten wie ihnen unser Herr geboten hatte und brachten den Esel und legten ihm Kleider darauf.'"

119. Hs. Engelberg/Schweiz, cod. 240 (15. Jh.), fol. 81ra (Herrn Wolfram Schneider-Lastin [Zürich] danke ich für die nachträgliche Überprüfung meiner Transkription). "Dies sind die Epistel, die man während des Jahres singt und liest in der christlichen Kirche, und auch die Evangelien für drei Tage in der Woche, für alle Tage der Fastenzeit eine Epistel und ein Evangelium, und für alle Sonntage des Jahres die Predigt zum Evangelium. Die Evangelien und Epistel werden schön der Reihe nach gemäß dem Kirchenjahr gesetzt, so daß stets die Epistel vorangeht und das Evangelium folgt für alle Wochen des Jahres. Sie werden geordnet durch ein Register, wo man eine jegliche Epistel und ein jedes Evangelium für alle Wochen des Jahres finden kann durch die Zahl des Registers. Begonnen wurde dieses Werk am Freitag in der Fronfaste nach dem hl. Pfingsttag im Jahr 1478 von mir [?] Heinrich Kramer von Zürich, einem Lehrmeister. Bittet Gott für ihn."

120. Siehe oben Anm. 70.

121. Hs. Stuttgart, LB, cod. theol. et phil. 2° 155 (15. Jh.), fol. 1r (diese Passage ist bereits übersetzt worden, vgl. Anm. 87). Auf Bll. 2–7 folgt dann ein Register, auf Bl. 12 beginnen die Predigten.

122. Vgl. oben Anm. 87.

123. Hs. Stuttgart, LB, cod. theol. et phil. 2° 283 (J. 1445), fol. 1–7, ebd. 4rb. Zu dieser Handschrift zuletzt Werner Fechter, *Deutsche Handschriften des 15.*

und 16. Jahrhunderts aus der Bibliothek des ehemaligen Augustinerchorfrauenstifts Inzigkofen (Sigmaringen: Thorbecke, 1997), 76–79 (Nr. 15); Mayer (wie Anm. 73), 49–63.

124. Hs. Basel, UB, B XI 23, fol. 93–172 (Predigten Nr. 60f und 81 in der Ausgabe von Vetter [wie Anm. 76]). Die 2. Predigt (Nr. 81) ist nach dieser Hs. abgedruckt bei Wilhelm Wackernagel, *Altdeutsche Predigten und Gebete* (Basel: Schweighauser, 1876), 548–52.

125. Freilich begegnen auch bei Einzelüberlieferung Autornennungen, vgl. z. B. Hs. Basel, UB, A V 23, fol. 35v: *De triplici profectu spirituali. Ex libro x. sermonum dominicalium in estate. des tauwelers* (deutsch) (Exzerpt aus der Predigt Nr. 39 bei Vetter [1910], 159, 29ff. mit abweichendem Schluß). Die Namensnennung erklärt sich hier leicht aus der textuellen Umgebung: Zuvor und danach werden Sentenzen und Exzerpte aus Schriften namentlich genannter Autoren angeführt (Johannes Chrysostomus, Nikolaus de Lyra, Robert Grosseteste, Thomas von Aquin, Cassianus u. a.). Immerhin wird Tauler derselbe Autoritätsstatus wie den lateinischen Autoren zugesprochen.

126. Vgl. oben Anm. 1.

127. Hs. Berlin, SBB PK, mgq 206, fol. 278r (zitiert von Rüther und Schiewer, "Die Predigthandschriften" [wie Anm. 17], 183): "Diese Predigten haben gehalten die ehrwürdigen Väter und Meister des Predigerordens, die 1434 auf dem Konzil zu Basel in einem Frauenkloster waren, das auch dem Predigerorden gehört und 'An den Steinen zu Basel' genannt ist. Diese Predigten sind auch durchgelesen und korrigiert worden von zwei großen Gelehrten."

128. Schiewer, "*Die Schwarzwälder Predigten*" (wie Anm. 42), 330. Darüber hinaus nennt Schiewer folgende Gründe: a. die große Nachfrage nach deutschen Predigthandbüchern einerseits, den Angebotsmangel andererseits, weil eine Stagnation nach dem Auftreten der Bettelorden eingetreten sei (ebd., 330–31); b. die "spezifische Eigenart" (ebd., 324). Damit meint Schiewer die leicht verständliche Glaubensunterweisung und die breit erzählten Exempla (Schiewer, ebd., 331). Vielleicht sei deshalb dieses Predigtkorpus bis ins 15. Jahrhundert als Predigthandbuch (als Vorlage für den mündlichen Predigtvortrag) von Klerikern benutzt worden (Schiewer bringt ebd., 73, 159–65, 323–26 Belege für diese Funktion).

129. Schindler, "Die Prinzipien des Hörensagens" (wie Anm. 32), 365–66.

7. The City as Text: The Entry of Charles V into Nuremberg (1541)

Arthur Groos

On 16 February 1541 the emperor Charles V and his entourage made a triumphal entry into the city of Nuremberg, beginning at the Spittler Tor in the southwest and proceeding through streets lined with several thousand armed citizens past the Kornmarkt, the Rathaus, and Saint Sebaldus to the Kaiserburg in the north. The procession culminated in a temporary "Ehrenpforte" modeled along the lines of classicizing antecedents in Italy and erected in the upper Burgstrasse just before the entrance to the imperial residence (fig. 1). The focus of my discussion will be on this arch in particular, which appears to have been the first of its type in Germany. Earlier scholarship described it in terms of style as a "Kunstwerk vollendeter Renaissance," exuding "die klassische Ruhe und Vornehmheit der Antike und Renaissance."[1] More recent surveys of early modern spectacle in Europe, although ignoring Germany almost entirely, generally consider such occasional productions as representations of power,[2] assuming an interlocking and cooperating hierarchy of authority from the regent through the local officials who produced state celebrations as affirmations of their loyalty and subservience.

These studies of early modern festival culture, however, place comparatively little emphasis on the extent to which such events could also articulate other agendas or even resistance to the very structures of authority they seem to support. This may be due in part to a desire to recuperate evidence of resistance as proof of the sovereign authority that allows it to occur in the first place. Nonetheless, the anxieties of control that attended the production and reception of state festivities suggest that these events functioned—at least potentially—as sites of contention, creating opportunities not only for the representation of power and authority, but also for dialogue, disagreement, or even opposition. These anxieties range from complex negotiations—among local factions as well as between the city and empire—over details and structure of the celebration to attempts to control the production of the spectacle as well as its reception through secrecy and censorship. Charles V

Fig. 1. Peter Flötner, Ein vngeheuerliche verzeichnus oder Contrafactur der Ehren porten / wie die selbig mit irem maßwerck / vnd Seulen / auff Corinthische art / dem Großmechtigsten Keyser Karoln dem fünfften / seiner keyserlichen Maiestat ankunfft / vnd einreyten zu Nürnberg / am 16. Tag Februarij / des 1541 jars beschehen *(Frankfurt a. M.: Christian Engenolph, 1541).*

took unusual interest in his entries, often pausing to read and discuss inscriptions on temporary architecture, and occasionally to indicate his pleasure or displeasure.[3] In at least one instance, he wrote an interpretation of his own state ceremony, a broadsheet on his coronation published for his subjects in the Low Countries.[4]

A more differentiated approach to the authorization and celebration of power in early modern spectacle may be especially interesting for post-Reformation Germany, where the cooperation of church and state is not a foregone conclusion in interactions between the emperor and imperial cities. To be sure, Nuremberg's entry for Charles V was clearly based on authoritative genre conventions established by his triumphant Italian processions in the 1530s. Nonetheless, this particular spectacle balanced the celebrations of power in those processions through a judicious dialogue of exoteric and esoteric messages on its triumphal arch, staging a general celebration of loyalty to his Catholic Majesty with a Protestant subtext.

I

On 14 September 1540, Charles V called for a diet to be held the following year in Regensburg, designating the Turkish threat and the religious schism between Protestants and Catholics as its principal external and internal concerns, respectively.[5] The city council immediately invited the emperor to travel via Nuremberg, appointing a group of artists and assistants to prepare a welcoming public display. These preparations involved a variety of considerations. Nuremberg's custody of the imperial regalia nominally obligated Holy Roman emperors to hold their first diet in that city after being crowned in Aachen. Charles V had intended to follow this precedent in 1520–21,[6] but an outbreak of plague forced a shift of location to Worms, and the outbreak of the Reformation three years later, as well as Turkish incursions in the East, had prevented the Catholic ruler from visiting the Protestant city for two decades.

The religious schism and its ensuing political consequences placed the city council and those responsible for organizing an imperial entry in 1541 in a difficult position. As elsewhere in Europe,[7] the first entry of a newly crowned king or emperor into a city constituted an event of major importance, and involved a complex hierarchy of power relationships. The city represented itself in a public display of civic unity and wealth, military might and power. That display, however, also had to stage itself as loyal and subservient to the emperor, who entered with an entourage representative of even greater power under a special canopy or *Traghimmel*, emblem of his unique status as anointed regent *and* priest, God's vicar on earth. This public spectacle thus engaged a visual dialogue between city and emperor,[8] and also performed it for a wide variety of audiences, ranging from the participants themselves to third parties, whether visitors or members of an entourage, or readers of the event via pamphlets. Moreover, the public entry anticipated or influenced private negotiations between the emperor and council, especially the emperor's renewal of the city's privileges and the city's pledges of support, financial and otherwise, to the emperor.

Any kind of conventional entry, however, had been made difficult, if not impossible, by the Reformation. To begin with, the traditional medieval form of the ceremony was untenable in Protestant Nuremberg, because it had displayed the emperor's dual role as king and priest in a

Catholic liturgical ritual, beginning with a procession of singing priests and monks (who then displayed saints' relics in front of Saint James) and ending with a celebratory mass in Saint Sebaldus.[9] At the same time, a newer and more prevalent Italian form of imperial entry, featuring temporary architecture modeled on classical antecedents, also presented considerable difficulties.[10] These celebrations reached new heights during the reign of Charles V, especially after the defeat of the Turks at Carthage and Tunis in late 1535–36, when the emperor was received in a series of classicizing receptions throughout Italy in the most magnificent triumphal progress of the century.[11] To be sure, these entries had established the authoritative genre model for the staging of imperial entries, and even seemed to provide a point of departure for the present situation, since it was commonly assumed that the emperor would mount another expedition to Algeria immediately after the Regensburg Reichstag.[12] But they had presented Charles V not only as a victor over the infidel, but also as a ruler with claims to absolute and universal power—claims that implicitly threatened the independence of the free imperial city. The Nuremberg planners would have been concerned with three prominent elements in these neoclassical entries: typological parallels to the expansion of Roman imperial dominion; the emphasis on the emperor's Habsburg ancestors and the celebrations of their large-scale dynastic goals; and especially the consistent placement of the principal triumphal arch at the piazza of the cathedral where concluding religious services were held, ending the public celebration with an emphasis on the proto-absolutist pairing of Catholic Church and state.

What the Nuremberg city council and the artists they engaged knew about these pageants and how they came to terms with the authoritative genre expectations established during the previous decade can be discussed in some detail, in spite of censorship and attempts to control publicity.[13] It is certain that the city council was thoroughly familiar with the Italian entries of Charles V, thanks to Dr. Christoph Scheurl, the last surviving member of the humanist circle around Dürer and Pirckheimer,[14] who had published accounts in German of Charles V's campaign against the Turks in North Africa,[15] as well as descriptions of the ensuing entries into Messina, Naples, Rome, Siena, and Florence.[16] Surprisingly, the entries into the city-states of Siena and Lucca, which avoided allusions to Habsburg dynastic aspirations and called for the preservation of republican freedoms, with appeals to Charles as their liege lord,[17] seem not to have provided an appropriate model. Instead, the Nuremberg planners took as their point of departure Charles's entry into Rome, which had begun in the south of the city in order to follow the ancient *via triumphalis,* moving through the Arch of Titus into the Forum and from there to the Vatican.[18] In arranging for the emperor to enter the Spittler Tor in the southwest and proceed northward through the city to a triumphal arch based on the Arch of Titus, the Nuremberg planners seem to have evoked this 1536 Roman re-creation of an ancient triumphal procession as their intertextual referent, an evocation inscribed into the arch itself by the abbreviation SPQN (Senatus Populusque Norimbergensis), in imitation of the familiar Roman SPQR (Senatus Populusque Romanus). Moreover, Hans Sachs's poem on the entry, published in Nuremberg in spite of official censorship and therefore possibly representing an official position,[19] states explicitly that the classicizing architecture reenacted a Roman imperial triumph:

> In summa all ding war gezieret,
> Als wenn vor jaren triumphiret
> Ein römischer kayser, mit sieg
> Zu Rom einzog von eynem krieg.[20]

The preparations as well as the entry itself are well documented, which facilitates a discussion of the ways in which Nuremberg not only updated the conventions of Charles V's Italian entries according to the latest theories of classical architecture but also appropriated them for its own purposes. In addition to discussions in the *Ratsbuch,* the *Verlässe des Inneren Rats,* and a detailed *Protokoll* in the *Krönungsakten,* there also exist:

1. a preliminary drawing of the triumphal arch attributed to the official city painter, Georg Pencz;[21]
2. a large broadsheet woodcut of the finished arch by Peter Flötner, printed in Frankfurt am Main by Christian Egenolph (fig. 1), with texts of the Latin inscriptions and a German translation by Hans Sachs;[22]
3. the previously mentioned poem by Sachs, "Kayserlicher mayestat Caroli der V. einreyten zu Nürnberg in des heyligen reichs stat, den XVI. tag Februarii des 1541 jars"; and
4. two *Flugschriften* printed in Regensburg and Würzburg.[23]

Nuremberg's celebration, apparently the first classicizing entry in Germany, seems to have been carefully researched. Georg Pencz's preliminary drawing of the triumphal arch, one of his official responsibilities as city painter, reflects his own recent experiences in Italy, where he is assumed to have resided during an absence between April 1539 and November 1540[24] and could have observed the winged victories in the spandrels of the Arch of Titus,[25] which provided the model for the arch itself. The elaborations in Peter Flötner's woodcut reveal another important source as well: Sebastiano Serlio, the most important writer on architecture of the sixteenth century.[26] Book III of Serlio's *Libro d'architettura*, on the five orders of architecture, appeared in 1537; book IV, his study of ancient buildings, appeared in March 1540, just as Pencz was touring Italy. Flötner's woodcut of the triumphal arch seems to have derived the inspiration for its elaborate pseudomarble encrustations from Serlio:[27] for example, the heads across the main frieze of the arch have a counterpart in book III, while the bundles of leaves and fruit down the side of the arch as well as the satyr above them come from the original title page to book IV, changed in later editions (figs. 2, 3).

Serlio's treatise may also have provided a more important service in suggesting the unusual style of the Nuremberg arch, the columns of which, as contemporary descriptions emphasize, are Corinthian.[28] This is not what we would expect, because the Arch of Titus and subsequent arches commemorating Roman victories use a style that Serlio calls composite.[29] The composite style, he notes, reflects the fact that triumphal arches were often made of elements taken from other buildings: "di questa si seruirno più a gli archi trionfali che ad altra cosa. Et questo fecero con buonissimo consiglio: imperoche trionfando di tutti quei paese, da i quali quest'opere haueano hauuto origine, poteuano a suo bene-placito, come patroni di quelli, mettergli insieme."[30] That is, the composite style in triumphal arches is both a result and an expression of military expansion, the appropriate representational form for Roman imperialism.

The Corinthian emphasis of the Nuremberg arch, in contrast, seems puzzling at first glance, because Serlio derives this style from the slender form of a virgin and therefore from buildings dedicated to Vesta, suggesting that in the Christian era it is appropriate for buildings dedicated to the Virgin Mary or saints who have led a virginal life. But Serlio also designates the Corinthian order as appropriate for public buildings associated with virtuous or moral people: "Ma se case publiche, o priuate, o sepolcri si faranno a persone di vita honesta, & casta; si potrà vsare questo modo di ornamenti per seruar il decoro del capitel Corinthio."[31]

The use of Corinthian rather than composite columns in Nuremberg's arch may, therefore, underline a decision not to celebrate Charles V's imperial authority or military conquests, but his virtue instead—a decision reflected in the frequent designation of the structure as an arch of honor or "Ehrenpforte" rather than as an arch of triumph or "Triumphbogen." In doing so, Nuremberg minimized the emphasis on imperial power characteristic of Charles's Italian entries, with their celebration of overwhelming might, the dynastic authority of lineage, and the di-

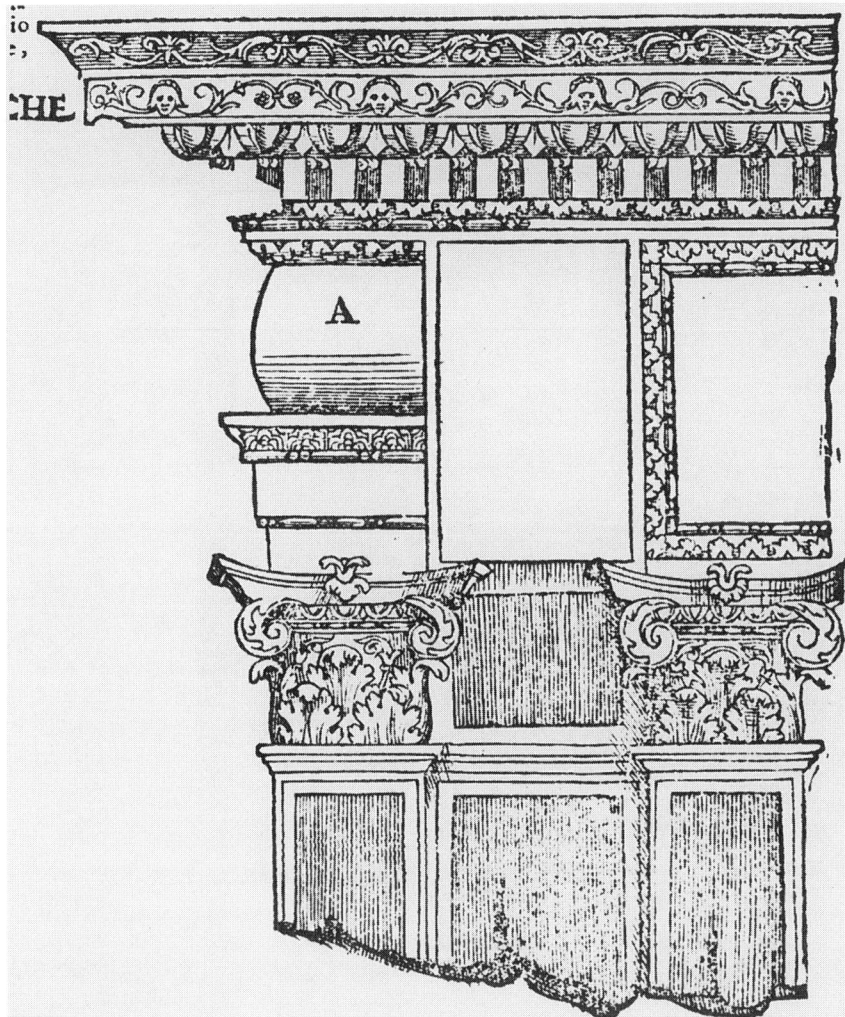

Fig. 2. Sebastiano Serlio, Tvtte l'opere d'architettvra, et prospetiva *(Venice: Giacomo de' Franceschi, 1619), fol. 101r (detail).*

vine right of Catholic Church and state—discourses with which it, as a Protestant imperial city, was not in agreement.

This difference of opinion seems to have been discretely encoded in epigrams invoking the four cardinal or natural virtues, two on each side of the main arch—justice and prudence on the side facing the city forum, fortitude and moderation on the side facing the imperial fortress—along with an inscription on each side above the arch.

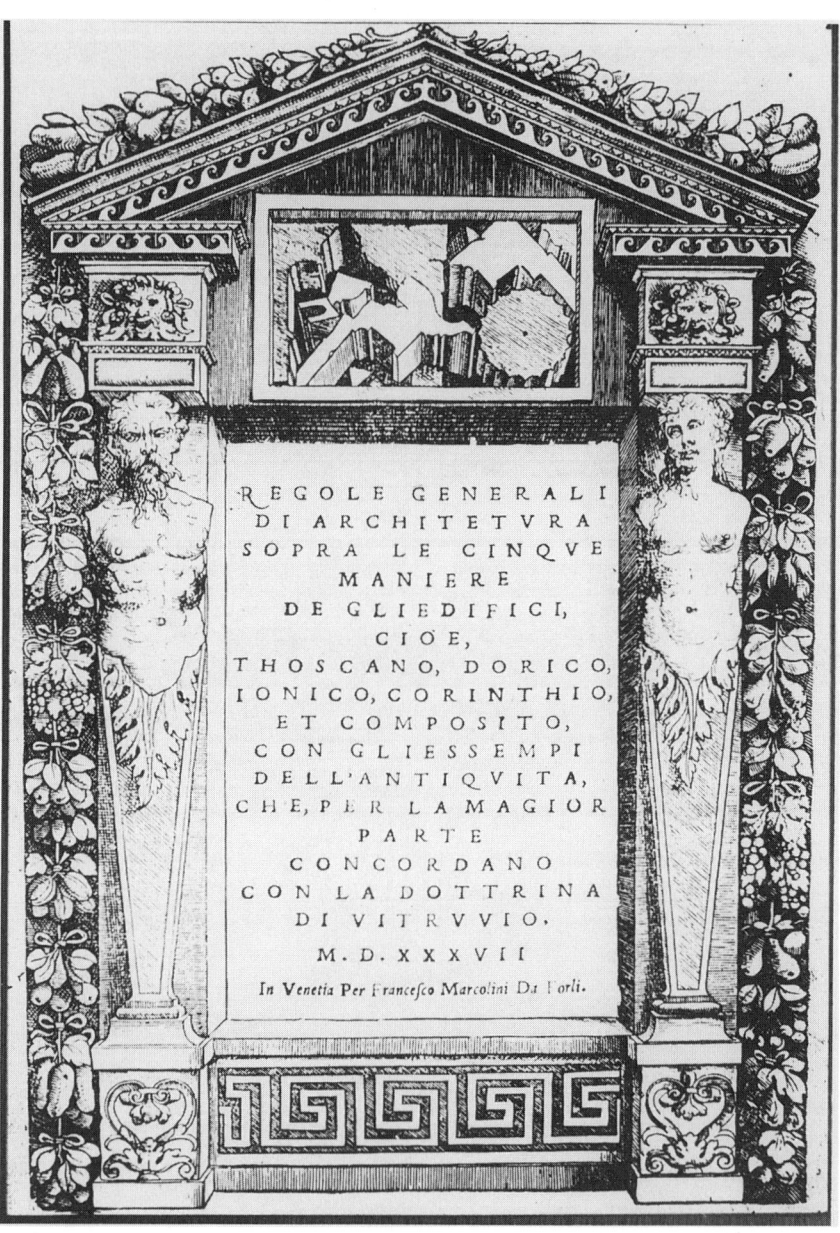

Fig. 3. Sebastiano Serlio, Tvtte l'opere d'architettvra, et prospetiva, *book IV (Venice: Francesco Marcolini Da Forli, 1537), frontispiece.*

Nuremberg's concentration of its message to the emperor here, in Corinthian columns and Latin texts, is not surprising, given Charles V's well-known interest in the iconography and inscriptions of his triumphal entries. Of these texts, the verses celebrating his prudence and temperance most clearly illustrate the discursive shift undertaken by the arch. The epigram on Prudentia displaces the cause of victory from divine dispensation, the gift of Fortune, to an origin within his own breast:

> Quod tibi tam constans faveat victoria Caesar,
> Non modo Fortunae muneris esse puta,
> Sacra sed Augustum moderans Prudentia pectus,
> Hunc titulum laudis maluit esse suae.[32]

while that on Temperantia moves from the nexus of great wealth and many royal scepters wielded by divine right to the tempering moderation of a lofty mind, a more worthy attribute of such a great prince:

> Inter opes tantas inter tot regia sceptra,
> Quae tu divino munere Caesar habes,
> Temperat excelsam mitis moderatio mentem,
> Principe quid tanto dignius esse queat.[33]

In their movement from external to internal, fortune and wealth to his heart and mind, these epigrams address Charles's potential to rule not through divine grace or the right of lineage, the Catholic grounding of church and state, but solely through his merits—that is, his virtues, to which the Corinthian columns literally bear testimony.

In one sense, of course, such characteristics are often mentioned in treatises on statecraft. Nonetheless, this is not a mirror of princes but a state spectacle, and it is difficult to resist the impression that Nuremberg's foregrounding of the four cardinal virtues avoids the discourse of Charles's Italian entries, while subtly articulating the Protestant republicanism on which the city was affirming its loyalty. I say subtly because the four virtues are not an exclusively Protestant prerogative, because they are fundamental to theories of the state from Plato's *Republic* (IV.427–34) and Cicero's *De finibus* (V.xxiii.67) to Saint Thomas's *Summa theologica* (I–II, Q. lxi.aa2/4) and beyond. The difference lies partly in the emphasis on these natural virtues to the exclusion of the theological ones (faith, hope, and charity) or any higher dispensation, a parallel to the separation of earthly and divine realms in Protestant political and legal thought. As Hans Sachs pointedly implies, Charles's exercise of these natural virtues leads to his subjects' emotional celebration of him as their *natural* lord:

> Da wurd ein jubel und frolocken
> Bey reich und armen, groß und kleinen.
> Ir vil sach man vor frewden weinen
> Ob ihrem natürlichen herren.[34]

Moreover, this encomium of the emperor's natural virtue seems to imply that the just ruler is justified in ruling others because he has first learned to rule himself, and that the basis of his authority depends on continued exercise of those virtues. In fact, Protestant discussions of resistance to authority, a hotly debated topic in the 1530s and 1540s, were often conducted in terms of the antithesis between the tyrant and the king, the unjust and the just or virtuous ruler. According to Erasmus's *Institutio principis christiani*, for example, written for the future emperor Charles V, "tyranno propositum est sequi quicquid animo collibuit, regi contra, quod rectum sit et honestum. Tyranni praemium divitae, regis honos, qui virtutem consequitur. Tyrannus sibi gerit imperium, Rex reipublicae."[35] Nuremberg's resistance to the hegemony of Charles's Italian entries was couched in Protestant terms of approbation for a good king, celebrating the virtues whose exercise had ensured their loyalty, not with an absolutist "Triumphbogen" but with a republican "Ehrenpforte."[36]

II

In addition to the inscriptions on Nuremberg's "honorary arch," its location is crucial in understanding the city's dialogic celebration. A series of arches of imitation greenery, fruit, and grotteschi without inscriptions marked the path of the entry from the Spittler Tor to Burgstrasse, and were mostly erected between private houses or secular buildings, directing the procession onward rather than interrupting it with images or texts.[37] Our "Ehrenpforte" marked the end of this procession in the upper Burgstrasse, just below that street's entry into the imperial fortress.[38] This clearly avoided the basic genre conventions for triumphal entries: it was erected neither at the Spittler Tor, in imitation of classical entries into a conquered city through a breach in its defensive wall, nor at the Church of Saint Sebaldus, in imitation of the Italian celebrations of church and state for Charles's Italian entries six years earlier. Indeed, the involvement of this church in particular remained contested up to the last minute. The council originally planned a service in Saint Sebaldus, which was rejected by the papal nuncio, who insisted that the church first be reconsecrated according to Catholic rite. Although Saint Sebaldus was nevertheless prepared and the choir sang the "Te Deum laudamus" during the entry, the emperor's lingering gout and the fading light provided convenient excuses to avoid the building altogether and continue through the arch to the Kaiserburg.[39]

However, in removing the "honorary arch" from the controversial area surrounding Saint Sebaldus, the Nuremberg planners displaced it to another significant space: the symbolical border between the city and the imperial castle. Because the location draws attention to two distinct spheres of authority as well as to their interconnection, a dialectic of affirmation and hesitation pervades the arch to such an extent that it can be seen to function both as an official triumphal monument and as the implicit delimitation of that triumph through the evocation of its liminality.[40] It may be useful here to consider recent anthropological theory, according to which the liminal period in rites of passage temporarily conjoins two basic "models" or a structure and an antistructure, alternately confirming and denying, and thus creating both hierarchy and community: "The first [model] is of society as a structured, differentiated, and often hierarchical system of politico-legal-economic positions. . . . The second, which emerges in the liminal period, is of society as an unstructured or rudimentarily structured and relatively undifferentiated *communitas*, community, or even communion of equal individuals who submit together to the general authority of the ritual elders."[41] Of course, the Nuremberg arch involves a liminal space rather than a liminal period, in which the interstructural situation between hierarchy and community is experienced not as a process in time but as a procession through space. Nonetheless, I would suggest that the liminal interplay of structures, with its confirmation and subversion of relationships, provides a useful model for interpreting the main feature of the Nuremberg entry—the arch and its placement. This nexus involves three principal elements: the East-West facade of the arch, the *pomposa* on top, and a reading of the remaining inscriptions according to the north-south route of the procession.

Viewed from the east-west axis, the structure presents a clear division between the imperial arch and the two side passages. The central arch features a larger aperture, the Corinthian columns as well as inscriptions and epigrams, and elaborate encrustation of motifs and figures appropriate for celebrating the emperor's procession, whereas the side passages reveal the rustication and less elaborate doorways that mark them as appropriate for pedestrians of lesser rank. The juxtaposition of the arch and side passages is underscored by their stylistic incongruity. In spite of the stylistic disjunction between the rustic side passages and the imperial arch, however, both parts are joined by the common theme of what appear to be virtuous men of antiquity in the medallions carved in each doorway, and the cardinal virtues in the arch. The linking is emphasized etymologically by the fact that these virtues are the cardinal virtues, whose name derives from the Latin *cardo*, or hinge. They are, as it were, the attributes on which the successful interrelationship between ruler and ruled hinges.

The second element of the arch's dialectic of obedience and hesitation, hierarchy and community, is the prominent *pomposa* on top, where musicians drew attention to the liminality of the arch by playing music whenever the emperor passed through.[42] Above this attention-getting ensemble, there is the crowning combination of Charles V's personal emblem and the double-headed imperial eagle, both widely used on triumphal arches in the 1530s and 1540s. The iconography in our Nuremberg arch is relatively restrained compared with that in arches of the 1540s and 1550s, such as the equestrian rider—in Roman military garb above a defeated Moor and an Indian (Native American), and about to trample a Turk—placed above an arch erected for the entry of Charles into Milan on his return from Germany on 22 August 1541 (fig. 4). To be sure, the emperor's *impresa* in our arch still remains a representation of power: the two columns symbolize the pillars of Hercules, marking the borders of the Old World, with the motto "plus ultra" (more beyond) celebrating Charles V as both a *renovator* of the Roman world and a *dominus mundi* whose sovereignty extended to the New World as well.[43] However, this was dominated in turn by the technology animating the huge double-headed imperial eagle, symbol of the community uniting both emperor and city.[44] While exhibiting honor and reverence to his imperial majesty by flapping its wings and bowing every time he passed through the arch, the eagle also drew attention to the space as liminal, with mutually linked and separated imperial and civic spheres of influence.

From the perspective of the north-south axis, the third element, the arch, might seem principally a dividing line between two hierarchical jurisdictions, that of the imperial castle at the top of the city, and that of the free imperial city below it, both geographically and figuratively. The dedicatory inscriptions over the arch, however, complicate this hierarchy. Only at the end of the triumphal entry, as Charles V left the city and entered the imperial fortress, did he read an inscription celebrating him as Caesar Augustus and ruler of many dominions, the tribute of a modern-day senate and people in imitation of Roman custom: "Imperatori Caesari Augusto Carolo V Hispaniarum Regi etc. Arciduci Aus-

Fig. 4. Woodcut illustration of triumphal arch for the entry of Charles V into Milan, 22 August 1541, from Giovanni Alberto Albicante, Trattato del' intrar in Milano, di Carlo V. C. sempre Aug. *(Milan: Andrea Calvi, 1541).*

triae, clementissimo ac foelicissimo principi SPQN honoris ac reverentiae ergo."[45] Leaving the fortress and entering the city, he read an inscription acknowledging the conquests of his powerful empire, drawing a spiritual connection to the first Holy Roman Emperor through the punning invocation of *Carolus magnus,* and emphasizing the celebration of his victories elsewhere as that of republican citizens freely acknowledging their duty:

> Victrices Aquilas victricia signa potentis
> Imperii, tibi quod Carole magne subest,
> Norica venturo Respublica Caesare gaudens
> Officium posuit testificata suum.[46]

The celebration of Charles V's exit as much as his entrance seems most explicit in the verses praising his justice and fortitude on each side of the arch, both of which plead for domestic peace and quiet while also urging the emperor to continue his foreign campaigns against the Turks, a double imperial imperative that is underscored in each epigram through parallelism and other devices. The epigram for justice begins with an unacknowledged but obvious quotation of the celebrated vision of Roman imperialism in book VI of Vergil's *Aeneid:* "'Parcere subjectis et debellare superbos'" (VI.853), presenting a familiar epitome of Roman imperial politics that also becomes a guide for dealing with sixteenth-century "subjects" rather than "conquered peoples." The application of the Roman maxim in lines three and four employs the parallel invocation "per te" (through you), suggesting that Charles's (Christian) subjects be given longed-for peace and the barbarian (heathen) enemy subdued:

> Parcere subjectis et debellare superbos
> Convenit ingenio Caesar inesse tuo.
> Sentiat optatam per te tua turba quietem,
> Subque iugum per te barbarus hostis eat.[47]

(There is, of course, an unintentional irony in the fact that the subjugation of the enemy is expressed in the traditional metaphor of going beneath the yoke, an arched device laid on the neck of a defeated prisoner, because this inscription was emphasized most as Charles himself passed under his own triumphal arch.)

The epigram on fortitude, the last of our four cardinal virtues, also has a double invocation of what should happen "per te" in two parallel verses, whose parallel use of "sic" also makes this the concluding message of the entire arch. Its first verse attempts to convert the current demonstration of strength and songs into domestic peace, the latter to direct the former military victory into a future campaign against the Goths, that is, the Turks. This tactic temporarily dissolves the border separating city and emperor by including both within a community, emphasized by the only use of the pronoun "we" in the inscriptions, a community contained within Germany, outside whose boundaries the common enemy is to be pushed:

> Sic per te placidam capiat Germania pacem,
> Ut tibi nunc animis carminibusque favet.
> Sic per te Geticus nostris a finibus hostis
> Pellatur, vires sensit ut ante tuas.[48]

Here the hierarchical opposition between emperor and townspeople, as well as the unspeakable and unbridgeable religious division between them, becomes subsumed into an endocentric community defined in opposition to an exocentric heathen enemy. In this sense the temporary "Ehrenpforte" celebrating Charles V's virtues is also a preliminary arch, anticipating the "Triumphbogen" to be erected after conquering the heathen, a task to which its model, the Arch of Titus—celebrating Roman military victories in the East—also calls attention.

III

It may not come as a surprise that the two main participants, Charles V as well as his entourage and the city council, viewed the triumphal entry as successful. The imperial party seems generally to have been more than satisfied, with exaggerated reports of presents circulating almost immediately.[49] Even the hostile papal nuncio, Tommaso Campeggio, felt the reception contained everything one might have expected, "Sua M . . . ricevuto con molta pompa, di livree, armati, archi trionphali, castelli fuochi ed altre cose, che è stato bellissimo vedere."[50] Charles V wrote to his wife that he was pleased,[51] and gave indications of his pleasure throughout his visit, ranging from a tourist's delight in the sights of the city to the offer to forgo the usual oath of allegiance from its citizens—an offer that was immediately refused. For its part, the city council also seems to have been satisfied. Its representations of loyalty were rewarded by the imperial vice chancellor's injunction to the citizens during the oath taking to maintain discipline and obedience to the council.[52] The council subsequently paid the military scribe Eucharius Ulrich thirty-two gulden to prepare a detailed report on the imperial visit, creating a model for future entries. The arch was dismantled and stored away, then reused with exemplary Protestant thrift for the entry of

Maximilian II in June 1570, and recycled with much elaboration for the entry of Matthias in 1612.[53]

There has been much discussion in recent years of Renaissance theatricality as a staging of power, in which the apparent production of subversion through paradoxes, ambiguities, and tensions of authority actually "helps to contain the radical doubts it continually provokes."[54] In the case of the Nuremberg entry for Charles V, we may have a more sophisticated technology of power, in which the apparent cooperation between a greater authority and a lesser one to their mutual benefit also allows the latter to stage a discourse of difference within an apparent one of homage. Nuremberg couched its hesitation vis-à-vis Charles V in terms that underscored its support of the emperor, whose acceptance of that support in turn strengthened the city's control of its citizens while both parties skirted the difference of religion in order to unite against a common enemy, a heathen Other. The Nuremberg entry of 1541, in short, reveals a masterly political and cultural power, relying on a vast network of sources and—two weeks before the beginning of Lent— drawing on generations of experience in staging dissension and its recuperation in the *Fastnachtspiel,* in order to maintain not only its traditional rights and privileges, but also its religious convictions as a free and Protestant imperial city.

Notes

I am indebted to Mark Jarzombek, Danuta Shanzer, Jim Parente, John Spitzer, and Geoff Waite for helpful criticism and suggestions.

1. Albrecht Kircher, *Deutsche Kaiser in Nürnberg. Eine Studie zur Geschichte des öffentlichen Lebens der Reichsstadt Nürnberg von 1500–1612* (Nuremberg: Die Egge, 1955), Tafeln V and III.

2. Jean Jacquot, ed., *Les Fêtes de la Renaissance, 2: Fêtes et cérémonies au temps de Charles Quint* (Paris: Centre National de la Recherche Scientifique, 1960); Roy Strong, *Art and Power: Renaissance Festivals, 1450–1650* (Berkeley and Los Angeles: University of California Press, 1984).

3. Occasions include Charles's entry into Genoa (12 August 1529), Mantua (25 March–19 April 1530), Rome (5 April 1536). See Bonner Mitchell, *The Majesty of the State: Triumphal Progresses of Foreign Sovereigns in Renaissance Italy (1494–1600),* Biblioteca dell' "Archivum Romanicum," 203 (Florence: Olschki, 1986), 136–37, 147, 165.

4. *De blijde niemaren van de Keyserlycke Majesteit ende de Solemniteyt van den croonemente bij den Heiligheyt den Paus* (Ghent: Pierre de Keysere, 1530), dated 25 February 1530 and signed by Charles and his secretary. See Vicomte Terlinden, "La Politique italienne de Charles Quint et le 'Triomphe' de Bologne," in Jacquot, *Fêtes,* 29–43, esp. 37.

5. On the general background of Charles's diets, see Paul Heidrich, *Karl V. und die deutschen Protestanten am Vorabend des Schmalkaldischen Krieges. 1. Teil: Die Reichstage der Jahre 1541–1543*, Frankfurter historische Forschungen, 5 (Frankfurt a. M.: Baer, 1911), 7–53.

6. *Deutsche Reichstagsakten: Jüngere Reihe*, III–IV, ed. Adolf Wrede (Gotha: F. A. Pertes, 1901–5), I.875.31. The city even engaged Dürer to design a celebratory medal; see Jeffrey Chipps Smith, ed., *Nuremberg: A Renaissance City, 1500–1618* (Austin: University of Texas Press, 1983), 235.

7. See Klaus Tenfelde, "Adventus. Zur historischen Ikonologie des Festzugs," *Historische Zeitschrift* 235 (1982): 45–84; Wilfried Dotzauer, "Die Ankunft des Herrschers: Der fürstliche Einzug in die Stadt (bis zum Ende des Alten Reichs)," *Archiv für Kulturgeschichte* 55 (1973): 245–88; Anna Maria Drabek, *Reisen und Reiseceremoniell der römisch-deutschen Herrscher im Spätmittelalter* (Vienna: H. Geyer, 1964).

8. Hans Sachs's poem on the entry (see n. 20) draws attention to the interaction of the city and imperial parties at the beginning, pretending to have been asked by a member of the city council,

> ... wie kayserlich mayestat
> Von der gmein und eym gantzen rat
> zu Nürnberg worden wer empfangen

(381.6–8)

as well as how

> ... mit was ordnung und sitten
> ir mayestat wer ein geritten

(381.10–11),

then promising to narrate selectively how

> ... Kayserlich mayestat ist kummen,
> Der-gleichen worden aufgenummen
> von eym rath und der gantzen gmein.

(381.16–18)

9. The principal sources are for the entry of Sigismund, "Rubrica de suscepcione regis Romanorum in civitate Nürenbergensi. Anno dom. 1414," and the vernacular description for the entry of Friedrich III in 1442, both printed in *Chroniken der deutschen Städte*, 3 (Leipzig: Hirzel, 1864), 343–44 and 354–60.

10. Classical sources describing Roman imperial entries (Livy, Appian, Plutarch, Josephus) had become known by the end of the fifteenth century, the analyses of Flavio Biondo and Roberto Valturio had been published, and influential representations of Roman triumphs or classicizing appropriations in literature and art disseminated—Petrarch's *Africa* and *Trionfi* in particular, Francesco Colonna's *Hypnerotomachia Poliphili*, and Mantegna's *Triumphs of Caesar*. Mantegna's work achieved a broad early influence through woodcuts by Jacopo da Strasbourg (Venice, 1503).

11. For sources, see Mitchell, *The Majesty of the State*. For analyses, see Jacquot, *Fêtes*; Bonner Mitchell, *Italian Civic Pageantry in the High Renaissance*, Biblioteca

di bibliografia italiana, 89 (Florence: Olschki, 1979), 19–25 (Bologna, 1529–30), 46–48 (Florence), 65–66 (Lucca), 76–78 (Messina), 101–4 (Naples), 125–29 (Rome), 136–38 (Siena).

12. Heidrich, *Karl V. und die deutschen Protestanten*, 7–8.

13. Franz Ludwig Freiherr von Soden, *Kaiser Karl in Nürnberg: Zur Kriegs- und Sittengeschichte des sechszehnten Jahrhunderts* (Nuremberg: Rau, 1858), 27–28. In fact, a Dr. Johann von der Strass of Bruges, who used the occasion to compose a description of Nuremberg and present it to the council, received a reward but was not allowed to publish it because he had "nicht allenthalben guten bericht erhalten" (*Ratsbuch* 20 fol. 211 [25 February]).

14. See Wilhelm Graf, *Doktor Christoph Scheurl von Nürnberg*, Beiträge zur Geschichte des Mittelalters und der Renaissance, 43 (Leipzig and Berlin: Teubner, 1930).

15. Georg Andreas Will, *Nürnbergisches Gelehrten-Lexikon*, 3 (Nuremberg: L. Schupfel, 1757), 518–19, and 8 (Nuremberg, 1808), 72–73, lists the following items by Scheurl, identifiable either through his name, initials, or motto ("Mihi autem adhaerere Deo bonum est"); where possible, items have been corrected according to Graf or the British Museum's *Short-Title Catalogue of Books Printed in the German-Speaking Countries* (London: British Museum, 1962): *Römischer Keyserlicher Maiestat Christenliche Kriegs Rüstung wider die vnglaubigen . . . und eroberung des Ports zu Thunisi* ([Nuremberg: J. Petri], 1535); *Verdeutscht schreiben von Kayserlicher Maiestat wunderbarlicher eroberung der Statt Tunis* ([Nuremberg: J. Petri], 1535); *Sendtbrief so die Römisch Keyserlich Maiestat jres erlangten sygs gegen dem Barbarossa dem Römischen Künig zugeschriben hat* ([Nuremberg], 1535); *Vertrags-Artikel R. K. Mai. und des restituirten Königs von Tunisi, samt I. Mai. Ankunft in Italien* ([Nuremberg], 1535). It would be interesting to compare these reports with the occasional poems on these events by Hans Sachs.

16. The following list from Will is corrected according to Graf and the British Museum's *Short-Title Catalogue*: *Triumphierlich einreiten Röm. Keyserlicher Maiestat zu Messina vnd zu Neapolis* ([Nuremberg], 1536); *Einrit Keyser Carlen in die alten Keyserlichen haubtstatt Rom den 5 Aprilis 1536* ([Nuremberg], 1536); *Keyser Carln red, fridbieten vnd handlung mit Bapst Paulus. Item ein gesprech Pasquilli vnd der Cardinal* ([Nuremberg: J. Petri], 1536); *Mit was Ehrerpietung des Heiligen Reychs Statt Senis vnd der Hertzog von Florentz jren Herrn den Römischen Keiser empfangen haben* ([Nuremberg: J. Petri], 1536).

17. Cf. Nicolo Montecatini, *Entrata dell'imperatore nella città di Lucca* (n.p., [1536]); Andrea Sala, *Ordine pompe apparati et ceremonie, delle solenne intrate di Carlo. V. Imp. Sempre Aug. nella città di Roma, Siena, et Fiorenza* (n.p., [1536]); "Carlo Quinto in Siena nell'aprile del 1536, relazione di un contemporaneo," ed. Pietro Vigo, in *Scelta di curiosità letterarie inedite o rare dal sec. xiii al xix*, 199 (Bologna: Romagnoli, 1884), xxiv–52.

18. In addition to the texts cited in the previous note, see Zanobio Ceffino, *Ein Sendtbrieff, So der Edel Herr Zanobio Ceffino . . . dem Triumphlichenn einzug deß aller durchleuchtigstenn Großmechtigisten Römischen Kaisers, Caroli des Fünfften, merer des Reichs, in die Hochlobliche Stat Rom . . . zugeschrieben* ([n.p.], 1536).

19. Dated 10 March 1541 and published in a pamphlet "zu Nurnberg durch Georg Wachter," the poem begins with the pretext of a member of

the *Rat* asking for information on the entry. This could of course be a fiction to enable publication. The city censor, Friedrich Pistorius, was admonished by the council on 25 September 1542 for giving in to special pleading. See Arnd Müller, "Zensurpolitik der Reichsstadt Nürnberg. Von der Einführung der Buchdruckerkunst bis zum Ende der Reichsstadtzeit," *Mitteilungen des Vereins für Geschichte der Stadt Nürnberg* 49 (1959): 66–169, esp. 92–93.

20. "In conclusion, everything was decorated just like long ago when a Roman emperor entered Rome victorious after a war." Adelbert von Keller and Edmund Goetze, *Hans Sachs*, 24, Bibliothek des Literarischen Vereins in Stuttgart, 220 (Tübingen: Literarischer Verein, 1870), 384.25–28.

21. In the *Akten* of the *Losungsamt* (Los. A.A.L. 134, No. 19, fol. 52). It is reproduced in Kircher, *Deutsche Kaiser*, Tafel V, and Smith, *Nuremberg*, 56.

22. See Max Geisberg, *The German Single-Leaf Woodcut, 1500–1550*, rev. and ed. Walter L. Strauss (New York: Hacker Art Books, 1974), 3:787 (no. 822). On the attribution, see Otto von Falke, "Peter Flötner und die süddeutsche Tischlerei," *Jahrbuch der preussischen Kunstsammlung* 37 (1916): 121–45, esp. 131–33; Heinrich Röttinger, *Peter Flettners Holzschnitte*, Studien zur deutschen Kunstgeschichte, 186 (Strassburg: Heitz, 1916), 56–58; Cambell Dodgson, "Zum Holzschnittwerk Erhard Schön's und Peter Flötner's," *Repertorium für Kunstwissenschaft* 20 (1897): 206–10, esp. 209; Emil Friedrich Bange, *Peter Flötner, Meister der Graphik*, 14 (Leipzig: Klinkhardt & Biermann, 1926), 41; F. Reimers, *Peter Flötner nach seinen Handzeichnungen und Holzschnitten* (Munich and Leipzig: Hirth, 1890), 58–59.

23. *Verzeichnus wie dj Römisch Kay. May. vnser aller gnedigster herr Vffn 16. tag Februarij. 1541 jar. zu Nürnberg eingeritten* (Regensburg: durch Hanssen Khol, [1541]) and *Vonn Römischer Kayserlicher Mayestät Caroli V. Ehrlich einreitten in des Heyligen Reichsstat Nürnberg den xvj. Februarii. Anno MDXXXXI* (Würzburg: Balthasar Müller, [1541]). For the latter, I have used the excerpts in Georg Ernst Waldau, *Vermischte Beiträge zur Geschichte der Stadt Nürnberg*, 1 (Nuremberg: Waldau, 1786), 321–39.

24. The absence is inferred from the last mention of the artist in the *Ratsverlässe* on 19 April 1539 and his reappearance on 6 November 1540, his presence in Rome by a number of parallels to art in that city as well as a large-scale print, *The Capture of Carthage* (Bartsch 86), based on a drawing by Giulio Romano and published in 1539 by the Roman printer Antonio Salamanca. See David Landau, *Catalogo completo dell'opera di Georg Pencz* (Milan: Salamon e Agustoni, 1978), 40 and 50.

25. Compare the winged victories in Flötner's woodcut with the photographs in Michael Pfanner, *Der Titusbogen* (Mainz: Zabern, 1983), 70–71, Tafel 13.

26. See John Onians, *Bearers of Meaning: The Classical Orders in Antiquity, the Middle Ages, and the Renaissance* (Princeton: Princeton University Press, 1988), 263–86.

27. Reimers, *Peter Flötner*, 58–59.

28. It is mentioned in both Latin and German in the Frankfurt broadsheet ("columnis Corinthiacis," "Seulen auff Corinthische art"), and in the Würzburg pamphlet: "Vnd die gantz Ehrenpfort war mit eitel welschen Columnen

vnd Capiteln, welche die alten Kunstschreyber Corinthisch nennen, schön zugericht" (Waldau, *Vermischte Beiträge*, 327).

29. Onians, *Bearers*, 44.

30. "And this [the Romans] used more for triumphal arches than for any other structure. And they did this for a very good reason. For having conquered all the countries where these forms originated, they could, being the masters, combine them at their pleasure." *Tvtte l'opera d'architettvra, et prospetiva, di Sebastiano Serlio* (Venice, 1619; rpt., Ridgewood, N.J.: Gregg, 1964), fol. 183r; the translation is from Onians, *Bearers*, 274.

31. "And if you make public buildings or private houses or tombs for people of a good and pure life, you can use this type of ornament in order to match the character of the Corinthian capital." Serlio, *Tvtte l'opera*, fol. 169r; Onians, *Bearers*, 273.

32. "That victory is constantly favorable to you, Caesar, do not think this only a gift of Fortune. It is sacred Prudence, who, reigning in the breast of the august ruler, preferred that this sign of her praise be evident."

33. "Among the great wealth and among the many royal scepters which you, Caesar, possess by divine right, gentle Moderation tempers your lofty mind. What could be more worthy of such a great prince?"

34. Keller and Goetze, *Hans Sachs*, 387.29–32.

35. "The goal of a tyrant is to follow his own whims, that of a king on the other hand to follow what is just and honorable. The tyrant's reward is wealth, that of the king honor, which follows virtue. The tyrant produces an empire for himself, the king a republic." Cited from the "differentiae regis ac tyranni" in Erasmus's *Institutio principis christiani saluberrimis referta praeceptis* (Basle: Froben, 1518), 36.

36. Cf. Kristen Zapalac, "Widow, Wife, Daughter: The Iconography of Resistance to the Emperor," in her *"In His Image and Likeness": Political Iconography and Religious Change in Regensburg, 1500–1600* (Ithaca: Cornell University Press, 1990), 92–134.

37. Von Soden, *Kaiser Karl in Nürnberg*, 17–18; *Krönungsakten*, fol. 149r–v.

38. Fritz Traugott Schulz, *Nürnbergs Bürgerhäuser und ihre Ausstattung* (Vienna and Leipzig: Gerlach & Wiedling, 1933), 134–39.

39. See Kircher, *Deutsche Kaiser*, 52, 55–56; *Verzeichnus wie dj Römisch Kay. May . . . zu Nürnberg eingeritten,* a4; Hans Sachs, in Keller and Goetze, *Hans Sachs*, 389.11–22.

40. See Arnold van Gennep, *The Rites of Passage* (London: Routledge and Paul, 1960); Victor Turner, "Betwixt and Between: The Liminal Period in *Rites de Passage*," in *The Forest of Symbols* (Ithaca: Cornell University Press, 1967), 93–111, and "Liminality and Communitas: Form and Attributes of Rites of Passage," in *The Ritual Process: Structure and Antistructure* (Chicago: Aldine, 1969), 94–130.

41. Turner, "Liminality and Communitas," 96.

42. See Edmund A. Bowles, *Musical Ensembles in Festival Books, 1500–1800: An Iconographical and Documentary Survey* (Ann Arbor: UMI Research Press, 1989), for other examples.

43. See Marcel Bataillon, "Plus outre: La Cour découvre le noveau monde," in Jacquot, *Fêtes*, 13–27; Frances A. Yates, "Charles V et l'idée d'empire," in Jacquot, *Fêtes*, 57–97, esp. 82–83.

44. Hans Sachs describes it in some detail:

> Und der groß adler oben drauff
> Der warff sein grosse flügel auff,
> Flatrent, sam fröhlich sich erzeyget,
> Und zu dem dritten mal sich neyget
> Der kayserlichen mayestat.
> Als nun die pfort durchritten hat
> Ir mayestat auffwartz zum schloß,
> Da kert sich umb der adler groß
> Und schwang die seinen flügel wider,
> Neygt sich zu dreyen malen nider.
> (Keller and Goetze, *Hans Sachs*, 389.26–35)

Cf. Ambrosius Blaurer's letter of March 1541 to Heinrich Bullinger, ed. Traugott Schiess, *Briefwechsel der Brüder Ambrosius und Thomas Blaurer 1504–48* (Freiburg i. Br.: F. E. Fehsenfeld, 1910), 2:66–67.

45. "To the Emperor Caesar Augustus Charles V, King of Spain, etc. Archduke of Austria, a most clement and happy ruler, the Senate and the People of Nuremberg for the sake of his honor and reverence [raised this monument]."

46. "These conquering eagles and these conquering standards of the powerful empire, which O Great Charles, is under your control, the Norican Republic, rejoicing in the advent of its Caesar, has raised as witness of its duty to you."

47. "'To spare the conquered and defeat utterly the proud.' It is fitting that this dictum be present in your mind. Let your milling masses feel through you the peace that they have longed for, and through you let the barbarian enemy go beneath the yoke."

48. "Fortitude: Thus through you may Germany receive placid peace, just as now she shows her affection for you with her courage and with songs. Thus through you, just as he felt your strength before, may the Gothic enemy be repelled from our boundaries."

49. Kircher, *Deutsche Kaiser*, 63. These rumors derive from the Regensburg pamphlet.

50. "His Majesty received with great pomp, dress, display of arms, triumphal arches, fireworks, all of which was most beautiful to behold." *Monumenta Vaticana*, no. CCVIII, ed. Hugo Laemmer (Freiburg i. Br.: Herder, 1861), 351. In general, the Italian reports are partisanly Catholic: Edmondo Solmi, "Gasparo Contarini alla dieta di Ratisbona," *Nuovo archivio veneto* 13 (1907): 5–33 and 69–93, esp. 69–70.

51. Heidrich, *Karl V. und die deutschen Protestanten*, 9, citing a letter of 19 February in the Brussels Archive.

52. Kircher, *Deutsche Kaiser*, 67–68.

53. For the entry of 1570, there exist a drawing, published by Monika Holl, "'Der Musica Triumph'—Ein Bilddokument von 1607 zur Musikauffassung

des Humanismus in Deutschland," *Imago musicae* 3 (1986): 9–30, esp. 27–28 and fig. 10, and an etching by Jost Amman, reproduced in F. W. H. Hollstein, *German Engravings, Etchings, and Woodcuts, ca. 1400–1700* (Amsterdam: Hertzberger, 1954), 2:16. The etching by Petrus Isselburg for the entry of 1612 is reproduced in Kircher, *Deutsche Kaiser,* Tafel XXVIII.

54. Stephen Greenblatt, "Invisible Bullets," in *Shakespearean Negotiations* (Berkeley and Los Angeles: University of California Press, 1988), 21–65, esp. 63–65.

8. The Reformation of the Bible and an Artist: Sacred Philology and Albrecht Dürer

David Price

The Renaissance witnessed, and was shaped by, what has been called a "flood of Bibles,"[1] a deluge to which we are indebted for some of the greatest monuments in the history of scholarship. As is evident in such works as Desiderius Erasmus's Greek New Testament (1516) and Cardinal Ximénes's Complutensian Polyglot Bible (1514–17),[2] a distinctive interest of the humanist scholar was biblical philology, the recovery and analysis of biblical texts in their original states (or as close to the original as possible), along with the dissemination of the results of that research, be it in the publication of biblical texts, commentaries, theological tracts, or reliable translations. According to Paul Oskar Kristeller's classic interpretation of the Renaissance, the single most important contribution of humanism to theology was biblical philology.[3]

Among the many artists who contributed to the mass production of Bibles was Albrecht Dürer, who, under his own imprimatur, published three editions of a partial Bible, the Book of Revelation (one German and one Latin in 1498 and another Latin in 1511).[4] Naturally, Dürer's *Apocalypse* is not a philological monument, but it does constitute an unprecedented orientation to an academic audience. The Latin edition of 1498 is an innovation for the format of the Bible because it is the first time that a printed Latin Bible received a program of illustration beyond a single woodcut on the title page.[5] The German Bible, on the other hand, had been lavishly illustrated in several sumptuous editions during the incunabular age.[6] Nonetheless, the latinity of the *Apocalypse* would be little more than a bibliographic curiosity, were it not for the existence of a sizable corpus of representations of biblical philology from the entire span of Dürer's career.

I. Representations of Biblical Philology

It is curious that the first woodcut illustration in a Latin Bible was so long in coming. In 1492, almost forty years after the editio princeps, a modest woodcut of Saint Peter, with the phrase "Tu es petrus," finally appeared on the title page of a Latin Bible published in Venice.[7] The second woodcut in a Latin Bible appeared at the press of Johann Froben in 1495 in Basel. One might suppose that this woodcut provided a prophetic image of how differently theology would develop in the North, for its theme, Saint Jerome translating the Vulgate, is an emphatic visualization of humanist biblical philology (fig. 1). Another curious feature of this design is its pedigree. Albeit with great modification, the unknown designer adapted the title page illustration to the *Letters* of Jerome (Basel: Nicolaus Kessler, 1492), which is the earliest known woodcut by Albrecht Dürer (fig. 2).[8]

Like that of its anonymous imitator, the style of Dürer's *Saint Jerome* of 1492 is in several respects mundane. The beardlessness of the saint, which is characteristic of late medieval northern iconography, makes the image look starkly un-Italian and consequently behind the times. The design manages to portray some spatial depth (quite in the manner of his contemporaneous illustrations for the *Ship of Fools*) but without a uniform system of perspective.

Whereas the retrograde style betrays all too clearly a lack of contact with the Italian Renaissance, the subject matter depicts the most advanced scholarly aspirations of the Renaissance, aspirations that became realities in this generation especially thanks to the efforts of Basel publishers such as Amerbach and Froben. Dürer's is the very first woodcut representation of Jerome as *vir trilinguis*, the master of the three holy languages and the inspiration for biblical philology of the Renaissance. Even though the woodcut introduces the *Letters*, Jerome appears as translator of the Hebrew Bible, using both the Septuagint and, as Jerome himself liked to say, the Hebrew Verity ("Veritas Hebraica") as his source texts. Dürer, in fact, appears to be the earliest artist to include Hebrew in a print depicting Jerome.

The heroic effort of the *pictor trilinguis* has, however, its imperfections. Not surprisingly, he managed the Latin text flawlessly. The Greek is outstanding especially if we realize that Dürer was imitating the η-style of medieval manuscripts. We should remember, by the way, that the Septuagint would not be published for another twenty-five years, the editio princeps coming in the Complutensian Polyglot. Unfortunately, he made a hash of the Hebrew. Yet, even if only about three-fourths of the individual characters for the first verse and a half of Genesis are correct, we should still be impressed that he troubled himself to learn to form Hebrew characters at this early date. This is an important distinction if one considers the many artists of this period and later who resorted to drawing fanciful letters, when the presence of Hebrew was

Fig. 1. Unknown artist, Saint Jerome in His Study, *woodcut illustration for title page of* Biblia *(Basel: Johann Froben, 1495). Elizabeth Perkins Prothro Collection, Bridwell Library, Southern Methodist University.*

Fig. 2. Albrecht Dürer, Saint Jerome in His Study, *woodcut illustration for title page of Jerome,* Epistolare *(Basel: Nicolaus Kessler, 1492). Staatsbibliothek zu Berlin, Preußischer Kulturbesitz (shelf number 4° Inc 533).*

needed in a composition. A decade or so later in roughly 1501, Dürer would execute a highly successful woodcut with passable Hebrew for the bookplate he designed for his best friend Willibald Pirckheimer with the familiar phrase from Psalm 111:10, "fear of the Lord is the beginning of wisdom," given in Hebrew, Greek, and Latin.[9]

From a cultural-historical perspective, the date of his first woodcut representation of the authority of biblical philology is astonishing. We do not know of any scholar in 1492 who was comparing the Hebrew, Septuagint, and Vulgate forms of the Hebrew Bible. Although the saint is performing his famous act of mercy by removing a thorn from the lion's paw, it is the text of the Bible that dominates the scene. The composition does not question the reliability of the Vulgate—a challenge that was forthcoming in the early decades of the sixteenth century—but it stresses that the Vulgate is based on original sources, allowing the inference that any future translation needs grounding in those sources, as would be the case with Erasmus's fresh Latin translation and, of course, Luther's German version—just to mention stage one of the translation flood.

The image from 1492 was the not the last Jerome by Dürer. His oeuvre includes about a dozen representations of Saint Jerome in the various media of painting, woodcut, engraving, drypoint, and drawing. In all of these compositions, Dürer is conscious of the two iconographies of Jerome—the saint in the desert of Chalcis and the scholar in his study (a motif often labeled "Hieronymus im Gehäuse")—and he usually attempts a synthesis of penitent and scholar within individual compositions.[10]

The most familiar image of Jerome, the engraving of 1514, carefully portrays biblical scholarship (fig. 3). The image depicts translation of the Bible, and, significantly, this translation and this sacred philology are intended to be seen as divinely inspired. Both the radiance of the halo-like light around his head and the candle on the shelf indicate the presence of the Holy Spirit, the conveyance of the divine word to humanity. The shoes on the floor are thought to represent the Bible verses (in Joshua 5:16 and Exodus 3:5) on removing one's shoes before entering a holy place.[11] As Peter Parshall first realized, the large gourd suspended from the ceiling is an allusion to textual controversy between Augustine and Jerome over the translation of the "gourd" in Jonah 4:6–10.[12] Should the Hebrew *kikayon*, which seems to mean castor-oil plant, be translated as *hedera* (ivy), as Jerome did it, or as *cucurbita* (gourd), as in the Old Latin version? Thus the image draws attention to the inherent difficulty and controversial potential of sacred philology, even if the inspiring and authorizing presence of the Holy Spirit superintends this uncertainty.[13]

162 David Price

Fig. 3. Albrecht Dürer, Saint Jerome in His Study, *engraving, 1514. Cincinnati Art Museum.*

In 1516 Erasmus published two foundational works for biblical philology and the critical study of early Christian theology: the New Testament in Greek and the great edition of the works of Saint Jerome, both of which appeared at the press of Johann Froben.[14] The edition of Saint Jerome is a pioneering attempt to purge the Hieronymean corpus of spurious accretions and to present a correct text of those works deemed authentic. It was for this edition that Erasmus wrote the *Life of Saint Jerome,* one of the first historical-critical biographies of modern Europe and, as such, a work that attracted an enormous amount of attention. Erasmus applied critical principles to the attempt to verify what were the authentic texts by Jerome and also critical analysis of sources to establish what could be accepted as historical facts about him.

The *Life of Saint Jerome* is a critical work in more than just a philological sense for Erasmus there proposes that Jerome's writings represent "veterem illam ac germanam theologiam" (the old and genuine theology),[15] which, in polemical contrast to the dialectical method and philosophical scope of scholasticism, he calls the "philosophia Christi." Yet another explosive theme concerns the nature of sainthood. Erasmus insists that Jerome's holiness not be exaggerated beyond what the historical record supports. Under the motto "[Ego] nihil [arbitror] esse rectius quam eiusmodi describere sanctos, cuiusmodi fuerunt ipsi," Erasmus scornfully notes that the historical sources are silent about miracles, or, as he puts it, they do not record "ridicula miraculorum portenta et impudentissimae vanitatis fabulas."[16] For example, there is not a trace of the lion story in Jerome's voluminous works.[17] Most importantly, or most humanistically, Erasmus lambastes the veneration shown the relics of saints, proposing instead that the "relics of the mind" of a saint be preserved and venerated; the writings are the real miracles, an observation that Erasmus generalizes with an assertion that Christians "eam curam in excellentium virorum libros transferri, in quibus orbi supersunt etiam defuncti."[18] He concludes this point by striking a humanist note, claiming that we can know Cicero better from his writings than we could if we were privileged to converse with him on a daily basis for years.[19]

Erasmus's specific conclusions as well as his general interpretation of sainthood form a useful setting for the study of Dürer's two subsequent interpretations. A notable feature of the *Life of Saint Jerome* was his proof that, contrary to the iconographic tradition of medieval art, Jerome could not have been a cardinal for the simple reason that the college of cardinals did not exist in Jerome's time.[20] It is striking that Dürer's subsequent versions of Jerome delete the cardinal's hat. A drawing of circa 1520 (fig. 4) makes no reference whatsoever to cardinal rank and, indeed, his painting of Saint Jerome of 1521 (fig. 5) adopts a curious ambiguity as to whether the robes are those of a cardinal. More significant, all references to miracles, even to the salvific extraction of the thorn from the lion's paw, have disappeared. Dürer departs from the tone of the engraving of 1514 by depicting a melancholic scholarly meditation. This understanding of Saint Jerome was further developed in the painting of 1521 (executed near to the time that Dürer met and sketched Erasmus).

Fig. 4. Albrecht Dürer, Saint Jerome in His Study, *drawing, ca. 1520. Staatliche Museen, Preußischer Kulturbesitz, Kupferstichkabinett, Berlin.*

Fig. 5. Albrecht Dürer, Saint Jerome, *painting, 1521. Museu nacional de arte antiga, Lisbon.*

Dürer paints an intensely personal view of the saint, moving the subject to the surface of the picture plane, creating an image of humanity that obviates any concept of priestliness, high office, or even of the special status of the anchorite, and all of this also without an obvious symbol of the Holy Spirit authenticating the scholarship. Indeed, after 1516 sacred philology was a science, albeit one exercised in piety, but not a miracle. So powerful is this absence that several of the forty some copies of this painting added a candle to the foreground right.[21] Furthermore, Jerome's ascetic piety, a quality that would become suspect to a Protestant sensibility, experiences an unprecedented reduction to a consciousness of mortality and desire for redemption, and this occurs in a psychological study that does not so much as hint at the performance of penitential acts.

Dürer's Jerome offers a perspective for viewing a work that has proven a conundrum to interpreters, the engraved portrait of Erasmus from 1526 (fig. 6). Many have wondered why Dürer delayed the execution of the image for some five years after he did sketches of Erasmus from life during his journey to the Low Countries. Furthermore, why did Dürer, if he was a Lutheran, execute this engraving after the public schism between Erasmus and Luther over the issue of free will in 1524 and 1525? And, yet, was it merely coincidental that his last two engraved portraits—and, in fact, last engravings altogether—depict the two most important textual authorities on the New Testament, Philipp Melanchthon and Erasmus?

An unappreciated aspect of Dürer's engraved portrait of Erasmus is the degree to which it casts the pioneering Bible scholar of the Renaissance as an *alter Hieronymus*. The composition overall is an evocation of "Hieronymus im Gehäuse," it being the only humanist portrait by Dürer to show a scholar in his study. It is most striking that Dürer depicted Erasmus as a letter writer, for which Erasmus was certainly well known, but letter writing was a defining characteristic of Jerome. Erasmus, in fact, emphasized a special devotion to Jerome's letters throughout his life. He had edited them by 1512, which may have sparked Dürer's interest in the gourd controversy, and Erasmus once said that his devotion to the letters of Jerome was so great that he made a manuscript of them with his own hand.[22] Jerome as letter writer was, moreover, a predominant aspect of the iconography of the saint in the late Middle Ages and especially so in Dürer's oeuvre.

The composition, with the unusual prominence of the prosaic tablet, is a jarring alteration of the cenotaphic layout of the other engraved portraits. And this is significant, not the least because the tablet is the vanishing point for the perspective.[23] The tablet, the drastically foreshortened books in the foreground, Erasmus's activity as writer, not to mention the statement of the plaque make this a portrait of Erasmus's writings more than of Erasmus himself. No one has been able to track down the source for the Greek motto, which reads "his writings will portray him better."[24] Yet the very substance of the motto, although consonant with clichéd statements of artistic modesty, is in total agreement with Erasmus's promotion of the writings of the great biblical philologist of antiquity and with his proposal that Jerome's writings deserve the rev-

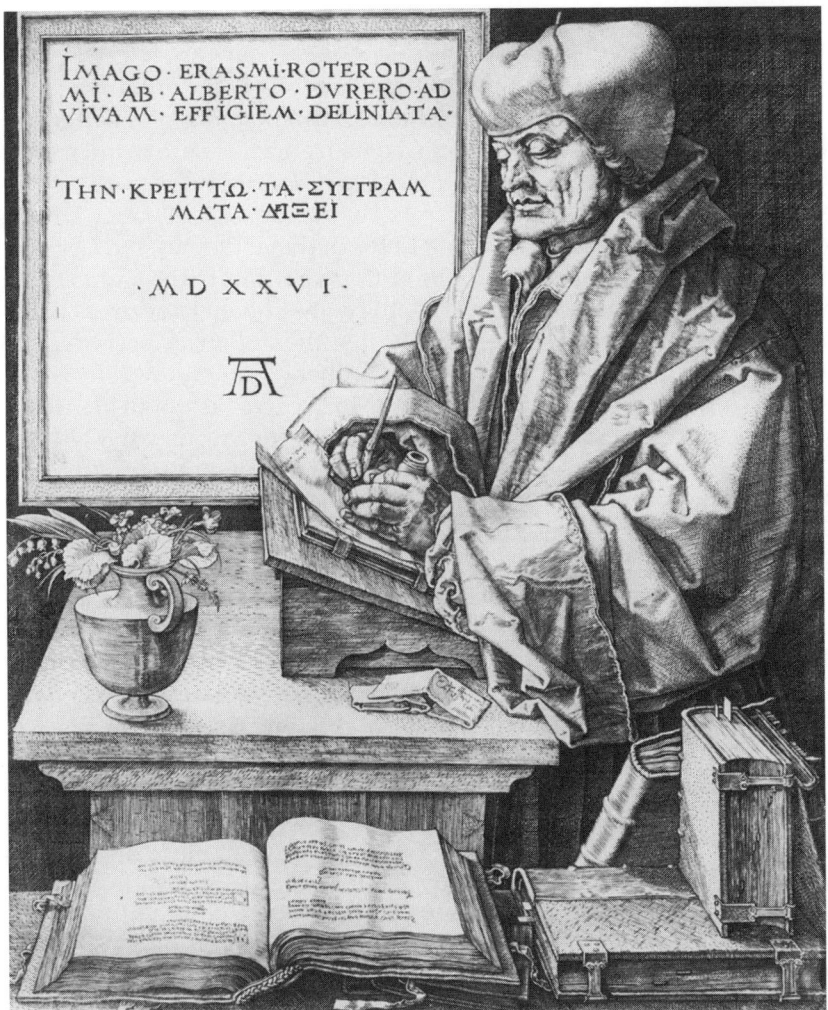

Fig. 6. Albrecht Dürer, Erasmus, *engraving, 1526. Staatliche Museen, Preußischer Kulturbesitz, Kupferstichkabinett, Berlin.*

erence ordinarily bestowed on relics. In Dürer's portrait, we are reminded of what Erasmus called "the relics of the mind." And, perhaps, the closest thematic parallel in Erasmus's oeuvre to the motto is that statement in the *Life of Saint Jerome,* mentioned earlier, that Cicero's writings show him better than any personal familiarity could. At the very least, Dürer's tribute is perfectly congruent with Erasmus's boldly humanist revision of the concept of sainthood.

II. The Reformation of the Vernacular Bible

Did Erasmian humanism with its special interest in the authority—but also the textual condition—of the Bible play a major role in Dürer's reception of the Reformation? The hard data from Dürer's artwork should make us want to pursue that hypothesis a little further. Apart from the portrait of Melanchthon (1526), only two compositions from Dürer's last decade incontrovertibly depict Reformational themes, the *Last Supper* and the *Four Apostles,* and both of these pertain to the status of the Bible in the movement. Moreover, both can be shown to address the issue of the authority of text—specifically, the authority accorded the new translation of the Bible by Martin Luther.

Dürer's woodcut of the *Last Supper* of 1523 (fig. 7) is not primarily an expression of Protestant utraquism, an endorsement that the laity receive the Eucharist in both forms, but rather an illustration of the central thesis in Luther's preface to the *Septembertestament.*[25]

The composition is based on John 13, the only Gospel account that records the departure of Judas from the table in the "Upper Room" (Judas is no longer present at the scene in the woodcut) and Christ's sermon to the remaining disciples, with its proclamation of the New Commandment (John 13:34). To quote Luther's translation: "eyn new gepott gebe ich euch/ das yhr euch vnternander liebet/ wie ich euch geliebet habe/ Da bey wyrt yderman erkennen/ das yhr meyn iunger seyt/ so yhr liebe vnter/ ternander [sic] habt."[26]

The use of John 13 as the subject of a composition was unprecedented. In the words of Erwin Panofsky, "now—and as far as we know for the first and last time in the history of art—the scene is depicted after the crisis has passed."[27] Despite the importance of the observation, Panofsky and others have not considered why Dürer would have executed this unique theme. What instigated this biblically grounded but radical alteration of the traditional Last Supper scene was the appearance of the *Septembertestament* in 1522, specifically its prominent use in its preface of John 13:34 as a proof text for Christian love in relationship to solafideism.

In a brief preface to the reader, Luther explains his doctrine on the difference between the law of the Old Testament and the promise of the New Testament and also connects his concept of justification to the ethic of Christian love. He wrote the preface, he says, "auff das er [i.e., the reader] nicht gepott vnnd gesetze suche/ da er Euangeli vnd verheyssung Gottis suchen sollt."[28] The concluding paragraph, which is typographically emphasized,[29] sums up the argument with reference to John 13:34–35, making it by far the most important text for the preface and,

Fig. 7. Albrecht Dürer, The Last Supper, *woodcut, 1523. New York Public Library, New York.*

arguably, the central message of the *Septembertestament* as a whole: "Das meynet auch Christus/ da er zur letze keyn ander gepot gab/ denn die liebe/ daran man erkennen solte/ wer seyne iunger weren vnd rechtschaffne glewbigen/ denn wo die werck vnd liebe nicht eraus bricht/ da ist der glawbe nicht recht/ da hafftet das Euangelion noch nit."[30] Dürer's *Last Supper* depicts the absolute basis of what the gospel is according to Luther—"eyn predigt von Christo"—and at the same time represents Luther's solution to the central challenge of explicating the status of good works. The woodcut thus defines the gospel as the promise of salvation in Christ and identifies the theological basis of good works in the Lutheran understanding of justification.

The other work associated with the Reformation is *The Four Apostles* (1526), a composition that represents a monument, in the spectacle of four biblical writers, to the authority of Luther's Bible. Whereas *The Last Supper* illustrates the very definition of the Lutheran gospel, *The Four Apostles* (fig. 8) asserts the authority of Luther's gospel, and does so in a resolutely confident fashion. The Bible's authority, as we will see, has an important political component, but its theological implications are, at this historical juncture, of revolutionary dimensions. Indeed, as Jaroslav

Fig. 8. Albrecht Dürer, The Four Apostles, *painting on two panels, 1526. Bäyerische Staatsgemäldesammlungen, Alte Pinakothek, Munich.*

Pelikan has pointed out, the core of Luther's doctrine—which Luther himself expressed as early as 1517—was that "the most holy gospel of the glory and grace of God," and not the merits of the saints, was "the true treasury of the church."[31]

Dürer seems to have arranged the biblical writers according to a Protestant hierarchy so as to display, in their foreground placements, the primacy of John and Paul, the main sources of Luther's teachings on salvation. In numerous writings, most prominently in the prefaces to the *Septembertestament*, Luther established the very concept of canonical hierarchy, claiming that some books were "nobler" than others: "Johannis Euangelion [ist] das eynige zartte recht hewbt Euangelion vnd den andern dreyen weyt weyt fur zu zihen vnd hoher zu heben/ Also auch Sanct Paulus vnd Petrus Episteln/ weyt vber die drey Euangelia Matthei/ Marci vnd Luce furgehen."[32]

The original biblical authors literally stand on Luther's *Septembertestament*. Ernst Rebel was unable to suppress the pun that the texts are the "footnotes" to the composition,[33] a kind of scholarly, evangelical apparatus. Understandably, this footing had the capacity to provoke Catholics. When he acquired the painting in 1627, the Catholic Prince Elector Maximilian I of Bavaria had the passages sawed off and sent back to Protestant Nuremberg. The amputated bases of the panels were preserved until they were reunited with the figures in a restoration of 1922.

As is typical for these kinds of bowdlerization, the mutilation could not accomplish its purpose entirely for the theme unambiguously remains the authority of *Luther's* Bible even without the textual part. In fact, the Bible as text not only supports the composition but is also incorporated into the portraits. Mark is holding a scroll with the title of his Gospel written on it; Paul sternly grasps what we must assume to be a volume of the Bible; and, most strikingly, John is reading from the beginning of his Gospel in Luther's translation. Furthermore, the sword of Paul, though also a symbol of his martyrdom, is unquestionably an allusion to Paul's Letter to the Ephesians 6:17: "And take . . . the sword of the Spirit, which is the word of God."

It is not incidental that this display of biblical fervor was designed from the beginning for a magisterial setting, the "Regimentsstube" (chamber of government) in the Town Hall.[34] Dürer presented the panels to the city council on 6 October 1526, a context that has supported an understanding of the paintings as a commemoration of the council's institution of Lutheran reforms in the city.[35] In this connection, it is noteworthy that, out of the many iconographic possibilities, Dürer retained only those symbolic associations for the figures that, in addition to indicating identity, denoted power—the golden keys, the vertical sword, and the weighty book. Furthermore, these symbols have the capacity to connote both spiritual and temporal power in equal measure, even if one might initially suppose that the religious sense must be primary.

Moreover, the unusual composition has both sacred and temporal aspects to its structure. As we know in part from conservatorial analysis,[36] Panofsky and others were wrong to argue that the panels were originally conceived as wings for a triptych altarpiece. (Panofsky even specified the theme of the central panel of the ghost altar as the *sacra conversatione*.)[37] Nonetheless, the dimensions of the paintings do call to mind such an ecclesiastical function. It is equally important to note how the dimensions added to the impression of sculptural monumentality, an aesthetic common to painted wings for altars with sculptural shrines, as, for example, in the Isenheim Altar. By virtue of their lateral compression, the dimensions increase the sense of an explosive energy, especially in the case of the right panel. Paul's extrusion toward the viewer (which is reflected as well in Mark's gaze and is quite in contrast to the inward postures of the Bible-reading John and Peter on the left) is so extreme that there is no indication of spatial setting within the painting. The small engraving of Saint Philip that Dürer recycled for Paul makes quite a different impact because it is placed in a sympathetic landscape of a rock escarpment that renders Philip firm rather than admonitory.[38]

Another connection to the city council, one that, as far as I can determine, has been rarely acknowledged, is the similarity of the expression of Paul to that of Lazarus Holzschuher in Dürer's portrait also of 1526 (fig. 9).[39] Holzschuher was well acquainted with Dürer, in part through their mutual association with the Sodalitas Staupitziana. He was, moreover, from a leading patrician family and one of the most powerful members of the Nuremberg council. In each portrait, although facial features are obviously different, the tautness of the face is at the limit of muscular contraction, especially around the eyes, to indicate the highest level of concentration and focus, without conveying the appearance of obsessiveness or derangement. Should one imagine a rotation of Holzschuher toward his right from a three-quarter to a full profile, one could see, especially in the sideward gaze of the eye, a strong relationship to the mien of Paul. In both cases, this may be as stern an image of patriarchy as is possible without undermining an ideology of patriarchy's benevolence.

In his letter of presentation to the city council of 6 October 1526, which begins with a respectful salutation to the prudent, honorable, and wise lords of Nuremberg, Dürer wrote that he had intended "e[wer] w[eisheit] mit meinem kleinwirdigen gemel zu einer gedechtnus zu fereren." He closed the letter with notable obsequiousness: "Das will jch

The Reformation of the Bible and an Artist

Fig. 9. Albrecht Dürer, Lazarus Holzschuher, *painting, 1526. Staatliche Museen Preussischer Kulturbesitz, Gemäldegalerie, Berlin.*

mit aller vnderthenikeit vm euer weisheit zu ferdienen geflissen sein. Eüer weisheit vndertheniger Albrecht Dürer."[40] Although cast in a different tone, the calligraphed inscription at the bottom of the left panel also begins with an address to rulers, based in part on Revelation 22:18–19, the very end of the New Testament: "Alle weltlichen regenten jn disen ferlichen zeitten Nemen billich acht, das sie nit fur das göttlich wort menschliche verfuerung annemen. Dann Gott wil nit Zu seinem wort gethon, noch dannen genomen haben. Darauf horent dise trefflich vier menner Petrum Johannem Paulum vnd Marcum Ire warnung."[41] The dictate not to accept human "deception" (*verfuerung*) sounds rather dramatic, even if the ultimate sense, especially if recast in the usual terminology of *Menschensatzungen* ("human laws" as opposed to the word of God), is a commonplace in Protestant polemics. The urgency of the inscription heightens the visual tension in the composition because a danger appears to be present, as one must also sense from the severity of Paul's expression and from the forbidding monumentality of the figures themselves.

The admonition is followed by the words of the four men, that is, by four biblical passages by them in Luther's translation: 2 Peter 2:1–3 and 1 John 4:1–3 on the left and 2 Timothy 3:1–7 and Mark 12:38–40 on the right. The extract from Paul's second letter to Timothy describes the various types of sinners who will come "in the last days" and who should be avoided, a general sense of the passage being that protection against antinomianism is necessary. Mark's verses contain the famous imprecation against scribes in their long robes ("die schrifftgelertten, die gehen gern jn lanngen kleidern"), a general warning about arrogant and corrupt scholars or clerics in the church.

The two passages on the left panel address more directly theological and political turbulence, characteristic of the early 1520s, although the precise nature of any intended connection is a matter of scholarly dispute. 2 Peter 2:1–3 cautions against those who will introduce false doctrine and heterodox sects: "Es waren aber auch falsche prophetten vnter dem volck, wie auch vnter euch sein werden falsche lerer, die neben einfuren werden verderbliche seckten, vnnd verleucken den herren der sie erkaufft hat, Vnnd werden vber sich füren ein schnel verdamnus,—Vnd vile werden nachuolgenn jrem verderben, Durch welche wird der weg der warhait verlestert werden,—vnd durch geitz mit erdichten wortten, werden sie an euch hantieren, vber welche das vrteil von lannges here nit saumig ist, vnnd ir verdamnus schlefft nicht."[42] The passage from 1 John 4:1–3 expresses a similar worry about religious deception and orthodoxy: "Ir lieben, glaubt nicht einem yetlichen geist, sonndern prüffen die geister, ob sie von gott sind, Denn es sind vil falscher propheten ausganngen in die wellt,—Daran erkennet den geist gottis. Ein yetlicher geist, der da bekennet, das Jhesus Christus ist komen in das flaisch, der ist von gott,—Vnnd ein yetlicher geist, der da nicht bekennett, das Jhesus Christus ist komen in das flaisch, der ist nicht von gott. Vnnd das ist der geist des widerchristis, von welchem ir habt gehöret, das er kompt, vnnd ist yeczt schon in der wellt."[43]

These passages have elicited a number of divergent interpretations, the basic issue of contention being what group was causing the "human deception" against the word. Catholics, radical Reformers, and Lutherans have all found proponents for this dubious honor. Gottfried Seebaß argued that Dürer directed criticism against Lutherans in Nuremberg, especially against the aggressive preacher Andreas Osiander, and that the "sects" mentioned in the passage from Mark refer to recalcitrant monks in Nuremberg.[44] For criticism of such a major figure as Osiander to be meaningful, it would need to have some degree of decipherability. If a painting was able to be construed as a harangue of the leading Protestant preacher of 1526, why would the city council have displayed it? Because Seebaß's evidence for these points is much too tenuous, his overarching goal of downplaying opposition to radical sectarians is unconvincing.

In a significant early study, Ernst Heidrich developed the general thesis that the work joins "battle against the Anabaptist sectarians."[45] A specific figure in this conflict is Hans Denck, the schoolmaster at Saint Sebald's—appointed in early 1524 after Melanchthon declined the position—who became an important intellectual figure in the early history of Anabaptism.[46] Apparently, he even lodged Thomas Müntzer, then in flight from Mühlhausen, for a few weeks in 1524.[47] Müntzer indicated later that there was considerable potential support for his rebellion in Nuremberg: "I could have played a pretty game with the people of Nuremberg had I cared to stir up sedition."[48] Denck's *Confession* to the council, although it endorses the validity of the Bible, stresses the ongoing revelation of God's word through the spirit in independence of the scripture.[49] This kind of spiritualist stance met vehement opposition from Luther and other magisterial reformers because it weakened the Bible's stature as source of doctrine.

Denck's *Confession* resulted from an investigation led by Osiander on instructions from the city council that was conducted collaterally with the trial of the "three godless [i.e., spiritualist] painters" in January 1525. Those three painters, Hans Sebald Beham, Barthel Beham, and Georg Pencz, all had had professional contacts with Dürer. And it is all but certain that Dürer would have known Denck, who, as a gifted Bible philologist (with proficiency in Greek and Hebrew), had known intellectual contacts with Pirckheimer. The inquiries occurred in a reactionary atmosphere, in which the council, concerned that peasants and others in its vast territory might join the Peasants' War, acted quickly to crush any Müntzerite cells. Some scholars have understandably assumed that Dürer would have wanted to distance himself from them. Nonetheless, as Zschelletzschky and Hutchison point out, the city could not have been terribly worried about the three painters or about their professional associates because all were permitted to return in November 1525, after having been exiled on 26 January.[50] Denck, however, was permanently banished on 21 January 1525.

Interestingly, Hieronymus Andreae, also called Andreas Formschneider, was arrested in 1525 for his sympathies with the rebellion. He must have been a fairly close associate for he cut wood blocks for Dürer's designs and also published his theoretical writings. In the very year of his arrest, Andreae served as printer for the spectacular *Unterweisung der Messung,* the first edition of a treatise by Dürer. One of the strange incidentals in this book is Dürer's faux monument to the Peasants' War showing a peasant stabbed in the back (fig. 10). This is a bewilderingly ambiguous visual statement without a verbal commentary. Is it "ridicule" of the peasants, as Panofsky claimed?[51] Does it show sympathy for insurgents, somehow suggesting that the peasant, who has the thoughtful posture of Dürer's *Melencolia I,* aimed for something higher—divine law, perhaps?—but was stabbed in the back? Or is the monument purposefully ambiguous, a reaction of prevarication to the tragedy?

If the possibilities for backgrounds to *The Four Apostles* seem bewildering, it is perhaps good to observe that several interpretations may be simultaneously true. Furthermore, if some of the specific conclusions seem less than compelling, such as a distancing from the three godless painters, the general issues may still obtain—such as opposition to Protestant radicals, in particular, the spiritualists and Anabaptists. After all, it would be reasonable to assume that, as of 1526, any partisan theological statement would have several intended opponents. By the mid-1520s, most reformers were consciously fighting wars on at least two fronts, even if the Catholics were usually still content to lump the Protestants together as one, undifferentiated leaven of heresy. Panofsky, who is not terribly interested in the ideology of the composition, felt that the passages "castigate radicals and Papists alike."[52] Indeed, any work by a Protestant that quoted the Antichrist passage of 1 John 4:3 must have smacked of antipapalism. It is equally valid, as expressed by Peter Strieder with characteristic judiciousness,[53] to assume that the painting, along with its biblical passages, refers in a general way to the recently concluded Peasants' War and the effort to reestablish stability, even if Nuremberg and its territory did not experience significant disruptions.

In light of the strong possibility that the composition acknowledges the controversies of 1524–25 with the spiritual Anabaptists, it is noteworthy that Dürer's conceptualization of the authority of the Bible eschews any reference to the Holy Spirit. Indeed, mediation through the spirit and through the words of the Bible forms the basic issue in these

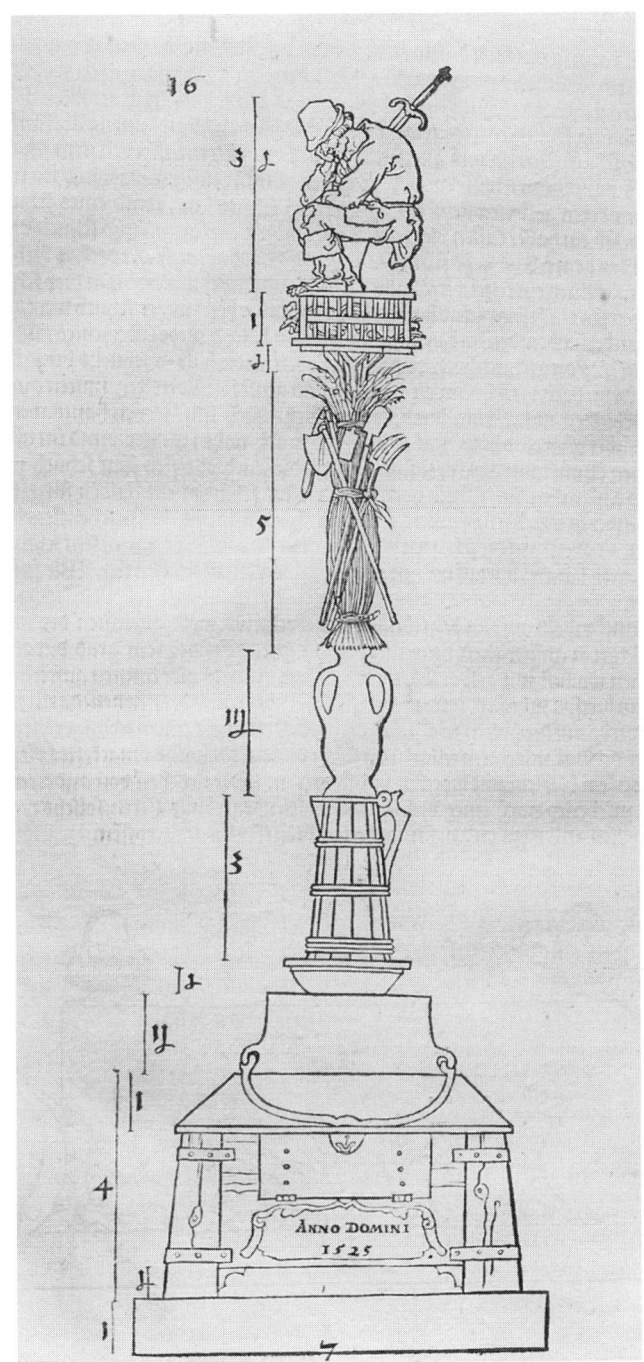

Fig. 10. Albrecht Dürer, Monument to Peasants' War, *woodcut illustration from* Unterweisung der Messung, *2d ed. (1538), fol. J2v. Octavo Corp.*

controversies and in any claim as to the nature of the Bible's authority. It is significant in this respect that the painting displays the Bible itself and those who recorded it without an indication of a divine source that could draw attention to an act of illumination through the spirit.

One element has been entirely left out of the discussions of how *The Four Apostles* relates to the tumultuousness of the Peasants' War and sectarianism: Luther himself described the rebellion first and foremost as a threat to the "Evangelion," a term that he used consistently in his writings of this time to refer both to the message of his movement and to the Bible itself. The problem in 1525–26—from a Lutheran perspective—was that the peasants, as indicated by *The Twelve Articles,* based their demands for social reform on the authority of the Bible and explicitly named Luther and his movement as a primary source of the rebellion.[54] Many used the tremendous debacle against Luther, claiming that his movement—its defiance of Rome and its preaching of biblicism and "Christian liberty"—fomented the collapse of law and order.[55]

As soon as he heard of the first insurrections and had read *The Twelve Articles,* Luther defended himself vigorously in his *Ermahnung zum Frieden* of 1525, a main argument of which is that the peasants' disobedience threatens the "Evangelion."[56] According to him, both corrupt princes and rebelling peasants, the latter led by "mordpropheten," have suppressed the gospel. Luther, however, is especially aggressive with the rebels: "Nu fallet yhr myr dreyn, wöllet dem Euangelio helffen und sehet nicht, das yhrs damit auffs aller höhest hyndert und verdruckt."[57] Reluctant to relinquish his own rhetorical position as rebel, Luther chastises the princes in addition to the peasants for undermining the authority of the Bible: the princes by denying access to it, the peasants by misinterpreting and abusing its authority.[58] More important, he uses the concept of false prophets (and false spirits), in accord with the passages from 2 Peter and 1 John, as a leitmotif to explain the peasants' misguidance and to defend the gospel from the rebelling peasants' appropriation of it. With particular frequency, Luther's words echo those of 1 John and 2 Peter: "gleubt nicht allerley geistern und predigern [1 John 4:1], Nach dem der leydige Satan itzt viel wilder rotten geyster und mordgeyster unter dem namen des Euangeli hat erweckt und damit die wellt erfüllet.... Ich kenne die falschen propheten unter euch wol, Gehorchet yhnen nicht, sie verfüren euch warlich."[59] Like Luther's tract, the painting's urgent rhetoric conveys the impression of engagement in a real and perhaps even personal struggle on the behalf of the gospel. But how real was the threat to the Lutheran-evangelical movement from the spiritualist radicals in 1526? The Peasants' War had been handled with brutal pragmatism. First, roughly 100,000 insurgents were slaughtered, and, then, the imperial Diet of Speyer in 1526 blithely took up the peasants' grievances, responding positively to many of them. It is all but certain that the diet even used *The Twelve Articles* as the basis for its deliberations on alleviating hardships in the countryside.[60] This diet also essentially suspended the Edict of Worms (1521), the first imperial legislation to outlaw the reform movement.

The very appeal to the council as the body responsible for superintending the church is the most dramatic aspect of Dürer's composition. Although the Nuremberg government had long held a number of special prerogatives in the administration of its churches,[61] it was in the aftermath of the recent Nuremberg Religious Colloquy of 1525 that the city became evangelical and that the council assumed complete administrative control over the churches in its territory. The usurpation of episcopal supervision of the church constituted, as of 1525–26, a recent and profound break with history. Does the sense of urgency in the paintings respond to a peril of the moment or does it merely reinforce the council's right to exercise legal authority over the church in the name of biblicism?

With this perspective, we can move closer to an understanding of the political sensibility of Dürer's evangelical composition. In many manifestations of the magisterial Reformation, the revolutionary act of installing a new religious order—a policy that entailed declaring the mass illegal, confiscating church holdings, and suspending ecclesiastical courts—was done by the urban oligarchies, even if they were careful to tap popular support, often fomented, as in Nuremberg, by the efforts of evangelical preachers.[62] It was the triad of support from evangelical preachers, common people, and patricians that made the Reformation in the cities so swift and so far-reaching,[63] a phenomenon that reminds us of the crucial detail that economic status did not predispose people to a particular stance on the Reformation. Nuremberg is a textbook case for many classes, including the patrician oligarchy, finding their political interests (as well as religious inclinations) served by the uncompromising antipapalism of the initial Lutheran assault. In a dramatic shift from Luther's claim that the Bible pertains solely to the life of the inner person and is not to be used as a guide for governance, the governments in South German free imperial cities used the Bible as justification for their usurpation of the legal authority of the church. As Heiko Oberman observes, the urban governments found legitimacy for their seizure of ecclesiastical authority in "the slippery but irreplaceable concept of biblicism."[64]

The Strasbourg preacher Thomas Murner, who was a gifted and loyal Franciscan, vilified the political expediency of Protestant biblicism in a

Fig. 11. Unknown artist, woodcut of Landsknecht *with "Ewangelium" banner, from Thomas Murner,* Vom großen lutherischen Narren *(1522), fol. O4v. Staatsbibliothek zu Berlin, Preußischer Kulturbesitz, Abteilung Historische Drucke (shelf number: Yg 6591R).*

section of his *Vom großen lutherischen Narren* (1522), one of the most perceptive—and vitriolic—Catholic answers to Lutheran propaganda. The woodcut shows a *Landsknecht*, a notoriously brutal soldier, with a sword and the banner of "Ewangelium," indicating that his violent deeds were being done in the name of the gospel (fig. 11).[65] Mutatis mutandis, the image opposes an ideology endorsed by Dürer's Paul and offers, consequently, an antithetical analogy to Dürer's grand panels.

A thematically congruent analogy can be found in a woodcut by Dürer himself. In his *Unterweisung der Messung*, as a prelude to an extensive analysis of lettering, Dürer describes a technique for sizing inscriptions on the face of tall monuments in order to make the words at different heights appear the same size to a viewer at base level. His example is Luther's translation of the phrase from 1 Peter 1:25 "The Word of God will last forever" (Das W[ort] Gotes bleibt ewiglich; fig. 12), the phrase that was becoming the motto of Lutheran Bible imprints.[66] This design, by the way, occurs just a few pages after the famous Peasants' War memorial.

From a cultural-historical perspective, it is revolutionary that *The Four Apostles* is religious art that does not seek to support worship, veneration, or piety. Although Protestant in the extreme, it ironically does not elicit the faith or piety of an individual believer. Instead, it connects biblicism to civic authority and denies legitimacy to challenges to an official exegesis, even if the ideology acknowledges the inherent contestability of the Bible's meaning. The Bible is the authority for Luther's doctrine of salvation just as it is the authority for the city's usurpation of ecclesiastical rights. But is it an authority for those who would advocate a different vision of social and religious order? On 24 May 1524 and again on 9 June 1524, the council explicitly rebuked assemblies of peasants in its territory for attempting to "defend their unseemly conduct with the gospels."[67] The unseemly conduct in question here was the proposal to withhold the tithe as a form of tax relief.

For the most part, the didacticism of *The Four Apostles* is not compatible with the aesthetic of an altarpiece but does conform, as does the textuality, to the genre of the Reformation broadside. Dürer, of course, had produced religious broadsides earlier in his career (for which he also wrote poetry) and was unquestionably acquainted with the Reformation broadsides of his fellow Nurembergers—for example, those by Hans Sebald Beham and Hans Sachs. Fortuitously, we know from a letter that Dürer actually received a copy of what is considered the first propagandistic broadside of the Reformation: *Chariot to Heaven and Chariot to Hell*, a collaboration of Andreas Bodenstein von Carlstadt

ES begibt sich offt das man schrifft an die seulen/thürn/oder an hohen mauren macht/dar-umb welcher an ein thuren schreiben will das man die oberst zeil der bustaben als wol gesech zu lesen als die vnderst/der mach sie oben grösser dann vnden/durch ein solchen weg/stell dein gesicht so weit von dem thurn/vnd in der höch wie du wilt/dis sey ein punct.c.vnnd nym für dich den weg des triangels.a.b.c.der.16.figur des lini büchleins/vnnd las das.a.b.sein die thuren höhe oder wandt darauf du schreiben wilt. Nun teyl in das zirkeltrum.b.c.mit puncten gleich weitte der zeylen darein du schreiben wilt/vnd als dann far aus des gesichts puncten.c.mit geraden linien durch all puncten des zirkeltrums.b.c.biß an die auffrecht thure höe oder want.a.b. Darnach far mit parlini en auß disen puncten auf des thurns want vber zwerch. Zwische dieselben linen must du dein schrifft setzen/da wirt dir anzeygt wie vil die obern bustaben grösser werden dan die vnderen/vn so du aber ein kurtze lini nach der langen.a.b.gleich messig wilt teylen/so reiß all linien gerad in den puncten.c vn schneid sie mit einer auffrechte par.lini.f.g.gegen dem puncten.c.ab/so wirt.f.g. gleich geteylt wie a.b.mit der sie ein paralel ist. Diß ist zu brauchen um für oder hinderseßen zu ergrössern oder kleiner machen. Also sind all lini nach den anderen zu teylen in gleichen oder vngleichen dingen/vn in den teylen die man nit nennen kan/vnd sol die teylung hat nit alleyn stat in den bustaben/sunder in allen anderen dingen/vnd in sonders so man einen hohen thuren in allen gaden mit bildwercken zieren will/also das die obern bild gleich den vnderen scheinen kan durch disen weg geschehen/wie das hernach aufgerissen ist.

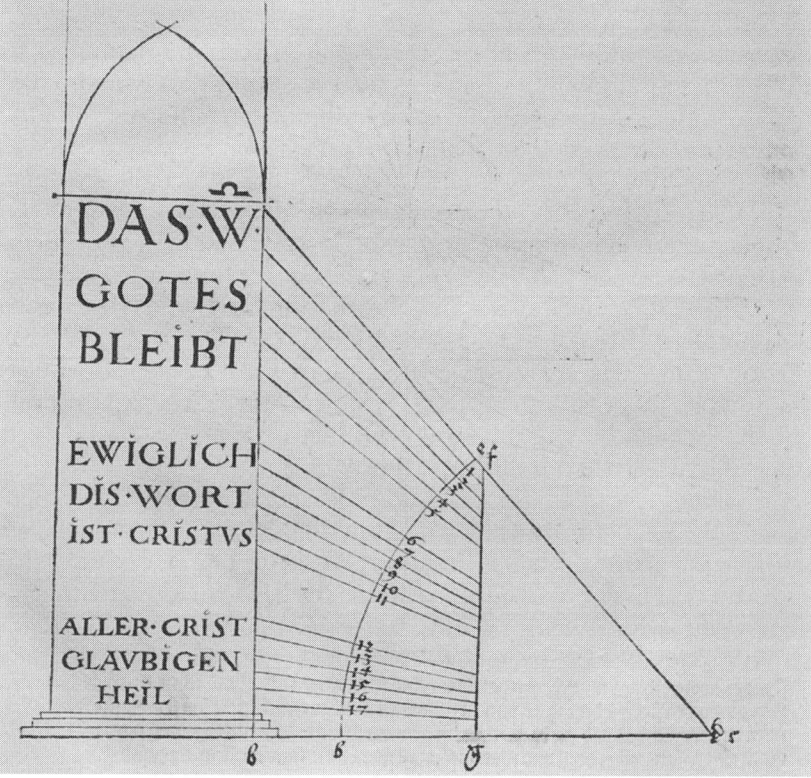

Fig. 12. Albrecht Dürer, Monument to the Gospel, *woodcut illustration from* Unterweisung der Messung, *2d ed. (1538), fol. K2v. Octavo Corp.*

and Lucas Cranach the Elder.[68] It is possible that he appropriated the popular genre of the broadside for this formal composition as part of an effort to propagate a magisterial morality for the movement. But it is significant that he relied on biblical texts alone to convey his message. Any challenge to the authority of the principle of *sola Scriptura* and to the doctrine Luther and his adherents would derive from scripture is negated both visually and verbally, as it were, by scripture alone. Yet, it is the mark of a new era in German art that Dürer's last religious reflection—his final representation of the Bible—is a civic-political endorsement. And, in this propagandistic function, *The Four Apostles* prefigures the paintings of Lucas Cranach on such doctrinal themes as "The Law and the Gospel."

In the face of the instability of the Bible's meaning and the problematic status of the Bible's role in social and political justice, *The Four Apostles* claims an absolute competence in the ability to "test the spirits" and invests that competence in the magistracy. The council accepted *The Four Apostles* with what it must have assumed was a most meaningful sign of approbation—money. The records of the Nuremberg city council for 6 October 1526 acknowledge that the council was honored by the gift and that it intends to pay Dürer an honorarium. In fact, the burgomeisters Hans Volckamer and Lazarus Holzschuher had already authorized payment on 19 September 1526. Dürer is said to have received one hundred Rhenish gulden; twelve florins were given to his wife, Agnes, and two gulden to an unnamed servant.[69]

These same minutes of the council for 6 October 1526 return us to an earlier time in Dürer's life, a moment well before the Reformation, when the council commissioned a work of art to glorify the city's special place in that peculiarly medieval ideological conjunction of salvational and political power. For, on the very day that the council acknowledged receipt of Dürer's Reformation masterpiece, it ordered that his work from 1510 to 1513, the portraits of Charlemagne and Sigismund,[70] "die gemalten tafel, so in des Fueterers haus sein und zur weysung des heilthuembs gepraucht werden, sollen widerumb zue der hand gepracht und an eyn bequemen ort uff dem rathaus gethan werden."[71] This coincidence unites Dürer's most important conceptualizations of Nuremberg's ecclesiastical authority. The one as the no-longer tenable treasury of the imperial relics; the other as the place where scripture would authorize a newly constituted *ecclesia militans*.

The Reformation of the Bible, which had changed the course of history in Dürer's lifetime, marked a return to the authority of the text. And here, in his last major painting, the text of the Bible, so often under the surface of Dürer's work, takes its place as text on the panels. The artist, deeply influenced by the religious ferment of his day, documented the Reformation of the Bible from his first image of Jerome as *vir trilinguis* to his last defense of the Bible as warning from the apostles in the language of Luther.

Conclusion: A Coda on the Erasmus Mistake

In a diary entry dated 17 May 1521, upon hearing the news of Luther's kidnapping after the Diet of Worms, Dürer laments: "O Gott, ist Luther todt, wer wird uns hinfürt das heilig evangelium so clar fürtragen? ... O Erasme Roderadame, wo wiltu bleiben? Sieh, was vermag die vngerecht tÿranneÿ der weltlichen gewahlt vnd macht der finsternüß! Hör, du ritter Christj, reith hervor neben den herrn Christum, beschücz die warheit, erlang der martärer cron! Du bist doch sonst ein altes meniken. Jch hab von dir gehört, das du dir selbst noch 2 jahr zugeben hast, die du noch tügest, etwas zu thun. Die selben leg wohl an, dem evangelio und dem wahren christlichen glauben zu gut, und laß dich hören, so werden der höllen porten, der römisch stuhl, wie Christus sagt, nit wieder dich mügen."[72] By and large, scholarship has heaped scorn on Dürer for associating Erasmus with the Lutheran movement in this famous *Luther-Klage*. Panofsky wrote caustically of this statement: "Dürer had lost access to the world of Erasmus, and the very fact that he could imagine him as a martyr of Luther's cause shows a pathetic misunderstanding of the man who was to defend the freedom of the human will against the tyranny of Luther's God."[73] But, with all due respect to Panofsky, in 1521 virtually everyone was still wondering about Erasmus's position. Despite the implicit optimism, even Dürer expresses uncertainty in this passage about precisely where Erasmus will come down on the Luther question. For most people, it was not until 1524 that the chasm between Erasmus and Luther would have appeared unbridgeable.

Dürer was interested in Luther in precisely the same terms that he was interested in Erasmus. Inspired by Erasmus and others (such as Lazarus Spengler and Johann von Staupitz), Dürer advocated the need to reform corruption and in particular to nurture piety and doctrine from the basis of biblical authority. It was the humanist-sounding biblicism of the early Luther and the clarity with which Luther grounded piety and articles of faith in the Bible—the latter a theme repeatedly stated in the *Luther-Klage*—that impressed Dürer. Consequently, it is unsurprising that Dürer's Reformational art pertains primarily to the status of scripture. Because of the pioneering edition of the New Testament, Erasmus was on 17 May 1521 by far the most important name associated with the Bible and with the concept that the philological study of the Bible can function as a mechanism of reform. That changed dramatically with the appearance of Luther's *Septembertestament* of 1522.

Notes

1. Tony Lane, "A Flood of Bibles," in *Eerdmans' Handbook to the History of Christianity*, ed. Tim Dowley (Grand Rapids, Mich.: Eerdmans, 1977), 366; see Jaroslav Pelikan, ed., *The Reformation of the Bible / The Bible of the Reformation* (New Haven: Yale University Press, 1996), 11–13.

2. For a survey of the monuments, see Valerie R. Hotchkiss and David Price, "Sacred Philology," in Pelikan, *The Reformation of the Bible / The Bible of the Reformation*, 82–115.

3. Paul Oskar Kristeller, *Renaissance Thought* (New York: Harper, 1961), 79.

4. For an interpretation of the *Apocalypse*, including the importance of scriptural authority, see David Price, "Albrecht Dürer's Representations of Faith: The Church, Lay Devotion and Veneration in the *Apocalypse* (1498)," *Zeitschrift für Kunstgeschichte* 57 (1994): 688–96.

5. In 1498 Simon Brevilaqua also published a Latin Bible with illustrations (Venice).

6. The best known is the German Koberger Bible of 1483, which, however, reuses the wood blocks of the Cologne Bible of 1478–79. Perhaps the most ambitious program of illustration is in the Lübeck Bible (Steffen Arndes, 1494) with its 152 woodcuts. For a survey of early German-language Bibles, see Heimo Reinitzer, *Biblia deutsch* (Wolfenbüttel: Herzog August Bibliothek, 1983), 63–86 ("Bibeln vor Luther").

7. See T. H. Darlow and H. F. Moule, *Historical Catalogue of the Printed Editions of Holy Scripture* (1903–11; rpt., New York: Kraus, 1963), 2.2:913–14 (no. 6087).

8. The original wood block for the illustration, which survives in the Basel Kupferstichkabinett, is signed "Albrecht Dürer von Nörmergk" (i.e., Nuremberg).

9. Walter L. Strauss, *The Woodcuts and Wood Blocks of Albrecht Dürer* (New York: Abaris, 1980), no. 71.

10. For example, a woodcut (B 113) and a drypoint (B 59) of 1512 associate Jerome's asceticism with translation of Scripture, thus emphasizing the themes of death and salvation from the perspective of his intense study of Scripture. For an overview of the importance of Saint Jerome in Nuremberg humanist circles and for Dürer's compositions, see Berndt Hamm, "Hieronymus-Begeisterung und Augustinismus vor der Reformation," in *Augustine, the Harvest, and Theology (1300–1650)*, ed. Kenneth Hagen (Leiden: Brill, 1990), 127–235.

11. See Renate Jungblut, "Hieronymus: Darstellung und Verehrung eines Kirchenvaters" (Ph.D. diss., University of Tübingen, 1967), 70.

12. Peter W. Parshall, "Albrecht Dürer's St. Jerome in His Study: A Philological Reference," *Art Bulletin* 53 (1971): 303–5.

13. Here, too, the image does not pertain only to sacred philology. Eugene Rice, *Saint Jerome in the Renaissance* (Baltimore: Johns Hopkins University Press, 1985), 112, for example, observed that, should Jerome raise his head from the book, his gaze would fall on the crucifix, which accords with Jerome's actual contemplation of the crucifix in other images. Ordinary piety of the home is represented by the presence of holy water in the wall niche on the left. The gourd itself, as the biblical gourd that grew and withered in one night, is not just a philological gloss but also intended, in the spirit of Jonah, as a *memento mori,* in particular a reminder of God's permanence and the impermanence of human life. The skull is certainly a reference to Adam's skull on Calvary at the foot of the cross of Christ. Rosary beads are a Marian devotion, an association echoed by the stoppered vessel on the shelf, a symbol of the virgin conception of Christ. The scourge may be a reference to penance in general, although it may be intended to evoke the special sense of the scourging Jerome received during his "Ciceronian dream."

14. The complementarity of these great monuments also informed the similarity of the typography and page layouts. The same woodcut borders by Urs Graf and others, in slightly different configurations, appear in both works.

15. Erasmus, *Erasmi opuscula,* ed. Wallace K. Ferguson (The Hague: Martinus Nijhoff, 1933), 190. The translation is from Erasmus, *Patristic Scholarship: The Edition of St. Jerome,* ed. and trans. James F. Brady and John C. Olin, *Collected Works of Erasmus,* 61 (Toronto: University of Toronto Press, 1992), 61 (hereafter *CWE*).

16. "Nothing is better than to portray the saints just as they actually were." Unrecorded are "ridiculous tales of miracles and stories of the most shameless falsity." *Erasmi opuscula,* 136 and 137; Erasmus, *Patristic Scholarship, CWE* 61:22–23 (for both quotations).

17. On the subject of miracles, Erasmus disdainfully wrote, "I find it distasteful to say anything at all about his miracles" (Erasmus, *Patristic Scholarship, CWE* 61:47); *Erasmi opuscula,* 171: "De miraculis non libet quicquam attingere."

18. Christians "should transfer solicitude to the books of great men, in which they live on for the world at large even after death." Erasmus, *Opus epistolarum Des. Erasmi Roterodami,* ed. P. S. Allen (Oxford: Clarendon Press, 1906–58), 2:212 (no. 396); Erasmus, *Patristic Scholarship, CWE* 61:5.

19. Erasmus, *Patristic Scholarship, CWE* 61:5: "If a man had lived in familiar converse with Cicero (to take him as an example) for several years, he will know less of Cicero than they do who by constant reading of what he wrote converse with his spirit every day"; *Opus epistolarum Des. Erasmi Roterodami,* 2:212 (no. 396): "si quis cum M. Tullio (vt hunc exempli causa nominem) complureis annos domesticam egisset consuetudinem, minus nouerit Ciceronis

quam faciunt hi qui versandis Ciceronis scriptis cum animo illius cotidie confabulatur."

20. See Erasmus, *Patristic Scholarship*, CWE 61:36.

21. See the example reproduced in Fedja Anzelewsky, *Dürer: Das malerische Werk*, 2d ed. (Berlin: Deutscher Verlag für Kunstwissenschaft, 1991), 1:264.

22. Rice, *Saint Jerome in the Renaissance*, 116.

23. See Rainer Schoch's excellent description in *Gothic and Renaissance Art in Nuremberg, 1300–1550* (Munich: Prestel, 1986), 337 (no. 155).

24. The Greek inscription, "ΤΗΝ ΚΡΕΙΤΤΩ ΤΑ ΣΥΓΓΡΑΜΜΑΤΑ ΔΕΙΞΕΙ," literally means "the writings will show it [i.e., the image] better." The "ΤΗΝ" refers to "imago."

25. For a complete discussion, see David Price, "Albrecht Dürer's *Last Supper* (1523) and the *Septembertestament*," *Zeitschrift für Kunstgeschichte* 59 (1996): 578–84.

26. *Das Newe Testament Deűtzsch*, trans. Martin Luther (Wittenberg: [Melchior Lotter the Younger for Lucas Cranach and Christian Döring, 1522]), reprinted in facsimile (Berlin: Furche, 1918).

27. Erwin Panofsky, *The Life and Art of Albrecht Dürer* (Princeton: Princeton University Press, 1955), 223.

28. *Das Newe Testament Deűtzsch*, fol. 2r (preliminary signature).

29. The layout uses the same technique found on the title page of Erasmus's Greek New Testament of 1516, where the text narrows to the controversial "veram theologiam." The title page is reproduced on the cover of Pelikan, *The Reformation of the Bible / The Bible of the Reformation*. The page from the *Septembertestament* is reproduced in Price, "Albrecht Dürer's *Last Supper*," 583.

30. *Das Newe Testament Deűtzsch*, fol. 3v (preliminary signature).

31. Jaroslav Pelikan, *The Christian Tradition: A History of the Development of Doctrine* (Chicago: University of Chicago Press, 1971–89), 4:128. Luther's statement is from his *Resolutions of the Disputation Concerning the Value of Indulgences* (1517), quoted according to Pelikan.

32. *Das Newe Testament Deűtzsch*, fol. 4r (preliminary signature).

33. Ernst Rebel, *Albrecht Dürer: Maler und Humanist* (Munich: Bertelsmann, 1996), 427.

34. See Anzelewsky, *Dürer: Das malerische Werk*, 1:285, for an account of an unpublished lecture by Hans Kauffmann linking Dürer's *Adam and Eve*, two panels of similar dimensions, to the "Regimentsstube" in the Nuremberg city hall, where *The Four Apostles* were to hang until the early seventeenth century; as of 1616–22, they were in the "Schöner Saal," which was created by the remodeling of the "Regimentsstube."

35. Presented, with a review of the scholarly discussion, by Carl C. Christensen, *Art and the Reformation in Germany* (Columbus: Ohio State University Press, 1979), 181–206.

36. For a general discussion of interpretations, see Anzelewsky, *Dürer: Das malerische Werk*, 1:280–86.

37. Panofsky, *The Life and Art of Albrecht Dürer*, 231–32, incorrectly claims the

compositions had been altered by Dürer to fit a new scheme. Klaus Lankheit, "Dürers 'Vier Apostel,'" *Zeitschrift für Theologie und Kirche* 49 (1952): 239–54, says that the inscriptions replace the middle picture of an originally planned triptych.

38. Walter L. Strauss, *The Intaglio Prints of Albrecht Dürer* (New York: Abaris, 1981), no. 103.

39. According to Gerhard Pfeiffer, "Albrecht Dürer's *Four Apostles:* A Memorial Picture from the Reformation Era," in *Social History of the Reformation,* ed. Lawrence P. Buck and Jonathan W. Zophy (Columbus: Ohio State University Press, 1972), 281, Leopold Kaufmann made this claim in 1881. Pfeiffer strongly rejects any similarities to the features of Holzschuher, in which respect he is certainly correct, but overlooks the actual issue of facial expression.

40. Albrecht Dürer, *Schriftlicher Nachlaß,* ed. Hans Rupprecht (Berlin: Deutscher Verein für Kunstwissenschaft, 1956), 1:117 (no. 59).

41. Ibid., 210.

42. Ibid.

43. Ibid.

44. Gottfried Seebaß, "Dürers Stellung in der reformatorischen Bewegung," in *Albrecht Dürers Umwelt: Festschrift zum 50. Geburtstag Albrecht Dürers am 21. Mai 1971* (Nuremberg: Selbstverlag des Vereins für Geschichte der Stadt Nürnberg, 1971), 130: "sie [i.e., *The Four Apostles*] wiesen mit ihren Unterschriften die katholischen Mönchsprediger und die evangelischen Zeloten in Nürnberg ab."

45. Ernst Heidrich, *Dürer und die Reformation* (Leipzig: Kinkhardt und Biermann, 1909), 39.

46. Lankheit, "Dürers 'Vier Apostel,'" 243, even proposed that the "scribe" of the passage from Mark referred specifically to him. Heidrich, *Dürer und die Reformation,* also discusses the Hans Denck affair in Nuremberg as part of the general background issue of the turbulence caused by Protestant radicals.

47. See George Hunston Williams, *The Radical Reformation,* 3d ed. (Kirksville, Mo.: Sixteenth Century Journal Publishers, 1991), 248–54, and Georg Baring, "Hans Denck und Thomas Müntzer in Nürnberg 1524," *Archiv für Reformationsgeschichte* 50 (1959): 154.

48. Quoted from Williams, *The Radical Reformation,* 250.

49. For the text of the *Confession,* with English translation, see Clarence Bauman, *The Spiritual Legacy of Hans Denck* (Leiden: Brill, 1991), 54–67.

50. Herbert Zschelletzschky, *Die "drei gottlosen Maler" von Nürnberg* (Leipzig: Seemann, 1975), 31–50 (for the trial), 63–67 (for petitions for permission to return), and Jane Campbell Hutchison, *Albrecht Dürer* (Princeton: Princeton University Press, 1990), 181.

51. Panofsky, *The Life and Art of Albrecht Dürer,* 233.

52. Ibid., 234.

53. Peter Strieder, *Albrecht Dürer: Paintings, Prints, Drawings,* trans. Nancy M. Gordon and Walter L. Strauss (New York: Abaris, 1982), 324.

54. Luther, *Ermahnung zum Frieden, WA* 18:295: (Luther speaking about a

result of the insurrection) "so fahen ettliche an und geben dem Euangelio die schuld, sprechen, das sey die frucht meiner lere." WA (Weimarer Ausgabe) = Martin Luther, *D. Martin Luthers Werke: Kritische Gesamtausgabe* (Weimar: Böhlau, 1883–1919).

55. Among the Catholic pamphleteers were Hieronymus Emser and Johannes Cochlaeus. See Martin Brecht, *Martin Luther*, trans. James L. Schaf (Minneapolis: Fortress Press, 1991–93), 2:189–90.

56. Luther first defended specifically the *Septembertestament* in 1523 against the suppression by Duke George of Ducal Saxony, in particular in his important tract *On Temporal Authority: To What Extent It Should Be Obeyed* (1523). See Brecht, *Martin Luther*, 2:108 and 117.

57. Luther, *Ermahnung zum Frieden*, WA 18:313.

58. Luther had been preaching frequently against false spirits and prophets ever since the evangelical movement splintered, in particular, since he opposed the sacramentarianism and iconoclasm of Carlstadt and Thomas Müntzer. In *Ermahnung zum Frieden*, WA 18:295–96, he says that he has been opposing the "mordpropheten" for over three years.

59. Luther, *Ermahnung zum Frieden*, WA 18:301 and 328.

60. Peter Blickle, *Die Revolution von 1525*, 2d expanded ed. (Munich and Vienna: Oldenbourg, 1983), 247; see also Steven Ozment, *The Age of Reform* (New Haven: Yale University Press, 1980), 288–89.

61. For a discussion of the city council's control over ecclesiastical operations before the Reformation, see Gerald Strauss, *Nuremberg in the Sixteenth Century* (Bloomington: Indiana University Press, 1966), 154–60.

62. Naturally, there are exceptions. The council at Basel was slow to respond to popular demands for liturgical reform, thus igniting tremendously destructive iconoclastic riots on 9 February 1529.

63. Thomas A. Brady Jr., "In Search of the Godly City," in *The German People and the Reformation*, ed. R. Po-Chia Hsia (Ithaca: Cornell University Press, 1988), 22: "The first decade of the urban reformation thus fashioned a clean, comprehensive solution to the problem of religion and civic order. The governments, emboldened by the preachers' offer of biblicist legitimacy and pressed forward by their own citizens' agitation, took control of parishes and clergy, convents and schools, and poor relief and custody of Christian marriage."

64. Heiko A. Oberman, *Masters of the Reformation*, trans. Dennis Martin (Cambridge: Cambridge University Press, 1981), 277; see Brady, "In Search of the Godly City," 20–22.

65. Blickle, *Die Revolution von 1525*, 141, and Robert W. Scribner, *For the Sake of Simple Folk*, 2d ed. (Oxford: Oxford University Press, 1994), 235–39.

66. This phrase in its Latin version "Verbum domini manet in aeternum" had also become the defiant motto of Elector Friedrich of Saxony, Luther's protector.

67. Günther Vogler, "Imperial City Nuremberg, 1524–1525: The Reform Movement in Transition," in Po-Chia Hsia, *The German People and the Reformation*, 39.

68. Max Geisberg, *The German Single-Leaf Woodcut, 1500–1550*, rev. and ed. Walter L. Strauss (New York: Hacker Art Books, 1974), 2:579 (no. 612). The broadside and the letter acknowledging receipt are both from 1519. For the letter, see *Dürer: Schriftlicher Nachlaß* 1:264–65.
69. *Dürer: Schriftlicher Nachlaß* 1:249.
70. Anzelewsky, *Dürer: Das malerische Werk*, 1: nos. 123 and 124.
71. *Dürer: Schriftlicher Nachlaß* 1:243.
72. Ibid., 171.
73. Panofsky, *The Life and Art of Albrecht Dürer*, 239.

9. Invoking the Powers That Be: Types of Authority and the Production of the *Theatrum de veneficis* (1586)

Gerhild Scholz Williams

"One can customarily call on authorities who have the confidence of one's audience in order to break down resistance to ideas that might otherwise seem farfetched, trivial, dangerous, boring or . . . unpalatable."[1]

What Herbert Lindenberger, Avalon Foundation Professor of the Humanities at Stanford University and former president of the Modern Language Association, applies here to pitbulls and Derrida can easily be transferred to the production of sixteenth-century witch texts. During the early modern period, roughly speaking between 1500 and 1700, the idea of the witch was overwhelmingly judged to be dangerous and unpalatable; few would have considered the witch trivial or boring. The authorities that were needed to affirm this truth varied in their effectiveness and efficacy. They moved along a trajectory that upheld, on one end, the unassailable truth of learning and faith, on the other, equally compelling, the authenticating power of daily experience (*tägliche erfahrung*) and common sense (*vernunft*). If doubts were voiced, men of learning were quick to marshal the whole arsenal of knowledge dating back to antiquity and to ancient biblical times in their effort to show the sheer ridiculousness as well as the danger of even the slightest skepticism. One of those men, Ludwig Lavater, a reformed cleric from Zurich, expresses great indignation at those who would doubt the "vielfaltig vnd einhellige kundtschafft/ deren so vor alten vnnd auch vnsern zeiten gelebt vnd noch in leben sind." Doubt is not only dangerous, it is, in Lavater's words, "frevenlich vnd vnuerschampt" toward those whom he views as authorities, namely "vielen vnpartheischen Geschichtschreibern/ von heiligen Vättern vnnd andern fürnemmen ehrlichen Personen."[2] Lavater's indignation shows that the invocation of authorities always represents a historically determined discursive act that shares with other such acts—the writing of chronicles, histories, or witch tracts—one basic and important premise, namely, that facts, the "real truth," play an ambivalent role in their evolution and production.

Each authoritative discourse is influenced and shaped more profoundly by the perception of facts and the authorities that validate them than the facts themselves.[3]

For an *invocation of authorities* to be heeded in any discursive environment, it must respond to and address a moment in history when the members of a given culture share a set of basic views, understandings, epistemologies, and philosophies. These shared views need not be of recent origin; in fact, they can and often do reach far back in national, ethnic, and cultural consciousness. The authorities to be invoked can be profitably divided into three categories. There must be, first, a set of shared *ideas and modes of thought.* In the demonologies produced between the 1560s and 1680s, these shared ideas and modes of thought include in their epistemological repertoire the belief in the activist nature of the devil and his minions, the witches, and an agreed-upon knowledge of how, where, and when they act. Such witch beliefs are based on a number of well-rehearsed theological, scientific, medical, and cultural proofs that together make up a consciousness that I have elsewhere called "experiential realism," or "experientialism."[4] Discussing narrative structure, David Herman recently defined this consciousness as consisting of a selection of *experiential repertoires,* types that are "stored in memory, [such as] previous experiences," and that form "structured repertoires of expectations about current and emergent experiences."[5] In the matter under discussion here, these *experiential repertoires* are fashioned by and based on the tenet that cosmology, theology, science, history, and everyday human experiences all testify to the efficacy of witchcraft. These areas of inquiry, devotion, and daily experience join together "to produce consequential speech," speech that compels people to act—in our case, to hunt witches.[6]

Second, the *invocation of authorities* cannot move from suggestion to action without certain *forms of externalization.* By this I mean suitable forms of expression such as demonologies, witch sermons, *newe zeytungen,* broadsheet illustrations, as well as licit methods of prosecution and punishment, and, where possible, of reconciliation. All these and more had to be conjoined in the effort to make the idea of witches accessible to a listening and a reading public and to the adjudicating courts. The authority invoked by such forms of externalization is, for the most part, discursive. It is enforced, if not enhanced, by the fact that behind it looms an arsenal of nonverbal authoritative gestures that consisted of the threat of torture, punishment, ostracizing, and, ultimately, death. Such authority, while not verbal in and of itself, does produce verbal effects, such as confessions, denials, and denunciations. Its power is amplified by the fact that subjects and objects agree that those in control of this authority have the ability to produce results that are as dreaded as they are predetermined, the identification and punishment of the witch.[7]

Third, for an effective *invocation of authorities* there must exist forms of *social distribution* by which I mean, quoting Ulf Hannerz, "the ways in which the collective cultural inventory of meanings and meaningful external forms are spread over a population."[8] For us, this *collective cultural inventory* refers to the early modern European attitudes toward witches, and to the ways these attitudes might differ depending on one's social position or level and manner of education, or gender. This inventory assumes a set of values, orientations, and beliefs shared and held to be true by an audience that is compelled by authoritative speech and historical preconditioning to react to this authoritative speech with acceptance, acclamation, reverence, or, if coerced, fear, subterfuge, sabotage, or even open defiance.[9]

These three aspects, *ideas and modes of thought, forms of externalization,* and *social distribution,* that are needed for the effective invocation of authorities ("to break down resistance to ideas that might otherwise be farfetched, trivial, dangerous, boring ... or unpalatable") bear in a multitude of different ways on text and reader. They can be internal to a text, in which case they might include narrative strategies and stylistic devices, sources quoted, types of stories told, or types of texts selected to make up a given volume.

When they are external to the text, they might involve but need not be limited to modes of production, such as the use of print, certain design decisions, the organization of selected texts in a series, place of production and distribution, or use or absence of illustration. The invocation of authorities might also consider questions of genre, how and when certain texts will affect specific audiences, issues of authorization, such as questions of authorship and copyright, as well as the choice of dedicatory gestures.

As an illustration of the construction of the authorizing gestures outlined—shared ideas and modes of thought; forms of externalization; social distribution (I discuss the *Theatrum* in view of the first two categories, leaving aside the third, social distribution, for more detailed future treatment)—I have chosen a volume consisting of a compilation of seventeen witch texts that was published in 1586 by the Frankfurt printer Nicolaus Basseus. This collection was marketed under the title, for that time quite up-to-date and catchy, *Theatrum de veneficis: Theater of Sorcery.*[10]

Such compilations of single tracts into larger volumes related to a certain topic or the comprehensive treatment of a specific topic under the title of *theatrum* had become popular by the latter half of the sixteenth century, and witch literature was no exception. They were meant to satisfy the need for information and instruction of professionals, members of the laity and the clergy who had become convinced that the witch menace was growing and could only be withstood and ultimately eradicated by the combined efforts of specialists in law, theology, and medicine. Presumably, these professionals had the expertise to tell the non-expert, the literate layfolk, what to believe, while giving advice as to when and how infractions against such beliefs should be punished.[11] Print productions like the *Theatrum de veneficis* provide measurable proof that, on the business side of the menace, witches sold copy. This fact of mercantile reality identifies printing as one of the most important extratextual processes—the discovery of cheaper printing paper being another—without which information and disputes about witches would not have reached as numerous and as diverse an audience, nor would it have been as devastating as it ultimately became.[12]

In the *Vorrede*, Nicolaus Basseus tells his reader that he chose the witch discourses presented in the *Theatrum* with care. He and his editor Abraham Saur apparently were mindful of the growing concerns about textual authority associated with intellectual ownership.[13] In their professional lives, they could witness daily how the printed volume was becoming a commodity in a rapidly growing market, a piece of property that could be copied, stolen, misappropriated, misquoted, taken out of context, and sensationalized. In an attempt to forestall literary piracy, Basseus emblazoned the title page of the *Theatrum de veneficis* with the imperial privilege, the "Freyheit/ auff zehen Jahr nicht nachzudrucken." He must have been aware of the potential appeal of his *Theatrum* as a printing product, for he himself had taken the idea for it from one of his most successful colleagues and competitors, the Frankfurt printer Sigmund Feyerabend, who had published another early modern best-selling compilation, the *Theatrum diabolorum*, in 1569.

According to the preface and consistent with early modern rhetorical practice, Basseus plans to instruct and entertain. The audience addressed—though surely not the only readers that Basseus meant to reach—is named on the title page and in the preface "Vögte, Schuldtheissen, Amptleuthen deß Weltlichen Schwerdts," in short, civil and judicial authorities. Although he does not mention clerics specifically in the preface, they are present as authors and as members of the intended audience, because it was their task to guide the afflicted through satanic temptation to a stronger faith.

This nobly stated and executed purpose had served his colleague and competitor Feyerabend very well when he published his collection of devil books (*Teufelbücher*), the *Theatrum diabolorum*. A leader in Frankfurt printing circles, Feyerabend had recognized and seized what turned out to be a great business opportunity. He compiled—it is said illegally—the majority of the immensely popular small, cheap, and heretofore individually published devil tracts into the huge *Theatrum diabolorum*.[14] Sigmund Feyerabend did not misjudge the profitability of his printing venture. After the *Theatrum diabolorum* first appeared in 1569, it was reissued twice before the century ended, in 1585 and in 1587. By the middle of the 1590s, the third edition had already sold out in spite of its rather steep price of three Taler.[15]

With their compendia of popular devil and witch texts, Feyerabend and Basseus reacted to a trend in the publishing trade that resulted from the explosion of knowledge and the concomitant increase in literacy rates and affluence among the middle class. In an effort to collect and make available for efficient and affordable consumption all known facts on a given topic, old and new learning was assembled, translated, amended, ordered, and rearranged, categorized.[16]

Studying the methods of literary compilation in general, and of devil books, in particular, Heinrich Grimm observed that the structural law of ordering categories, what he calls "das Strukturgesetz der Reihe," made devil books attractive to early modern readers. In a somewhat altered form these texts remained popular into the seventeenth and eighteenth centuries, when they appeared under the aggregate and visually determined titles such as *Galerie der Teufel* or, even more broadly inclusive, as *Panorama*.[17]

To no one's surprise, literature about magic and witchcraft experienced a comparable reception into the eighteenth and the mid-nineteenth centuries. Publishers provided scholars and fans of the occult with multivolume sets whose titles such as *Zauberbibliothek*, *Archiv*, or *Disputation* insinuated completeness, secret knowledge, as well as scholarly respectability.[18] This *Nachdrucksystem in Kompendienform* drew its authority from the very claim to comprehensiveness that, for Feyerabend and Basseus, also realized successful sales and secured a place, albeit temporary, in the volatile market of late-sixteenth-century publishing.[19]

In an effort to increase the attractiveness of his presumably expensive volume, Basseus included the *Theatrum de veneficis* as the third volume in a folio edition that also contained the two best-known works by Johann Weyer, the *De praestigiis daemonum* and the *De lamiis*.[20] This meant that Basseus offered to his reading public a substantial witch library containing a good part of what was considered authoritative as well as controversial on the topic of witches at the time. The reputedly Calvinist court physician to the duke of Cleve, Johann Weyer, whose brief remarks form the closing statement of the *Theatrum,* remains recognized and respected to this day as one of the earliest and most insistently critical voices raised against the torture and the execution of witches. Together with Heinrich Institoris's *Malleus Maleficarum* and the tracts by Bodin, Binsfeld, Boguet, Del Rio, and Spee, Weyer's *De praestigiis daemonum* constitutes part of a series of texts that could be called a pantheon of witch writings, quoting and being quoted as each one of them becomes an authority on the very questions they set out to investigate.

With Abraham Saur von Franckenberg, *advocat vnd procurator* at the Hessian High Court and professor at Marburg University, Basseus had made an excellent choice of editor. Saur himself was known as the writer of a popular tract that he included in the *Theatrum* under the title *Ein kurtze/ trewe Warnung/ Anzeige vnd Vnderricht: Ob auch zu dieser vnser Zeit vnder vns Christen/ Hexen/ Zäuberer vnd Vnholden vorhanden/ Vnnd was sie außrichten können.* Supporting his proposition as much by example as by argument, Saur amends his text with the examination and confession of a witch who had been executed in Marburg on 25 May 1582 (202). Basseus and Abraham Saur set about to collect and arrange some of the most widely read old and new writings on this issue, wishing to make them available "zum gemeinen Nutzen . . . vnd den Sachen tieffer nachzudencken."

The individual texts of the *Theatrum de veneficis* cover the whole spectrum of reactions to the witch phenomenon. These reach from severe condemnation espoused by the French jurist Lambertus Danaeus, to fairly vigorous refutations by Augustin Lerchheimer and Herman Newald who advance substantial doubts whether witches were indeed capable of the deeds with which they were charged. It is worth pointing out that during this period that witnessed the first wave of serious witch persecutions, a variety of opinions on the issues could be heard, and even be enclosed within the covers of the same book. The fact that this publication venture appears to have been driven, at least in part, by market considerations—a quick response to the perceived demand for occult reading materials—should not diminish or obscure the important fact that at the end of the sixteenth century a variety of public discourses on this difficult and potentially deadly topic was possible as well as economically viable.[21]

Furthermore, publications such as the *Theatrum diabolorum,* the *Theatrum de veneficis,* and others like them reflect significant reader interest in the strange and the monstrous. The early modern public's curiosity was fueled by reports from the New World about cannibals and strange animals and plants, as well as by ancient writings that had long been believed lost but that appeared in great quantities and with amazing swiftness on the European scene throughout the sixteenth century.[22] Confirming the analogy of demonic experiences between the Old and the New World, Ludwig Lavater quotes one of the most respected intellectual authorities of the first half of the sixteenth century, Ludovicus Vives, on the New World, "in der neuw erfunden welt/ nichts gemeiners seye/ dann daß auch umb den mitten tag die geister den Menschen in den städten vnd auff dem land begegnen/ mit jhnen reden. . . . sie plagen/ erschrecken/ schlagen" (138).

In the *Vorrede* to the *Theatrum* Basseus identifies the categories of textual authorities that he will use to validate his enterprise and to woo the confidence of his buying public. They are "gelehrten Leut Bücher/ alte vnd newe Historien/ die tägliche Erfahrung/ vnd . . . auch die heilige Göttliche Schrifft/ beyde altes vnd newes Testaments" (*Vorrede* ii). Furthermore, he notes that he was prompted to undertake this task by the "Boßheit der Menschen vnnd die arglistigkeit deß bösen Feindts." It is clear from all that he knows that Satan and his witches not only inflict harm on humankind, but they also raise their hand in rebellion against God, "wöllen auch gern Gott im Himel . . . von seinem Thron stürtzen/ vnd den verfluchten Satan an seine statt setzen." Those who contemplate such evil [printed in bold print] are "die/ so man Zauberer oder Zauberinen nennet/ welche wissentlich/ muthwilliger weise/ Gott jhrem Schöpffer mit Hertzen vnd Mundt absagen/ jhn schenden/ lästeren vnnd schmehen/ vnd sich leibhafftig dem leydigen Teuffel . . . zu eigen ergeben," are truly God's and humankind's worst enemies. He asserts that readers are correct in their assumption that witches outnumber one hundred to one those imbeciles and criminals (*Mißgeburten*) who contemplate patricide. For Basseus, as for the majority of his contemporaries, witches were thought to be a greater menace than any murderer because they murdered souls, their own and those of others.

Having thus established the real and present danger implicit in the existence of male and female witches, Basseus turns his attention to the authorities, whose duty it is to punish them. He echoes a common complaint, heard frequently in witch tracts and witch sermons. He accuses the *Obrigkeit* of being too lazy and inattentive to let themselves be convinced that witches do exist ("schlagen es in den windt/ gleuben nicht daß solche Leut gefunden werden/ wider Göttliche vnd weltliche zeugnuß") (*Vorrede* ii). Or, if they do believe in the evils of witchcraft, they do not act against witches for fear that the devil and his servants might harm them as representatives of the civil authority that brought witches to justice. As the members of the *Obrigkeit* neglect their duties as guardians of the people in their care, it comes to no one's surprise that their very subjects refuse to heed even dire warnings, "der gemein Mann achtets auch gering." Or, if high- and low-born are fearful of witches' spells, they do not turn to God but rather ask the devil or the witch herself for help.

Basseus's preface does not differ much from Feyerabend's *Vorrede an den Christlichen Leser* in the *Theatrum diabolorum* or, for that matter, from the *Vorrede* of the *Faustbuch,* which was published about the same time by the Frankfurt printer Spies, whom Frank Baron has recently identified as the most likely author of the *Faustbuch*.[23] Feyerabend also labels histories, daily experience, and Holy Scripture as his legitimating authorities. He is somewhat more inclusive in his intended audience. He wishes his book to be useful not only "den Leyen/ vnd gemeinen Christen/ sondern auch wol vielen Gelehrten/ als Pfarrherrn/ Caplanen/ vnnd andern Kirchenfürsten/ mag wol sagen/ auch den Gelehrten der Rechten vnd Artzney" (*Vorrede* iii). Understanding the tastes of his reading public, he mixes the authoritative with the pleasant, "mit mancherley lustigen Historien/ Sprüchen/ Sprichwörtern/ Reimen/ vnd gleichniß reden/ vermenget vnd geschmücket/ daß es auch Weltleuten/ so der heiligen Schrifft/ vnnd Kirchenlehrer Bücher leicht überdrüssig werden/ lieblich vnd kurtzweilig zu lesen seyn mag" (*Vorrede* ii). Little of this reader-friendliness concerned Basseus and his editor; the tenor throughout is sober and decidedly unentertaining—or so it would appear to this reader.

As is customary in early modern printing, the title page of the *Theatrum de veneficis* supplies the reader with a great deal of information about the text(s) that follows. The Latin line at the top of the page, *Theatrum de veneficis,* introduces the lengthy German translation and elaboration with the short phrase *das ist,* whereupon appears the litany of synonyms associated with witches, namely "Teuffelsgespenst, Zauberern vnd Gifftbereitern/ Schwarzkünstlern/ Hexen vnd Vnholden." The author also alludes to the effort he extended in collecting these texts, "mit sonderm fleiss an den Tag geben."[24]

The gender question always associated with this topic is quickly set in play in the *Theatrum*. The gender is clearly marked on the very title page: the collection will include a review of "etlicher hingerichten Zäuberischer Weiber gethaner Bekanntnuß/ Examination, Prob/ Vrgicht vnd Straff/ etc." This gender marking is upheld by the tracts contained in the *Theatrum* almost in their entirety. The few men that appear as practitioners of the magic arts—Faustus most notably among them—

cannot hide the fact that the witch is overwhelmingly female. She is the metaphor of exclusion, the background that throws all witch theorizing, even the most moderate, into stark and deadly relief.

Sensitive to possible differences of opinions among his readership, Basseus acknowledges in his *Vorrede* that he is aware of "vieler vngleicher Frage vnd Meynung halben/ so in dieser Materi fürfallen mögen . . . sehr nützlich vnd dienstlich zu wissen/ vnd keines wegs zu verachten." This preface is followed by a poem in German entitled *An den christlichen Leser*. It is unsigned and presumably written by the editor Abraham Saur. What this poem lacks in poetic quality, it makes up for in clarity of stated purpose: again the judiciary is criticized for not exercising its God-given duty. For its members talk about witchcraft with the same profound ignorance of the blind man who talks about color, "reden . . . wie von farb ein blinder man."

According to this introductory poem, the impetus for collecting the various tracts that make up the *Theatrum* resides in the controversy that has arisen over the manner of witch executions, over the uneven application of torture and exercise of justice in witch trials, "ob man ein Hexen vnd Vnhold Mit Fewr flammen hinrichten solt / Die Herrschafft ist eins theils zu lind / Eins theils fehrt sie zu geschwindt / Mit törichten vnnd armen Weibern." Although it is clear that Saur believes in the reality of the witch menace, he urges caution, as he advises his readers not to rush to judgment:

> Eile nicht biß man hat erkennt
> Die sach selbs nach allen Umbstendt
> Beschwere dein Gewissen nicht
> Mit unbedechtigem Gericht.

And just in case the point is not sufficiently clear, he continues most earnestly:

> dann vnschuldig vergossen Blut
> Gott umb die rach anschreien thut.

The law to be employed in these matters, it is clear, is contained in *deß Keysers Recht*, the *Halsgerichtsordnung* of Emperor Charles V.

Saur, the lawyer and civil servant, urges his public to be active readers, to engage with the text, even to write notes into the margins, "Verzeichne fleissig auff dem randt/ Was den Haupthandel selbs antrifft." A last cautionary note reminds his readers that the *Truckherr*, the printer Basseus, simply functions as the collector and producer. Therefore, he cannot be held responsible for the volume's content; he merely hopes that the truth will emerge from the conflicting opinions: "Was hie zusammen ist getruckt/ . . . Zusammen gesetzt schwartz vnd weiß/ Böß vnd gut/ lügen vnd warheit":

Auff daß man auß dem gegensatz
Erfinden mög den guten schatz.

In the fashion of the time, a Latin epigram follows this cautionary message. Entitled *Ad lectorem,* it is written by M. Rudolph Goclenius, professor of physics, a colleague of Saur at Marburg University. Adding the scientist's comments to those of publisher and compiler, the *Ad lectorem* briefly reviews the evil powers routinely ascribed to witches: night flying, weather making, waking of the dead, and sex with the devil.

The production of a costly collection such as the *Theatrum* toward the end of the sixteenth century, as well as the fact that the *Theatrum* contains a variety of texts dealing with differing, occasionally opposing views regarding the reality of the witch menace and how to confront it, highlights a number of important points. There is, first and foremost, the perceived need for a type of discourse that would provide the readers the opportunity to explore for themselves the question whom they might wish to believe—that is, whose authority based on what kind of evidence they would be willing to accept. Such determination was far from easy, as we realize when we follow the many lengthy, even torturous paths of learned argumentation on the witch phenomenon produced during this period.

Second, argumentation was arduous and certitude hard to come by because of the indisputable theological and scientific fact that the main actor and the protagonist of all witch literature, the devil, was known to be a liar. The anxiety produced by the fact that language might no longer guarantee communication, verification, and control over the veracity of an utterance frightened many who tried to enter into an understanding of what happened in the devil's realm.[25] Even the most fervent witch hunters like Binsfeld or Bodin had to admit that witch theoreticians, the daemonologists, had somehow to establish a truth that would conform to or at the very least not contradict early modern science and natural magic, nor seriously question the theological tenets on witches and demons espoused by members on all sides of the confessional divide.

Third, when reviewing the seventeen texts composing the *Theatrum de veneficis,* we realize that the witch theme carries along a persistent subtext. In a veiled way, and always securely tied to the witch theme, the tracts reflect the continued confessional debate. In this schema, the woman as witch serves as a mere pretext, a metaphor of exclusion to afford the writers a discursive strategy that, in the guise of the science of daemonology, had a distinctly confessional flavor.[26] While the mutual recriminations between Catholics and main line Protestants move along the customary lines, both groups note Satan's demonic and dangerous presence in the activities of their common enemies, the Epicureans, the *Schwermer, Widertäuffer/ Sacramentirer*. When Satan incites religious heterodoxy, he prefers do to so among the learned, "wenn er in Schwermerey wil anrichten/ thut ers nit durch schlechte/ sonder durch gelehrte/ hohe leut/ die nit darfür angesehen daß sie irren oder vnrecht lehren solten" (108). The "abscheulichen Hexen Wedertauff" at the witches' sabbath is seen as mimicking the practices of the hated *Täufer*.

All authors collected in the *Theatrum*, regardless of their position on the issue of the witch phenomenon, employ the same authorizing discourses albeit each with his own distinct emphasis: these are, the reader notes early on, learned books, old and new histories, sacred scripture, daily experience, and the exercise of reason. What most of the assembled texts themselves lack in narrative quality, precision, and rhetorical brilliance, and what has excluded them from the canon and makes them less than favorite reading even among us today, they make up by being current on the witch debate. They are up-to-date on the judicial, theological, and medical arguments and controversies as they pertain to the hotly debated issues toward the end of the century. Clearly, Basseus and Saur selected them because they spoke, in specific ways, to them and to their intended public. The volume's authority and the presumed persuasive power of its individual contributions are further underscored by each writer's reliance on a handful of well-known and oft-quoted and authoritative near contemporaries, such as, according to confessional allegiances, Melanchthon, Luther, Vives, Bodin, Grillandus.

We note with considerable interest that in at least one instance, Lambertus Danaeus's *Ein Gespräch von den Zauberern*, respected authorities from the past do not offer sufficient evidence to convince the doubting interlocutor, Antonius, of the existence of witches. Theophilus, the teacher in this dialogue, suggests that "Zeugnuß/ Erfahrung der Sachen/ vnd rechtmässiger Grund oder vrsach der Vernunfft vnnd natürlichem Verstandt gemäß" (22) provide the most effective means of proof. *Erfarung* and *vernunft* are called upon as validating gestures with such frequency by almost all the authors that we must recognize them as the fundamental principle of the *experiential realism* of early modern self-awareness and the construction of witch fears. In the dialogue between the doubting Antonius and his interlocutor Theophilus, the *gewisse erfarung* actually is based on an amusing (for us) instance of circular reasoning. If there were not witches, Lambertus Danaeus, as reformed cleric, has Theophilus state with disarming insistence, "warumb hat man wider sie Gesetz schreiben dürffen/ wenn nie keine gewesen weren?" (25). And a bit further, once more Theophilus: "Jawol/ ich hette das schier vergessen/ wer rechten verstand hat/ kan auß eigener Vernunfft wol schliessen/ daß Zäuberer seyen" (26). He insists repeatedly on his authority as eyewitness, on the fact that he has seen ("ich habe gesehen") what witches are capable of doing to their unsuspecting victims (29), and that his information is new, "kein Fabelwerck oder Weibermärlein" (14).

Adjusting the confessional balance, the Reformed cleric from Zurich, Ludwig Lavater, also confirms the efficacy of experience: "Daß die bösen Geister viel gesehen werden/ vnnd noch heut bey tag den Schwartzkünstlern in mancherly gestalten erscheinen/ deßgleichen andern Leuthen auch/ bezeugen die Historien unnd die tägliche Erfahrung" (165). He, too, knows that the devil and the witch are real, for "die H. Schrifft/ die Historien/ auch tägliche Erfahrung/ vielfaltige zeugnuß geben" (171). Neither orthodoxy in witch beliefs, as represented by Danaeus, nor what we might call more skeptical attitudes toward the witch phenomenon influence in any major way the truth value ascribed to experience and reason alongside the more traditional notions of scriptural and textual authorities.

The texts assembled in the *Theatrum* are, for the most part, learned tracts devoted to careful, only occasionally obvious polemical discussion of the witch phenomenon and its impact on early modern life and learning. Only one text of a more popular nature, Reinhard Lutz's *Warhaffige Zeittung,* deals with the burning of several witches in Schlettstadt in the year 1570. This report found its way into the public consciousness by way of numerous editions, several of them, though not the one contained in the *Theatrum,* rather lavishly decorated with an illustration of three witches engaged in typical witch activities, making weather, cooking babies, riding on goats or broomsticks.

Downplaying a bit the sheer luridness of his topic, Reinhardus Lutz opens and closes the report with a brief commentary on the learned witch writings of his time. Like Basseus, he wishes to set the record straight: people believe, incorrectly he feels, that the matter of due punishment for witches had not been handled properly, "daß man vngebürlich vnd nicht rechtmessig mit diesen Personen gehandlet. . . . So hat mich für gut angesehen/ solchen Actum/ sampt der gantzen handlung/ . . . in Truck außgehen zulassen/ damit meniglich guten bericht vnd gnugsamen bescheidt bekommen/ vnnd deß ein billiches Vrtheil felle" (A). He points to poverty and wife abuse ("als sie ihr Mann . . .

sonsten/ vnnd auch in dem Kindtbett/ vbel geschlagen"); to sadness and depression ("armut vnnd Kummer"); and to vagrancy ("ihr vor Jaren die Stadt allhie verbotten worden/ sey sie so gar in bekümmernis gefallen") as some of the reasons for Satan's entry into their hearts (7–8). As all others, Lutz assigns gender in witch matters right from the start, in the very title, *Von den Gottlosen Hexen/ auch Ketzerischen vnd Teuffels Weibern/ die zu des heiligen Römischen Reichstadt Schletstadt/ im Elsaß/ sind verbrennet worden/ etc.* This attribution is very much in keeping with the generic presuppositions of such a *Zeytung* whose sensationalist narrative shorthand did much to encourage and prolong witch persecutions. It hides, however, an interesting subtext: describing the circumstances that led to the pact with the devil as well as to the evil deeds committed by these marginal women, we cannot help but hear undertones of abject misery and harsh suffering on both sides, the victim as well as the supposed perpetrator.

Lutz constructs his authorities in the traditional manner, framing the *ideas and modes of thought*, the *forms of externalization*, and the *social distribution* we identified as indispensable to the establishment of witch fears as an indisputable fact of early modern experiential realism. He uses a popular genre, and what we would consider a rather sensationalist approach to his topic. He reviews, albeit briefly, the scientific and theological arguments that speak for the existence of witches taken from the Bible, from pagan antiquity and early Christian sources. Pliny and Saint Augustine figure prominently, as do the Evangelists. Lutz knows of the gatherings at the witches' Sabbath, of salves, boiled children, of night flying, and *Schadenzauber*. He repeatedly quotes from a text by Girolamo Cardanos, who supposedly had been an eyewitness to a witch inquest and who had published a report on it: "Man hat etliche Weiber gefunden/ welche die Kinder getödtet/ vnnd jr fleisch eingesaltzen haben/ vnnd ich [Cardanus] hab eine gesehen richten/ die diese grawsame that begangen" (4). To strengthen his evidence, Lutz includes the footnote "Hec Hieronymus Cardanus li. 15. cap. 80. etc.," unfortunately without any further attribution. Playing on Cardanos's growing popularity north of the Alps in the later sixteenth century, Lutz seems to have missed the point that, although Cardanos wrote much on the occult, he, nevertheless, had repeatedly voiced doubts about the witches' ability to do what they were accused of doing.

Like others in this collection already mentioned, Lutz points to daily experiences as supporting evidence for the veracity of his statements. His facts assume the power of authoritative witness either on account of the frequency with which he repeats them or on account of the well-known names associated with them. He silences doubters—as do numerous contemporaries—by pointing to the fact that the overwhelming majority of witch confessions are consistent with one another: "Weil auß vielen erfahrnussen kundt vnd offenbar/ daß jhren viel mit einander stimmen/ . . . sie [the witches] zeugen auch offt wider einander/ vnnd stimmen in den Gesichten vnnd zeit zusamen" (4). But he refrains from going into greater detail because others more learned than he have done this for him: "Dieweil dieser zeit vnd zuuor dieselbigen von vielen Hochgelehrten vnd Wolweisen gnugsam erörtert/ vnnd an tag gethan" (4–5). *Erfahrung,* in this context, is the daily misery of the poor, the ones most afflicted by the witch menace. Lutz relates an episode of a child's alleged bewitchment by a carpenter's wife. The child's father goes to the authorities to ask that she be punished, and they comply. After repeated torture, the alleged witch admits her evildoings: "was geschehen/ vnnd wie es zugangen/ auch welche jhre Gespielen vnnd Mithelfferin/ zu welchen denn auch als bald man griffen" (6). The guilty pleas of three other women, "Anna, Niclaus Strauben des Schreiners Haußfrauw, Trüwel Greischerin/ Vlrich Greischers Haußfraw and Barbel/ Hans Schmidts Fraw" repeat and thus confirm with the expected uniformity the litany of their alleged crimes.

What follows affords us a glimpse of the fascination with which the public viewed witches, and why people were, for the most part, convinced that women could be witches. One of the accused and convicted women was able to express grief and fear at her predicament publicly and with many tears. Because witches generally are believed incapable of crying, this augured well for her salvation. It did not win her release from her sentence, but her executioners were, as was she, presumably convinced that she had been cleansed of satanic influence. The other two women, however, were said to have mocked the preachers and went *mit neid* to their fiery death. Lutz describes the very public nature of their execution, estimating the number of spectators to have reached several thousand: "gewißlich etlich tausent Menschen . . . das von vielen orten herzu verfügt vnd versamlet hat" (10). When the women were thrown into the fire, bound to high ladders, the women did not give any sign of the "grawsamen marter . . . vielleicht darumb/ daß jhnen Puluer für die Mäuler gethan/ vnd sie gegen dem Flammen mit den Angesichten sind gekehrt worden" (10). Everyone did his job with great earnestness and devotion: even the hangmen whose duty it was to keep the flames burning high until the last witch was consumed showed exemplary diligence: "Die Henckers buben so embsig/ geflissen vnnd ernstlich gewesen mit Stroh Wellen zutragen/ auch zuschüren . . . hat man mit brennen nicht nachgelassen/ so lange biß diese Personen gantz vnd gar zu puluer vnd Aschen verbrennt worden" (10). Lutz closes his report quoting the Old and New Testament, warning especially women of the eternal enmity of the devil, who "insonderheit aber die Weibs Personen . . . versucht vnd verführet" (11).

Lutz's report is followed by Martin Luther's brief disquisition *Von Zauberey/ Teuffelsgespenst/ vnd Hexery/ Campsionibus/ vnd Wechselkinder.* We know that Luther believed in the devil and his minions; that he often felt surrounded by them; and that he occasionally grew weary of struggling with the forces of evil. His beliefs do not differ in any significant way from those stated by the Catholic Reinhard Lutz. Basseus must have found Luther's inclusion among the writers appropriate not only for reasons of confessional balance but also surely for financial considerations. To add Luther's tract, brief as his contribution is, would certainly validate Basseus's enterprise to his Protestant readership. We are reminded, once again, that witch hunting was indeed an ecumenical enterprise long before the concept of ecumenism was acceptable to either confession.

Saur chose chapter 24 from the *Tischgespräche*, a well-known text that contains Luther's views on one of the most scintillating topics of the witch phenomenon, their purported ability to produce children with the devil; these are the so-called changelings, *Wechselkinder*. Elaborating on his story, Luther takes care to locate the authority of the narrative not merely in his own theological and scholarly acumen. Instead, he has his sovereign, Johann Friedrich, elector of Saxony, tell the story about such a changeling. Johann Friedrich, in turn, identifies the protagonists as "ein Geschlechte vom Adel in Teutschlanden" whose members are thought to be the issue of a *succubus* or *Teuffelsgeist*. The woman in question is Melusina zu Lützelburg, whose historical role as the founding mother of the House of Lusignan made her the protagonist of a very popular story told in French and German. A virtuous, even heroic fairy woman, Melusina emerges from Johann Friedrich's story and in Martin Luther's commentary as a female demon whose historical existence remains validated by the chronicles devoted to her and her family.[27]

Because the historical house of Lusignan had numerous offspring, Luther does have to explain what kind of woman Melusina might have been. He agrees with many of his contemporaries when he denies the possibility of a true union between the devil and human female; the apparent humanity of Melusina and of her children can only be seen as an example of the devil cheating the human senses, "ein grewlich schreckenlich Exempel/ daß der Sathan so kan die Leuth plagen/ daß er auch Kinder zeuget" (12).

But even Luther remains somewhat equivocal on the subject of satanic offspring born to human women. Pressed for an opinion on

Wechselkinder by the duke of Anhalt, Luther advises that such children should be drowned. Asked what prompted this suggestion, he replies "daß ers gentzlich darfür hielte/ daß solch Wechselkinder nur ein stück fleisch/ eine massa carnis sey/ da kein sel jnnen ist" (13). The devil can produce tissue but not a soul, and thus whatever appears cannot be a real human child. However, this explanation does not preclude, and herein lies the ambiguity that remains inherent in this issue for early modern theologians, namely, that such a child be baptized, because its satanic nature usually does not become manifest before its first birthday (14).

When reviewing the *Theatrum* as a whole, Basseus's selection appears more heavily weighted in the direction of Protestant writers, contradicting his earlier claim to confessional evenhandedness. Protestant writers outnumber their Catholic counterparts thirteen to three, leaving aside for the moment the confessional identity of the writer(s) of tract XVI entitled *Etliche Bedencken vnd Rathschläge/ von etlichen zu vnsern Zeiten hochgelährten vnd Rechtserfahrnen Juristen/ von Hexen vnd Vnholden/ wie es mit denselbigen von wegen der Tortur zuhalten.* Of the three Catholic writers, Lutz, Molitor, and Trithemius, the latter two are dead, Molitor for more than a hundred years.

In spite of the, on the whole, prosecutory and condemnatory language and use of the traditional authorities, the collection ends with two ringing endorsements of leniency and careful legal scrutiny in all witch matters. We now know with certainty that the more moderate of the two anonymous authors of the *Concilia und Bedencken* is the Frankfurt jurist Johann Fichard (1512–81). His is the voice of reason when he reviews the arguments for and against the application and duration of torture. He presents a number of carefully constructed opinions on the basis of the law of the land, the Kayserliche Halsgerichtsordnung (1532), about when, how long, and how frequently to torture.[28] Fichard takes issue with Institoris and Sprenger (who was at this time the still noted coauthor of the *Malleus Maleficarum*), Grillandus, and Danaeus on the question of the severity of punishment and the interpretation of witch activities: "Wolt aber es hette der consulent sich besser drauff nit allein beim Paulo Grill(ando) den autoribus Mallei maleficiorum [*sic*] . . . sondern auch andern so von disen dingen geschrieben/ belesen" (376). He insists that the authorities chosen must be balanced lest the distinctions needed for fair judgment are lost. And he feels pressed himself. As many overworked professionals, he complains about having been given too little time to reach a considered verdict: "Wiewol ich am liebsten hett gesehen/ daz mir solche acten vor lengst weren zugeschickt worden/ damit ich solchen handel mit guter mussen hett nachdencken mögen/ wie ich auch ein lust hette solcher materien einsmals gründlich nach zulesen/ vnd mich darinn so viel müglich zu resoluiren" (376). It appears that authority is also conferred by careful attention to the details of an argument and by the time devoted to researching the background to a given problem.

Bringing the *Theatrum* to a close, the seventeenth and last tract confirms what the reader had begun to suspect earlier, namely that, on the whole, the *Theatrum* projects a generally measured attitude toward the witch menace. Saur closes with a few pages from the sixth book of Johann Weyer's *De praestigiis daemonum*. He reviews Weyer's fundamental criticism, not of the reality of witches and Satan's influence on them, but of the way witches were treated noting that "Geistliche und Weltliche warsager/ auch die seltzame gespenst an richten können/ vnd Teufflischen rath/ hilff vnnd fürschub geben . . . lest man dise frey vnd vnangefochten . . . vnd wirt den armen verjrrten vnnd alten besessenen Weibern/ die straff gemeintlich vnd schwerlich auff erlegt" (393). Basseus's insistence that he wanted to present all sides of the issue impresses the modern reader as somewhat disingenuous. He marshals the authorizing discourses available to him and his contemporaries; he identifies the ideas and modes of thought, the forms of externalization, and social distribution, in other words, he carefully conceptualizes all questions and issues related to the witch phenomenon. The initial advice to his reader, that he should "auß dem gegensatz/ erfinden mög den guten schatz," his wish to remain no more than a facilitator in the discussion, proves, in the end, less successful than he might have wished. Read in its entirety, the *Theatrum* does in no way dispute the reality of witches and the need for them to be severely punished. The types of authority he calls on leave no room for doubt. But he does seem to lean toward leniency or, better, toward the fair and measured exercise of the letter of the law. We know from later development that it took a long while before such judicious sobriety returned to the witch proceedings and brought them to an end.

Notes

1. Herbert Lindenberger, "Ideology and Innocence: On the Politics of Critical Language," *PMLA* 105:3 (1990): 398.

2. Ludwig Lavater, "Von Gespensten/ vngehewren/ Fällen/ oder Poltern/ vnd anderen wundersamen dingen." *Theatrum de veneficis* (Frankfurt, 1586), 146. References to this work are cited hereafter in the text.

3. Marion Gräfin Dönhoff, "Wandel der Wahrheit: Wie die Nationen sich ihre Geschichte schreiben," *Die Zeit* 52:45 (7 November 1997): 1: "Fakten spielen in der Geschichte keine Rolle, entscheidend sind die Vorstellungen, die sich die Menschen von den Fakten machen."

4. Gerhild Scholz Williams, *Defining Dominion: The Discourses of Magic and Witchcraft in Early Modern France and Germany* (Ann Arbor: University of Michigan Press, 1995), 18: "According to Lakoff, *experiential realism* is characterized by four assumptions: a commitment to the existence of the real world; a recognition that reality places constraints on concepts; a conception of truth that goes beyond the internal coherence of an idea; and a commitment to the existence of a stable knowledge of this world and of the universe. Experiential realism determines the ways in which the mind forms the categories and the classifications that help to articulate, organize, name, and accept as true an individual's interaction with society. It represents the totality of our beliefs."

5. David Herman, "Scripts, Sequences, and Stories: Elements of a Postclassical Narratology," *PMLA* 112:5 (1997): 1047.

6. Bruce Lincoln, *Authority: Construction and Corrosion* (Chicago: University of Chicago Press, 1994), 4.

7. Ibid., 10.

8. Ulf Hannerz, *Cultural Complexity: Studies in the Social Organization of Meaning* (New York: Columbia University Press, 1992), 7.

9. Lincoln, *Authority*, 11.

10. *Theatrum de veneficis: Das ist: Von Teuffelsgespenst Zauberern vnd Gifftbereitern/ Schwarzkünstlern/ Hexen vnd Vnholden/ vieler fürnemmen Historien vnd Exempel/ bewärten/ glaubwirdigen/ Alten vnd Newen Scribenten/ was von solchen jeder zeit disputiert vnd gehalten worden/ mit sonderm fleiß (derer Verzeichnuß am folgenden Blat zu finden) an Tag geben. Sampt etlicher hingerichteter Zäuberischer Weiber gethaner Bekanntnuß/ Examination, Prob/ Urgicht vnd Straff/ etc. Vieler vngleicher Frage vnd Meynung halben/ so dieser Materi fürfallen mögen/ jetzt auffs neuw zusammen in ein Corpus bracht. Allen Vögten/ Schuldtheissen/ Amptleuthen deß Weltlichen Schwerdts/ etc. sehr nützlich vnd dienstlich zu wissen/ vnd keines wegs zu verachten. Iacobi 4. Widerstehet dem Teuffel/ vnd er wirdt von euch abweichen. Mit Röm. Keys. Maiest. Freyheit/ auff zehen Jahr nicht nachzudrucken/ begnadet. Gedruckt zu Franckfurt am Mayn/ durch Nicolaum Basseum/ M. D. LXXXVI.* This edition is cited hereafter in the text.

11. Hannerz, *Cultural Complexity*, 118.

12. Ibid., 26.

13. See Elaine Tennant, "The Protection of Invention: Printing Privileges in Early Modern Germany," in *Knowledge, Science, and Literature in Early Modern Germany*, ed. Gerhild Scholz Williams and Stephan Schindler (Chapel Hill: University of North Carolina Press, 1996), 7–49.

14. *Theatrum Diabolorum, Das ist: Ein sehr Nützliches verstenndiges Buch/ darauß ein jeder Christ/ sonderlich vnnd fleissig zu lernen/ wie daß wir in dieser Welt/ nicht mit Keysern/ Königen/ Fürsten vnd Herrn/ oder andern Potentaten/ sondern mit dem aller mechtigsten Fürsten dieser Welt/ dem Teufel zukempffen vnd zustreiten . . . Gedruckt zu Franckfurt am Mayn/ etc. im Jar 1569.*

15. Heinrich Grimm, "Die deutschen *Teufelbücher* des 16. Jahrhunderts: Ihre Rolle im Buchwesen und ihre Bedeutung," *Archiv für die Geschichte des Buchwesens* 2 (1960): 517.

16. See Michael Giesecke, *Der Buchdruck in der frühen Neuzeit: Eine historische Fallstudie über die Durchsetzung neuer Informations- und Kommunikationstechnologien* (Frankfurt a. M.: Suhrkamp, 1991).

17. Grimm, "Die deutschen *Teufelbücher*," 530.

18. William Eamon, *Science and the Secrets of Nature: Books of Secrets in Medieval and Early Modern Culture* (Princeton: Princeton University Press, 1994), introduction.

19. Responding to this *Zug nach Vollständigkeit,* Feyerabend had adapted this novel expository genre after returning from visits to Venice, where he had apparently learned about this potentially moneymaking proposition from the leaders of the printing and publishing trade. Following this trend and of no small interest to us, the French jurist Jean Bodin, author of the most influential witch tract, the *De la demonomanie des sorciers,* published his *Universae naturae theatrum,* the *Theater of Nature.* The ancient metaphor of the world as a stage was thus expanded to include the metaphor of the book as theater. Ann Blair, *The Theater of Nature: Jean Bodin and Renaissance Science* (Princeton: Princeton University Press, 1997), 5, 8. In the very same way, Girolamo Cardano, noted physician and one of the most prolific writers of the sixteenth century, compiled many hundreds of pages of commentary on the works of Hippocrates and Galen, which he uses as a forum to expound on his own often controversial ideas of medicine, philosophy, and astrology. See Nancy G. Siraisi, *The Clock and the Mirror: Girolamo Cardano and Renaissance Medicine* (Princeton: Princeton University Press, 1997).

20. Wolfgang Brückner and Reiner Alsheimer, "Das Wirken des Teufels: Theologie und Sage im 16. Jahrhundert," in *Volkserzählung und Reformation: Ein Handbuch zur Tradierung und Funktion von Erzählstoffen und Erzählliteratur im Protestantismus,* ed. Wolfgang Brückner (Berlin: Erich Schmidt Verlag, 1974), 412.

21. Ibid., 414.

22. Siraisi, *The Clock,* 152.

23. Frank Baron, *Faust on Trial: The Origins of Johann Spies's "Historia" in an Age of Witch Hunting* (Tübingen: Niemeyer, 1992).

24. The visual effect and the language used are reminiscent of Johann Fischart's 1581 translation of the Bodin tract, *De la demonomanie des sorciers.* Fischart also expands on Bodin's rather sparse title, translating the French collective noun *sorciers,* that is, *witches,* with "Teuffelsheer, Zauberern/ Hexen vnd Hexenmeistern/ Vnholden ... Schwarzkünstlern/ Vergifftern." In the same way as Basseus, Fischart assures his copyright "auff zehn Jar" by imperial privilege. Jean Bodin, *Vom aussgelasnen wütigen Teuffelsheer* (1591; rpt., Hildesheim: Olms, 1988).

25. Kevin Brownlee and Walter Stephens, introduction to *Discourses of Authority in Medieval and Renaissance Literature,* ed. Kevin Brownlee and Walter Stephens (Hanover, N.H.: University Press of New England, 1989), 1–19.

26. Harriet Stone, *The Classical Model: Literature and Knowledge in Seventeenth-Century France* (Ithaca: Cornell University Press, 1996), 2.

27. On the vagaries of Melusina's story, see Williams, *Defining Dominion*, 23–44 (plus bibliography).

28. Sönke Lorenz, "Die Rechtsgutachten von Johann Fichart in Sachen Hexenprozeß," in *Hexenverfolgung: Beiträge zur Forschung*, ed. Sönke Lorenz and Dieter Bauer (Würzburg: Königshausen and Neumann, 1995), 203–41.

10. Citational Science: Textuality and the Authority of the "Scientific Fact" in Early Modern Central Europe (Lohenstein's *Cleopatra*, 1680)

Jane O. Newman

I. Upstairs, Downstairs: Footnotes, Science, and the Erotics of Reading

Noel Coward is reputed to have observed that "having to read a footnote resembles having to go downstairs to answer the door in the midst of making love."[1] Coward's remark may appear irreverent, but it is not entirely irrelevant to the issue of textual authority. At issue for Coward is the erotics of reading, or the appeal that any particular text may have based on whether it can satisfy a variety of readerly desires. Different kinds of texts are perceived of as authoritative at different historical moments because they respond to a desire for knowledge or for entertainment, for example, in different ways at different times. Following the lead of French historian of the book, Roger Chartier, I would argue that both of these phenomena—readerly desire and textual authority—are constructed by and as a series of material acts; we thus cannot adequately assess the relationship between them unless we observe their construction at close range in specific texts.[2] In what follows, I examine as representative a particular case in which textual authority was constructed in the mid to late seventeenth century at the intersection of two apparently incongruous genres, the scientific journals that circulated widely throughout Europe, on the one hand, and the spectacularly learned notes to one of Daniel Casper von Lohenstein's peculiar schoolplays, on the other. Louis Marin has suggested that this period was one in transition between a culture of curiosity and a culture of method.[3] The details of how two species of textuality often thought to be at odds with one another—late humanist annotation and proto-Enlightenment scientific journalism—responded to readerly desires with similar authority-producing devices become visible in both the literal and figurative margins of Lohenstein's play. Considering the notes to Lohenstein's *Cleopatra* alongside and in dialogue with what was one of the most widely distributed scientific periodicals of the early modern period, the *Journal des Scavans*, which the playwright is known to have read, reveals the historical limitations of Coward's sexual metaphorics of reading by offering an alternative scenario to the one that would claim a universal textual preference for the text "on top" as the privileged location of appeal.

The school of thought, so aptly captured in Coward's witticism, that considers footnotes to be purveyors of textual tedium, is particularly in need of revision when we consider the case of the seventeenth century, when multiple kinds of textual practices still fought for the privilege of being acknowledged as proximate to a wide range of "truths." As a result of these contestations, it is never clear—to extend Coward's image—who is going to be at the door when one descends into the cluttered "basements" of early modern texts. The implicit assumption that readerly experiences associated with the culture of learnedness did not deliver the thrills of textual immediacy is belied by the complexity of scientific documentation in the early modern period in particular, when late humanist appeals to the authority of textual tradition, on the one hand, jostled up against description and documentation of empirical experimentation, on the other, allowing "words" and "things" to intermingle on the pages of scientific texts.[4] The claim that even the invocation of "facts" and "evidence" is itself discursively mediated has, of course, become nearly axiomatic in the postmodern academic world.[5] But the indication that the sex appeal of science in particular was "always already" textually constructed in the mid to late seventeenth century *not* as tediously mediated in and through language, but, rather, precisely in and as a series of compelling textual acts, has only begun to be acknowledged by historians and sociologists of science such as Steven Shapin and Simon Schaffer over the past fifteen years.[6] Indeed, the role that texts were called upon to play in the development of early modern experimentalism is now known to have been so central to the development of science that Shapin has described it as a kind of "virtual witnessing," whereby the verbal description of an experimental scene and its results was rendered with such verisimilitude that it "obviate[d] the necessity for either its direct witness or [indeed, even] its replication."[7]

Moreover, both William Eamon and Paula Findlen have shown that early modern scientists themselves understood well the "importance of being printed"[8] in a world in which a text could document, represent, and even stand in for the facts of experimental achievement and empirical data. Print culture was known in this period to rely on a variety of "literary technologies" that enabled virtual witnessing, particularly in genres devoted to the accumulation of knowledge for what later became known as "scientific" ends.[9] The so-called Letter Books of the British Royal Society, for example, which contained all the letters read at the society's meetings and reports testifying to the events, experiments, and observations from all over the world that the assembled virtuosi debated, as well as Cassiano dal Pozzo's *Museo Cartaceo* (Paper Museum) of the early seventeenth century, with its "visual archive" of ancient cultural and natural history, are but two particularly salient examples.[10] The best known of such textual acts was of course the *Philosophical Transactions*, a publication linked with the Royal Society. The role of the *Philosophical Transactions*, not just in promoting scientific knowledge but in actually creating science by discursive means, was widely recognized at the time, and led many an early modern scientist, such as the Italian Francesco Nazari, to write to Henry Oldenburg, the first secretary of the Royal Society, in 1668 that the *Philosophical Transactions*, which he calls these "little books," "may at length suffice [themselves] for the establishment of the true philosophy"—for the establishment and promotion, that is, of the experimental science in "matters or things philosophical, mathematical, or mechanical."[11] When descriptions of experiments and illustrations of phenomena in widely circulated periodicals could come to stand in for both the objects and product of empirical study in the privileged discourse of experimentalism, the link between textuality and "scientific" authority remained firm.

And yet, publications like the *Philosophical Transactions* and its French analogue, *Le Journal des Scavans*, were not the only places where such links were visible in the seventeenth century. Ironically, even in more traditionally learned texts from this period, like Lohenstein's *Cleopatra*, virtual witnessing occurred with regularity. Like other of Lohenstein's schoolplays (*Schuldramen*), designed for production in conjunction with the curriculum of the Protestant *Gymnasien* in Breslau (now Wrocław, Poland), his *Cleopatra* appears to be quite "bookish," beholden to classical texts and models, and thus distinctly "fictional," outlandish, and full of arcane detail. References to Suetonius, Plutarch, and Cassius Dio crowded the play's notes, as did descriptions of magic, all manner of extravagant cultural practices, and the steamy abundance of flora and fauna associated with Africa and the East. The combined humanist learnedness and dense exoticism of Lohenstein's play may appear somewhat idiosyncratic, if not also anachronistic in an age that was already celebrating the scientific method as it was associated with Bacon and Descartes. But Lohenstein's *Cleopatra* was as engaged in a complex dialogue with the literary technologies of early modern science as were other texts more traditionally identified as "scientific." This dialogue occurs for the most part, moreover, in that most "textual" of realms, the annotations (*Anmerckungen*), that in this case are printed after the play.

My point in examining Lohenstein's notes is in part polemical. Historians of science have worked feverishly over the past ten to fifteen years to nuance the claim—not new with Foucault, but certainly intensified by his work—that there was a radical shift of episteme in the late sixteenth and early seventeenth centuries from a textually based system of knowledge production to an empirically based natural philosophy, or science. The assumption that Renaissance humanism's ideal of authority, which relied on using texts to restore classical models of knowledge, gave way to "new," early modern epistemologies, that called on technologies of immediacy to nature to produce "science," is nevertheless one that continues to inform many present-day accounts of the period. Twentieth-century scholars may be pardoned if they find this narrative so difficult to shake. They are only following the lead of such early modern defenders of the new science as Francis Bacon himself, or of one William Wotton, who in 1694 wrote in his *Reflections on Ancient and Modern Learning*, an apology for the work of the Royal Society, that "My Lord Bacon was the first Great Man who took much pain to convince the World that they had hitherto been in a wrong Path, and that Nature her self, rather than her Secretaries, was to be addressed by those who were desirous to know much of her mind."[12] The case of Lohenstein's *Cleopatra* interrupts this narrative of two cultures of textual versus "scientific" authority in the early modern period.

Moreover, the choice of this particular play by Lohenstein as an example of the ways in which the construction of authority was based on an intermingling of learned culture and the complexities of a still developing scientific empiricism is motivated by the special circumstances of its material production as text. For, when the playscript was originally published in 1661, either simultaneously with its performance by the schoolboys in Breslau on 28 February of that year or soon thereafter, it was accompanied by a supplementary annotational apparatus that consisted in some 40 pages of notes for a 130-page play. In the second edition, published in 1680, after Lohenstein's plays had ceased to be performed, the notes had swollen to nearly twice their earlier size, thus drawing attention to this version of the play as an unabashedly textual event.[13] The conventional wisdom about the supplemental annotations of the 1680 version of *Cleopatra* is that they were merely so much intellectual tinsel, designed to endow Lohenstein's play about the passionate and manipulative queen with a heightened air of "authentic" exoticism.[14] The most often cited example of such an implicitly decorative function of the augmented notes has been Lohenstein's heavy reliance in them on Athanasius Kircher's *Oedipus Aegyptiacus* (1652–54), that massive collection of arcania about Egypt that has been claimed to contain within its covers the entirety of early modern knowledge about the subject.[15]

Yet Lohenstein's notes reveal that, in his efforts to update his play between 1661 and 1680, the playwright had familiarized himself not just with Kircher, but also with myriad other contemporary sources on Egypt and Africa, specifically as they were inventoried in a subset of the "virtual witness" genre, namely the early modern scientific periodical. These sources are the subject of the analyses later in the chapter. The new notes are evidence not of intellectual dilettantism, then. Rather, they allow us to observe at close range the material and ideological complexity of the construction of textual authority in the second two decades of the second half of the seventeenth century and, in the process, to track more closely the relationship of empiricism and textuality in the "rise of science" during those years. Anthony Grafton has argued that the study of footnotes involves an investigation of "those parts of history which lie beneath ground level" which can "reveal [the] hidden cracks and forgotten conduits" of historical knowledge transmission as it occurred in citable texts.[16] Whatever is going on in Lohenstein's notes, then, it is certainly as fascinating and absorbing as that which, in Coward's words, goes on "upstairs" in his play.

II. "Western Reason" and Exoticism in Lohenstein's *Cleopatra* (1680)

In an authorial gesture unparalleled in any other of the myriad early modern plays about Cleopatra, Lohenstein includes in the final act of his play a scene in which Augustus makes a frantic attempt to save the suicidal queen by dragging the legendary psylli, or snake venom extractors, on stage to do their work (ll. 459–94; 140–41).[17] Although they fail, the impact of the psylli's actions must have been striking when the play was performed in 1661, as they worked desperately to save Cleopatra. "Stracks saugt das Gift ihr aus den Wunden," Augustus cries, "Spart Kunst und Arbeit nicht für einen reichen Lohn" (ll. 484, 489; 141). The participation of the psylli in an onstage attempt to resuscitate Cleopatra is nevertheless not Lohenstein's invention; it is derived, rather, from two classical texts, Suetonius's life of Divus Augustus, on the one hand, in which the psylli are described as "suck[ing] the poison from her wound" (II.4.146–47) and Dio's *Roman History* (51.14.4–5, 40–41). Dio describes the fantastic tribe of the psylli in great detail. "[T]here is no woman born in their tribe," he writes, and so they must (in unexplained fashion) "propagate from one another." Moreover, "they test their offspring" for acceptability in a quite extraordinary manner, "either by having them thrown among serpents as soon as they are born or else by having their swaddling-clothes thrown upon serpents; for the reptiles in the one case do no harm to the child, and in the other case are benumbed by its clothing."[18]

In the 1661 version of *Cleopatra*, Lohenstein glosses the psylli scene with these and additional, even more extravagant details on the customs of the psylli attributed to Pliny, as well as with references to Suetonius, Plutarch, and to the first-century medical writer, Cornelius Celsus, in the *Anmerckungen* (167–68). The classical nature of the texts that he cites suggests that they may have been designed not just to legitimate involving additional participants in the school-sponsored production to play the parts of the venom suckers, but also to serve as a reminder to the adolescent actors that their play was also in part a history lesson, and neither just entertainment nor merely a way for them to earn small rewards from local patrons for their roles.[19] The interlude nevertheless passes quickly, and the Roman general turns to the planning of his triumphal homecoming. The psylli are not mentioned again.

Although the appearance of the psylli in Lohenstein's play represents an anomaly in the tradition of early modern texts associated with Cleopatra, the aura of exoticism that accompanies their presence nevertheless suggests what has become a recognizable version of her story, because it underscores in indirect fashion the message propagated by countless other texts in which the same tale is told, namely that of the justifiable victory of "Western" reason and male power (in the person of Augustus) over the "Eastern" exoticism represented by Cleopatra. This exotic quality is figured in the psylli's background and powers. Cleopatra's defeat by Augustus has in turn long been taken to figure the "modern" victory of reason over passion, not only in plays like Shakespeare's *Antony and Cleopatra*, but also in much literary criticism of Shakespeare and Lohenstein alike. In such readings, the events of 30 B.C.E. provide a way to contrast Rome with Alexandria, the superiority of Western-style enlightened militarism with "Eastern" Egyptian despotism, and the forward march of the empire with the defeat of its opponents represented by the body of the vanquished African queen.[20] The broader context of Lohenstein's psylli scene could be read as implicitly relying on and replaying this narrative, since Augustus quickly abandons his reliance on the traditional and somewhat bizarre medicine of the Libyan venom suckers and proceeds directly to develop a kind of "modern" instrumentalizing political reasoning to achieve a successful victory parade at home by other means; if he cannot have the queen's body revived, he will order a statue of her person to be made in its place. In this reading, the psylli *must* fail, not only because the historical record requires Cleopatra's death, but also because they belong—with their origins in male parthenogenesis and their exceptional immunities—to the realm of exotica and excess traditionally identified with Africa, woman, and the East all in one. This realm, depicted in Lohenstein's notes to Dio, Suetonius, and Pliny as belonging to the "magic kingdom" of African Egypt, where countertraditions, outlandish practices, and colorful personnel abound, must be abandoned—indeed, must fade into the recesses of historical fantasy represented by these classical texts—in order for the process of modernization and Western imperial progress to begin.

The already elaborate annotations to the psylli scene in the 1661 *Cleopatra*—more than thirty lines of densely printed minutiae about the profession of the ancient venom extractors (1661, 167–68)—lend themselves to this reading, insofar as they appear to endow the text with the aura of exoticism that has been taken to be both the play's and ancient Egypt's most prominent, yet also most objectional, feature. And they are expanded by twelve additional lines of annotation in the 1680 version, the new material on the psylli appearing merely to enhance the degree of exoticism that must be tempered by Roman reason by increasing the number of notes (cf. 1680, ll. 316–46; 198–99) by one-third. A careful consideration of these supplemental notes nevertheless reveals a curious interruption of this interpretive story. For, instead of legitimating the "progressive" narrative of the victory of Roman reason that will leave the "primitive" practices of Egyptian-African culture behind, the new notes in fact "update" and extend the lifetime and effectiveness of the psylli's methods well into the early modern present of the revised play. Rather than belonging only to the textual realm of the classics or to the fantastic and exotic geography of Africa and the East, Lohenstein's additional research shows, for example, that the practice of venom sucking also occurs among modern peoples, including some recently discovered tribes, such as the "Virginianern" of the New World (l. 344). The playwright also singles out the work of a contemporary Florentine doctor, Franciscus Redi, as particularly worthy of note (l. 335), because Redi has explained in "scientific" fashion how it is possible for practitioners of this art not to poison themselves as they work; the venom is deadly only when mixed with blood in the wound and can thus be imbibed without any harm ("ohne einigen Schaden . . . getruncken werden"). Although the title of Redi's natural history tome on snakes, the *Osservazioni intorno alle vipere* (1664), is not given in the note, Lohenstein must have assumed that the book was well known enough throughout Europe to have been identifiable to most.

After a sprinkling of other, similar references, the 1680 annotational addendum ends, but not before it has disturbed a reading of the practices of the psylli that would associate them only with an extravagant ancient culture linked with the passing of the kingdom of the defeated queen. In place of this reading, Lohenstein embeds the frantic efforts of these local doctors in the "progressive" context of the most recent discoveries of early modern animal biology, on the one hand, and the ethnography enabled by the work of explorers in the New World, on the other. The updated footnote serves, then, as an example of the use of the textual space of the note as a realm of immediacy, in which, moreover, experimentalism and observational "science" do not outdo, but merely update the textual authority of the ancients. In the process, it also asks readers to reconsider the long-accepted hierarchy of reason over irrationalism, which mirrors the triumphal-Rome-over-vanquished-Egypt relationship. If the "modern" medical knowledge represented by Redi's text actually only confirms the "tribal" practices and techniques described in the classical texts of Pliny, Celsus, and others, then who is more "scientific" and "modern" than whom here?

A second example of the coincidence of learnedness, science, and the exotic in Lohenstein's *Cleopatra* also derives from the final act of the play, and again challenges the critical story that has been told about the play as a classicizing depiction of the unambiguous victory of Roman reason and power over Egyptian extravagance and irrationalism. It also disturbs a reading of the enhanced 1680 notes of the play that would attribute them only to Lohenstein's desire to adorn his text. In a very peculiar scene that is new to the 1680 version, Lohenstein again "updates" his classical sources in Suetonius and Dio. The scene includes two female characters, Belisame and Salambo, who do not appear in ancient accounts of the Cleopatra tale; their appearance would appear to signal that Lohenstein is tipping his hand, letting readers in on his plan to "modernize" the story in significant ways. Unlike the figures of the serving women, Charmium and Iras, who appear with regularity in most accounts—as they do in Lohenstein's play—at the queen's side both in life and in death, Belisame and Salambo, who do not commit suicide with Cleopatra, are quite literally textual inventions. According to Lohenstein's notes, their names are imported from the learned tome, *De Dis Syris*, of his contemporary, the British barrister, John Selden, originally published in London in 1617. They can thus outlive the queen in Lohenstein's play, whereas figures with a classical provenance, such as Charmium and Iras, cannot. The self-referentiality of these figures in the play as a literal stage production, in which all of the characters, including these additional serving women, were played by adolescent schoolboy actors, is signaled, moreover, in Selden's learned and practically impenetrable commentary on the two deities whose names Lohenstein's characters bear; there, we read that in the early modern textual tradition, both the Phoenician Salamba'al and the Celtic Belisama were considered to have been if not as male as the tribe of the psylli, then of uncertain gender at the very least.[21] The hailing of Belisame and Salambo from a contemporary text like Selden's, which appeared in multiple editions up through the late 1660s, marks the text that contains them as "modern" by replicating at an intertextual level the split identity of the boy actors playing women. Figures of classical provenance (Cleopatra, Augustus) thus interact on the Breslau school stage with characters, such as Belisame and Salambo, of modern provenance. It is no wonder that they also turn out to be familiar with several traditions of early modern science whose textual origins are contemporaneous with their own.

Just after Augustus has issued the orders to confiscate much of the paraphernalia of Cleopatra's rule, the general is interrupted by Belisame, who suggests that he has not considered the entire extent of Egypt's treasures, the very finest of which are unfortunately not available to him:

> Der beste ligt begraben
> Den er großmächtiger Fürst
> nicht fähig ist zu haben.
>
> (ll. 695–96; 147)

Incensed, Augustus demands to know who is to prevent him, the victor, from accessing all of Egypt's wealth. Belisame replies that the inaccessible goods in fact belong to the house of Ptolemy, Cleopatra's dynasty, and rest safely at the bottom of a lake, protected there from potential theft by

> ... [e]in ihn besitzend Geist
> Der unter der Gestalt des allergrösten Drachen
> Und eines Krocodils muß solchen Schatz bewachen.
>
> (ll. 698–704; 147–48)

The ability of this "Geist" to guard the treasure had been invested in it by "der grosse Ptolome," she continues; having impressed his ring upon his goods before he sank them, he transferred the power to ward off intruders invested in the decorative designs on the stones of the ring to the objects themselves. This speech about a talismanic ring has as few classical precedents as the character who holds it and would thus indeed appear to support an account of the 1680 version of the play that dwells on the exoticism of its "extraneous" supplementations.

And, yet, the ring belongs to a category that Carlo Ginzburg has called the only apparently "marginal and irrelevant detail" that, if studied closely enough, emerges as a "revealing clue."[22] For, when the somewhat testy Augustus demands to know whether any of the present company understands enough of this magic to undo the talismanic spell (ll. 704–5; 148), the scene's other textual invention, the serving woman, Salambo, responds that Augustus's generosity has persuaded her that she can betray the house of Ptolemy in good conscience. She does so by offering to him what is referred to as the magic "Schlüssel," or "key," later identified by Augustus as the aforementioned Ptolemaic ring (l. 715; 148). No amount of incantation or occult knowledge, or even natural forces captured in the property of special herbs, can release the treasure from its fierce protectors, Salambo claims (ll. 712–15; 148); only the ring, which consists of precious stones set in bronze and carved with the figures of the very same dragon and crocodile that oversee Ptolemy's wealth, possesses "geheime Kraft" (l. 717; 148)—the "magical power" that can free the treasures from these creatures' protective spell. Although the story of magical carvings and powerful rings may appear somewhat outlandish, Salambo nevertheless observes that the effectiveness attributed to them,

> ... durch welche man
> Die Geister kirrt und jagt
> und Wunder stifften kan ...
>
> (ll. 725–26; 148)

is well known. Indeed, although sometimes observed to have occurred in nature ("Es habe die Natur mit Wundern sie erfüllt" [l. 721; 148]), such carvings as those found on the stones set in the ring can also be produced artificially, as is the case with this particular ring, which was produced "durch eines Künstlers Hand" (l. 729; 148). After listening to a description of the ring's magical properties that goes on for nearly twenty lines, Lohenstein's Augustus orders his right-hand man, Gallus, to take it and go get the goods, whereupon this idiosyncratic interruption of the traditional account of the aftermath of Cleopatra's suicide ends. Returning to the events as described in the classical sources, and, for that matter, as called for in the script of the 1661 play, the Augustus of the 1680 revised text proceeds to visit the tomb of Alexander and then departs for Rome, leaving Egypt and its dragons and crocodiles behind.

The invention of the magical ring and the description of Egypt's hidden treasures as captured in Belisame's and Salambo's speeches may well have been meant to endow the play with additional markers of Eastern "local color" on the order of the psylli. Yet Lohenstein's innovations here also signal something more than just indiscriminate exoticism. First, Augustus's response to the presence of a clear tradition of occult and magical practices in Egypt is not one of disdain on the part of a "rational" Modern, but, rather, one of opportunism, as was already apparent in his initial reliance on the remarkable psylli. He does not in principle reject the idea of the ring's magical power, but instead is quite willing to believe in the hold that a dragon or crocodile might have on the treasure—and in the ring's capacity to undo the spell—as long as he can ultimately come into possession of both. Any notion that his "Western," Roman rationalism is distinct from and above having recourse to such irrational "Eastern" belief systems as those that might subtend the notion of the ring's power must begin to be dispelled here. Moreover, it is not just the Roman's personal or even historical-characterological profile that is at stake, but rather, the very definition of Western rationality itself as he appears to embody it in this play. For, when we turn to the 1680 *Anmerckungen* to Belisame's and Salambo's speeches, we discover that in addition to relying on Selden for his characters' names, Lohenstein used a second contemporary text to construct this unusual scene, namely Johann Michael Wansleben's *Nouvelle Relation En Forme de Iournal, D'un Voyage Fait en Egypte,* published in Paris in 1677.[23] The references to Wansleben explain a lot about the ring scene, even as they reveal the contours of the very textual science that inhabits the margins of the German play.

Lohenstein must have known Wansleben's account of his journey to Egypt quite well; he cites it fourteen times in the notes to his 1680 edition of the play. In his "news report" of his trip in 1672 and 1673, Wansleben describes in rich and fascinating detail the people of Egypt, the country's flora and fauna, and the archaeological wonders of the Sphinx and the pyramids, as well as the flooding patterns of the Nile that so fascinated Europeans at the time. The story of Egyptian treasures possessed by spirits, hidden in caves submerged in water, protected by crocodiles, and accessible only to those in possession of objects engraved with magical figures, can be found in Wansleben's text in a section in which he describes the ruins he has seen of the observatory built by one Caliph Hakem de amrille, from which the Caliph is said to have studied "le cour des Etoilles" (282–84). On the basis of the Caliph's astral observations and calculations, talismans were fashioned that were possessed of the same kind of "puissance de la Magie" to be found in Lohenstein's Salambo's account of the spirit-producing and -transferring ring. These powers could be used, according to Wansleben, to access "toutes les caves soûterraines" where "les tresors des anciens Roys & Seigneurs de l'Egypte estoient cachez" (282). Ptolemy's ring may be Lohenstein's invention, then, but its association with protective animal spirits and a magical power to access Egypt's ancient wealth was not.

Moreover, even though the note to the scene in which it appears somewhat dismissively characterizes the stories about talismans and hidden wealth as so much Egyptian "Aberglaube," or superstition (l. 560; 203), Lohenstein seems also to have read far enough along in Wansleben's French-language text to have discovered that its author seems himself to have actually believed in astral influences and the occult power of stones—or at least thought that his sponsors and readership would—enough to make it worth his while to dwell upon them at length both during his travels themselves and in his account. The lengthy note to the ring scene in the 1680 *Cleopatra*, in fact, ends with Lohenstein's report of Wansleben's claims to have sent back to Paris a number of "Arabische Bücher" about talismans, in particular one by the "Zauberer Meimum" (ll. 571–75; 204). These books describe not only the allegedly "possessed" treasures of Egypt, but also the way in which the spells protecting them could be broken or undone. Lohenstein's allusion to Wansleben's shipment of books is based on the line at the end of the passage in the original 1677 French text, where Wansleben writes: "Je les ay envoyés tous deux à la Biblioteque du Roy," referring to a manuscript by "Meimún le Magicien," entitled *Eiiún il hekáiek, ve eidah il teráiek,* and to another text, the author of which he does not name, entitled *Kitah gaiet il maáreb, Fi menáich ve il chabáia, ve il medáleb* (285). This must have been the passage in Wansleben to which Lohenstein was referring when he wrote about the "Arabic books."

Presuming that Lohenstein read this far, it is, moreover, unlikely that he would have been able to overlook the very specific tradition to which Wansleben appears to have thought the texts that he found belonged— namely, to the tradition of esoteric Hermetic tracts that Eamon has shown gave rise to the genre of "libri secretorum," or "books of secrets."[24] Such texts may appear to be the result of "mere" superstition, but they were exceedingly popular from the Middle Ages well up through the seventeenth century and were not unrelated to developments in mechanical philosophy.[25] And indeed, at least three times in a relatively brief passage, Wansleben designates the books he has seen, in which the astral movements crucial in the production of talismans that can invoke and dispel spirits of crocodiles, dragons, and the like are described, as texts that contain the "secrets admirables" of "la science des Talismans." Part of his reason for visiting some rather obscure sites in Egypt in the first place was, he suggests, precisely to find texts by "les plus anciens & meilleurs Autheurs Arabes, qui pouvoient fournir quelques lumieres de cette noble Science" (284). In these books lie the solutions to the "enigmes" that have puzzled generations of scholars, solutions that Wansleben claims that those who have not laid eyes or hands on the texts may be suspicious of or disdain. If there is any potential for gullibility here, even a casual reader of Wansleben (which Lohenstein appears not to have been) must note that it surely did not rest with the Egyptians alone. Indeed, what Wansleben appears to have been looking for and what he sought to send back to his patrons was not only information about the monuments, the people, and the distinctive flora and fauna of the Mediterranean basin, but also books, authoritative sources on how the kind of magic that the Egyptian talismans contained was produced. By acquiring such texts, he and other early modern Europeans like him could unlock the very "secrets of nature" to which "Eastern" peoples seemed to have had privileged access in times past.

In reading Wansleben's book, Lohenstein would have discovered, then, that the Arabic books the traveler describes, sources that proved the "reality" of "natural magic," were already available in contemporary France. The fact that his Augustus, a "European" general-conqueror of Africa, was not above believing in exotic Egyptian artifacts and practices, such as the one associated with the conjuring power of Ptolemy's ring, is thus not surprising. This German Augustus appears to be at least as up-to-date as Wansleben's French sponsors, who were interested in and perhaps even convinced that talismanic magic worked. Lohenstein's note to Wansleben's text is thus quite a bit more than an exoticizing frill, incidental to and a distraction from the play. Rather, the reference provides a link between the ancient events depicted in *Cleopatra* and the immediate present of the Lohenstein's play by pointing to its imbrication in a complex system of contemporaneous authority-producing texts. Membership in this system seems to have endowed a wide variety of books—from Redi's treatise on snakes to Wansleben's travelogue to the "Arabic books" he describes—with a kind of "scientific" plausibility, and must have been signaled to Lohenstein in some way. In what follows I argue that it was because of their inclusion in the set of texts reviewed in one of the premier scientific periodicals of the early modern period, the *Journal des Scavans*, founded in Paris in 1665, that such diverse texts as Redi's, Wansleben's, and many more became legible to Lohenstein as "science." That the German playwright read the *Journal des Scavans* regularly from its very inception emerges from a close study of the notes to his 1680 *Cleopatra*.

III. "Magic" and the Textuality of the "Scientific Fact"

Lohenstein's use in the late 1660s and 1670s of Wansleben's vernacular travelogue to supplement the notes that were subsequently published in his 1680 *Cleopatra* may initially seem to be of a somewhat different order than his reference in the note to the psylli scene to Franciscus Redi's learned tome on snakes; different too, for example, from his citations in the updated note on venom extraction to Georg Horn's *Arca Noae sive historia imperiorum et regnorum a condito orbe ad nostra tempora* (1666), which is the source of Lohenstein's reference to the "Virginianern," the bloodsuckers of the New World, or to Samuel Bochart's encyclopedic *Hierozoicon sive de animalibus Scripturae* (1633). Like Bernard Caesius, the author of *Mineralogia* (1636), to whom Lohenstein refers in another new endnote that serves as an additional gloss to Salambo's ring speech (ll. 576–81; 204), Redi, Bochart, and Horn all participated in the learned tradition of early modern natural history writing. Although based on imitating Pliny's ancient commentary on all manner of natural phenomena, these authors and texts also clearly strove to outdo the ancient father of the genre. They were, of course, in the position to do so, above all because of the new observational techniques associated with "modern science" to which they had access. The British Royal Society had proclaimed its mission to be one on behalf of all procedures that would lead to the "increase in knowledge" that distinguished the Moderns from the Ancients.[26] When Lohenstein, one of the most "textual" of the baroque writers, cites Redi, Caesius, and the others, then, he can be understood as standing witness to intellectual developments associated with the culture of empiricism that we often associate with the Scientific Revolution in England. But what about Wansleben?

Parts of Wansleben's travelogue clearly resonate with the tradition of "scientific" texts associated with natural history. The logic of the Moderns' "advancement of learning" capitalized greatly on the fact that exploration not just of the New World, but also of Africa and the Middle and Far East, for example, had yielded knowledge that the Ancients could not have had. It is probably not by chance that Robert Hooke, the British Royal Society's curator of experiments, reached to the metaphor of the voyage of discovery to talk about the microscope, which, according to Hooke, could produce "new Worlds and Terra-Incognitas to our view."[27] In his examination of the role of natural history in the Scientific Revolution, Joseph Levine writes of the more literal importance of the voyages of discovery to early modern empiricism; "from across the sea there came in great boatloads, thousands of specimens of seeds and plants, insects and animals, many previously unknown, enough to fill the cabinets and botanical gardens of the collectors with still other new worlds of nature."[28] The first part of Wansleben's travelogue, although not yet by any means methodical enough to be characterized as "natural philosophy," nevertheless systematically catalogs his observations of Egyptian flora and fauna, offers descriptions of the flooding of the Nile, and records measurements of the pyramids in ways that indicate the text's function as a "trustworthy reporter" of the richness and abundance of "nature's wonders" in this same tradition. Not unlike many of the communications that Oldenburg collected in the *Philosophical Transactions* of the Royal Society, texts in which firsthand experiences were reported in such a way as to carry the weight and authority of the witnessing eye,[29] Wansleben's account of his travels thus had this in common with the more learned early modern scientific tradition: it was involved in a broad-based and diverse movement to observe and describe, to collect and classify the fund of reliable knowledge of the Moderns wherever and whenever possible.

Wansleben's role in enriching the 1680 additions to *Cleopatra* thus provides evidence of links between the late humanist learning usually associated with Lohenstein and what could be understood as a proto-Enlightenment culture of "scientific" experiment and observation. The consistency with which Lohenstein, even as he wrote a series of "Roman plays" based on ancient sources from Livy to Plutarch to Tacitus, also kept track of developments in the acquisition of this kind of "empirical" knowledge in the eighteen years between the first and second versions of *Cleopatra* is, moreover, nothing short of astounding. The 1680 notes contain numerous references not only to Redi, Selden, Horn, Bochart, and Caesius, as well as to Kircher, but to precisely those myriad other, perhaps lesser known, but probably more symptomatic figures and texts, such as Wansleben and his *Nouvelle Relation*, that testify to Lohenstein's broad coverage and very catholic tastes. He relies on and quotes, for example, from Marinus Curaeus de la Chambre's *Sur les causes du débordement du Nil* (1666), John Greaves's *Description des Pyramides d'Egypte* (1663), Jacob Spon's *Voyages d'Italie, de Dalmatie, de Grece et du Levant* (1678), and Jean Baptiste Tavernier's *Six Voyages en Turquie, en Perse, et aux Indes* (1678), as well as from the learned Christoph Hendreich's fascinating *De Republica Carthaginensium* (1664) and Isaac Vossius's *De Nili et aliorum fluminum origine* (1666), to name but a few. It is remarkable that Lohenstein, located in Breslau and certainly busy with much official business associated with his position as city *Syndikus* during the years between 1661 and approximately 1679, seems not only to have known *what* to read of the flood of texts that poured forth from the printing centers of Europe in Florence, London, Paris, Amsterdam, Leiden, and Lyons during these years, but that he would have *time to read them* at all, while he also strove to keep up with the newest trends in the political-historical philology that used commentaries on the ancient historians to articulate positions on contemporary political and military events.[30]

Questions of textual access, on the one hand, and of readerly time (not to speak of enjoyment), on the other, are nevertheless not rhetorical ones, precisely when they concern the authority of the textual activity going on "downstairs" in Lohenstein's play. A series of documented answers provides us with additional information about the nature of both Lohenstein's learnedness and his reading habits. This information also reveals a great deal about his relationship to the complexities of the "new science," particularly as they become visible in the potentially most puzzling texts of this sort, namely those represented by Wansleben's account of the Egyptian science of the talisman, the authority of which seems to have appeared just a bit suspect to the German playwright, if we remember his use of the term "Aberglaube" in connection with the ring. How was Lohenstein able, then, to keep abreast of such a wide range of texts? How, moreover, did he square his pronounced attraction to books that trafficked in the currency of the miraculous and the occult with his obvious interest and even belief in early modern empiricist discourses? The notes to the psylli in the 1680 version of the play begin to provide answers here.

In Lohenstein's 1680 additions to the note on the Libyan venom extractors, the playwright refers to Franciscus Redi's treatise on snakes, as well as to other ancient and contemporary sources. His relatively recent acquaintance with Redi's 1664 book in particular seems to have convinced him that the practices associated with a miraculously all-male tribe in ancient texts, such as Dio's, already in the 1661 notes, were in fact not all that extraordinary; after all, the doctor appears to have observed them performed safely by contemporaries. The section of the *Anmerckung* that is new reads as follows:

> Gleichergestalt hat *Franciscus Redi* zu Florentz/ ergründet: dass das Gifft der *Vipern* ohne einigen Schaden könne getruncken werden/ und selbtes nur in den Wunden/ wenn es mit Blutt vermischt wird/ schädlich sey. Welches *Cato* schon beym *Lucano* wahrgenommen haben sol.
>
> *Noxia Serpentum est admisto Sanguine Pestis*
> *Morsu virus habet, & fatum dente minantur.*
> *Pocula morte carent.*
>
> *Journal des Scavans d'Ann. 1666, 7–8.* Die Marsen in Italien/und die Ophiageni haben eben die Eigenschafft wie die Psyllen gehabt; *Bochart. tom. 2. l. 3. c. 6, 394. Arnob. l. 2. contr. gent.* Von denen Virginianern erzehlt auch *Horn. in Arca Noae, 473.* daß ihre Aertzte die Kranckheiten durch Außsaugung heilen. (ll. 335–46; 198–99)

The quotation of Latin verse is from book IX of Lucan's epic, the *Pharsalia*, of the first century C.E.; there, Cato notes that the suction extraction of snake venom by mouth need not be fatal.[31] The place in which the reference to Lucan appears in Lohenstein's note is significant, however. With the 1664 Redi text placed first, a "modern scientific" text seems to be given a kind of priority over the earlier, ancient one. Yet, the "superiority of the Moderns" over the Ancients is problematized by the actual content of the Lucan quote, because it suggests more than anything else that the classical author already knew what the Florentine doctor had to wait many centuries to discover, namely, a safe way to treat a snake bite. Who really takes priority here, the ancient author, object of humanist textual study, or Lohenstein's contemporary, Redi, whose work of investigating the "fundamentals" of miraculous occurrences in nature ("hat ergründet") is described in the vocabulary of science? The relationship between the two authorities is even more enigmatic when we consider that Lucan had not been cited in the original 1661 note among his fellow ancients, Pliny, Plutarch, and Suetonius, where one might expect him, but, rather, only later, in the 1680 addition, among the "modern" textual witnesses, a category to which he can be said to belong only with difficulty. What is the message that this note is trying to convey?

The documentary density of Lohenstein's 1680 note on the psylli and his use of the indirect discourse ("Welches Cato schon beym Lucano wahrgenommen haben sol") in the Lucan section contains the first clue about the "literary technology" of virtual witnessing embedded in this note, for the annotation indicates that the playwright found the classical Lucan reference on pages 7–8 of the 1666 *Journal des Scavans*. Thus, this particular Ancient indirectly counts as a Modern here. The source may nevertheless still have seemed problematic for anyone who knew the *Journal*. Lohenstein had cited it before in his notes to the 1680 *Cleopatra* in the context of a discussion of the flooding patterns of the Nile (*Anmerckungen* to act I, ll. 353 and 356–58; 157–58), for example. This earlier context would appear to make more sense than the citation of Lucan, because, as Lorraine Daston has noted, the *Journal des Scavans* was one of several journals that "spilled forth" from the presses of Europe "in multiple editions," the "annals," as Daston calls them, "of the fledgling scientific academies."[32] These journals were devoted to collecting the "raw materials and illustrations" of natural history that, as a result of being reported on as the "facts" of observed history, could then be subjected to the rigors of scientific examination and explanation that would transform them into "evidence" in the discourse of the natural philosophy. Periodicals like the *Journal* reviewed books and published reports of both "normal" and anomalous natural phenomena at an amazing pace, registering scores of observed phenomena and describing myriad experimental devices and techniques.

In the very first number of the *Journal des Scavans* published in 1665, one year prior to the volume that Lohenstein seems to have known, the first editor, one Denis de Sallo, in fact describes his "gazette" as "un catalogue exact des principaux livres qui s'imprimeront dans l'Europe."[33] Clearly using the language of early modern empirical science, Sallo goes on to claim that the *Journal* will "fera scavoir les expériences . . . qui peuvent servir à expliquer les effets de la Nature, les nouvelles découvertes qui se font dans les Arts et dans les Sciences, comme les machines et les inventions utiles ou curieuses que peuvent fournir les mathématiciens; les observations du Ciel, celles des Météores, et ce que l'anatomie pourra trouver de nouveau dans les animaux." Although it has been suggested—and a study of the *Journal* during this years confirms—that its coverage was quite broad, since it also reviewed publications and developments in theology and the law,[34] Sallo's weekly periodical thus clearly conceived of itself as belonging to and perhaps even as superior to other publications of its type, including the somewhat better known *Philosophical Transactions* of the British Royal Society.[35] The origin of Cato's opinion on the "noxia serpentum" in Lucan's ancient poem might thus seem somewhat at odds with the kinds of contemporary "scientific" materials generally deemed appropriate for the *Journal*.

Yet, when we turn to the actual text of the *Journal des Scavans* of 1666 to which Lohenstein refers, we may observe how the classical author could have found a comfortable berth among references to Moderns like Bochart and Horn—at least in Lohenstein's eyes. There, we discover that Franciscus Redi's book on snakes is the subject of a four-page review in the issue that appeared on 4 January, the very first number of the new year. On the second page of the review, we discover the passage in which Lohenstein probably stumbled upon the Lucan material. The text reads in the original French:

> Ce qui montre que l'on ne doit point trouver si admirable que certains Operateurs avallent le suc de tous les animaux les plus venimeux sans en recevoir aucun mal, & que ce que l'on attribuoit à la vertu de leur Antidote, doit estre attribué à la nature de ces sortes de poisons, qui ne sont point poisons quand on les avalle, comme avoir déja remarqué Celse, mais seulement quand ils sont mis dans les playes: Et c'est ce qui avoit esté aussi remarqué par le Poëte Lucain, qui fait dire à Caton,
>
> *Noxia serpentum est admisto sanguine pestie,*
> *Morsu virus habent, & fatum dente minantur:*
> *Pocula morte carent.*

(195)

Now Lohenstein and his printer seem to have been somewhat careless in the reproduction of the citation; they reproduce "habet" in the 1680 note on the psylli instead of the correct "habent" of the second line of the Lucan quotation, as it appears both here in the 4 January review of Redi in the *Journal des Scavans* and in book IX (ll. 614–16) of Lucan's poem.[36] But the rest of the text remains the same, indicating that Lohenstein relied heavily on the review for the majority of the new note. Given this distribution of knowledge on the printed page, Lucan's commentary on the psylli appears to belong, then, not to "classical knowledge," but, rather, at least as far as Lohenstein was concerned, to the most recent discussions in medicine. If this is too strong, then it is at least the case that Cato's ancient knowledge seems not to have been superseded, but, rather, to have been corroborated by "modern science" precisely because it appeared in the context of a discussion of Redi's book in the *Journal*. It is likely, finally, that Redi's work itself was only known to Lohenstein—and considered to be a reliable source—because of the context in which it was reviewed. There is no indication in the 1680 note that the playwright had actually read the *Osservazioni intorno alle vipere* itself.

The example of Lohenstein's 1680 note on the psylli allows us to catch a brief glimpse of his reading habits and to suggest the means by which he satisfied his desire for knowledge as well as for entertaining detail. Here and elsewhere in the 1680 *Anmerckungen,* we find evidence that Lohenstein was an avid consumer of the material published in the *Journal,* a periodical that originally appeared in Paris, but that was reprinted in Amsterdam and Leipzig in response to market demand. Reviews of a substantial number of the texts that Lohenstein cites in his notes, such as de la Chambre's and Vossius's studies of the flooding patterns of the Nile mentioned earlier, appeared in the *Journal* between 1665 and 1678,[37] and reveal how Lohenstein kept abreast of the most up-to-date work in the various branches of natural history, namely, by reading one of the leading scientific periodicals of his day on a regular basis. The fact that the status of "science" seems to have been awarded to nearly all the books and subject matter covered in the *Journal* explains a great deal, I would argue, about how Lohenstein may have understood the more arcane aspects of Wansleben's text, in particular the ones that trafficked in the currency of magic, the miraculous, and the occult. For, although Wansleben's apparent belief in the magic talismans described in the "Arabic books" that he found on his travels (a belief that Lohenstein transferred first to his characters, Belisame and Salambo, who then passed it on to Augustus in turn) may appear somewhat implausible in the context of the play, Lohenstein may not have perceived either the subject of talismans or the possibility of a ring endowed with astral powers as outlandish as the late-twentieth-century reader might, for precisely the reason that he may well have first read about such matters in reviews that appeared in the *Journal des Scavans.*

Lohenstein cites "Vansleb" as a source for his information on Egypt some fourteen times in the course of his notes to the play, quoting or referring each time to the very text, namely, the 1677 *Nouvelle Relation,* that is the subject of a detailed review in the 30 August 1678 volume of the *Journal des Scavans* (205–8). It seems that not only the first or the second time, but in all fourteen cases, Lohenstein, otherwise a good and "honest" scholar, somehow forgot to mention that he was led to the text that documents Wansleben's firsthand observations by means of another intermediary text, namely the *Journal.* "Virtual witnessing" indeed. The 30 August review of Wansleben's text in the *Journal des Scavans* does *not* contain the material on the talismans that Lohenstein includes in his note to the Belisame-Salambo scene, however, but, rather, only a somewhat ambiguous reference to the fact that the text itself contains mention of it: "Les Crocodiles qui y naissent, avec les Pyramides, les Puits des Mommies, la Sphinx, les Talismans & toutes les autres curiositez dont ce pais [Egypt] est rempli meritent bien qu'on leur donne place dans quelque autre Iournal separé, puis qu'on ne scauroit parler de tout cela dans celuy-ci" (208). Thus, in order to have gotten the degree of detail that ultimately appears in the 1680 notes not only about the Caliph's observatory and the crocodile and the talismans, but about the "Arabic books" themselves, Lohenstein must have actually ordered or sent for or otherwise secured a copy of Wansleben's *Nouvelle Relation* in order to read it. Of greater interest, however, than the scholarly sleight of hand that appears to be going on in Lohenstein's references to Wansleben's book is the fact that the travelogue text was reviewed in the French publication in the first place. The review may have worked to credential the entire text as "science." Also, individual sections, such as the one on the talisman ("les Talismans & toutes les autres curiositez"), were actually singled out by the reviewer as especially important, indeed as so worthy of note that the author of the review writes that he must save an extended discussion of them for a later issue ("dans quelque autre Iournal separé"). Precisely as one of "les nouvelles découvertes qui se font dans les Arts & les Sciences," then, the exotica of Egypt (and of talismanic magic in particular) appear to have been of enough interest to his readership, or at least so the editor of the *Journal des Scavans* thought, to have merited a second review.

I have not been able to ascertain that a second discussion of Wansleben's *Nouvelle Relation* appeared in a subsequent number of the *Journal des Scavans*. Even if it did not, however, a study of the numerous reviews that were published in the French periodical beginning in 1665 reveals that, like the *Philosophical Transactions* of the Royal Society so often identified with the rise of empirical science, the *Journal des Scavans* contained not only reviews of books containing eyewitness accounts of numerous voyages and descriptions of the technologies of early modern science, such as pendulums to be used to measure nautical miles, microscopes, baroscopes, as well as accounts and illustrations of eclipses and other astronomic phenomena, but also dozens of reports of "bizarre occurrences and curiosities" not immediately identifiable as "scientific knowledge." In an extract from a "journal d'Allemagne" that follows the reviews in the *Journal* of 21 August 1679, for example, there is an account of a woman, presumably German, "qui, s'estant blessée à la mammelle voyoit sortir incessamment de la Biere par la playe qu'elle s'estoit faite" (251). An earlier extract from a letter from Chartres in the

10 May issue of the *Journal* in 1666 describes a very bizarre event involving a woman who had recently delivered, her husband, whom she had to have suckle at her breast in order to relieve her of an overabundance of milk, and a "petit animal," a "petit serpent" that he appears to have extracted from her breast while he was about it. Along with the several reports of tears that turned to stone ("larmes petrifiées"; 1679, 134) as they dropped from people's eyes, and small children born with organs, such as their ears, shaped like a wide variety of vegetable matter, such "curiosities" were, as Eamon writes, precisely in their anomalousness, "an essential part," indeed, the building blocks of early modern observational practice and experimental research.[38]

Precisely as oddities and what Francis Bacon called "singular instances," such phenomena led to the need, on the one hand, to study the "normal productions" of nature all the more closely, and, on the other, to inquire into the "hidden [i.e., occult] causes" of otherwise inexplicable events. Bacon himself was scornful of those who would "go no further than to pronounce such things the secrets and mighty works of nature, things as it were causeless, and exceptions to the general rules." Rather, part of the very project of "science" was to "comprehend under some form or fixed law" properties and qualities otherwise taken to belong to the domain of either miracles or magic. It was for this reason that such reports were included in the *Journal*.[39]

Wansleben's own fascination with how the talismans of the Egyptians actually worked—and, indeed, the fascination of the *Journal* with texts like his—begins to make sense in this context. That is, the notion that there were objects inscribed with images that appeared to have connections to higher powers was something that had to be explained by science rather than dismissed as superstition. The *Journal des Scavans* represented itself as a place where nearly all manner of such explanations were entertained, if not also taken seriously, as evidence of the efforts of early modern "scientists" of various kinds to develop credible accounts of how "occult" occurrences, such as the influence of astrally determined talismans upon protective spirits and subterranean caves containing great wealth, came to pass. In this period, the occult was understood not only as esoteric and arcane, but also in the literal sense of the term as referring to events with merely hidden, and not necessarily supernatural causes. Thus the two realms of "natural," but difficult to understand, and "supernatural" events were actually never really that far apart in this period, as John Henry and Brian Copenhaver have recently shown.[40] As a reader of the *Journal*, Lohenstein would have been familiar with a whole range of these efforts, then, even if the magic that

Wansleben describes in detail in his *Nouvelle Relation* was not detailed in a second review. In 1675, for example, in the 11 March issue of the *Journal des Scavans*, a review appeared of a book published in Paris entitled *Discours physique sur les influences des astres;* this lengthy review (75–79) provides evidence that astral influence upon stones was considered an acceptable object of "scientific" inquiry to *Journal* readers.

According to the *Journal* reviewer, the *Discours physique* takes as one of its main subjects the study "des Talismans, qui sont ces figures, ou medailles qui porte l'image de la planete sous laquelle elles ont esté faites, & qu'on croit capables de plusieurs effets," including the power to "chasser quelques bestes venimeuses." Many regard "l'art des Talismans" as so much "superstition," the reviewer continues. Lohenstein may have been prompted to designate the story of the talismanic ring as "Aberglaube" by the phrase. Nevertheless, as difficult as it may be to swallow all that has been said about the extraordinary power of such "medailles," it is just as difficult, so the reviewer, to deny "tous les effets surprenans que l'histoire attribuë aux Talismans," indeed, to deny that "la nature" does not play as large a role in their powers as "le demon" (78–79). Almost as if to show that these powers are or may be "naturelles" rather than supernatural, the *Discours* apparently includes the description of the processes by which talismans can be produced: "Pour faire voir comme toutes ces choses sont naturelles, il suppose que ceux qui veulent faire le Talisman fondent le metal pendant que l'Astre domine & dans un temps serain, qui sont les deux conditions les plus necessaires, & alors ajoûte il, il peut arriver que la matiere de l'Astre qui domine en ce moment, penetre ce metal fondu, le perce d'une infinité de trous, & que conservant apres s'estre figé tous ces trous, il conserve aussi la matière qui l'aura penetré" (78–79). The "virtual" reality of the "magical" authority of the talismans comes quite close to coinciding with the textuality of the reviewer's description of the procedure for making them here. Perhaps it was recipes for producing talismans such as this one that were described in the "Arabic books" of which Wansleben writes in his *Nouvelle Relation*.[41]

The reviewer of the *Discours physique sur les influences des astres* remarks at the outset of his account that the author of the text is a "Cartesian" (75–76). This is true, insofar as he appears to accept the "mechanical" influence of the stars; indeed, the description of how to draw the power of particular astral configurations into small holes in stones echoes the larger discourse of the organic integrity of the "Sun, the Earth, the Moon, and the Stars" of which Descartes writes in his *Principles of Philosophy* (1644), an account that understands earthly and celestial powers as linked.[42] Speculation about the "historical and genetic... means by which the present order of things came into being under the action of natural laws" was identified with the approach to the mechanical philosophy of "Cartesian investigators" who worked to develop Descartes's original theories in "more empirically rigorous ways."[43] In the context of reviews like the one of the *Discours Physique*, Wansleben's reference to the Egyptian caliph's observatory and the production of talismans at specific times in the text that the *Journal* reviewed just a few years later thus becomes fairly recognizable as belonging just as much to the "scientific" discourse of the age as the natural history parts of his text that reported on annual flooding patterns and hippopotami. When Lohenstein cites Wansleben on talismans in the 1680 notes, then, he is not embellishing for the sake of mere atmosphere. Rather, by transferring the authority of the texts reviewed in the *Journal* to his own notes, he is making a point about the plausibility that may have accompanied these Egyptian marvels into the hands of their new Roman owner. Endowed by his author with the profile of a mid-century virtuoso, a curious gentleman from "Europe" interested in experimenting with marvelous phenomena of all kinds, Lohenstein's Augustus is in step with his time when he appears to accept the "scientific" possibility that "Eastern" magic might in fact work.

IV. Conclusion

In most of the texts described here, the boundaries between science and magic, science and literature, indeed, between empirical and textual authority, appear to have been rather permeable. They describe a moment when what later came to be dismissed as "magic" was still considered a distinctly "real" possibility, and nowhere more so than when it was described in books that were reviewed in contemporary scientific periodicals like the *Journal des Scavans*. Lohenstein's *Anmerckungen* are crowded with references to texts that he had read about there, indicating that, at the very least, the most textual part of his play was also the space of immediacy, an immediacy made all the more compelling precisely because it was originally derived from this particular textual world. The realm of the learned note was thus where an older community of classical authors jostled up against and competed for attention with the products of the empirical method. Where the greater authority and textual excitement lay—"upstairs" in the classical matter of the play or "downstairs" in many of its "scientific" notes—is difficult to say.

Notes

1. Quoted in Anthony Grafton, *The Footnote*: A Curious History* (Cambridge, Mass.: Harvard University Press, 1997), 69–70, after B. Hilbert, "Elegy for Excursus: The Descent of the Footnote," *College English* 51 (1989): 401.

2. Roger Chartier, *The Order of Books: Readers, Authors, and Libraries in Europe between the Fourteenth and Eighteenth Centuries*, trans. Lydia G. Cochrane (1992; rpt., Stanford, Calif.: Stanford University Press, 1994), ix.

3. Louis Marin, "Mimesis et description: Ou de la curiosité à la méthode de l'âge de Montaigne à celui de Descartes," in *Documentary Culture: Florence and Rome from Grand Duke Ferdinand I to Pope Alexander VII*, ed. Elizabeth Cropper, Giovanna Perini, and Francesco Solinas, Villa Spelman Colloquia, 3 (Bologna: Nuova Alfa Editoriale, 1992), 25.

4. On the "words-things" distinction as it impacts late-twentieth-century theories of representation and methods of reading, see Michele Barrett, "Words and Things: Materialism and Method in Contemporary Feminist Analysis," in *Destabilizing Theory: Contemporary Feminist Debates*, ed. Michele Barrett and Anne Philipps (Stanford, Calif.: Stanford University Press, 1992), 201–19.

5. See James Chandler, Arnold I. Davidson, and Harry Harootunian, eds., *Questions of Evidence: Proof, Practice, and Persuasion across the Disciplines* (Chicago: University of Chicago Press, 1994).

6. See Steven Shapin, *The Scientific Revolution* (Chicago: University of Chicago Press, 1996); Steven Shapin, *A Social History of Truth: Civility and Science in Seventeenth-Century England* (Chicago: University of Chicago Press, 1994); Steven Shapin and Simon Schaffer, *Leviathan and the Air-Pump: Hobbes, Boyle, and the Experimental Life* (Princeton: Princeton University Press, 1985).

7. See Shapin, as cited in William Eamon, *Science and the Secrets of Nature: Books of Secrets in Medieval and Early Modern Culture* (Princeton: Princeton University Press, 1994), 338.

8. Paula Findlen, *Possessing Nature: Museums, Collecting, and Scientific Culture in Early Modern Italy* (Berkeley and Los Angeles: University of California Press, 1994), 380.

9. Eamon, *Science and the Secrets of Nature*, 338.

10. On the Letter Books, see Maria Boas Hall, "The Royal Society's Role in the Diffusion of Information in the Seventeenth Century," *Notes and Records of the Royal Society of London* 29:2 (March 1975): 178; on dal Pozzo's *Museo Cartaceo*, see Ingo Herklotz, "Das Museo Cartaceo des Cassiano dal Pozzo und seine Stellung in der antiquarischen Wissenschaft des 17. Jahrhunderts," in Cropper, Perini, and Solinas, *Documentary Culture*, 81–126.

11. Hall, "The Royal Society's Role," 187.

12. Wotton is quoted in Joseph M. Levine, "Natural History and the History of the Scientific Revolution," *Clio: A Journal of Literature, History, and the Philosophy of History* 31:1 (Fall 1983): 66.

13. On the history of the production of Lohenstein's plays, see Adalbert Wichert, *Literatur, Rhetorik, und Jurisprudenz im 17. Jahrhundert. Daniel Casper*

von Lohenstein und sein Werk (Tübingen: Niemeyer, 1991), 47–55. The last year in which the plays were staged appears to have been 1671.

14. See, for example, Bernhard Asmuth, *Daniel Casper von Lohenstein* (Stuttgart: Metzler, 1971), 28.

15. On Kircher, see Findlen, *Possessing Nature;* Erik Iversen, *The Myth of Egypt and Its Hieroglyphs in European Tradition* (Copenhagen: Gec Gad Publishers, 1961), 89–99; Thomas Leinkauf, *Mundus Combinatus. Studien zur Struktur der barocken Universalwissenschaft am Beispiel Athanasius Kirchers SJ (1602–1680)* (Berlin: Akademie Verlag, 1993); and Helen Whitehouse, "Towards a Kind of Egyptology: The Graphic Documentation of Ancient Egypt, 1587–1666," in Cropper, Perini, and Solinas, *Documentary Culture,* 63–80.

16. Grafton, *The Footnote,* 6–7, 9.

17. All references, unless otherwise noted, are to the 1957 edition of Lohenstein's 1680 *Cleopatra:* Lohenstein, *Afrikanische Trauerspiele,* ed. Klaus Günther Just, Bibliothek des Literarischen Vereins in Stuttgart. Sitz Tübingen, 294 (Stuttgart: Anton Hiersemann, 1957), 1–233. The 1661 *Cleopatra* is cited according to the 1965 edition: Lohenstein, *Cleopatra. Trauerspiel* (1661), ed. Ilse-Marie Barth (Stuttgart: Reclam, 1965). In what follows, all citations to the play are given parenthetically in the text by line and page.

18. See Tranquillus Suetonius, *De vita Caesarum,* with an English translation by J. C. Rolfe, 2 vols. (Cambridge, Mass.: Harvard University Press, 1960), and Cassius Dio Cocceianus, *Dio's Roman History,* with an English translation by Earnest Cary, 9 vols. (Cambridge, Mass.: Harvard University Press, 1960).

19. On the curriculum of the Breslau schools during this period, see Ilona Banet, "Die Entwicklungstendenzen des Schulwesens der Stadt Breslau zur Zeit Daniel Caspers von Lohenstein," in *Virtus et Fortuna. Festschrift für Hans-Gert Roloff,* ed. Joseph P. Strelka and Jörg Jungmayr (Bern and Frankfurt: Peter Lang, 1983), 479–95. On the practice of "tipping" the schoolboys for their performances, see Maximilian Schlesinger, *Geschichte des Breslauer Theaters Band I: 1522–1841* (Breslau: Wilhelm Koebner, 1898), 6.

20. See David Quint, "Epic and Empire," *Comparative Literature* 41:1 (Winter 1989): 1–32, here, 4, on the dyads that structured these evaluations.

21. See Joannis Seldeni I.C., *De Dis Syris Syntagmata Band II* (London: William Stansheins, 1617), 157–71 and 194–207. I am grateful to Dwight Brooks (UC Irvine) for having made copies of a microfilm of the Selden text available to me. It is interesting to note that late-twentieth-century scholars still find evidence of the sexual dimorphism of these characters if they consult, for example, the entries on them in Pauly-Wissowa's *Realencyclopädie der classischen Altertumswissenschaft* (1920).

22. Carlo Ginzburg, "Morelli, Freud, and Sherlock Holmes: Clues and Scientific Method," *History Workshop* 9 (Spring 1980): 11.

23. See P. Vansleben, *R.D. Nouvelle Relation En Forme de Iournal, D'un Voyage Fait en Egypte En 1672, & 1673* (Paris: Chez Estienne Michallet, 1677). Subsequent citations are given parenthetically in the text. For additional information on Wansleben, see Jane O. Newman, "Almost White, but Not Quite:

'Race,' Gender, and the Disarticulation of the Imperial Subject in Lohenstein's *Cleopatra* (1680)," *Studies in Early Modern France* 3 (1997): 96–101.

24. Eamon, *Science and the Secrets of Nature.*

25. See Keith Hutchison, "What Happened to Occult Qualities in the Scientific Revolution?," *Isis* 73 (1982): 233–53.

26. See, for example, Philip R. Sloan, "Natural History, 1670–1802," in *Companion to the History of Modern Science,* ed. R. C. Olby, G. N. Cantor, J. R. R. Christie, and M. J. S. Hodge (London: Routledge, 1990), 296, and Levine, "Natural History and the History of the Scientific Revolution," 65–68.

27. Cited in Eamon, *Science and the Secrets of Nature,* 295.

28. Levine, "Natural History and the History of the Scientific Revolution," 64.

29. See Eamon, *Science and the Secrets of Nature,* 339.

30. See Wilhelm Kühlmann, "Geschichte als Gegenwart: Formen der politischen Reflexion im deutschen Tacitismus," in *Res Publica Litteraria. Die Institutionen der Gelehrsamkeit in der frühen Neuzeit,* ed. Sebastian Neumeister and Conrad Wiedemann (Wiesbaden: Harrasowitz, 1987), 1:325–48.

31. Lucan, *Pharsalia* (Cambridge, Mass.: Harvard University Press, 1977), IX.612–18 (p. 550).

32. Lorraine Daston, "Marvelous Facts and Miraculous Evidence in Early Modern Europe," in Chandler et al., *Questions of Evidence,* 259.

33. As quoted in Betty Trebelle Morgan, *Histoire du Journal des Sçavans depuis 1665 jusqu'en 1701* (Paris: Les Presses Universitaires de France, 1929), 60, 62–63.

34. See E. N. da C. Andrade, "The Birth and Early Days of the *Philosophical Transactions,*" *Notes and Records of the Royal Society of London* 20 (1965): 9.

35. As Andrade points out in "The Birth and Early Days of the *Philosophical Transactions,*" the first number of the *Journal des Scavans* appeared two months before the first number of the *Philosophical Transactions* (9), and the better-known British periodical often reprinted reports and letters from the *Journal* (20). A review of the first number of the *Philosophical Transactions* appeared in the *Journal des Scavans* of 30 March 1665.

36. The mention by the *Journal* reviewer of the opinion of "Celse," the ancient medical writer, Cornelius Celsus, calls attention to the fact that Lohenstein does seem to have researched the psylli fairly thoroughly prior to having stumbled upon the review of Redi's book; an extended reference to Celsus's text (indeed, more extensive than the reviewer's very abbreviated mention of Celsus's name) can already be found in the 1661 *Cleopatra* notes.

37. A review of de la Chambre's text appears in the 21 June 1666 issue of the *Journal,* and a review of Vossius's text appears in the 16 August 1666 number.

38. Eamon, *Science and the Secrets of Nature,* 299.

39. Bacon, *Novum Organon,* as cited in Eamon, *Science and the Secrets of Nature,* 299.

40. See Brian Copenhaver, "Natural Magic, Hermetism, and Occultism in Early Modern Science," in *Reappraisals of the Scientific Revolution,* ed. David C. Lindberg and Robert S. Westman (Cambridge: Cambridge University Press, 1990), 261–301, and John Henry, "Magic and Science in the Sixteenth and Sev-

enteenth Centuries," in *Companion to the History of Modern Science*, ed. R. C. Olby (London: Routledge, 1990), 583–96.

41. In a two-part review in the 28 June 1666 and 26 July 1666 numbers of the *Journal des Scavans*, there is a fascinating review of Athanasius Kircher's two-volume *Mundus Subterraneus* (1664), in which the reviewer describes the section of Kircher's study of the hidden marvels of nature, "les choses qui sont cachées dans les entrailles de la Terre" (28 June, p. 519), in which Kircher attempts to get to the bottom of the beauty of the images that one often finds "in nature" in precious stones by devising an experiment to reproduce them in marble. If Lohenstein was as fascinated with Kircher's work as the numerous citations to his texts in the notes to the 1680 *Cleopatra* indicate, then he surely would have paused over this review, the logic of which is so similar to the 1675 review of the *Discours Physique sur les Influences des Astres*. In both Kircher's text and in the "Cartesian" *Discours*, we hear prefigured Salambo's description of the "artificial" production of the talismanic ring "durch eines Künstlers Hand" (1680, act V, 729).

42. As cited in Sloan, "Natural History, 1670–1802," 299.

43. Ibid.

11. Authority, Prestige, and Value: Professionalization in the Musicians' Novels of Wolfgang Caspar Printz and Johann Kuhnau

Lynne Tatlock

Nach menschlichem Begriff ist nur dasjenige eine Kunst und etwas Künstliches, was erlernet, und, nach gewissen Grund-Sätzen einer Lehr-Art, ins Werck gerichtet wird. . . .

—*Johann Mattheson*[1]

Diejenigen/ welchen aus Erwegung ihrer Meriten/ sie mögen sich durch den Degen/ durch die Feder oder andere löbliche Verrichtungen darzu verdient gemacht haben/ ein höherer Stand angetragen wird/ können solchen mit gutem Recht annehmen/ und sind so hoch zu schätzen/ als andere/ die den Adelstand nicht erworben/ sondern ererbet haben. Denn es muß doch einmahl ein Anfang seyn/ und da viel alte Geschlechter ausgehen/ ist nicht unrecht/ wenn wiederum neue auffkommen.

—*Julius Bernhardt von Rohr*[2]

When Wolfgang Caspar Printz (1641–1717), cantor of Sorau in Brandenburg, was accused of being a drunkard and a lowlife, he hastened to assert that he was neither. He worked harder than any of his predecessors, he declared, and what is more he could prove it with a long list of his compositions and publications from the preceding twelve years. "Der günstige Leser wolle von meinem Fleisse nur urtheilen, aus dem, was ich im nächst-verschienenen halben Jahre gemacht und gethan," he fumed,

> Erstlich hatte ich den dritten Theil meines satyrischen Componistens verfertiget, welcher in 32. Bogen Papier meiner Handschrifft bestehet, den ich auch zweimahl abgeschrieben. Fürs andre habe ich vier vollstimmige Concerten componiret und, zweimahl abgeschrieben. 3.) Habe ich 48. siebenstimmige italiänische CANZONETTE, mit ihren RITTORNELLI, SINFONIE und Sonaten gesetzt, und

solche zweimahl abgeschrieben. 4.) Habe ich 20 Bogen aus der KIR-CHERI PHONURGIA abgeschrieben, und dabey etliche 60. mathematische und andere Figuren abgerissen. 5.) Habe ich 86. Bogen aus der KIRCHERI MUSURGIA herausgezogen. Von Briefen und andern Sachen will ich nichts melden.[3]

But Printz was not through yet. Offering a second quantification of his achievements, he continued, "Nur dieses muß ich noch gedencken, daß ich fast alle Jahre zum wenigsten ein Rieß Papier verschrieben. Welches alles ich keines weges aus eigener Ruhmredigkeit, als die sehr ferne von mir ist, anführen wollen; sondern allein darum, damit der günstige Leser sehe, daß ich gleich wohl so liederlich nicht seyn könne, als meine Feinde, denen mein Fleiß ein Dorn in den Augen ist, vorgeben, und durch solche grobe Lügen und Verläumdungen mich bey ehrlichen Leuten, die von meinem Thun und Wandel nichts wissen, in Haß zu bringen suchen."[4] Remarkably, Printz did not mention the ephemeral services he delivered—his musical performances, his conducting, his teaching. Instead he provided a tally of his compositions, copying, and publications, judging the quantity of paper his work had consumed to be efficient proof of time well spent.

Consumption of paper could not, of course, adequately reflect and account for Printz's work as a professional musician in the employ of the town of Sorau, but to what other evidence and to what other authority might he have had recourse in defending himself against the defamation and negative stereotyping that had long dogged musicians? Printz's improvised curriculum vitae crassly reveals the precariousness of his occupation, one that depended on valuation of intangible and ephemeral "goods" by an audience largely unattuned to music as art or, for that matter, to music as craft. And, regardless of its understanding of music, Printz's audience was going to make judgments that would cost him money. As Johann Beer (1655–1700), musician and novelist, insisted in his posthumously published *Musicalische Discurse* (1719), the very necessity of performing music put the practitioner under critical scrutiny as did no other occupation: "Ist eine profession in der Welt/ welche alle Menschen von sich muß judiciren lassen/ so ist es gewiß die Music . . . weil die Kunst gleichsam (was den effect anbetrifft) in einem moment bestehet/ so kan der Fehler/ den man ohnversehens im musiciren begehet/ nicht wieder revociret werden/ wenn man gleich die ganze Natur um Beystand ersuchte."[5] How, then, were musicians to present their vocation to a skeptical and critical public, to paying clients? How could a potential employer distinguish a good musician from a bad one, a virtuoso from a "musical quack"?

I

As scholars of the seventeenth-century novel well know, Printz numbered among the handful of practicing German musicians who in the late seventeenth century elected to write satirical novels about their occupation and its practitioners.[6] The novel—like music, a popular but not entirely respectable art form that claimed to delight and to edify, indeed, to serve as medicine or therapy for its audience—constituted at the very least a suspect forum for discussing vital professional issues. In some respects it simply reproduced and magnified the vulnerability of music as paid occupation—among other things, by offering a self-justification that depended largely on the transitory and intangible effects it had on its audience, that is, on its unclear, even frivolous relationship to production and consumption. It is no coincidence that these novels appeared anonymously.

Musicians were, however, by no means alone in choosing the protean and dubious genre of the novel for such "political" purposes. The late seventeenth century yielded numerous novels by a generation of university-educated men who were reinventing themselves, their occupations, and their spheres of influence. These men were not exactly professionals in our modern sense. Indeed, in their scramble to earn a living and to acquire influence, they seem, rather, jacks of all (learned) trades, often filling several posts simultaneously, serving as teachers, legal advisers, ambassadors, secretaries, courtiers, and city officials while also writing fiction and nonfiction.[7] The novels they wrote, fiction that treated contemporary life, served variously to extend their work lives and to provide a venue in which to address and imagine a new professionalism. The political novels of Christian Weise (1642–1708), for example, enabled their author to present moral and social instruction in palatable form, an instruction continuous with his work as teacher and headmaster in Weissenfels.[8] Similarly, the three novels of Johann Riemer (1648–1714), written during the years he served as Weise's successor, as "Professor für Politik, Poetik und Eloquenz," in Weissenfels (1678–87), demonstrate the results of immoral and impolitic—might we say unprofessional—behavior and the damage that incompetents can do when holding public office.[9] As Helmut Krause has shown, these novels relate intimately to Riemer's task in Weissenfels as educator of future state officials and demonstrate his keen interest in reviewing the qualifications for holding public office, qualifications based on merit, not birth.[10] As we shall see, Marc Raeff identifies precisely this need to educate a new trained bureaucracy, this new professionalism, as characteristic of the German territories under cameralism.[11] Paul Winckler

(1630–86), the successful Breslau lawyer, sometime ambassador to the imperial court of Leopold I in Vienna, and *Kurfürstlicher Rat* to the court of Elector Friedrich Wilhelm in Berlin, presents himself as the articulate and learned lawyer Hülffrecht in *Der Edelmann,* a satirical and encyclopedic novel that reveals its author's abiding interest and delight in the "facts" of the quotidian world of social and professional intercourse: commerce, banking and bankruptcy, counterfeiting, law, medicine, arcane scholarship, the politics of the Habsburgs, social evils like dueling, social climbing, and so-called *Krippenreuterey.*[12] In Johann Christoph Ettner's *Des getreuen Eckharths Unvorsichtige Heb-amme* (1715), where the author aggressively advances the case of male doctors as they delineate a new professional sphere—gynecology and obstetrics—from which female practitioners are eventually to be barred, the novel becomes the locus for public articulation and promotion of professional prerogative.[13] In the section of *Gesichte Philanders von Sittewald,* known as "Das Soldaten-Leben," Johann Michael Moscherosch (1601–69), a man who briefly attempted to live from his writing, also takes up issues of professionalism. Here Moscherosch introduces us to a world in which the chaos and brutality of war is ultimately sublimated institutionally with "Der Soldaten Lehr-Brieff," a charter that projects the ethos of a well-drilled, rationalized army, the model of a professional life well lived.[14] Finally, in the new periodic novel taken up and refined by Eberhard Werner Happel (1647–90), authorship—and, specifically, novel writing—begins to be advanced as a compensable occupation in its own right, a form of labor that yields a product with market value.[15] Given this context, we see that, regardless of the variations on the theme of authority and valued labor that the special history of music as paid occupation presented, in writing a satirical novel that focused on music, these musician-authors participated in a burgeoning professional culture.

As I have argued elsewhere, popular novels of contemporary life from the late seventeenth century were firmly rooted in the realities of that period, not because they offered the sort of historically accurate and detailed depictions of the times to which novelists aspired in later centuries, but rather because they self-consciously propagated the technology of authority that prevailed in various contemporary spheres of human endeavor.[16] Older literary criticism has frequently and misleadingly labeled this tendency "realism," and then retroactively applied standards of nineteenth-century realism when trying to assess the phenomenon. Needless to say, such an approach forcefully applies a label to them that patently does not apply and must usually find these early novels wanting.[17] We find the same tendency in what scant criticism exists on musicians' novels. In 1931, for example, in a pioneering study of these texts, Hans Friedrich Menck faulted Printz for the depiction of a narrow world in his three novels: "Wenn mit diesen drei Bereichen die Welt umrissen ist, welche die Hauptgestalten umgibt und von der sie etwas wie einen Sinn erhalten, so zeigt sich, daß Printz aus der ihn umgebenden musikalischen Gegenwart ausgewählt und Bedeutsames gestrichen hat. Es fehlt, z. B. fast ganz eine ausführliche Darstellung des Italienertums in der Musik. . . . Printz sieht nicht die Gesamtheit deutschen Musiklebens, wenn er uns in seinen Romanen auch durch einen ziemlichen Teil Deutschlands führt, er zeigt im Grunde genommen nur seine Sorauer, Lausitzer, wenn es hochkommt sächsische Umgebung."[18] Similarly, in 1959 Herbert Riedel regretted, on the one hand, that in the end Printz's novels contain few passages depicting music and musical performance[19] and rejoiced, on the other hand, when he noted of Johann Kuhnau's *Der musicalische Quacksalber*, "Daß die Welt der Musik ein reines Erzählwerk so stark beherrscht, ist vor Kuhnaus satirischer Roman in der deutschen Dichtung noch nicht dagewesen."[20] Even as Riedel searched for the specificity of realism, he missed an opportunity to come to grips with the phenomenon of musicians' novels in the larger context of the late seventeenth century.

In the hope of finding a more productive mode of coming to grips with the rootedness of these novels in social reality, I interrogate here the construction of musicians' work in three novels by Wolfgang Caspar Printz, namely *Musicus Vexatus* (1690), *Musicus Magnanimus* (1691), and *Musicus Curiosus* (1691), and in *Der musicalische Quacksalber* (1700), a novel written by Johann Kuhnau (1660–1722) while he served as organist of the Thomaskirche in Leipzig. My investigation necessarily returns to the themes of previous research on the musicians' novel. Unlike previous scholars, however, I am not interested primarily in investigating whether these novels constitute accurate mirrorings of late-seventeenth-century musicians' lives; rather I consider them as refractions of political, social, and economic changes that affected a variety of social groups. Previous scholarship has correctly noted a tendency toward embourgeoisement in these works, but has not delineated the precise nature of this embourgeoisement—that is, the attempt to align music with the emerging learned professions—nor has it examined thoroughly the issues of authority that accompany this specifically professional reconception of labor.[21] I therefore focus here on the tentative attempts to characterize and evaluate talent and to promote musicians as the best qualified to judge music; the insistence on the value of musical labor for the common weal and the right of musicians to translate that value into fees; the general tendency toward self-regulation according to corporate standards; the valorizing of specialized theoretical knowledge and the promotion of intellectual over manual labor; the musicians' differentiation of themselves from incompetent and dishonest competitors; and the insistence on honor and virtue as hallmark of the virtuoso, in short, those markers that signal a tentative professionalism.

II

Historians of late-seventeenth- and eighteenth-century Germany maintain that important economic, political, and social shifts required reconception of education and labor toward a rationalized economy based on merit and usefulness, one that fostered the rise of learned professions. "Professionalization of many important social functions," Marc Raeff asserted in his seminal study, *The Well-Ordered Police State* (1983), "was an implicit, at times even explicit aim of the policies pursued by the territorial sovereignties, policies that, starting early in the seventeenth century, the ordinances served to implement, regulate, and also entrench."[22] Helmut Krause has similarly argued in his important investigation of the novels of Johann Riemer that the development of the modern German bourgeoisie, the social class significantly marked by professionalism and shaped by professions, went hand in hand with the cameralist policies of absolutism that required a well-trained bureaucracy: "Die politische und gesellschaftliche Entwicklung in Deutschland, und damit auch die Entwicklung des deutschen Bürgertums, hat sich jedoch über den Absolutismus und beileibe nicht nur gegen ihn vollzogen; der bürgerliche Staat hatte den zentralisierten Obrigkeitsstaat des 17. Jahrhunderts zur Voraussetzung."[23] This new bourgeoisie emerged not so much in opposition to absolutism but rather as a result of the possibilities for social advancement opened up by absolutism.

In *Grace, Talent, and Merit*, a study of professionalism in eighteenth-century Germany, Anthony J. La Vopa characterizes more fully the ideology that accompanied professionalization. Following Raeff's impetus, La Vopa traces the ideological shift that entailed the evaluation of labor in terms of talent and merit to cameralist thought in the aftermath of the Thirty Years' War.

> From the mid-seventeenth century onward, cameralist theorists, faced with the dismal aftereffects of the Thirty Years' War and eager to promote recovery, schematized society into the interlocking parts of an intricate machine. The hand guiding the machine was the state, and it would operate at maximum efficiency only when it effectively harnessed the potential contributions of its members....
> Expansion of the whole required equilibrium among the parts; as

the overarching authority, responsible for maintaining equilibrium, the state in effect committed itself to perpetuating the existing hierarchy of orders, with status derived from the inherited privileges attached to membership in a family or corporation (or both). Yet the cameralists also tended to rank occupational groups according to the relative importance of their contributions to the public welfare. From this standpoint, the status of the group should hinge on its function in a division of labor, and the status of the individual should be in recognition of his performance in a functional role.[24]

Although La Vopa's study does not actually trace the seventeenth-century origins of such key ideas about value and merit, we do in fact find his assertion about them confirmed in the writings of one Samuel Pufendorf.

Pufendorf, a leading seventeenth-century proponent of natural law, maintains that the state rests on the basic law of human nature, "deren oberstes Prinzip ist, daß jeder dem anderen so viel wie möglich nützlich sein muß."[25] From there it is but a small step to assessing value based on utility to the whole. Value, Pufendorf explains in his widely read *De officio hominis et civis juxta legem naturalem/ Über die Pflicht des Menschen und des Bürgers nach dem Gesetz der Natur* (1673), derives from the capacity to meet the needs of others: "Die Grundlage des gewöhnlichen Wertes an sich ist die Eignung der Sache oder des Dienstes, durch die mittelbar oder unmittelbar ein Beitrag zur Erfüllung der Bedürfnisse des Menschen und zur Beförderung von Bequemlichkeit und Vergnügen geleistet werden kann. Daher pflegen wir Dinge, die keinen Nutzen bieten, als wertlos zu bezeichnen."[26] We note here that Pufendorf concedes that providing pleasure also has value. In his treatise on the duty of the citizen he further touts the value of individual merit employed for the good of humankind and the state:

> Als Grundlage der gesteigerten Ehre wird im allgemeinen all das angesehen, was besondere Vollkommenheit und Vorzüglichkeit aufweist oder als dafür sprechend betrachtet wird, vorausgesetzt, daß seine Wirkung mit dem Ziel des Naturrechts und dem Zweck des Staates in Übereinstimmung steht. Dazu gehören ein wacher Verstand und die Fähigkeit, verschiedene Wissenschaften und Künste zu lernen, ein scharfes Urteil bei der Ausführung einer Angelegenheit, ein fester und durch äußere Einflüsse unerschütterlicher Sinn, der über Verlockungen und Drohungen erhaben ist, Beredsamkeit, Schönheit und Geschicklichkeit des Körpers, sowie glückliche Vermögensverhältnisse und vor allem bedeutende Leistungen.[27]

Some years later, handbooks for getting ahead, like the cameralist Julius Bernhardt von Rohr's *Einleitung zu der Klugheit zu leben* (1715), go on unapologetically to valorize individual ambition precisely according to the principle of benefit to the whole so treasured by Pufendorf: "Solcher göttlichen Absicht können wir aber nicht besser ein Genügen leisten/ als wenn wir zu seinen Ehren/ zu unserm und unsers Nächsten Nutzen unsere Zeit anlegen, und in derselben etwas verrichten/ so zu unserer oder unsers Nächsten Vollkommenheit contribuiret."[28]

At the end of the seventeenth century Printz and Kuhnau's musicians do not directly argue, as did a contributor to *Der Teutsche Merkur* in 1774, that "the station of the Bürger should be 'personal' rather than 'hereditary,' 'merited' [*verdienstlich*] rather than 'accidental.'"[29] Nevertheless, the musical protagonists of these novels are pointedly not the sons of musicians, but men who, in deciding to pursue this profession, followed natural ability and personal inclination. They are furthermore at pains to demonstrate that they offer something qualitatively different from the services offered by musical charlatans and bunglers and that the quality of their performances results from natural talent combined with long study and hard work. Furthermore, these musical authors do not share precisely the position of this same contributor to the *Merkur* who further maintained that "the entire hierarchy of ranks and of the various stations should be constituted according to the classification of services [*Verdienste*], and the relative amount of each capacity and work, and of the value of the thing thereby accomplished, should be the true and actual standard for all civic honor."[30] Kuhnau and Printz's musicians do, however, contrive to defend their place in the hierarchy of ranks with utilitarian and socially oriented arguments about value. Indeed, as we shall see, they insist on music making as a valuable social service. Nonetheless, they also fall back on traditional academic arguments that posit a fixed world in which music per se occupies a privileged spot as one of the liberal arts, arguments that suggest the fragility of their claims to rank in a new, putatively rational economy.

III

The deliberate linking of musicians to other "professionals" becomes immediately evident in the title of Kuhnau's *Quacksalber*. In naming his foolish protagonist, the incompetent braggart Caraffa, a "musikalischer Quacksalber," Kuhnau explicitly insists on the analogy between doctors and musicians; in fact early on in the novel before we see Caraffa at his most audacious we witness the antics of a medicine man and a female tooth drawer who, even as they make extravagant claims for their wares, reveal themselves for the fakes they are. Kuhnau has of course already stressed the analogy between doctors and musicians in the introduction to the novel where, in keeping with generic expectations, he promotes and apologizes for his work, "Jedoch/ weil wir auch öffters an statt eines gelehrten Medici einen liederlichen Zahnbrecher/ und an statt einer annehmlichen und stillen Laute einer schwermenden Sack-Pfeiffe zuhören/ damit wir erfahren mögen/ was für eine grosse Klufft zwischen der Kunst und Unwissenheit befestiget."[31] Just as there are quack doctors, so there are also musical quacks. Similarly, in Printz's *Musicus Vexatus*, the lumpish, narrow-minded artisans of Tumerasia despise musicians right along with doctors and lawyers: "Die Advocaten nennen sie Causenmacher/ und Krumbmacher; die Medicos Seich-Begucker; die Musicos Instrumentales, Pfeiffer und Spielleute";[32] indeed, they hate all those classes that occupy themselves with intellectual work, artists and scholars alike.[33] While both novelists valorize individual talent, industry, and accomplishment, they also constitute their male subjects corporately; the musicians' very talent, industry, and accomplishment are generally reviewed and validated or repudiated as the case may be by their equals. In this they subscribe to the view put forth by Beer in his *Musicalische Discurse* that those best qualified to evaluate musical performance are other musicians: "Was demnach alle andere Collegia unter einander von sich selbst judiciren/ das judiciren sie auch auf eben so eine Art einer von dem andern" (*MD* 44). Printz's Battalus stresses that the fact that some ignoramuses enjoy the music of amateurs more than that of trained professionals says more about the untutored judgment of the audience than the real quality of the performance.[34] Generally, all four novels argue, musicians are the best judges of other musicians. Nevertheless, they also advance the idea that cultivated people might, with the aid of trained musicians, also develop an ability to evaluate music accurately. Notably, Kuhnau suggests in his introduction that everyone needs to know how to distinguish a trained musician from a musical charlatan and that everyone should learn how to discern the gap between art and ignorance, "und wie weit etwas vortreffliches und delicates dem bäurischen wilden und ungeschickten Wesen vorzuziehen sey" (*MQ* 7). Kuhnau's notion of educating the general public bears a strong resemblance to an emerging medical practice of the time—that is, educating the public to become better consumers of professional services. We find such impetus in midwives handbooks by women and by men as well as in Ettner's medical novels.[35]

In the musical novels under scrutiny, men in fraternal groups set and enforce standards and hear and resolve disputes, sometimes with violent means. Moreover, as in Beer's Willenhag novels, Printz's narrators tell their stories largely but not solely in the company of men—of fellow musicians who are their friends. Furthermore, as a group they repeatedly affirm the maxims that serve as codas to the cautionary tales recounted. The very telling of their autobiographies serves to bind them one to the other in brotherhood. In *Quacksalber* Kuhnau's musicians similarly learn to harmonize both socially and musically with one another through regular practice in collegia musica: "sie [üben sich] theils dabey immer weiter in ihrer herrlichen Profession . . . / theils auch/ weil sie aus der angenehmen Harmonie, eine gleichmäßig/ wohlklingende Ubereinstimmung derer Gemüther/ welche bey dergleichen Leuten bißweilen am allermeisten unter einander disponiren lernen sollen" (*MQ* 12). On the whole, however, in *Quacksalber* groups of men bond not so much by telling stories as by conspiring to unmask and humiliate publicly the bungling fake, Caraffa, thereby excluding him from their company as well as from employment.[36] As Kuhnau's musical charlatan makes clear, the loner, the freewheeling musician with no credentials beyond his own exaggerated claims is highly suspect; if salvageable for the common good, he must be educated to the corporatist norms, which Kuhnau ultimately spells out in sixty-four points to conclude his novel. I stress that in Printz's and Kuhnau's novelistic renditions musicians are men only, men who are learning behaviors and outlooks appropriate to an exclusively male profession.

Questions of self-regulation and social positioning pervade all four novels, introducing us to a profoundly litigious society in which personal injury suits abound, in particular, suits involving libel, slander, and fraud, thereby suggesting a fragile and uncertain world in which it is difficult to evaluate other people and the wares and services they hawk and where one is always vulnerable to the aggression of others, professional and otherwise. Seldom do these suits lead to an appropriate legal determination; rather they are thrown out of court, or the injured parties seek resolutions independent of the official state apparatus before panels of experts set up ad hoc, or they simply bypass the courts and appeal directly to the ruler of the land.

In *Musicus Curiosus* Bontius warns: "Es ist gewiß nichts beschwerlichers und verdrießlichers auff der Welt/ als ein Injurien-Process. Man isst und trincket dabey nicht mit Lust; man schläfft nicht wohl/ sondern quälet sich Tag und Nacht; Und wenn man ja noch einschläffet/ so träumet einem von solchen Verdrüßligkeiten. Wenn man beten will/ so verhindern die rachgierigen Gedancken die Andacht" (*MC* 343). He goes on to describe how he was accused by a certain Durinus against whom he brought a countersuit and how the matter escalated until "aus der Haupt-Sache wohl zwantzig Neben-Processe wurden." In the end they settle out of court: "Darauff erwehleten wir zweene feine gelahrte und friedliebende Männer/ die brachten es so weit/ daß wir mit einander gleich auffhuben/ und uns vertrugen. Seither leben wir in guter Freundschafft" (MC 343). In *Quacksalber*, students, not lawyers, debate and decide the value of music, and a putative Parnassus judges a debate of the perennial question as to whether string or wind instruments deserve precedence. Admittedly this particular hearing takes on the quality of a farce, ending in a brawl that results in the arrest of all involved; nevertheless, it is set up as a mock panel of experts. As we shall see, when quarrels about precedence occur in Printz's novels, they, too, are not decided by the courts, but rather by an ad hoc committee of university professors or by a ruling "Musophilus" (MC 424–70). Such recourse to experts independent of the official legal system constitutes an abiding hallmark of learned professions in the West.

Previous scholars, Menck in particular, have seen in the self-regulating fraternal groups in these musicians' novels, especially in Printz's, a reflection of old-fashioned craft guilds, that is, a premodern organization that regulated manual labor and that ruled in some areas of music making. "Printz wollte Musikantenromane schaffen," Menck maintains, "daß diese mehr Handwerks- und Zunftromane geworden sind, daß die Kunst und das Künstlertum hinter der Schilderung des nackten Lebens zurückstehen mußte, erklärte sich aus dem schweren und entbehrungsreichen Leben der Musiker jener Tage."[37] Menck vainly seeks in these musicians' novels representations of what he understands as the modern artist, the independent and unique virtuoso who by virtue of his art stands apart from bourgeois life. Situating the musician corporatively, he implies, looks backward. But this conceptual framework misreads the historic moment, not to mention its harboring of illusions about the autonomy of music. In the establishment of corporate structures, Western professionalism encompasses both the old and the new; indeed, social historians and sociologists consider the professions modern constructs that, even as they emerge with and constitute the developing middle class, nevertheless remain rooted in their premodern origins, a continuity of form coupled with discontinuities of substance.[38] As Samuel Haber astutely observes, "Many of those who consider the professions particularly important today see them as exemplary and up-to-date specimens of modernization. . . . However, the special secret of the professions is quite the opposite. What the professions do . . . is to bring into the modern world ideals and standards that are premodern—both precapitalistic and predemocratic."[39] Printz and Kuhnau do not look backward when they conceive of musicians' labor corporately in their novels; rather they attempt to align themselves with other emerging learned practitioners, inventing new contents for corporate structures in the interest of a new professionalism.

Printz's and Kuhnau's musical protagonists seem threatened from all sides—by charlatans, amateurs, bunglers, artisans, courtiers, as well as by silly and arrogant musicians within their own ranks. In the conflicts and competition with these various groups, we observe the musicians and their authors staking out distinct territory for their labor. Moreover, we see in these tensions precisely the kinds of distinctions that tend to separate the learned professions from other kinds of labor. Three of these conflicts in particular merit a closer look: conflicts with untrained and itinerant musicians, with artisans in general, and with fakes.

Kuhnau's charlatan stands at the crux of the vexed provider-client relationship, that is, his ludicrous example brings to the forefront the difficulty of connecting a provider of a valuable and superior service with a buyer. Not only does Kuhnau's musical quack simply lack the necessary training and talent, but he also goes about seeking work in the most disreputable manner. But even as Kuhnau repudiates this musical quack, he writes with some sympathy of the difficulty experienced by every musician who needs to earn a living, "Denn/ weil doch ein jeder Mensch seine Profession zu dem Ende muß gelernet haben/ daß er Gott und der Welt damit dienen soll; So wird freylich auch ein Musicus nach Art der Krämer die Waaren seiner Künste auspacken/ sich nach Liebhabern umsehen/ und solche ihnen einloben müssen" (*MQ* 517). As a musician, one does have to learn to put oneself forward. Caraffa, however, as we witness repeatedly, violates every ethical norm as he seeks to exploit potential sources of income in any devious manner his fertile brain can contrive. What is more, he tarnishes the image of trained providers. Kuhnau stresses that musicians must walk a fine line between modesty and self-promotion: "er muß die Gesetze der Bescheidenheit nicht vergessen/ wenn er sich rühmen will" (*MQ* 520). In the end the most effective selling point is not boasting, but rather excellent performance that speaks for itself, "Weil denn nun der Musicorum Geschickligkeit in Praxi bestehet" (*MQ* 520).

If we are to believe Printz's and Kuhnau's contemporary, Johann Beer, however, the "Ehrbedürfftigen Bierfidler" (*MD* 161) are the real bane of respectable musicians' existence. Not only do they play abominably, Beer complains, but they prostitute themselves by playing for a crust of bread, a piece of cheese, a knackwurst, or a little plug of tobacco, for copper instead of gold (*MD* 161–62). They thereby steal the bread from the mouths of trained musicians, first by snatching commissions from them and second by selling their services too cheaply. Furthermore, their filthy habits and their crude and impious behavior give musicians in general a bad name (*MD* 163–66). Printz's musical protagonists, in particular, come into conflict with precisely this dishonorable lot.

By far the most lively and amusing moment of Printz's three novels is, in fact, the "Streit mit den Bier-Fiedlern" inserted in the form of a six-act comedy in *Musicus Curiosus*. Here, in the tradition of Shakespeare's mechanicals, the inept "Bier-Fiedler" determine to put on a play for the ruling lord, Musophilus, to prove their right to precedence over the trained musicians. The clown concludes their botched and ludicrous performance with the words, "Nun/ ich hab einmahl gnug gereimet. Ich halte/ wenn Opitz/ Rist und Tschering selbst hier gewesen wären/ sie hätten es nicht schöner noch besser machen können?" and then predictably asks for a tip (*MC* 467). In the end the "Bier-Fiedler" lose the case, but Musophilus does reward them richly with beer and wine for having amused him, even if not in the manner they had intended. The harmonious conclusion of the comedy, which suggests that everyone is entitled to make a living in some fashion, belies the seriousness of the conflict that prompted it in the first place. Like Beer, Printz's trained musicians argue that the "Bier-Fiedler" rob them of their livelihood: they are playing at country weddings and performing nocturnal serenades in the town, gigs that by right belong to the musicians. Worse still, they charge very little for their playing.

In the comic dispute that ensues the "Bier-Fiedler" defend themselves with precisely the arguments that in the end serve to defeat them: they don't need scores, because they *can't* read music; they never make mistakes, because, unlike the trained musicians, they always play the same thing; and they help people to save money and so increase the general wealth because they charge a pittance for their services. The musicians counter by insisting on the artistry and complex variety of their own playing and the need to read music for that very reason. Further, they assert, the miserable honoraria prove how badly "Bier-Fiedler" play: "weil allezeit das künstliche mehr belohnet wird/ als das liederliche. Weil auch die Bier-Fiedler mit einem Kreutzer vorlieb nehmen/ so siehet man ja daraus/ daß ihre Wahre recht liederlich/ und nicht viel werth seyn müsse" (*MC* 448). Moreover, the "Bier-Fiedler" play so badly that they insult sensitive people's hearing, indeed make the cultivated audience sick: "Sintemahl ihr gantzes Spielen in lauter Roß-Qvinten, Küh-Octaven und abscheulichen Dissonantien, und also in lauter Ferckeln/ die continuirlich auff einander folgen/ bestehet/ daß auch ein zartes Gehör leichtlich die Colicam davon bekommen möchte" (*MC* 447). Such an effect is precisely the opposite of that for which music should aim. The musicians maintain, moreover, that money spent for the services of genuine musicians is money well spent. They concede that music does not generate wealth; rather princes retain musicians because "sie von Sorgen und Arbeit abgemergelte Menschen erquicken und ergötzen sollen" (MC 448). Over the course of this dispute, Printz thus tentatively identifies three areas that mark the trained musicians as professionals and by implication as superior to all rivals: their right to name a price for their labor; their artistry, that is, the quality, of their labor; and the social utility of their music. I shall return to these points.

Artisans in general also prove a significant hindrance to Printz's musicians. When Cotalus arrives in Tumerasia, he soon finds himself among "sehr viel grobe Leute" (MV 91), arrogant artisans, speaking a thick *Oberpfälzisch,* who hate all artists and scholars and who, to his peril, rule the town. A "Zunfft-Herr" goes so far as to declare that all learned men should be run out of town: "Ihr Herren wisst/ was die Gelehrten für stoltze und wunderliche Leute seyn/ und was für verworrene Sachen sie machen. Diese sollten wir gar ausrotten/ und verschaffen/ daß keiner mehr in der Stadt wäre. Und das könte nicht besser geschehen/ als wenn wir unsere Schule gar abschaffen: denn aus der Schule kommen eben die gelehrten Leute alle her" (MV 95). Intending to save money by closing the school, they also plan to fire the town piper and the cantor, and to hire instead untrained, itinerant musicians (*Spielleute*) for weddings. The following day Cotalus allows himself to be drawn into a heated discussion of occupations in which he argues for the superiority of learned men and trained musicians (*Kunst-Pfeiffer*) over artisans, with the result that he is beaten and tossed down the stairs and out the door.

In *Musicus Magnanimus* the tension between musicians and artisans takes a different turn. Here at the residence of an Italian marquis the court tailor insists that he should have precedence over the musicians in the hierarchy of court ceremony. Although the argument that the musicians have all studied at the university temporarily puts an end to the tailor's suit, the rest of the household retainers—the keeper of the wine cellar, the cooks, the barber, and the gardener—also become restive and insist that they, too, deserve precedence over the musicians because the musicians produce nothing of use: "da hergegen die Musicanten . . . bloß das Gehör delectireten/ und sonsten zu nichts nütze wären."[40] Eventually the musicians successfully argue the case for the superiority of intellectual labor over manual labor: "daß ein jeder respectiret und geehret werden soll/ nach seiner Tugend und Geschicklichkeit. . . . Gleichwie aber das Gemüth dem Leibe; also ist die Gemüths-Geschicklichkeit der Geschicklichkeit des Leibes weit vorzuziehen" (MM 283). Art requires both intellectual and manual dexterity, they maintain, but "[w]elche Kunst nun mehr Gemüthes-Geschickligkeit erfordert/ als die andere/ die ist derselben vorzuziehen; und per Conseqvens seyn auch die Cultores derselben höher zu achten/ als diejenigen/ welche weniger Gemüthes-Geshickligkeit zu Ausübung ihrer Kunst bedörffen" (MM 283).

In order to combat charlatans, *Quacksalber* advances similar arguments about the superiority of intellectual labor in a hilarious scene in which the incompetent Caraffa attempts to compose. Here the narrator notes of the musical quack's unsuccessful efforts that he uses his body like a manual laborer rather than his brain:

> Die Composition ist sonsten eine Arbeit der Geister/ dabey ausser der Hand/ die da schreibet/ die Fantasie/ das Gedächtnüß und Judicium alleine geschäfftig sind: Wie aber Caraffa sein Lied dichten wolte/ hatten alle Gliedmassen des Leibes mit zu thun: Bald pfiffe er mit dem Maul/ bald drommelte er mit den Händen; Bald fingerte er auff dem Tische; Bald liedelte er etwas mit der Zunge her; Daß auch die Mensur nicht aussen bleiben möchte/ so muste bald sein Kopff/ bald auch sein Fuß den Tact halten. Es kan kein Mann/ der das schwerste Handwerck treibet/ in dem er am fleißigsten arbeitet/ sich so sehr bemühen/ als hier Caraffa that. Er hatte sich bald anderthalbe Stunde so zerbremset/ daß ihm der Schweiß immer zum Gesichte und Rücken unstreitig herunter lauffen muste: Und gleichwohl konte man noch nicht sehen/ daß sich eine Melodie aus seinem Kopffe wolte heraus schütteln lassen. (MQ 143)

Kuhnau makes no bones about the relative value of composition; it distinguishes the virtuoso. The musician who like Caraffa remains mired in the physicality of music making, who sweats like one engaged in hard physical labor, has not reached the top of his profession.

Krause has noted in the case of Riemer's literary works that precisely arguments about precedence posit the harmonious marriage of ability and utility, individual talent and social value, as the defining moment in determining social status: "Eine weitere individuelle und soziale Tugend ist die der beruflichen Qualifikation, die am Negativbeispiel dargestellt, als Kritik an ungerechtfertigten Rang- und Präzedenzansprüchen erscheint. Der soziale Status soll mit der gesellschaftlichen Nützlichkeit und der Leistung jedes Berufsträgers übereinstimmen; wo Anspruch und Fähigkeit divergieren, setzt die Kritik an."[41] In the dispute over precedence, Printz's artisans pointedly raise the precarious question about one-half of this marriage, that is, the question of utility. The orator who speaks against music in *Quacksalber* baldly states, "So finde ich auch kein eintziges Exempel/ daß jemahls durch die Music die Wolfahrt des gemeinen Wesens wäre befördert worden" (MQ 384).

This is a damning statement indeed in the economy of absolutism, where, as we have seen, the relative prestige of an occupation depended on its value to society as a whole and on the ability of the individual to produce that value. What can the musicians offer, then, to prove the value of their work to the whole besides insisting that intellectual work is a priori superior to manual labor and that they are trained artists? Of what use is music to society?

Not surprisingly, Kuhnau's musical quack Caraffa misunderstands and exaggerates the utilitarian argument, boasting of myriad practical feats that his music can accomplish. Like the elixirs of quack doctors, his playing offers a cure for every sort of ill: for example, it can make unwelcome guests leave. Furthermore, he claims that he can subdue animals with it only to have a vicious watchdog attack him. Later he boasts that he can exorcise ghosts with it, get people to tell the truth, turn cool natures into hot ones, and vice versa (*MQ* 358). Although he manages to pull the wool over the eyes of a few gullible employers, the novel is dead set on discrediting his claims. What social "goods," then, do the virtuosi offer in place of these quack cures?

At the court of the Italian marquis, Printz's musicians make an argument designed especially to appeal to the ruling prince when they stress the capacity of music to help legitimate the court, that is, the absolutist state: "Über dieses giebt sie dem Staat eines vornehmen Herrn ein prächtiges Ansehen/ und bringet demjenigen/ so sie unterhält/ einen überausgrossen Ruhm" (*MM* 284). They also claim that because music appeals to hearing, it can serve as a powerful medicine particularly suited to curing melancholy (*MM* 284). Furthermore, music leads humankind to God and promotes piety (*MM* 285).

Kuhnau offers comparable arguments. After making traditional arguments about music as the noblest of the arts, a foretaste of heaven, and a replication of the harmony of the universe, an orator in *Quacksalber* makes the case for the specific benefit of music to humankind, that is, for its "Erquickung der Gemüter" (*MQ* 398): music drives away sadness and brings joy; it stills fleshly desire, dispels lethargy, and provides a cure for all degenerate inclinations; music relieves physical suffering and promotes recovery from illness; it strengthens virtue and courage and can even aid in memorizing and learning difficult things. In other words, music plays a central role in the hygiene of the soul. In the final summation the orator presents this noble art as a panacea for emotional, intellectual, and moral woes, from melancholy to vice (*MQ* 398–404). To put the seal on this argumentation, the musicians then play a sonata to the delight and harmony of the assembled company (*MQ* 405). Later when a theologian confronts Caraffa with his evil ways, he reminds him of the purpose of music which his dishonorable behavior has undermined: "Er treibet eine solche Profession und Kunst/ welcher man sonst als ein Proprium beylegen wil/ daß sie die Gemüther der Menschen von allen Lastern abgehalten und hingegen zu allen Tugenden reitzen könne. Aber er weiset zu aller Musicorum Schande durch sein böses Exempel vielmehr das Contrarium" (*MQ* 493–94).

IV

Caraffa's disreputable behavior foregrounds yet another way in which musicians distinguish themselves from common laborers, reminding us how deeply enmeshed occupation is with class and gender. Even as musicians aspire to benefit society in the most noble manner, they also display the best of manners. Indeed, the "good" musicians of all four novels have acquired courtesy and know how to behave in polite society; in a word, they are, though not by birth, by virtue of their behavior, gentlemen. Here again the novels implicitly align musicians with the learned professions, whose representatives typically seek personal honor along with their group status.

Printz's Piccola declares that she determined to marry Cotalus because he knew how to treat her (*MM* 240). She recalls with horror a farmer, a certain Pangratz-Lindel, who threw up on her while trying to kiss her (*MM* 238). Because he had money, her parents wanted her to marry him despite his rude manners. "Was hillft aber die Höffligkeit? Kanst du auch wohl davon leben?" (*MM* 239) her parents asked. Piccola continued to resist, declaring "Ich lobe einen Menschen/ der hübsch mit Leuten umgehen kan" (*MM* 240).

Kuhnau similarly asserts the importance of appropriate behavior, declaring that a musical virtuoso wins his title not only by virtue of his art, "sondern auch durch seine Conduite und tugendhaffte Lebens-Art... Er weiß/ daß wenn ein Künstler denen Lüsten ergeben/ oder sich sonsten in dem Bürgerlichen Leben nicht klug und rühmlich auffzuführen weiß/ man über seinen Titul/ Virtuoso, fast eben eine solche Explication machen müssen/ als etwa über das Wort Bellum, qvasi minime bellum, und daß ein solcher Virtuosus, qvasi minime Virtuosus sey" (*MQ* 526–27). Virtuosi, Kuhnau maintains, are "excellente, edle und berühmte Leute" (*MQ* 500). Even the musical quack knows that he is *supposed* to behave like a gentleman and the closer his travels bring him to the city, the more gallant his behavior becomes (*MQ* 196). Printz's novels make this same point when comparing "good" musicians with amateurs and bunglers: musicians know how to behave in church and on other public occasions; "Bier-Fiedler" do not. In the end, manners help to position the musicians above the hoi poloi and to underline their special status in the social hierarchy as educated professionals.

Like social class, gender shapes the professional world of these novels; gender is, however, constituted in this musical world not so much vis-à-vis women—that is, by sexual difference—as by competition and bonding with other men. Indeed, while Kuhnau's and Printz's male musicians must learn gallant behavior toward women, women themselves play a relatively minor role in these fictitious musicians' lives. Piccola, Cotalus's charming wife, constitutes the notable exception that proves the rule, for she plays a significant part in encouraging the men's storytelling, a storytelling that helps them to constitute their professional selves.[42] Unlike Johann Beer's bawdy novels, where the musical protagonists are seldom observed working and instead are most often seen fornicating or playing pranks, the novels of Printz and Kuhnau revolve around men's life as shaped by work in various ways. They present a work world populated and ruled by men and empty of female practitioners, a work world where, if present at all, women figure largely as potential and sometimes troublesome clients; in fact, musicians are warned against catering to women's taste in music (*MQ* 528). Women otherwise become important to these working men principally as seals of the successful professional life—that is, as the object of matrimony and thus the mothers of the families these men will sire. But even such promise of domestic bliss, this marker of social solidity and stock feature of what would become the bourgeois novel, recedes in the face of the musicians' occupational struggles. Far more interesting to most of the fictitious musicians in these novels is besting a rival, proving oneself as a musician, bonding with fellow musicians, finding a good job that pays a respectable salary, acquiring public approbation of various kinds in a man's world.

Forty years later in 1740, in the first German biographical dictionary of musicians, Johann Mattheson's (1681–1764) *Grundlage einer Ehren-Pforte*, Printz and Kuhnau along with Beer were inducted posthumously into what might be seen as a fraternity of musicians, or rather they were enshrined on a sort of musical *arc de triomphe*. Not surprisingly, the 149 musicians listed do not count a single woman in their numbers. But this aspect of Mattheson's sexual politics is less remarkable than the way this arch of honor inadvertently reveals the utter precariousness of the history of *men's* musical labor. In fact most of the musicians included are all but forgotten today. Had it not been for Mattheson's memorializing and for those things the musicians themselves managed to put down on paper—in Printz's case not so much his musical compositions as his prose—the record of the laborious lives of musicians who strove for social standing and professional authority, as well as recognition as honorable men, men who were anything but drunkards and lowlifes, would now be lost in the trash heap of history. Perhaps Printz did know what he was doing when he defended his honor as a responsible professional by citing the reams of paper filled with his writing. In any case, Mattheson chose to publish Printz's testy accounting of his work in what became one of the longest entries in the dictionary.[43]

Notes

I would like to thank Joseph F. Loewenstein and Michael Sherberg for critical reading of the manuscript in progress.

1. Johann Mattheson, *Kleine General-Baß-Schule* [1735] (Hamburg: Laaber-Verlag, 1980), 3.

2. Julius Bernhardt von Rohr, *Einleitung zu der Klugheit zu leben/ Oder Anweisung, Wie ein Mensch zu Beförderung seiner zeitlichen Glückseligkeit seine Actiones vernünftig anstellen soll* (Leipzig: Johann Christian Martini, 1715), 172.

3. Wolfgang Caspar Printz, *Realien*, vol. 3 of *Ausgewählte Werke*, ed. Helmut K. Krausse (Berlin: de Gruyter, 1993), 44.

4. Ibid., 44.

5. Johann Beer, *Musicalische Discurse* [1719], afterword by Heinz Krause (Leipzig: VEB Deutscher Verlag für Musik, 1982), 42–43. This edition is hereafter cited in the text as *MD*.

6. In addition to obscene novels with musicians as principal characters falsely believed by contemporaries to be authored by musicians—*Der polnische Sackpfeifer* (n.d.), *Jan Tambour* (1600), *Jan Trompetter* (1660), *Der Scheer-Geiger* (1670), and *Der Leyermatz* (1670)—Herbert Riedel examines the works of Johann Beer, Wolfgang Caspar Printz, Johann Kuhnau, and Daniel Speer (Riedel, "Die Darstellung von Musik und Musikerlebnis in der erzählenden deutschen Dichtung" [Dr. phil. diss., Bonn, 1959], 486–87).

7. While Arnold Hirsch does not frame his argument in terms of professionalism in his important work on late-seventeenth-century novels, he does attempt to take account of some of the same phenomena that I examine in this chapter when he argues for what he calls a "bürgerliches Bildungsideal" as well as for the representation of a bourgeois milieu in some of the novels of the late seventeenth century. See note 17. Arnold Hirsch, *Bürgertum und Barock im deutschen Roman. Ein Beitrag zur Entstehungsgeschichte des bürgerlichen Weltbildes*, 2d ed., ed. Herbert Singer (Cologne and Graz: Böhlau, 1957).

8. These novels include *Die drei Hauptverderber in Deutschland* (1671), *Die drei ärgsten Ertznarren in der ganzen Welt* (1672), and *Die drey klügsten Leute in der gantzen Welt* (1675).

9. These novels include *Der Politische Maul-Affe* (1679), *Die Politische Colica* (1680), and *Der Politische Stock-Fisch* (1681). As Hirsch notes of *Der politische Maul-Affe*, "Eine große Reihe protestantischer und katholischer Geistlichen

liefert Beispiele dafür, was in einem Gemeinwesen durch die Besetzung der Stellen mit Untauglichen angerichtet wird. Groteske Übergriffe eines Schulinspektors, der an einem kleinen Ort allmächtig herrscht, führen zu einem tragischen Ausgang" (Hirsch, *Bürgertum und Barock*, 62).

10. Helmut Krause, *Feder kontra Degen. Zur literarischen Vermittlung des bürgerlichen Weltbildes im Werke Johannes Riemers* (Berlin: Hofgarten Verlag, 1979), esp. 267–72, and 302–12. Krause stresses the importance of the coincidence of the dates of publication of novels as well as those of seven dramas with Riemer's professorship in Weißenfels (ibid., 50).

11. Marc Raeff, *The Well-Ordered Police State: Social and Institutional Change through Law in the Germanies and Russia, 1600–1800* (New Haven: Yale University Press, 1983).

12. Paul Winckler, *Der Edelmann*, ed. and introd. Lynne Tatlock, Nachdrucke deutscher Literatur des 17. Jahrhunderts, 64 (Bern, Frankfurt a. M., New York, and Paris: Peter Lang, 1988); see esp. the introduction, 9–48. Much of the novel is set on the estate of a nobleman whose invited guests participate in a sort of symposium of representatives of the educated classes, namely, a pastor, a lieutenant colonel, a lawyer, a physician, a wealthy merchant's son, and a forester who provides comic relief.

13. Lynne Tatlock, "Speculum Feminarum: Gendered Perspectives on Obstetrics and Gynecology in Early Modern Germany," *Signs* 17:4 (1992): 725–60, and James Hardin, "Johann Christoph Ettner: Physician, Novelist, and Alchemist," *Daphnis* 19:1 (1990): 135–59. Hardin records seven "medical" novels published in Ettner's lifetime between 1694 and 1715 and notes that Ettner also wrote a number of arcane alchemical works.

14. Lynne Tatlock, "Simulacra of War: New Technologies of War and Prose," *Daphnis* 22:4 (1993): 641–68, esp. 647–55.

15. Lynne Tatlock, "Thesaurus Novorum: Periodicity and the Rhetoric of Fact in Eberhard Werner Happel's Prose," *Daphnis* 19:1 (1990): 105–34; Lynne Tatlock, "Selling Turks: Eberhard Werner Happel's Turcica (1683–1690)," *Colloquia Germanica* 28:3–4 (1995): 307–36, esp. 314–19. While Happel perhaps cannot be understood as "freelance" in our modern sense of the term, the sheer volume of his printed work and the range of his activities, from author-compiler to editor to publisher, strongly suggests that his livelihood derived from these activities. He did not have a patron or verifiable employment beyond his writing, compiling, editing, and publishing.

16. See Tatlock, "Thesaurus Novorum," esp. 106–11, and Tatlock, "Simulacra of War," esp. 656.

17. Richard Allewyn's assessment of Beer and Grimmelshausen in terms of realism and naturalism is a case in point. Richard Allewyn, *Studien zum Roman des 17. Jahrhunderts,* Palestra, 181 (Leipzig: Meyer and Müller, 1932), esp. 196–224. Similarly, Hirsch frames his study of "embourgeoisement" in these novels in terms of their alleged realism. Helmut Krause has rightly criticized Hirsch's study both for its employment of Allewyn's concept of realism and for his limited understanding of embourgeoisement (Krause, *Feder kontra Degen*, 23–26).

18. Hans Friedrich Menck, *Der Musiker im Roman. Ein Beitrag zur Geschichte der vorromantischen Erzählungsliteratur* (Heidelberg: Carl Winter, 1931), 45. At

the same time one wonders why Menck failed to remark that Printz in fact quotes Italian proverbs, sayings, and songs throughout his novels and that two of the novels take place largely in Italy, clearly signaling the prominence of Italy and Italian culture in the experiential horizon of his German musicians.

19. Riedel, "Darstellung von Musik," 527.

20. Ibid., 582.

21. I by no means mean to imply here that I am the first to be aware of social implications in these novels, but rather that my understanding and treatment of these differs from previous scholarship. For the most recent research on Printz and Kuhnau that at least briefly addresses the social contents of their novels, see Giles R. Hoyt, "Wolfgang Caspar Printz," in *German Baroque Writers, 1661–1730,* vol. 168 of *Dictionary of Literary Biography* (Detroit: Gale Research, 1996), 320–27; James Hardin, "Johann Kuhnau," in ibid., 239–46; James Hardin, "The Tradition of the German Political Novel and Johann Kuhnau's Prose Fiction," in *Studies in German and Scandinavian Literature after 1500: A Festschrift for George C. Schoolfield,* ed. James A. Parente Jr. and Richard Erich Schade (Columbia, S.C.: Camden House, 1993), 81–93; James Hardin, "'Realismus' und die Gestalt des Caraffa in Johann Kuhnaus Roman 'Der musicalische Quacksalber,'" *Akten des VI. internationalen Germanisten-Kongresses, Jahrbuch für internationale Germanistik,* Reihe A (Basel: P. Lang, 1980), 44–49; and Ian Hilton, "Der Musicalische Quack-Salber: 'A Novel before Its Time,'" *Trivium* 3 (1968): 13–20.

22. Raeff, *Well-Ordered Police State,* 28.

23. Krause, *Feder kontra Degen,* 26–27.

24. Anthony J. La Vopa, *Grace, Talent, and Merit: Poor Students, Clerical Careers, and Professional Ideology in Eighteenth-Century Germany* (Cambridge: Cambridge University Press, 1988), 171.

25. Samuel von Pufendorf, *Über die Pflicht des Menschen und des Bürgers nach dem Gesetz der Natur* [1673], ed. and trans. Klaus Luig, Bibliothek des deutschen Staatsdenkens, 1 (Frankfurt a. M. and Leipzig: Insel, 1994), 218.

26. Ibid., 116.

27. Ibid., 198.

28. Rohr, *Einleitung zu der Klugheit,* sig.)(2b.

29. J. H. Majer, "Beiträge zur Geschichte der Menschheit, aus den Annalen der Teutschen," *Der Teutsche Merkur* 6:3 (June 1774): 244–45. Quoted by La Vopa, *Grace, Talent, and Merit,* 171–72.

30. La Vopa, *Grace, Talent, and Merit,* 172.

31. Johann Kuhnau, *Der Musicalische Quacksalber,* vol. 3 of *Ausgewählte Werke,* ed. and introd. James Hardin, Nachdrucke deutscher Literatur des 17. Jahrhunderts, 59 (Bern, Berlin, Frankfurt a. M., New York, Paris, and Vienna: Peter Lang, 1992), 6–7. This edition is hereafter cited in the text as *MQ*.

32. Wolfgang Caspar Printz, *Musicus Vexatus, oder Der wohlgeplagte/ doch Nicht verzagte/ sonder iederzeit lustige Musicus Instrumentalis, Musikalische Romane,* vol. 1 of *Ausgewählte Werke,* ed. Helmut K. Krausse (Berlin: de Gruyter, 1974), 93. This edition is hereafter cited in the text as *MV*.

33. Beer also links musicians to other professions in his *Musicalische Discurse:* "Sie [Musiker] laboriren so wol/ als etliche Doctores, professores und

viele andere Leute/ an der philavtia, und wollen nur Meister alleine seyn" (*MD* 44).

34. Wolfgang Caspar Printz, *Musicus Curiosus, Oder Battalus der vorwitzige Musicant, Musikalische Romane,* vol. 1 of *Ausgewählte Werke,* ed. Helmut K. Krausse (Berlin: de Gruyter, 1974), 449. This edition is hereafter cited in the text as *MC.*

35. See in particular Barbara Widenmann, *Kurtze/ Jedoch hinlängliche und gründliche Anweisung Christlicher Hebammen* (Augsburg: Jacob Lotter, 1735). Widenmann and her husband provide a test that consumers can give to their midwives (ibid., 209).

36. On male bonding as narrative structure, see Lynne Tatlock, "Männliches Subjekt, weibliches Objekt: Zur Geschlechterdifferenz in Johann Beers Willenhag-Romanen," in *Weißenfels als Ort literarischer und künstlerischer Kultur im Barockzeitalter,* ed. Roswitha Jacobsen, Chloe. Beihefte zum Daphnis, 18 (Amsterdam: Rodopi, 1994), 217–40; on male bonding in guilds, see, for example, Merry E. Wiesner, "Guilds, Male Bonding and Women's Work in Early Modern Germany," *Gender and History* 1:2 (1989): 125–37; R. Po-Chia Hsia, "Münster and Anabaptists," in *The German People and the Reformation,* ed. R. Po-Chia Hsia (Ithaca: Cornell University Press, 1988), 51–69.

37. Menck, *Der Musiker im Roman,* 60.

38. See, for example, Magali Sarfatti Larson, *The Rise of Professionalism: A Sociological Analysis* (Berkeley and Los Angeles: University of California Press, 1977), 3.

39. Samuel Haber, *The Quest for Authority and Honor in the American Professions, 1750–1900* (Chicago: University of Chicago Press, 1991), ix.

40. Wolfgang Caspar Printz, *Musicus magnanimus oder Pancalus, der großmüthige Musicant, musikalische Romane,* vol. 1 of *Ausgewählte Werke,* ed. Helmut K. Krausse (Berlin: de Gruyter, 1974), 280. This edition is hereafter cited in the text as *MM.*

41. Krause, *Feder kontra Degen,* 307.

42. For a discussion of autobiography and the constitution of male subjectivity, see Tatlock, "Männliches Subjekt," and Lynne Tatlock, "Ab ovo: Reconceiving the Masculinity of the Autobiographical Subject," in *The Graph of Sex and the German Text: Gendered Culture in Early Modern Germany, 1500–1700,* ed. Lynne Tatlock and Christiane Bohnert, Chloe. Beihefte zum Daphnis, 19 (Amsterdam: Rodopi, 1994), 383–412.

43. Johann Mattheson, *Grundlage einer Ehren-Pforte, woran der tüchtigsten Capellmeister, Componisten, Musikgelehrten, Tonkünstler, etc. Leben, Wercke, Verdienste, etc. erscheinen sollen* [1740], ed. Max Schneider (1910; rpt., Kassel: Bärenreiter, 1969), 257–79.

12. Authority and Interpretation in G. C. Lichtenberg's Commentaries on William Hogarth

Claire Baldwin

Georg Christoph Lichtenberg, the renowned professor of physics in Göttingen, was famous in his time for his experiments, explosive lectures, eccentricities, essayistic flourish, and sharp satiric wit. He is remembered largely for his aphorisms, for his influence on other important thinkers, for his place in the history of science, his brilliant letters and polemic essays. Lichtenberg occupies a unique position in the context of late-eighteenth-century periodical literature as individualistic contributor to other's journals, popular scientific educator, editor of various journals himself, and idiosyncratic and influential commentator on the artwork of Daniel Chodowiecki and William Hogarth. He himself was particularly proud of his last major project: the *Ausführliche Erklärung der Hogarthischen Kupferstiche,* first published serially in an almanac under his editorship, the *Göttinger Taschen-Calender,* and revised and reissued as separate serial publications from 1794 until the year of his death, 1799. Lichtenberg's elucidations popularized the work of Hogarth in Germany and were hailed as a major literary event in their own right: Novalis even adopted the term "Lichtenbergischer Commentar" as a new generic designation.

While Lichtenberg often receives a mention in studies on Hogarth as a remarkable commentator, rarely is much attention paid to the substance of his interpretations. Lichtenberg moves in his criticism on art and literature toward a relative understanding of taste and beauty, and he champions the modern and contemporary over artistic ideals of normative classicism, as do others of his time. Yet he is remarkable, and remarkably modern, in his clear articulation of the particular structures and influence of social environment and institutions, in his attentiveness to how the social realm is made visible in art (in Werner Busch's words "die Sichtbarwerdung des Sozialen")[1] and in his profound engagement in interpreting the artistic rendition of social markers through aesthetic, ethical, and scientific categories. As throughout his work and thought, Lichtenberg considers the objects of his interest from many angles to pursue serious and critical Enlightenment study of the human condition and to indulge playfully in intellectual and imaginative pleasures. The extensive Hogarth commentaries, on which Lichtenberg's many talents and interests in the realms of science, physiognomy, language, the arts, anthropology, and social satire come to bear, offer unique insight into Lichtenberg's thought; their many interwoven discourses also provide a rich source for a broader study of late-eighteenth-century culture.[2]

The construction of authority in and of Lichtenberg's commentaries on Hogarth is both subtle and bold, and entails manipulation of tensions in the genre of commentary itself. In its function of exegetical illumination, it is secondary to a primary text, literally marginal. Yet, as a voice claiming authoritative interpretation, mediating and thereby to some extent subsuming and supplanting the subject of commentary, it becomes itself primary. Lichtenberg interestingly refuses both of these positions and hierarchical relations as descriptive of his interpretations of Hogarth. Instead, he delineates a profile for his project of respectful artistic collaboration. While praising Hogarth's artistic genius as he constructs and interprets it for his readers and illuminating Hogarth's prints, Lichtenberg also lays claim to the privileged status of art for his own commentary, drawing on the authority he attributes to Hogarth's visual art to define, defend, and illuminate his own artistic verbal text.

Lichtenberg claims several interrelated, yet distinguishable foundations of authority for his *Ausführliche Erklärung*. The first foundation is that of personal authority: this includes the authorial profile he offers, his presentation of his relation to Hogarth's work, and his construction of a particular relationship with his readers, for whom he outlines the individual credentials he brings to the task of interpretation. The second foundation of textual authority in Lichtenberg's commentaries is that of style: Lichtenberg designates his text "poetic commentary," a verbal style and genre on which he stakes both artistic originality and his unique interpretive insight. A third foundation of textual authority is that of observation and experience: the "science of observation" corroborates and leads to the artistic authority that Lichtenberg attributes to Hogarth and asserts for his own writing. In what follows, I further delineate the claims for personal, artistic, and scientific authority and demonstrate how they establish textual authority of and in Lichtenberg's texts to legitimize the freedoms and artistic status of Lichtenberg's unique commentaries.

I. The Author, the Audience, and Authority

In the introduction to the commentaries and throughout the essays themselves, Lichtenberg develops a strong authorial persona and cultivates an extended relationship with the readers. The relationship between author and audience is cast as at once familiar and new, continued and incipient. The familiarity of the audience or of some in the audience with the author's writing on Hogarth, in its earlier incarnation as journal articles in the *Göttinger Taschen-Calender,* serves as a kind of recommendation conferring on Lichtenberg the authority to undertake the task of interpretive commentary. Initial reference in the preface to the *Erste Lieferung* of the revised commentaries to the audience's possible familiarity with his work allows Lichtenberg to remind or inform his readers that his previous commentaries found public approbation, as he presents his new publication to the readers for judgment. Reference in the later volumes to audience reception of material published earlier in the series builds the relationship between author and readers, underscoring both its established nature and its ongoing development. The earlier reception vouches here for Lichtenberg's interpretive skills, and these in turn vouch for the legitimacy of his commentaries. His authority is thus acknowledged and granted by the public; it is shown to be, in part, constituted in public exchange with the readers.

Lichtenberg also uses the presumption of the audience's awareness of his earlier work and authorial persona to remark on the differences between it and his current publication, and he thereby begins to shape a further relationship with his readers. The primary distinctions lie in the scope and the form of the revised commentaries, and Lichtenberg defines these differences through images of contrasting styles and spaces of audience reception. Whereas the *Calender* essays suggested intimacy and informality and were received by readers with generous-spirited interest, the independent publication of the *Ausführliche Erklärung* may elicit reader expectations, Lichtenberg muses, of a serious, authoritative tome and it gives rise to his own anxious anticipation of more rigorous scrutiny and severe critical judgment of the texts. "Der majestätische Audienz-Saal des deutschen Publikums, vor dessen Thron ich jetzt meine Bemerkungen niederlege, kam mir damals gar nicht in den Sinn; ich dachte bloß an die Stühle, Fensterbänke und Teetische der Nebenzimmer oder höchstens der Antichambre, auf denen mein heil. Christ herumfahren würde. Ich schrieb also mit der Unbefangenheit und Sorglosigkeit, die zwar manchem Versehen Raum gibt, aber dem Vortrage bei *solchen* Dingen ganz vorzüglich günstig ist. Er erhält dadurch nicht allein den besten Ton, sondern hält ihn auch."[3] These reflections in part follow topoi of modest disclaimer, yet more centrally they direct reader attention to the idiosyncratic grounds on which Lichtenberg claims unique authority for his Hogarth commentaries old and new, namely the authority of style. Lichtenberg disavows the grand and formal authoritative gestures perhaps implied by the form of his published commentaries precisely on the basis of an incompatibility with the style of presentation he deems most appropriate. By countering reader expectations inimical to his project and guiding his readers toward appreciation of his chosen style, Lichtenberg marks the contours of his authorial stance and of the reception he desires.

Lichtenberg articulates a varied potential audience response to his commentaries to several strategic ends. It demonstrates public praise and interest and emphasizes his own attentiveness to his readers, both established and new. He not only incorporates positive reviews into his own text, he also mentions critical or corrective responses to his commentaries. In the *Vorrede* to the second volume, for example, he writes: "Übrigens danken wir dem Publikum für den Beifall sowohl, als die Erinnerungen, womit es die erste Lieferung beehrt hat. Von beiden soll gewiß der beste Gebrauch gemacht werden. Vor allen Dingen versichern wir, daß uns auch der größte Beifall nie zu Nachlässigkeiten verleiten soll, so wenig als der strengste Tadel zu Erbitterung" (731). Lichtenberg depicts his association with his readers as one of mutual edification and exchange, and delineates a relationship that is based on dialogue and on critical judgment. The pose of an author eager for advice and counsel furthers the image Lichtenberg creates of the audience as an active participant in his interpretive enterprise.

> Ich bitte [daher] alle Leser des Göttingischen Kalenders sowohl, als dieser Blätter, mich mit ihren Gedanken, so weit es ohne Umstände geschehen kann, öffentlich oder privatim gütigst zu unterstützen. Ich werde jederzeit entweder bei der Ausarbeitung selbst, oder in *nötigen* Nachträgen, mit Dankbarkeit Gebrauch davon machen. Denn nur allein auf *diesem* Wege läßt sich am Ende etwas Vollständiges über ein solches Produkt des Genies erwarten. Da das einzige Paar Augen, das in diesem Werke deutlich sah, nunmehr auf ewig geschlossen ist, und meines Wissens keines existiert, das seine Stelle für sich allein vertreten könnte: so müssen wir, was den einzelnen an Kraft abgeht, durch Zahl der Paare und Übermacht zu ersetzen suchen. (667)

The invitation and challenge issued directly to the readers includes Lichtenberg's general audience specifically in what he has already presented repeatedly as a collaborative and continuous endeavor. Again, Lichtenberg explicitly eschews an authorial position of exclusive expertise, while maintaining the prerogative of control over his text through the caveat that he decides what critiques are worthy of incorporation. Denying his commentaries a claim to definitive analysis of Hogarth, Lichtenberg might seem to undermine the interpretive authority of his texts. Already in the introduction to the series, he reiterates their provisional character, his own gaps in understanding, and the sources and support he has drawn on while writing. Yet Lichtenberg's insistence on these aspects of his commentaries ultimately serves, I argue, to establish his own unique credentials as author of such texts. Lichtenberg's documentation of consulted sources performs the dual function of scholarly footnotes recently articulated by Anthony Grafton: it identifies relevant sources and bolsters the presentation of the author's narrative as innovative, while affirming his professional status.[4] Lichtenberg takes recourse to these aspects of scholarly convention while asserting that the complete or exhaustive interpretation of Hogarth's plates, or any "such product of genius," is necessarily a collective and continuing project. His apparent modesty is, in the end, presented as one of his strengths as author: by recognizing and exploiting the need to incorporate multiple views of Hogarth in any adequate interpretation, his text can claim to present the aggregate wisdom beyond his own limitations as individual (with only one pair of eyes), while underscoring the individual and individualistic achievement of his commentaries.

Through the definition and cultivation of a particular relationship with his readers as one based on familiar critical exchange and mutual interest in Hogarth's work, Lichtenberg presents himself as the best possible commentator of Hogarth for his intended audience. Readers who actively ponder the enigmas of Hogarth's images will more fully appreciate the skill and wit of the commentator guiding their vision and stimulating their perception. And Lichtenberg's responsiveness to and engagement with his German audience allow him to draw on his extensive scholarly familiarity with previous commentaries, which he enumerates and characterizes in his introduction, on his position as beneficiary of others' knowledge and remarks, on his own intellect and insight, and on his personal experience and observation of London to mediate between the distinct cultural and historical settings of his audience and Hogarth's art. "Hier überreiche ich dem deutschen Publikum das erste Heft einer Erklärung der Hogarthischen Kupferstiche. Ich habe ihr so viel Vollständigkeit zu geben gesucht, als mir nach meiner *jetzigen* Bekanntschaft mit diesen Produkten des Genies, möglich gewesen ist. Sie enthält nicht allein alles, was ich in den besten mir bekannt gewordenen Auslegern Bemerkungswertes gefunden habe, sondern auch noch die Bemerkungen einiger Freunde in London sowohl als Deutschland, und meine eignen" (660).

The construction of textual authority in Lichtenberg's commentaries proceeds in part, as we see here, through an emphasis precisely on the ongoing authorial construction of the text: the text is being generated through the pen of the uniquely qualified author before the very eyes of the audience, as it were, in contract with them. A persistent desire, articulated in standard Enlightenment fashion, for ever increasing understanding and insight into the object of critical attention leads to improvement and elaboration of the commentaries, dependent on farranging sources and the collaboration of the readers, in the roles of interpreters of Hogarth and critics of Lichtenberg's essays. Although published as separate volumes, the commentaries are still issued in serial form, and this form is underscored as conducive to the kinds of critical exchange outlined and championed by Lichtenberg. The literally continuous construction of the texts in turn serves to attune reader awareness to the characteristics of internal stylistic construction presented as signs of Lichtenberg's originality. Lichtenberg prides himself on his acquired expertise and his creative contributions to an understanding of Hogarth's art, as well as on those aspects of his writings that transgress narrow definitions of the genre of commentary. While disclaiming the authority of absolute and exclusive judgment, he presents his texts intrepidly as original, artistic, and singularly suited to their subject, and defines them as such through the category of style.

II. Authority of Style: Poetic Commentary

Lichtenberg may adopt a modest pose and show his intermittent reliance on the hermeneutic insights of friend and foe alike, but he demands recognition for his individual art of interpretation (reading "art" in a multivalent sense of knowledge, craft, and poetic inspiration). There are but two manners of elucidating Hogarth's work, Lichtenberg asserts in the preface to the *Erste Lieferung*. The first is that of prosaic explication, in which one explains "with short and dry words" (mit kurzen und dürren Worten, 660–61) the meanings of the images and illuminates details other viewers might have overlooked or misunderstood, such as (in his case) allusions specific to the English culture or those particular to the artist's sensibility. The second approach, a poetic one, must achieve everything a prosaic explication does, but must do so in a language and style infused with a tone and mood commensurate with Hogarth's own, one "animated by" and "in step with" Hogarth's genius: "in einer Sprache und überhaupt in einem Vortrage, den durchaus eine gewisse Laune belebte, die mit der des Künstlers so viel Ähnlichkeit hätte, als möglich, und immer mit ihr gleichen Gang hielte" (661). Lichtenberg outlines the principles of "poetic commentary" in one of the suggestive subjunctive structures for which he is famous:[5] "Was der Künstler da *gezeichnet* hat, müßte nun auch so *gesagt* werden, wie *Er* es vielleicht würde *gesagt* haben, wenn er die Feder so hätte führen können, wie er den Grabstichel geführt hat" (661).

Unlike other such imagined "thought-experiments," this bold project of transposing Hogarth's artistic style into verbal narrative is one Lichtenberg does attempt to perform. It is an intriguing proposal, aimed not simply at strict imitation or ekphrasis, but rather at a kind of intuitive projection of Hogarth's sensibility into poetic prose. The visual images to be explicated need not be reconstructed and evoked in detail through language, for they are reproduced with Lichtenberg's text and are thus simultaneously present to the reader. Instead, Lichtenberg's commentaries animate the scenes and draw out the characterizations, actions, and narratives suggested by the visual configurations while offering interpretation of the prints.[6] The juxtaposition of image and text not only makes the word visible and embodied, but also makes the image legible. In the service of both, Lichtenberg aims further to recall to mind other sensory codes. Lichtenberg encourages imaginative restoration of sounds, smells, tactile experience, and gestures. He incorporates into his text projections of sensory immediacy to expand playfully the *potential* scenarios suggested by the static visual image and delights in creating a plurality of possible meanings. Hogarth's plates serve, then, as points of departure for a conversation between artists working in different semiotic media and within differing cultural and historical codes, a conversation that Lichtenberg's intended readership is explicitly invited to join.[7]

The art of interpretation Lichtenberg develops in his poetic commentaries must, then, reveal his affinity with Hogarth through a satiric tone of pleasant whimsy ("muntre Laune") or whimsical mockery ("launiger Spott") similar to the artist's. Lichtenberg's claim for the authority of his style thus rests on an implicit claim to an authoritative intellectual and emotional assessment of Hogarth's artistic sensibility and purpose. Declaring an artistic alliance with "our Hogarth" as he distances himself from other interpreters on the basis of style, Lichtenberg supports his own artistic enterprise through the artistic authority attributed to Hogarth and less directly asserts the superiority of his interpretation of Hogarth as the foundation for his stylistic experiment.

Lichtenberg defines his style by adamantly opposing his approach to both serious moralizing and to excessive solemnity in explanation.

"*Gepredigt* dürfte schlechterdings auf diesem Wege nicht werden; nichts von Alltags-Moral, nichts von Sonntags-Andachten, und ums Himmels willen! keine Trankenbarische Missions-Prose. Hogarths launigem Spott gegen über, ernsthafte Moral lehren wollen, hieße, seine Satyren auf das Laster, und die Torheit in eine auf die Moral selbst verwandeln" (661). This is directed not only against the English commentator the Reverend John Trusler, whose austere *Hogarth Moralized* (1768), supported by Hogarth's widow, is listed in Lichtenberg's introductory notes as "Hogarth moralised (verkuhbacht). . . . Enthält sonst viele recht gute Notizen" (666). It also inculpates other interpreters whose tendency to impute to Hogarth an ideologically definitive moralistic stance leads them to overlook or obscure the ambiguities and overdetermination in Hogarth's images, which Lichtenberg savors as a hallmark of his style.[8] The alternative path Lichtenberg wishes to follow is, he insists, as yet uncharted. "[I]ch [bin] der erste, der sich auf diesem Wege versucht hat" (662). The closest competitor, John Ireland, falls prey to Lichtenberg's mocking description of his false tone, which combines the flaws of excessive solemnity and excessive delight in his own wit at the expense of pertinence to the interpreter's task: "Sein *Pegasus* (denn er reitet beständig, wo er hätte gehen sollen) fällt bei jeder Gelegenheit in einen gewissen *langsam-feierlichen* und *festlich-spanischen Kron-Marschalls-Trab*, der die Prozession, die er anführt, sehr übel kleidet. Man vergißt den Reiter und die Prozession, und sieht bloß auf den komischen Taktschlag seines—Zopfs" (662). The image used to communicate a sense of inappropriate style appeals to the visual imagination, while underscoring the importance of judicious narrative pace and the temporal and kinetic qualities of language. Lichtenberg's rendering of Ireland's style shows how affectation distracts from the subject at hand; his prose loses the illusion of transparency and instead directs readers to its own costume, which happens to be ill chosen. Playing with the exchange between pictorial and narrative codes and pointing to his own skill in such mediation, Lichtenberg's vivid metaphor presents the false tone of Ireland's text as a poorly designed and enacted visual and physical performance that overemphasizes unimportant details to the detriment of the larger composition.

As throughout the commentaries, directing reader attention to matters of writing technique serves here again to educate the audience in the art of Lichtenberg appreciation. In the so-called Waste-Books, Lichtenberg remarks the concept of a "physiognomy of style" in language that suggests a concurrent science of interpretation: an attentive reading of the perceptible, outwardly expressive signs of linguistic style (like outwardly expressive signs of the body) would presumably provide insights into the character of both text and author.[9] Lichtenberg's critical presentation of Ireland's style, in this example, advises the audience to attend to the ways his own choice of linguistic register, pace, and syntax conforms to or illuminates the images at hand and contributes to the interpretations he offers. For Lichtenberg, the signs legible in the physiognomy of style clearly reflect both individual and social traits. Skillful artistic manipulation of these codes, like the artistic rendition of the codes of the body in acting or, differently, in graphic art, can reveal what remains hidden for less perceptive viewers, an aim Lichtenberg avows in his commentaries.

Lichtenberg finds himself in the position, in the later *Lieferungen* of his commentaries interpreting *A Harlot's Progress* and *The Rake's Progress*, to defend his stylistic choices and his own moral stance. If he appears too flippant, he opens himself to moral criticism. If he appears too serious, he is prey to artistic censure. Once again, Lichtenberg aligns his choice in tone with his interpretation of Hogarth's art, even when doing so requires bending his own rules: "Wo ich ernsthaft rede, hat auch Hogarth ernsthaft gezeichnet, und oft im hohen Grade, wenigstens war es seine Absicht. So kam auch mehr Mannigfaltigkeit in den Vortrag" (820). Furthermore, Lichtenberg faces an interpreter's dilemma occasioned by the differences between visual and verbal media. The interpreter's task is to illuminate and uncover, yet the social codes of decency demand decorous silence. Either way, he may lose authority as author, he fears.

> Es kommen auf diesen Blättern einige seltsame Dinge vor. . . . So etwas erklären zu müssen, ist unstreitig, wo nicht gar eine gefährliche, doch sicherlich eine höchst unangenehme Lage für einen Erklärer von Gemälden. Der Maler, der sie unter dem Schutz der *Vieldeutigkeit* hinmalt, bekümmert sich um nichts. Denn fragt man ihn: aber wie in aller Welt hast du so etwas malen können? so kann er immer, selbst, während ihm die Röte der Überführung ins Gesicht steigt, antworten: wer sagt dir denn, daß ich das gemeint habe? Eine gemalte Zweideutigkeit also beharrt in ihrem Wesen, so lange sie gemalt bleibt, aber sie fährt sogleich als *simple Zote* aus, sobald der Beschwörer, ich meine der Erklärer seine Worte über sie spricht. . . . Das ist abscheulich. Indessen glauben wir doch, uns doch so ziemlich aus der Sache gezogen zu haben. (730)

Lichtenberg's tactic is by now familiar: he includes the audience in his dilemma and elaborates on his skillful solutions, especially on the occasion of those ambiguities which are not the most treacherous to explain. The initial length of the digressions on this matter—itself revealed as stylistic strategy of bluster in an uncomfortable circumstance (765)—is reduced gradually until the author and audience have, as it were, agreed on a code designed to acknowledge the interpreter's insights, and thus maintain that aspect of his authority, while allowing him the cover of silence dictated by his moral sensibilities. At first the readers must be forewarned and simultaneously held off by an involved explanation: "Nur noch eine kleine Einleitung. Wir stehen hier bei den Werken unsers Künstlers zum erstenmal an einer Stelle, auf die wir noch oft, und selbst in diesen Blättern noch zweimal zurück werden kehren müssen; nämlich da, wo die Moral selbst das Moralisieren verbietet, und die gesprächigste *Hermeneutik* verstummt, oder wenigstens sich stumm stellt und dem Vorbeigehenden zuklingelt; oder, wenn sie endlich genötigt wird zu sprechen, wenigstens nichts weiter sagt als: *Ich bin stumm*" (763). Later on, however, the verbosity, which itself has served as a front for creatively expanding options of textual tactics, has been replaced with the direct remark: "Hier klingelt die Hermeneutik" (771).

By helping his readers focus their vision on Hogarth's etchings, Lichtenberg sharpens their acuity in recognizing dimensions and details of Hogarth's craft and of his social critique. While Lichtenberg's and Hogarth's project of satire is predicated on revelation, on the illumination of folly, Lichtenberg also highlights the essential role of obscurity in the composition of his and Hogarth's art. Indiscernible or provocatively ambiguous images are often a sign of Hogarth's genius, Lichtenberg asserts, which compel the viewer to exercise interpretive skills and imagination. The interpretation of these images, and the translation of their tantalizing properties into narrative, pose theoretical challenges with which Lichtenberg engages and in turn challenges the viewer and reader.

Lichtenberg's "poetic commentaries" of Hogarth's art thus assert an authority founded on style that reflects an authority of interpretation based on scholarship, observation, and artistic sensibility. The commentaries propose both an extensive hermeneutic reading of the images and an aesthetic transposition of cultural and artistic semiotic codes to offer a cooperative venture of social satire and intercultural critique. While deferring to Hogarth's "genius," Lichtenberg does not hide his own merits. Indeed, he insists on his independence and originality in this enterprise, and suggests that he seeks a respectful parity as satirist with Hogarth. In Lichtenberg's profile of his poetic commentaries, he includes satiric jabs at groups beyond Hogarth's purview, including contemporary German targets, and he defends the independence of his texts against criticisms that he has stepped beyond the boundaries of hermeneutic exegesis to find "intentions in Hogarth's work which he himself never imagined" (als hätte ich in Hogarths Werken Absichten gefunden, an die er selbst nie gedacht hätte; 664). That may be so, he admits. "Aber was schadet dieses in einer Schrift, die, ob sie gleich hauptsächlich da ist, Licht über des großen Künstlers Werke zu verbreiten, doch zugleich ihren eignen Gang geht?" (664–65). Lichtenberg insists on the commentaries as vehicles for original material that is made evident as "gestempeltes Eigentum des Erklärers" (772) as well as for explication of the visual art. Through Lichtenberg's unique tone of "pleasant whimsy" inspired by Hogarth's graphic satire, he aspires to create the mood necessary for experiencing the true pleasures that Hogarth's art offers and to lead his readers to fuller understanding of Hogarth's work. The aesthetic qualities of the commentaries in their own right ought to transport the readers, even against their will, he asserts: "Auf diese Weise erläutert, würde Hogarth nicht bloß jedem verständlich, sondern der Geist eines jeden schon durch den Vortrag der Erläuterung, selbst wider seinen Willen, zu der Stimmung gebracht, in welcher allein man des großen geistigen Genusses fähig ist, den diese Blätter gewähren können" (661). Lichtenberg thus wishes to assist his readers in a progressively more complex intellectual understanding of his and Hogarth's satire, and to evoke from them the intuitive response of aesthetic pleasure that only works of art are able to elicit. His text is to operate semiotically at mutually augmenting symbolic and aesthetic levels: the *Ausführliche Erklärung* lays claim to both interpretive and artistic authority.

As author, Lichtenberg profits from Hogarth's recognized talents by affiliating his text with Hogarth's images, yet he distinguishes his use of Hogarth's authority to construct his own from the way others attempt to capitalize on Hogarth's popularity. In one of his wonderfully graphic images commenting on literary style, Lichtenberg describes how another author exploited Hogarth's fame: "[E]in gewisser Dichter Banks [hat] eine verkleinerte Kopie dieses Blatts einem seiner bleiernen Gedichte als Schwimmkissen angebunden, um es auf dem Strom der Zeit oben zu halten, und er hat seinen Endzweck erreicht; sie soll sogar den ganzen Band flott gehalten haben" (689). Lichtenberg, in contrast, maintains the authority of inspiration across artistic media: Hogarth's artistry inspired his own, through which in turn he hopes to inspire his readers. He suggests a secularized version of the traditional (Platonic) theories of a chain of inspiration afforded by art, no longer emanating from divine inspiration, but grounded in and justified by the scientifically honed skills of observation of the world's stage.

III. Authority of "Menschenkenntnis"

Lichtenberg introduces his readers to Hogarth's art and his own with the commentary on an image of theater.[10] The print *Strolling Actresses Dressing in a Barn* portrays a chaotic theater company preparing for an upcoming performance. Groups of actresses in various degrees of costume attire, who will take on the roles of mythological figures in the play, rehearse their lines or pursue other tasks more or less related to the imminent performance. The theatrical framework of the first image in Lichtenberg's series of explications sets the stage, so to speak, for the following elaborations on this and other plates from Hogarth's "modern moral subjects" and facilitates an initial, practical exploration of questions or interpretation, illusion, and artistic authority pertinent to the entire extended enterprise of the commentaries.

The theater reminds Lichtenberg's readers of the other two artists whom he includes with Hogarth in his triumvirate of genius, namely William Shakespeare and David Garrick. What the three have in common, in Lichtenberg's view, is a most impressive, incorruptible knowledge of people. "Menschenkenntnis" or "Weltkenntnis" is founded on scrupulous observation and rendered aesthetically with a corresponding attention to telling detail. In his *Briefe aus England* (1776–78), in which Lichtenberg discusses Garrick and the English stage at length, he stresses that knowledge of the world is an artistic asset that is even more crucial for finding the proper tone, that all-important quality, than for choice of content: "Kenntnis der Welt . . . gibt [dem Künstler], wo nicht in allen Fällen seinem *Was*, doch immer seinem *Wie* eine Stärke."[11] The cornerstone of genius is, for Lichtenberg, astute anthropological study, the ability to recognize signs revealing inner truths about people. A great artist like Hogarth, a "Seelenmaler" (repeatedly), will translate the insights gleaned through a reading of these sign systems into an appropriate aesthetic code in order to mediate them for an audience. Art itself, for Lichtenberg, bears authority as a repository and creator of knowledge, as the locus of a truer truth about the world. In the theatrical arts, visual and verbal arts combine in a physically present mediation of artistic signs. And by recalling his two other artist heroes Garrick and Shakespeare indirectly to mind, Lichtenberg also reminds his readers that "all the world's a stage,"[12] and that his investigation ultimately focuses on that broader social theater.[13]

The essential grounding for an authoritative interpretation of Hogarth's "modern moral subjects" and for authority of artistic style is concentrated, investigative observation: it provides the basis both for illumination of what might remain obscure in Hogarth's images and a parallel, independent reading of the world's stage that confirms and augments what is represented in the visual art. Lichtenberg thus offers his commentary as that of a practiced observer and an accomplished author. His texts aim to render the social aspects and implications of Hogarth's art perceptible and intelligible to his audience through his own verbal art of interpretation. Yet, as the explication of *Strolling Actresses* makes clear, theater depends on the role of the spectator. Lichtenberg insists that the active interpretive stance of the audience, without whom semiotic communication could not proceed at all, is of great importance for how signs are understood.[14] The Hogarth commentaries manifest Lichtenberg's scientific regard for precise observation and critical deciphering, yet they equally reveal his prudent wariness of decoding all too readily. Much depends on the interpretive acuity and engagement, as well as the personal and social investments, of the readers themselves.

Lichtenberg addresses this recognition humorously in his explication of *Strolling Actresses* through his comments on the voyeur peering into the barn from the rooftop at the half-clothed women. He then calls attention to his own position as viewer of Hogarth's work, suggesting that interpretations say as much about their proponents as about the subject at hand: "Herr Ireland glaubt, der Kerl säße dort oben, weil er vermutlich das Dach habe ausbessern sollen; ich glaube, er sitzt dort seiner eigenen Besserung wegen. So sind die Ausleger" (674–75). Lichtenberg similarly underscores the critical role and responsibility of the reader in his project with explicit appeals to his audience, pointing to the essential quality of disruptive riddles and interpretive conundrums in the composition of his own and Hogarth's art: "Ich greife übrigens dem Urteil der Leser in nichts vor. Ein Teil des Vergnügens, das die Betrachtung der unsterblichen Werke unsers Künstlers gewährt, hängt, so wie bei der von Werken der Natur, mit von der Übung eigner Kraft ab, die noch dabei statt findet. Mich wenigstens hat nicht so wohl das ganz *Unverkennbare* in dem Witz und in der Laune des Künstlers seit vielen Jahren an seine Werke so sehr gefesselt, als das *leicht Verkennbare* und das *wirklich Verkannte*. Wer suchen will, findet immer noch was" (682). What one finds will depend largely on one's particular interpretative stance and one's powers of intellectual illumination. In order to perceive the treasures in the work of artists like Hogarth, Garrick, and Shakespeare, Lichtenberg insists, "muß man zu der gewöhnlichen Erleuchtung noch sein eigenes Lichtchen mitbringen."[15] While Lichtenberg gladly demonstrates the powers of his own lights, he reminds the audience that his authority is not exclusive and that his commentaries aim to stimulate and challenge, rather than supplant, the active critical engagement of the readers.

IV. *Orbis Pictus*

Lichtenberg's Hogarth commentaries must be read in the context of Lichtenberg's controversies with Lavater.[16] I would like to consider very briefly one aspect of this context as it bears on the profile of textual authority gained through personal credentials and self-assessment of the author, narrative style, and anthropological insight envisioned by Lichtenberg for his *Ausführliche Erklärung,* namely, Lichtenberg's collaborative projects with the artist Daniel Chodowiecki, sometimes called "the German Hogarth." Lichtenberg's collaboration with Chodowiecki in the period from 1778 to 1785 ensues during a time of intense engagement with the debates on physiognomy and specifically of Lichtenberg's rejection of Johann Caspar Lavater's physiognomic theories and their social and political implications.[17] Lichtenberg's commentaries to Chodowiecki's plates in his *Göttinger Taschen-Calender* for the years 1778–83, and his proposal for and introduction to a new *Orbis Pictus* published in another journal under his editorship, the *Göttinger Magazin der Wissenschaften und Literatur* in 1780 and 1785, coincide with the beginnings of his Hogarth commentaries and reveal characteristics of his thought and writing that are most fully combined and developed to an innovative art of interpretation in the revised Hogarth commentaries of 1794–99.

When Lichtenberg took over the editorship of the *Göttinger Taschen-Calender,* he wrote to Daniel Chodowiecki, highly acclaimed by the mid-1770s as a graphic artist and particularly famous for his illustrations to well-known literary texts such as Lessing's *Minna von Barnhelm* and Goethe's *Werther,* as well as his contributions to Lavater's *Physiognomische Fragmente.* Lichtenberg proposed a theme and requested twelve etchings, to be realized fully according to Chodowiecki's wishes, to enhance the calendar. Lichtenberg's introduction of Chodowiecki's images and his own commentary on them in the *Göttinger Taschen-Calender* of 1778 (the first under his editorship) place their complementary contributions to the journal within the broad debates on physiognomy, moral values, and moral and moralizing judgments. Chodowiecki's prints portray the lives of a man and a woman from youth to old age in a series of contrasting images presenting the physical effects of the path of virtue and the path of vice, and primarily revealing the distorting effects of a life of vice through the visages and gestures of these representative individuals. Lichtenberg's proposal of this topic to the artist specified, as he emphasizes, that the figures' stories be depicted through "features of the face rather than through actions" (und zwar sollte ihre Geschichte mehr durch Züge des Gesichts als Handlung gezeigt werden) and tells his audience that he found his perfect collaborator in Chodowiecki, "our illustrator of souls" (unserem Seelen-Zeichner), "a born observer of people" (ein gebohrnen Beobachter des Menschen).[18] Lichtenberg's choice of topic and his commentaries on Chodowiecki's independent rendition of it provide him a platform from which to argue against Lavater's popular physiognomic theories (Lichtenberg speaks of "physiognomania") and to promulgate his own strong belief that those signs of the body which can truly serve as indicators of character are its changeable features and habitual gestures rather than innate "stable features" of the visage.

The difficulty of distinguishing between deceptive appearances and inner reality, between artful masks and authenticity, while relying on outward signs to reveal inner truths is one of which Lichtenberg is very much aware and, indeed, is one of the great shared concerns of the age. Like any semiotic system, the codes of the body demand interpretation, and, as Lichtenberg's public controversy with Lavater foregrounds, disputing interpreters vie for authority in the public sphere. Lichtenberg's essays against Lavater emphasize the inherent subjectivity of such interpretation, and the ideological and social frameworks that shape it, but are not sufficiently acknowledged by the self-appointed physiognomic "scientists." The central measure of an *artist's* skill in transmitting an interpretation or idea graphically, for Lichtenberg, is the degree to which the artist can create legible signs that show and clarify the perceived relations, including disjunctions, between exteriority and interiority and between appearances and their social significances. In his commentaries on Chodowiecki, Lichtenberg employs elements of a "physiognomy of style" to further his philosophical polemic with Lavater and to position himself in the literary landscape; I read the commentaries on Hogarth as a continuation of this controversy.

The approaches in Lichtenberg's commentaries on Chodowiecki's prints to a "physiognomy of style" and his desire to make his readers more aware of written and spoken language use as a sign of individual and social characteristics are one expression of his fascination with language and its specific functions and culturally determined spheres so familiar from the rest of his oeuvre, especially his Waste-Books. This fascination underlies Lichtenberg's ambitious concept of another collaborative project with Chodowiecki, the *Orbis Pictus*. Following Commenius's seventeenth-century educational volume depicting the material things of the world, the *Orbis Pictus* aims to provide authors and artists with information on less tangible matters culled from precise observation and rendered intelligible through artistic interpretation. Most authors and dramatists, Lichtenberg laments, lack anthropological insight and critical knowledge of themselves and thus fail to depict humans as they are; in the place of developed individualized figures, they merely offer their audience a conventional sign for a particular type of character. Railing against this "system of convention,"[19] Lichtenberg would offer a practical technical tool, a manual on how to articulate the general in the imaginatively appealing, explicitly modern particular. This new *Orbis Pictus* was explicitly conceived as a work with both visual and verbal examples and interpretive explanations, as a verbal and visual compendium that would render perceptible social truths and psychological insights with the aim of inspiring and guiding its readers to their own "good" artistic production. Brief as the introduction and first and only continuation are, these initial pages of the planned project attest again to Lichtenberg's continued preoccupation with the functioning of various "sociocorporeal" (Wenzel, Chapter 4, this volume) sign systems (language; gesture; clothing) and their social significance, and with developing (in himself and others) the talents of decoding and translating these systems in artistic form.

Between the publications of these two parts to his new project (1780 and 1785), Lichtenberg had begun with his extensive commentaries of Hogarth's work in the *Göttinger Taschen-Calender* (1784) and had received widespread positive response. His continued series on Hogarth and the revised and independently published commentaries became the central forum for exploration of his semiotic concerns and realization of these artistic ambitions. In reviewing the plans, commentaries, and essays together—and I include in this group the brilliant letters on Garrick and English theater—it appears that Lichtenberg's notion of an art of interpretation, and interpretation of other's art, was well developed and established, but remained in search of a suitable object. Hogarth's narrative art and his rich visual presentations of "modern moral subjects" provided Lichtenberg with that object. Indeed, I propose reading the Hogarth commentaries as an alternative realization of his plan for an *Orbis Pictus*.

In the commentaries on *A Harlot's Progress*, Lichtenberg reiterates his critical perception that the contemporary young artists only copy from books and images and are unable to "read the world," a worrisome symptom of the age, which he had aimed to address and relieve through the *Orbis Pictus*. "Es ist dieses leider recht das Prärogativ dieses papiernen Alters der Welt daß, seitdem das Universum in den Buch- und Bilderhandel gekommen ist, Tausende von Schriftstellern und Künstlern für den direkten Strahl der Natur erblindet sind, die ganz gut sehen, so bald dieser Strahl von einem Bogen Papier reflektiert wird. Glücklich, wenn die Reflexion immer die erste und das Blatt selbst immer so plan, so rein und spiegelhell ist, als dieses, das unser großer Künstler hier vorhält" (732). If Lichtenberg despaired of the general public's ability to follow Alexander Pope's dictum "the proper study of mankind is man" directly, he seems to suggest as an appropriate alternative to that end: "the proper study of mankind is Hogarth." And, implicitly, it follows that the proper study of Hogarth starts with Lichtenberg.

Notes

1. Werner Busch, *Das sentimentalische Bild. Die Krise der Kunst im 18. Jahrhundert und die Geburt der Moderne* (Munich: Beck, 1993), 309.

2. Important studies on Lichtenberg's *Ausführliche Erklärung* include Bernd Achenbach, "Zur Bibliographie der ersten Buchausgabe von Lichtenbergs Hogarth Erklärung. Nebst Notizen über ihr weiteres Druckschicksal bei Dieterich und einer vergessenen Englischen Stimme im Anhang," *Photorin. Mitteilungen der Lichtenberg-Gesellschaft* 7–8 (1984): 5–33; "Lichtenberg and Hogarth," *Foreign Quarterly Review* 16:2 (1836): 279–303; Karl Arndt, "'Orbis Pictus': Zu Lichtenbergs Hogarth-Erklärungen," *Niederdeutsche Beiträge zur Kunstgeschichte* 33 (1994): 113–40; Arnd Beise, "'Meine scandaleusen Exkursionen über den Hogarth'. Lichtenbergs Erklärungen zu Hogarths moralischen Kupferstichen," in *Georg Christoph Lichtenberg 1742–1799—Wagnis der Aufklärung*, ed. Ulrich Joost, Stephen Oettermann, and Sibylle Spiegel (Munich and Vienna: Hanser, 1992), 239–57; Klaus Herding, "Die Schönheit wandelt auf den Straßen. Lichtenbergs Bildsatire seiner Zeit," in *Im Zeichen der Aufklärung. Studien zur Moderne* (Frankfurt a. M.: Fischer, 1989), 127–63; Gert Sautermeister, *Georg Christoph Lichtenberg* (Munich: Beck, 1993), 116–22; August Wilhelm Schlegel, "Lichtenbergs Hogarth," *Athenäum* 2:2 (1799): 309–10; Elisabeth Sieveking, "Orbis Pictus: Illustrierte und erklärte Welt bei Hogarth und Lichtenberg. Ein Beitrag zur Kontroverse über den Zusammenhang zwischen Kunst und Sozialgeschichte," in *Literatur der bürgerlichen Emanzipation im 18. Jahrhundert,* ed. G. Mattenklott and K. R. Scherpe (Kronberg [Ts.]: Skriptor-Verlag, 1973), 43–76; Rudolf Wehrli, *Georg Christoph Lichtenbergs Ausführliche Erklärung der Hogarthischen Kupferstiche. Versuch einer Interpretation des Interpreten* (Bonn: Bouvier, 1980).

3. *G. C. Lichtenbergs ausführliche Erklärung der Hogarthischen Kupferstiche,* in Lichtenberg, *Schriften und Briefe,* vol. 3, ed. Wolfgang Promies (Munich: Hanser, 1972), 660. Further references will be given parenthetically in the text.

4. Anthony Grafton, *The Footnote: A Curious History* (Cambridge, Mass.: Harvard University Press, 1997).

5. Albrecht Schöne, *Aufklärung aus dem Geist der Experimentalphysik. Lichtenbergsche Konjunktive* (Munich: Beck, 1982).

6. See Frederick Burwick, "The Hermeneutics of Georg Christoph Lichtenberg's Interpretation of Hogarth," *Lessing Yearbook* 19 (1987): 167–91, on the "applied hermeneutics" of Lichtenberg's poetic method of engaging Hogarth's engravings, particularly the *Marriage à la Mode* series.

7. Ernst-Peter Wieckenberg, "Lichtenbergs 'Erklärung der Hogarthischen Kupferstiche'—ein Anti-Lavater?," in *Georg Christoph Lichtenberg,* ed. Heinz Ludwig Arnold, *Text + Kritik* 114 (April 1992): 39–56, underscores Lichtenberg's dialogue with his readers.

8. David Bindman, *Hogarth and His Times: Serious Comedy* (Berkeley and Los Angeles: University of California Press, 1997), describes the efforts of Lichtenberg's contemporaries, the influential English commentators John Nichols (*Biographical Anecdotes of William Hogarth,* 1781) and John Ireland (*Hogarth Illus-*

trated, 1785), to present Hogarth as a popular artist and their attempts to define him as a child of nature, "a rustic, non-verbal Hogarth" who remains an outsider to the urban panorama he portrays. Horace Walpole, on the other hand, whom Lichtenberg also consults and praises, locates Hogarth firmly in the satirical literary culture of early-eighteenth-century England. See Bindman, *Hogarth and His Times*, 11–28, esp. 11–15 and, on Lichtenberg, 25.

9. *Sudelbücher* F 802 (1777), in Lichtenberg, *Schriften und Briefe*, vol. 1, ed. Wolfgang Promies (Munich: Hanser, 1968), 573. Albrecht Schöne has drawn attention to this phrase and its implications, arguing in *Aufklärung aus dem Geiste der Experimentalphysik* that Lichtenberg's use of the subjunctive mode and of hypothetical structures in his writing represents his own "physiognomy of style."

10. The commentary to *Strolling Actresses Dressing in a Barn* was moved to this opening position for the 1794 publication. In the earlier calendar essays of 1784, the *Strolling Actresses* follow upon *A Rake's Progress*.

11. *Briefe aus England*, in Lichtenberg, *Schriften und Briefe*, 3:333–34.

12. William Shakespeare, *As You Like It*, II.vii.139–40. The general (anthropological) fascination with this figure of "men and women merely players" was of course widespread in the eighteenth century.

13. Arnd Beise, "Ist der Wahnsinn zum Lachen? Beobachtungen zu Lichtenbergs *Ausführlicher Erklärung der Hogarthischen Kupferstiche*," in *Lichtenberg-Jahrbuch 1990* (1991): 59–69, discusses Lichtenberg's social-philosophical consideration of the "Welt als Tollhaus" in the commentaries on *The Rake's Progress*, for example.

14. Cf. *Sudelbücher* J 392: "Überhaupt kann man nicht gnug bedenken, daß wir nur immer uns beobachten, wenn wir die Natur und zumal unsere Ordnungen beobachten," in *Schriften und Briefe*, 1:710.

15. *Briefe aus England*, in Lichtenberg, *Schriften und Werke*, 3:330.

16. The debates on physiognomy and the particular contention between Lavater and Lichtenberg are treated extensively in critical literature. See, in particular, Richard Gray, "Sign and Sein: The Physiognomikstreit and the Dispute over the Semiotic Constitution of Bourgeois Individuality," *Deutsche Vierteljahresschrift* 66:2 (1992): 300–332, and Wieckenberg, "Lichtenbergs 'Erklärung der Hogarthischen Kupferstiche'—Ein Anti-Lavater?"

17. Rudolf Focke's introduction to his edition of Lichtenberg's commentaries on Chodowiecki, *Chodowiecki und Lichtenberg. Daniel Chodowiecki's Monatskupfer zum "Göttinger Taschen Calender" nebst Georg Christoph Lichtenbergs Erklärungen 1778–1783. Mit einer Kunst- und Litteraturgeschichtlichen Einleitung* (Leipzig: Dieterisch'sche Verlagsbuchhandlung, 1901), remains a most valuable source on their collaboration.

18. Focke, *Chodowiecki und Lichtenberg*, 3.

19. Lichtenberg, *Vorschlag zu einem Orbis Pictus für deutsche dramatische Schriftsteller, Romanen-Dichter und Schauspieler*, in *Schriften und Briefe*, 3:377; Lichtenberg, *Orbis Pictus. Erste Fortsetzung*, in *Schriften und Werke*, 3:395–405.

Index

Abelard, Peter, 92
Absolutism, 7, 144, 244–54
Aelred of Rievaulx, 85
Africa, 213–25. *See also* Exoticism
Age of decline (twelfth century), 75–86
Alan of Lille, 91, 93, 95, 132 (n. 113)
Albertus Magnus, 91–92
Albrecht von Halberstadt, 36
Alexander of Ashby, 93
Amateurism, 7, 215, 240, 244, 246–48, 250–57
Ambiguity, 163, 176, 183, 231, 268–70, 273
Ambition, aesthetic, 10–11, 20, 27, 243, 245–46, 276
Amerbach, Johannes, 158
Ami et Amile, 107
Anabaptism, 175–76
Andreae, Hieronymus (Andreas Formschneider), 176
Anonymity, 2, 105–8, 111, 241
Anselm of Laon, 31–32
Anthropology, 145, 262, 274–75
Anti-intellectualism, Christian, 76–77, 80
Antoninus, Saint, 91, 115 (n. 22), 119 (n. 39)
Aquinas, Thomas, Saint, 119 (n. 37), 143
Arch, honorary, 135–56
Architecture, 135–56
Aristotle, 92
Art: conception of, 10, 26–27, 40–42; ritual function of, 20, 22, 26, 27; social utility of, 22, 23, 25, 172, 183
Aston, Hugh, 13
Audience, 1, 4, 36, 50, 204; academic, 157; aesthetic competence of, 12, 22, 23, 25, 240, 247, 251; aesthetic experience of, 24, 39, 42, 56, 241; in conversation with author, 50, 58, 63–64; desires of, 26, 27, 211, 273; guidance of, 105, 247, 264, 268; as participant in interpretation, 264–73; variety in, 94–97, 137, 193–96, 201; as viewer of art, 14, 19, 172, 272
Augustine, Saint, 82, 86, 92, 161, 203
Augustus, 146
Authenticity, 2, 9, 37, 59, 98, 163, 275

Author and Authorship, 1, 2, 6, 8, 32, 34, 40–41, 49, 63–64, 103, 105, 106–12, 193, 242, 263; naming of, 97, 99–101, 104, 107, 111
Authority: of artistic model, 10, 13, 19–20, 26; of body, 49–51, 77; of books, 63–68; ecclesiastical, 31, 92, 94–95, 105–7, 110–11, 179, 183, 197, 201; of experience, 197, 201–2; of eyewitness, 67, 202; of fiction, 38; freedom from, 41; imperial, 140; invocation of, 191–93; of Latin 99; of Luther's Bible, 168–84; of moral utility, 106–7; of narrator, 68; personal, 2, 144, 262–66; resistance to, 144; of scholar, 101–4, 197, 201; of sources, 35–37, 67–68, 97–98; spheres of, 145; of unlearned, 68; of writing, 49, 61, 98

Bach, Johann Sebastian, 11–13
Bacon, Francis, 214, 232
Bairische Predigtsammlung, 108
Baroque, 3, 224
Basler Reformpredigten, 111
Basseus, Nicolaus, 7, 193–207
Bede, the Venerable, 34
Beer, Johann, 240, 247, 250, 251, 256
Beethoven, Ludwig van, 11
Beham, Barthel, 175
Beham, Hans Sebald, 175, 181
Benedict of Nursia, Saint, 85
Bernard of Clairvaux, 32, 52, 77, 78, 85
Bible, 7, 78, 91; authority of, 168–69, 197, 201, 203, 205; authors of, 171; editions of, 157; exegesis of, 32–35, 103, 168–84; German, 157, 161; Greek, 162; Hebrew, 158, 161; illustrations in, 157; Latin, 157, 158, 161; as mechanism of reform, 184; sources of, 161
—passages from: 1 Cor. 1:18–25, 77; 1 Cor. 3:18–20, 77; 1 Cor. 13:12, 33; 2 Cor. 3:6, 77; Daniel 12:4, 83; Ephesians 6:17, 171; Exodus 3:5, 161; Genesis, 158; Gospel of John 13:34, 168; 1 John 4:1–3, 174, 176, 178; Joshua 5:16, 161; Mark 12:38–

279

Bible—passages from (*continued*) 40, 174; 1 Peter 1:25, 181; 2 Peter 1–3, 174, 178; Psalm 111:10, 161; Revelation 22:18–19, 173; Song of Songs, 32; 2 Timothy 3:1–7, 174
Biblical philology, 157–90
Biblicism, 179, 181, 184
Binsfeld, Peter, 196, 200
Biography, 95, 101, 109, 163
Bochart, Samuel, 224, 225, 229
Bodin, Jean, 196, 200, 201, 209 (nn. 19, 24)
Body, 58; authority of, 49–51; handwriting as sign of, 59, 63
Boethius, 34, 91
Boguet, Henri, 196
Books, 34, 52, 63, 68, 75–76, 101, 103; Arabic, 222, 223, 230–31, 233; devil, 195
Border, symbolic, 145, 149, 234
Brahms, Johannes, 11
Brandt, Sebastian, 158
Broadsheet, 136, 139, 181–83, 192
Buch von geistlicher Armut, 110
Butler, William, 118 (n. 32)

Caedmon, 34, 45 (n. 10)
Caesius, Bernard, 224, 225
Cameralism, 241, 244, 246
Campeggio, Tommaso, 149
Cardano, Girolamo, 203, 209 (n. 19)
Carlstadt, Andreas Bodenstein von, 181, 189 (n. 58)
Carmina Burana, 84
Cassius Dio, 213, 216–18, 226
Cato the Younger, 227–29
Celsus, Cornelius, 216, 218, 237 (n. 36)
Censorship, 135, 138, 139, 153 (n. 19)
Chambre, Marinus Curaeus de la, 226, 230
Changelings, 205–6
Charlemagne (Holy Roman Emperor), 183
Charles V (Holy Roman Emperor), 4, 135–56, 199
Chodowiecki, Daniel, 261, 274, 275
Chrétien de Troyes, 25, 36–39, 80, 84, 122 (n. 48)
Cicero, 34, 76, 85, 131 (n. 111), 143, 163, 167
City: as text, 135–56; imperial and Protestant, 136–56, 141, 150, 179
Clerics, 5, 66, 80–81, 93, 97, 174, 194
Collaboration, artistic, 262, 265, 270, 274–75

Commentary, 1, 3, 8, 157, 192, 261–78
Communication, 2, 6, 50, 55, 56, 57, 62, 96, 102; 110–11, 192; over distances, 49, 52–54, 57, 64; face-to-face, 49, 50, 53, 69; state of, 2, 57, 62, 96, 110–11, 192. *See also* Dialogue
Community, 1, 143, 146, 149, 245
Conception of world, medieval, 33
Confession, 175–76, 204
Control, 135, 138, 150, 265
Convention, 9, 10, 37, 55, 136, 138, 139, 247, 265, 275
Cranach, Lucas der Ältere, 183
Credibility, 49, 94, 95, 97–98, 107, 111, 232–34
Crisis, sense of, 86
Cultural inventory, collective, 192, 193, 203, 207
Culture, print, 58, 213, 226
Cyril, Saint, 106, 131 (n. 110)

Danaeus, Lambertus, 196, 201–2, 206
Dante, 11
Decadence, 75, 79, 86
Deception, 98, 174–75, 200
Del Rio, Martin Antoine, 196
Demonologies, 2, 191–210 passim
Denck, Hans, 175–76
Descartes, René, 214, 233–34
Devil, 35, 178, 191–207 passim
Devil books, 195
Dialogue, 136, 137; communicative model of, 53, 58, 62, 63. *See also* Communication
Distribution, social, 193, 203, 207
Divine right, 141, 143
Doubt, 191, 196, 201, 203, 207
Duccio di Buoninsenga, 14, 17, 18
Dürer, Agnes, 183
Dürer, Albrecht, 6, 7, 75, 138, 157–90

Ebner, Christine, 101
Eckhart, Meister, 104–5
Economy, 244–46, 254
Education, 31, 193, 244, 241, 248
Egenolph, Christian, 139
Egypt, 215–25, 231. *See also* Exoticism
Embourgeoisement, 243, 258 (n. 17)
Empiricism, 3, 7, 212–14, 224–26, 228, 231. *See also* Experience; Science
Enemy, heathen, 148, 150

Index   281

Enlightenment, 3, 8, 211, 225, 262, 266
Enthusiasm, 34, 82. *See also* Inspiration
Epic, 78, 80
Epicureans, 201
Epigram, 141, 143, 145, 148, 200
Erasmus, Desiderius, 6, 115 (n. 18), 144, 157, 161–63, 166–67, 184–85
Erigena, John Scotus, 33
Ettner, Johann Christoph, 242, 247
Event: letter as, 60; of spoken word, 53, 56; of imperial entry, 137, 143
Exegesis. *See* Bible: exegesis of
Exemplary life, authority of, 2, 92–111 passim
Exoticism, 231. *See also* Africa
Experience, 2, 7, 54, 191–92, 198, 201–3, 262, 265. *See also* Empiricism
Experimentalism, early modern, 212–13, 218
Externalization, forms of, 192, 203, 207
Eyewitness, 65, 67, 202, 225, 231. *See also* Witness

Facts, 191–92, 211
Faith, 77, 191, 194
Feyerabend, Sigmund, 194–95, 198
Fichard, Johann, 206
Fictionality, 2, 3, 5, 37–42, 79, 213
Fischart, Johann, 209 (n. 24)
Florilegium, 92
Flötner, Peter, 139, 140
Footnotes: and textual authority, 7, 211–38, 265–66, 270. *See also* Sources
Freedom: artistic, 13–14, 20, 262; Christian, 178; of interpretation, 32; republican, 138
Friedrich Barbarossa (Holy Roman Emperor), 82–83
Friedrich Wilhelm (elector of Brandenburg), 242
Friendship, 85
Froben, Johann, 158, 162

Galen, 92, 209 (n. 19)
Galilei, Galileo, 1
Garrick, David, 272, 273, 276
Gender, 4, 114–15 (n. 18), 216, 217, 219; and discourse on witches, 193, 198–99, 203–5; and professionalism, 247–48, 256–57

Geoffrey of Vinsauf, 51
Gerard of Bologna, 93
Giotto, 14
Goclenius, M. Rudolph, 200
Goethe, Johann Wolfgang von, 76, 274
Gottfried von Strassburg, 27, 36, 37, 41–43, 80, 84
Göttinger Magazin der Wissenschaften und Literatur, 274
Göttinger Taschen-Calender, 261, 263, 274, 276
Grace, divine, 33–34, 40, 143
Greaves, John, 226
Gregory the Great (pope), 93, 118 (n. 34)
Grillando, Paolo, 201, 206
Gui d'Ussel, 9, 10, 24
Guido da Siena, 14–15

Handwriting: as sign of body, 59, 63
Happel, Eberhard Werner, 242
Hartmann von Aue, 25, 36, 67–68, 79–81
Heinrich von dem Türlin, 36
Heinrich von Veldeke, 27, 36, 121 (n. 48)
Hendreich, Christoph, 226
Herbort von Fritzlar, 36
Heroism, 55, 78–81
Herolt, Johannes, 100
Hierarchy, 135, 145–46, 149, 171, 218, 246, 252, 262
Hippocrates, 92, 209 (n. 19)
Historia von D. Johann Fausten, 198
Historical record, 163, 216, 217
History, conception of, 79, 82–83. *See also* Natural history
Hogarth, William, 8, 261, 262, 265–78
Holzschuher, Lazarus, 172, 183
Hooke, Robert, 225
Horn, Georg, 224, 225, 229
Hugh of St. Victor, 44 (n. 3), 51, 95
Humbertus de Romanis, 94, 114–15 (n. 18), 119 (n. 39)

Iconography, 6, 14–19, 22–23, 26–27, 143, 158, 161, 163, 166, 171
Idealism, German, 24
Immediacy, 31, 212, 214, 218, 234
Imperialism, Roman, 140, 148–49
Imperial privilege, 194
Index, function of, 109
Innovation. *See* Originality

282   Index

Inscription, 1, 136, 139, 141–49, 174
Inspiration, 2–3, 33–36, 38, 40–41, 77, 140, 158, 161, 271, 276
Institoris, Heinrich, 196, 206
Interpretation, 1, 3, 36, 42. *See also* Bible: exegesis of; Biblical philology; Commentary
Intertextuality, 3, 5, 8, 22, 50, 64, 67–69, 139, 276. *See also* Footnotes; Sources, textual
Invocatio Dei, 33–35, 40–41
Ireland, John, 268, 269, 273, 278 (n. 8)
Irony, 37, 42, 80, 84, 148, 181, 213

Jacques de Vitry, 86, 94, 117–18 (n. 32)
Jerome, Saint, 6, 94, 158–66, 184
Johann Friedrich (elector of Saxony), 205
John, Saint, 171–72, 174; biblical passages attributed to, 168, 174, 176, 178
John of Salisbury, 132–33 (n. 114)
Journal des Scavans, 212–13, 224–34
Juvencus, 33

Karlin, Elsbeth, 100
Karlmeinet, 98
Kircher, Athanasius, 215, 225, 238 (n. 41)
Knowledge, types of, 2, 214, 224, 230, 243
Konrad, Pfaffe, 27, 35
Kuhnau, Johann, 7, 239, 243, 246–50, 253–57
Kuno von Siegburg, 31

Labor, 242–44, 249, 252–53, 255–57
Laity, 5, 66, 96, 168, 194, 198
Lambrecht, Pfaffe, 37, 121 (n. 48)
Language, 51, 158, 184, 262
Lavater, Johann Caspar, 273, 274
Lavater, Ludwig, 191, 197, 202
Law, 3, 6, 7, 51, 98, 192, 194, 199, 201, 206–7, 228, 247–49
Learnedness: authority of, 97, 99, 101, 103; early modern culture of, 213, 214, 218, 221, 226; vs. experience, 31; vs. inspiration, 40–41; rejection of, 77, 80, 83; sapping effects of, 83, 86–87; about witches, 191, 198, 200, 202. *See also* Knowledge, types of
Legend, 40–41, 78
Leopold I (Holy Roman Emperor), 242
Lerchheimer, Augustin, 196

Lessing, Gotthold Ephraim, 274
Letters, 52, 54, 59–63, 72 (n. 42), 76, 81, 166; dead, 77
Lichtenberg, Georg Christoph, 8, 261–78
Literacy, 2, 5, 6, 8, 49–74, 79, 92, 95, 96–99, 102, 111–12, 195
Literature, periodical, 7, 211–15, 224, 228–30, 261, 266, 274
Livy, 225
Lohenstein, Daniel Casper von, 7, 211–38
Lorenzetti, Ambrogio, 14
Love, 39, 41–42, 82–86, 168
Luca di Tommè, 19–20
Lucan, 227–29
Luther, Martin, 72 (n. 42), 161, 166, 168–85 passim, 201, 205–6
Lutz, Reinhard, 202–6

Madonna, images of, 13–22
Magic, 7, 52; and science, 213, 217, 220–24, 230; and witchcraft, 195, 198, 200
Mann, Thomas, 38, 75, 76
Mantegna, Andrea, 26–27, 151 (n. 10)
Manuscript, collective, 110
Mark, Saint, 171–72, 174
Market considerations, 194–96, 230, 241, 242, 247
Marquard von Lindau, 123 (n. 59)
Martin of Braga, 106
Mattheson, Johann, 239, 256–57
Matthias (Holy Roman Emperor), 150
Maximilian I (elector of Bavaria), 171
Maximilian II (Holy Roman Emperor), 150
Media, 8, 79–81, 98, 161, 268–72
Medicine, 3, 7, 192, 194, 201, 217, 218, 228, 241, 242, 246–47, 254
Melanchthon, Philipp, 166, 168, 175, 201
Melusina zu Lützelburg, 205
Messenger, 2, 49, 52–69 passim
Miracle, writings as, 163, 165
Modernism, rejection of, 79
Molitor, Ulrich, 206
Moscherosch, Johann Michael, 242
Mozart, Wolfgang Amadeus, 24–25
Münster, Sebastian, 106, 131 (n. 110)
Müntzer, Thomas, 175, 189 (n. 58)
Murdac, Henry, 77
Murner, Thomas, 179, 180–81
Muses, the, 34, 42

Music, 3, 4, 7, 11–13, 24–25, 29 (n. 10), 146, 239–60; social utility of, 252–58
Mysticism, 32

Narrator, 5, 49, 50, 63, 68, 69, 80
Natural history, 224–25, 228, 230, 234, 235
Natural law, 245
Nature, 78, 220, 223, 232
Nausea, Friedrich, 94–95
Nazari, Francesco, 213
Neidhart von Reuenthal, 24, 27
Neoclassicism, 138
Neoromanticism, 75
Newald, Herman, 196
New World, 146, 196–97, 217, 224, 225
Nibelungenlied, 5, 65–67
Nichols, John, 277 (n. 8)
Nietzsche, Friedrich, 75, 76
Niklasin, Kunigund, 102
Nostalgia, 85
Novalis (Friedrich von Hardenberg), 261
Novel, 3, 7, 25, 26, 38, 240–57
Nürnberg (Nuremberg), 4, 6, 100, 101, 102, 135–56, 171–83 passim

Oath, 50, 69 (n. 3), 70 (n. 6), 149
Obscurity, and interpretation, 5, 33–36, 39–43, 270, 273
Observation, 3, 7, 218, 228, 262, 271–73. *See also* Empiricism; Science
Oldenburg, Henry, 213, 225
Old World, 146, 197
Optimism, 85–86
Orality, 2, 5, 6, 8, 39, 49–74, 79, 92, 95, 102, 112
Originality, 5, 9–11, 14, 20, 22, 24, 86, 262, 265–66, 271
Ornament, 20, 22, 26, 27
Osiander, Andreas, 175
Otfrid von Weißenburg, 33, 34
Otte, Meister, 36
Otto of Freising, 82–83

Paul, Saint, 33, 76–77, 171, 174; biblical passages attributed to, 33, 77, 171
Peasants' War, 175–81
Pencz, Georg, 139, 140, 175
Performance, 2, 23–24, 214, 240, 247, 268
Pessimism, 82, 85–86

Peter, Saint, 158, 172, 174; biblical passages attributed to, 178, 181
Peter of Blois, 81
Peter the Venerable, 52
Petrarch, 118 (n. 34), 151 (n. 10)
Petri, Adam, 106
Philip, Saint, 172
Philosophical Transactions, 213, 225, 228, 231
Physiognomy, 59, 64, 262, 268–69, 274–75
Pilgrim of Passau, 65–66
Pirckheimer, Willibald, 138, 161, 175
Plato, 63, 68, 76, 143, 271
Plausibility, scientific, 223–24
Pliny, 203, 216, 217, 218, 224, 227
Plutarch, 213, 216, 225, 227
Poetry, 4, 9–10, 23, 25, 34, 38, 80, 84
Pomposa, 145–46
Power: claims to, 138; imperial, 140, 146; magical, 220–24; male, 216; to punish, 192; representation of, 135–37, 150, 171–72; salvational and political, 183
Pozzo, Cassiano dal, 213
Presence: of Holy Spirit, 161, 165, 176; physical, 2, 49–51, 77–79, 95–97, 100, 104, 111; symbolic, 49
Printz, Wolfgang Caspar, 7, 239–57
Private sphere, 6, 96
Professionalism, 2, 3, 7, 8, 194, 206, 239–60
Public sphere, 50, 56–57, 61, 62, 95–97, 111, 136–56
Pufendorf, Samuel, 245–46
Punishment, of witches, 192–207 passim

Quality, aesthetic, 12, 22, 24, 27, 246–48, 251–53, 271
Quantification, 240
Quintilian, 50

Realism, 242–43; experiential, 7, 192, 201, 203
Reason, 7, 51, 91, 191, 201, 206; Western, 215, 216, 220. *See also* Exoticism
Reception, 1, 4, 63, 92, 101, 103, 105, 112; authority through, 92, 263–66. *See also* Audience
Redi, Franciscus, 217, 218, 223–30
Reformation, 7, 86, 136–37, 168–90
Reinmar der Alte, 23
Renaissance, 82, 86, 150, 157–58, 166, 214

284 Index

Renewal, 82, 88
Representation, of original speaker, 49, 53–54, 57, 61, 63
Republicanism, Protestant, 138, 143, 144
Riemer, Johann, 241, 244, 253
Rilke, Rainer Maria, 75–76
Ritual, 51, 138
Robert of Gretham, 98
Rohr, Julius Bernhardt von, 239, 246
Romance, Arthurian, 80–81, 84
Royal Society (Britain), 213, 214, 224, 225, 228, 231
Rupert von Deutz, 31–32, 41

Sachs, Hans, 6, 139, 143, 152 (n. 15), 155 (n. 44), 181
Sainthood, conception of, 163–67
Sallo, Denis de, 228
Satire, 8, 84, 241–43, 262, 267–68, 270–71
Saur von Franckenburg, Abraham, 7, 194, 196, 199, 201, 205, 207
Scheurl, Christoph, 138
Schism, religious, 137, 149, 150, 200; between Erasmus and Luther, 166, 184
Scholarship, 6, 7, 101, 103–4, 157–58, 163, 165, 174. *See also* Learnedness
Scholasticism, 31–32, 76, 163
Schoup, Johannes, 93
Schwabenspiegel, 52
Schwarzwälder Predigten, 105, 108, 111
Science: of daemonology, 201, 203; early modern, 2, 3, 7, 8, 200, 211–38, 261, 262; of interpretation, 268; of observation, 271–75; of sacred philology, 165; textual, 221. *See also* Empiricism
Scientific Revolution, 224, 225
Secrecy, 95, 135
Segna di Bonaventura, 14, 16, 20
Selden, John, 218, 219, 221, 225
Seneca, 103 (n. 106), 106
Sensory experience, 51, 52, 54, 55, 56
Serlio, Sebastiano, 140–42
Serlo of Wilton, 86
Sermon, 6, 91–134, 192
Shakespeare, William, 216, 251, 272, 273
Sigebert of Gembloux, 78–79
Sigismund (Holy Roman Emperor), 183
Signs, cultural, 50, 55, 56, 261–62, 272
Skepticism, 9, 83, 191, 200

Sources, textual, 27, 35–37, 97, 163, 178. *See also* Footnotes; Intertextuality
Spectacle, 61–62, 135–37, 143, 150, 204, 252. *See also* Theater and theatricality
Speculum ecclesiae, 108
Speculum sapientiae, 106
Spee von Langenfeld, Friedrich, 196
Spengler, Lazarus, 184
Spies, Johann, 198
Spiritualism, 175, 176
Spon, Jacob, 226
Sprenger, Jacob, 206
Staupitz, Johann von, 184
Style: architectural, 140–46; authority of, 262, 266–71
Suetonius, 213, 216–18, 227
Superstition, 222, 226, 232–33

Tacitus, 225
Tauler, Johannes, 100–112 passim
Tavernier, Jean Baptiste, 226
Technology: literary, 213, 214, 228; rejection of, 79, 146
Terentianus Maurus, 1
Teutsche Merkur, Der, 246
Texts: production of, 3, 58, 65–68, 193, 214, 266; social utility of, 3, 14, 22, 25, 26, 51, 97, 101, 105–8, 110–11, 172, 196, 245–46; as symbols of decline, 75–87; written, 2, 60, 63, 68, 75, 97–98. *See also* Books
Theater and theatricality, 7, 51, 150, 213, 214, 219, 271–72, 275. *See also* Spectacle
Theology, 3, 7, 31, 85, 99, 106, 157–90 passim, 192, 194, 200–203, 228
Thirty Years' War, 244
Thomasin von Zerclaere, 73 (n. 51)
Thomas of Cobham, 94
Thomas of England, 36–37
Translation, 3, 35–37, 82, 106, 139, 157–58, 161, 181, 198, 266–67, 276
Trithemius, Johannes, 206
Troubadours, 9, 23, 89 (n. 31)
Trusler, John, 268
Truth, 5, 6, 107; of faith, 191; inner, 272; of knowledge, 68, 76–77, 191; and laws of science, 200; new literary, 37–41; and range of "truths," 212; religious, 32–35; of statement, 52; of written word, 98

Ulrich, Eucharius, 149
Ulrich von Liechtenstein, 24–25
Ulrich von Zatzikhoven, 36
Utilitarianism, 245–46

Valturio, Robert, 151 (n. 10)
Variation, 3, 5, 9–30; medieval art of, 11, 13, 20
Verba seniorum, 105
Vergil, 148
Vernacular, 34, 49, 66, 98–99, 108–9
"Virtual witnessing," 212, 213, 215, 228, 230
Virtue, 78, 140, 141, 143–46, 148, 244, 274
Visual arts, 2, 4, 6–8, 13–27, 157–90, 261–62, 266–67, 269; and broadsheets, 136, 139, 181–83, 192; and illustration, 157, 213; and Madonna images, 13–22; and portraits, 6, 166, 168, 171–72, 183
Vita. *See* Exemplary life, authority of
Vitality, 75–80
Vives, Ludovicus, 197, 201
Voice, 49, 50, 51, 60, 68, 77, 79, 95

Volckamer, Hans, 183
Vossius, Isaac, 226, 230

Waltharius, 78
Walther von der Vogelweide, 23
Wansleben, Johann Michael, 221–25, 230, 232–34
Weise, Christian, 241
Weyer, Johann, 195–96, 207
William of Champeaux, 31–32
William of St. Thierry, 32
Winckler, Paul, 241–42
Wirnt von Gravenberc, 80
Wisdom, 76–78, 161, 265
Witches, 191–210
Witness, 50, 52, 65, 67, 202–3, 224–25, 227, 231. *See also* "Virtual witnessing"
Wolfram von Eschenbach, 25, 27, 36–43, 52–63, 68, 77, 80
Words: age of, 79–80; visibility of, 50
Wotton, William, 214

Ximénes de Cisneros, Francisco, 157

University of North Carolina
Studies in the Germanic Languages
and Literatures

For other volumes in the "Studies" see p. ii.

Several out-of-print titles are available in limited quantities through the UNCSGLL office. These include:

33 WAYNE WONDERLEY. *Christian Reuter's "Schelmuffsky": Introduction and English Translation.* 1962. Pp. xii, 104.
58 WALTER W. ARNDT, PAUL W. BROSMAN JR., FREDERIC E. COENEN, AND WERNER P. FRIEDRICH, EDS. *Studies in Historical Linguistics in Honor of George Sherman Lane.* 1967. Pp. xx, 241.
68 JOHN NEUBAUER. *Bifocal Vision: Novalis' Philosophy of Nature and Disease.* 1971. Pp. x, 196.
70 DONALD F. NELSON. *Portrait of the Artist as Hermes: A Study of Myth and Psychology in Thomas Mann's "Felix Krull."* 1971. Pp. xvi, 146.
72 CHRISTINE OERTEL SJÖGREN. *The Marble Statue as Idea: Collected Essays on Adalbert Stifter's "Der Nachsommer."* 1972. Pp. xiv, 121.
73 DONALD G. DAVIAU AND JORUN B. JOHNS, EDS. *The Correspondence of Schnitzler and Auernheimer, with Raoul Auernheimer's Aphorisms.* 1972. Pp. xii, 161.
74 A. MARGARET ARENT MADELUNG. *"The Laxdoela Saga": Its Structural Patterns.* 1972. Pp. xiv, 261.
75 JEFFREY L. SAMMONS. *Six Essays on the Young German Novel.* 2nd ed. 1975. Pp. xiv, 187.
76 DONALD H. CROSBY AND GEORGE C. SCHOOLFIELD, EDS. *Studies in the German Drama: A Festschrift in Honor of Walter Silz.* 1974. Pp. xxvi, 255.
77 J. W. THOMAS. *Tannhäuser: Poet and Legend.* With Texts and Translation of His Works. 1974. Pp. x, 202.
80 DONALD G. DAVIAU AND GEORGE J. BUELOW. *The "Ariadne auf Naxos" of Hugo von Hofmannsthal and Richard Strauss.* 1975. Pp. x, 274.
81 ELAINE E. BONEY. *Rainer Maria Rilke: "Duinesian Elegies."* German Text with English Translation and Commentary. 2nd ed. 1977. Pp. xii, 153.
82 JANE K. BROWN. *Goethe's Cyclical Narratives: "Die Unterhaltungen deutscher Ausgewanderten" and "Wilhelm Meisters Wanderjahre."* 1975. Pp. x, 144.
83 FLORA KIMMICH. *Sonnets of Catharina von Greiffenberg: Methods of Composition.* 1975. Pp. x, 132.
84 HERBERT W. REICHERT. *Friedrich Nietzsche's Impact on Modern German Literature.* 1975. Pp. xxii, 129.
85 JAMES C. O'FLAHERTY, TIMOTHY F. SELLNER, AND ROBERT M. HELMS, EDS. *Studies in Nietzsche and the Classical Tradition.* 2nd ed. 1979. Pp. xviii, 278.
87 HUGO BEKKER. *Friedrich von Hausen: Inquiries into His Poetry.* 1977. Pp. x, 159.
88 H. G. HUETTICH. *Theater in the Planned Society: Contemporary Drama in the German Democratic Republic in Its Historical, Political, and Cultural Context.* 1978. Pp. xvi, 174.

89 DONALD G. DAVIAU, ED. *The Letters of Arthur Schnitzler to Hermann Bahr.* 1978. Pp. xii, 183.
91 LELAND R. PHELPS AND A. TILO ALT, EDS. *Creative Encounter: Festschrift for Herman Salinger.* 1978. Pp. xxii, 181.
92 PETER BAULAND. *Gerhart Hauptmann's "Before Daybreak."* Translation and Introduction. 1978. Pp. xxiv, 87.
93 MEREDITH LEE. *Studies in Goethe's Lyric Cycles.* 1978. Pp. xii, 191.
94 JOHN M. ELLIS. *Heinrich von Kleist: Studies in the Character and Meaning of His Writings.* 1979. Pp. xx, 194.
95 GORDON BIRRELL. *The Boundless Present: Space and Time in the Literary Fairy Tales of Novalis and Tieck.* 1979. Pp. x, 163.
97 ERHARD FRIEDRICHSMEYER. *Die satirische Kurzprosa Heinrich Bölls.* 1981. Pp. xiv, 223.
98 MARILYN JOHNS BLACKWELL, ED. *Structures of Influence: A Comparative Approach to August Strindberg.* 1981. Pp. xiv, 309.
99 JOHN M. SPALEK AND ROBERT F. BELL, EDS. *Exile: The Writer's Experience.* 1982. Pp. xxiv, 370.
100 ROBERT P. NEWTON. *Your Diamond Dreams Cut Open My Arteries: Poems by Else Lasker-Schüler.* Translated and with an Introduction. 1982. Pp. x, 317.
101 WILLIAM SMALL. *Rilke-Kommentar zu den "Aufzeichnungen des Malte Laurids Brigge."* 1983. Pp. x, 175.
102 CHRISTA WOLF CROSS. *Magister ludens: Der Erzähler in Heinrich Wittenweilers "Ring."* 1984. Pp. xii, 112.
103 JAMES C. O'FLAHERTY, TIMOTHY F. SELLNER, AND ROBERT M. HELM, EDS. *Studies in Nietzsche and the Judaeo-Christian Tradition.* 1985. Pp. xii, 393.
105 JOHN W. VAN CLEVE. *The Merchant in German Literature of the Enlightenment.* 1986. Pp. xv, 173.
106 STEPHEN J. KAPLOWITT. *The Ennobling Power of Love in the Medieval German Lyric.* 1986. Pp. vii, 212.

Orders for these titles only should be sent to Editor, UNCSGLL, CB#3160, Dey Hall, Chapel Hill, NC 27599-3160.

Information for authors and a complete list of titles can be obtained from the Editor or from the departmental site on the World Wide Web (http://www.unc.edu/depts/german/index.htm).

OHIO UNIVERSITY LIBRARY

Please return this book as soon as you have finished with it. In order to avoid a fine it must be returned by the latest date stamped below. All books are subject to recall after two weeks or immediately if needed for reserve.

FEB 1 6 2005
FEB 0 8 2005

CF